LAURA SHIN

THE

イーサリアム

CRYPTOPIANS

創世記

IDEALISM,

ローラ・シン

GREED,

筑摩書房

中山宥 訳

LIES, AND

THE MAKING OF

THE FIRST BIG

CRYPTOCURRENCY

CRAZE

イーサリアム創世記

The Cryptopians

Idealism, Greed, Lies, and the Making of the First Big Cryptocurrency Craze

by

Laura Shin

This edition published by arrangement with PublicAffiars,
an imprint of Perseus Books, LLC, a subsidiary of Hachette Book Group, Inc.,
New York, New York, USA.

両親に捧ぐ

本書について

本書は、三年以上にわたる取材と執筆をまとめたものだ。二〇〇回を超えるインタビューにもとづいており、ほとんどの場合、情報源を明かさないという約束のもとでインタビューを行なった。文中に登場する人物のごく一部はインタビューに応じてくれなかったが、八人のイーサリアム共同創設者を含め、ほぼすべての主要人物と、名前を載せていない多くの人々から話を聞くことができた。

数々の出来事を描写するため、アーカイブされたインターネットページ、ソーシャルメディアへの投稿、ブロックエクスプローラー、フォーラム、そのほかのオンライン資料、文書、電子メール、スクリーンショット、写真、録音、録画、情報源がこころよく提供してくれたファイルなどをくまなく調べた。テキストチャットから対話を再現できたケースも多く、音声による会話については、録音を入手できたこともあった。正確な会話の記録がないときは、複数の情報源の記憶をもとに最善を尽くした。ブロックチェーンや暗号データに関して時間と労力を割いてくれた技術者の方々に、とくに感謝したい。また、分析プロバイダーのチェーナリシス、コインファーム、コインマーケットキャップ、クリプトコンペア、イーサスキャン、シェイプシフト、スミス+クラウン、トークンデータ、ワイチャーツは、ブロックチェーンのデータ解析や、チェーン上の人々の動きの追跡をしてくれたほか、各種のデータ、チャート、分析結果を与えてくれ、おかげで全体像をさらに明確化できた。各時点における価格については、全般にコインマーケットキャップを利用した。暗号通貨の初期の歴史については、ビットコインチャーツと、時期に応じてマウントゴックスまたはビットスタンプの価格を参照した。

まれに、いつ何が起こったのか確証が得られなかった場合は、わたしなりに最善の判断を下した。すなわち、より強固で具体的な記憶を優先させ（ほかの情報と照合して明らかな誤りでないかぎり）、ほかの既知の事実にもとづいて最も可能性の高い、筋の通る事実関係を採用した。

取り上げた出来事は、多くがオンラインで起こったものであるため、誤字、脱字、大文字・小文字の間違い、文法や綴りの間違いなどが目立つが、すべてそのまま残し、とくに註を加えていない。あまりにもミスが多いため、いちいち註を入れると目障りであり、「ネットらしさ」をそのまま活かしたほうがいいと判断した。

この扱いにくい「分散型」の物語を読者が追いやすくなるよう、冒頭に登場人物のリストを、巻末に年表と用語集を載せてある。ただし、年表だけざっと目を通しただけでは、話の行く末があらかじめわかって興ざめだろうし、ドラマの大半を見逃すことになる。

情報開示：本書に登場する企業のなかには、わたしのポッドキャストや動画のスポンサーになっている会社も含まれる。具体名を挙げておくと、コインデスク（デジタル・カレンシー・グループ傘下）、コンセンシス、コスモス、クラーケン、マイクロソフト、シェイプシフト、テゾスである。また、二〇二一年九月、わたしは〈フェイスブック・ブルティン〉というニュースレターに寄稿し始めた。

目次

人名リスト

◆イーサリアム共同創設者

ヴィタリック・ブテリン……イーサリアムの創設者
ミハイ・アリシエ……『ビットコイン・マガジン』の創設者
アンソニー・ディ・イオリオ……ディセントラルの創設者兼最高経営責任者、イーサリアムのクラウドセールに出資
ギャビン・ウッド……C++クライアントの開発者、最高技術責任者（CTO）
ジェフリー・ウィルケ……Goクライアント（Geth）の開発者
チャールズ・ホスキンソン……最高経営責任者（CEO）
ジョゼフ・ルビン……最高執行責任者（COO）、コンセンシスの創設者
アミール・フリートホフ……カラードコイン（ビットコインベースのプロジェクト）の共同創設者

◆イーサリアム・リーダーシップグループ

テイラー・ゲーリング……テクノロジーディレクター
ステファン・トゥアル……最高コミュニケーション責任者

◆ツークの「スペースシップ」内のスタッフ

ロクサナ・スレアヌ……エグゼクティブアシスタント
マティアス・グロンネベック……オペレーションマネージャー
イアン・メイクル……グラフィックデザイナー

リチャード・ストット……グラフィックデザイナー
ジェレミー・ウッド……チャールズ・ホスキンソンのアシスタント
ロレンツォ・パトゥッツォ……大工

◆ベルリンのＥＴＨ開発部門
エアロン・ブキャナン……ギャビン・ウッドの友人でありビジネスパートナー
ユッタ・シュタイナー……セキュリティー担当チーフ
クリストフ・イェンツシュ……リードテスター
クリスチャン・ライトビースナー……Ｃ＋＋チーム／ソリディティ
ペーテル・ジラーギ……Ｇｅｔｈチーム
レフテリス・カラペツァス……Ｃ＋＋チーム
アレックス・ファン・デ・ザンデ（通称アブサ）……ユーザーエクスペリエンス（ＵＸ）デザイナー
ボブ・サマーウィル……ソフトウェアエンジニア、Ｃ＋＋チーム
ケリー・ベッカー……最高執行責任者
フリチョフ・バイナート……最高財務責任者
クリスチャン・フェメル……オフィスマネージャー

◆イーサリアム財団
ミン・チャン……エグゼクティブディレクター
ラーズ・クラビッター……取締役、ロールスロイスに所属
ウェイン・ヘネシー＝バレット……取締役、ケニアのフィンテック新興企業に所属
バディム・レビティン……取締役、国連の開発事業プログラムに携わったことのある医師兼技術者

パトリック・ストルヒネッガー……取締役、スイスの弁護士
ハドソン・ジェームソン……ミン・チャンのアシスタント、DevOps（開発と運用）、デヴコンの手伝い
ジェイミー・ピッツ……デヴコンの手伝い
トヤ・ブドゥングドゥ……ミン・チャンのアシスタント

◆DAO／スロック・イット

クリストフ・イェンツシュ……共同創設者、スロック・イットのCTO
サイモン・イェンツシュ……共同創設者、スロック・イットのCEO
ステファン・チュアル……共同創設者、スロック・イットのCOO
レフテリス・カラペツァス……スロック・イットの主任技術エンジニア
グリフ・グリーン……スロック・イットのコミュニティオーガナイザー

◆ロビンフッド・グループ

ジョルディ・バイリーナ……バルセロナのプログラマーでDAOニンジャコースを受講
グリフ・グリーン
レフテリス・カラペツァス
アレックス・バン・デ・サンデ（通称アブサ）
ファビアン・フォーゲルシュテラー……イーサリアム財団のフロントエンド開発者で、最終的にERC-20トークンスタンダードの「父」と認められた人物

◆ホワイトハットグループ（既知のメンバー）

ジョルディ・バイリーナ

グリフ・グリーン

レフテリス・カラペツァス

◆ビティー

ジャン・ボクスラー……………………四人の共同創設者のうちのひとり

アレクシス・ルッセル…………………四人の共同創設者のうちのひとり、CEO兼会長

◆マイイーサウォレット

テイラー・バン・オーデン（新姓名テイラー・モナハン）…共同創設者兼CEO

コサラ・ヘマチャンドラ………………共同創設者兼最高技術責任者

◆ポロニエックス（通称ポロ）

トリスタン・ダゴスタ…………………創設者兼共同CEO

ジュールズ・キム………………………最高執行責任者兼共同CEO

マイク・デモポウロス…………………共同CEO兼最高エクスペリエンスオフィサー

ルビー・シュー…………………………管理コンサルタント

ジョニー・ガルシア……………………カスタマーサポート責任者

タイラー・フレデリック………………シニアコンプライアンス専門家

はじめに

あとから思えば、国際経済がスローモーションで崩壊していくきっかけが固まるまで、わずか七週間しかかからなかった。当時は誰も気づかなかったが、何世紀にもわたって社会的な信頼を築く手段だったものが終焉を迎える始まりでもあった。

二〇〇八年九月一五日、一五八年の歴史を持つ投資銀行リーマン・ブラザーズが史上最大の破産を申請した。同社の二万五〇〇〇人の従業員が、私物入りの段ボール箱を抱えて各国のオフィスから退去していく姿が、世界じゅうのテレビやパソコンの画面上に映し出された。[1] 同じ週に、当時としては世界最大の投資銀行であり「強気市場」を象徴する「雄牛」のロゴを掲げてウォール街を牽引してきたメリルリンチでも、一大異変が起こった。経営の破綻により、六万人のいわば「雄牛の群れ」たちが、ニューヨークから遠い南の地、ノースカロライナ州に本拠を置くバンク・オブ・アメリカの傘下に置かれることになったのだ。[2] 一〇月中旬には、S&P500は大恐慌以来最悪の週を経験し、ダウは大恐慌時代の下落記録を更新した。[3] しかも、悪夢は一週間にとどまらなかった。一年間で投資家の資産が八四〇兆ドルも消失した。一方、同じころの一〇月三一日、すぐにはニュースにならなかったものの、サトシ・ナカモトと名乗る人物（もしくは集団）が、銀行を使わずインターネットを介して送金する手段をホワイトペーパーにまとめて公開した。[4]

続く九年間――うち七年にわたって〇パーセントから〇・二五パーセントという低金利政策が続いたものの、史上まれなほど経済回復が遅れた時期――この奇妙な新しい送金手段がさまざまなタイプの人々から支持され始めた[5]。技術マニアたちは、暗号化とゲーム理論と昔ながらの出納帳とが不思議なかたちで融合されている点に魅了された。薬物使用者たちは、街角で見知らぬ相手と取引しなくても、マウスを数回クリックするだけで違法ドラッグを郵便配達してもらえる便利さが気に入った。国家からの干渉を嫌うリバタリアンたちは、一〇〇〇年の歴史を持つ法定通貨というシステムを離れて取引ができる可能性を歓迎した。シリコンバレーの起業家たちは、より速く、より安価な金融システムの基盤が生まれる可能性を夢見た。そして、ほんのひと握りの人々は、個人投資、ヘッジファンド、ファミリーオフィスを通じて一〇パーセントどころか一〇万パーセントの利益を得ることができるのでは、とこの未来の資産――すなわちビットコイン――に関心を寄せた。

どこがそんなに革命的かというと、じつはいたって単純だ。従来、インターネット上で何かを送信する場合は、つねに複製を送るかたちだった。つまり、PDFや写真、テキストメッセージを誰かに送ったとしても、自分の手元にも同じPDFや写真、テキストメッセージが残る。ところがビットコインは違う。たとえばアリスからボブへ、あるアイテム（いまの流れでいえばビットコイン）をオンラインで送信すると、アリスの手元にはもうそのアイテムは存在しない。アイテムの所有権はボブに移り、アリスが複製をほかの用途に使うことはできない。そういうふうに所有権が移行した事実を世界じゅうの誰もが安心して信用できるのだ。そればかりか、たとえアリスがアフガニスタンにいて、ボブがジンバブエにいようと、ボブは一〇分後にはアリスからの送金を受け取れる。アリスが支払う手数料も、ごくわずかで済む。通常の国際電信送金だと、相手に届くまで一週間かかることもあるわりに、手数料は三〇ドル、五〇ドル、あるいはそれ以上と法外だから、かなり大きな差だ。こうした長所を可能にしたのが、ブロックチェーンと呼ばれる技術だった。

技術者たちはすぐに、ブロックチェーンの活用法はビットコインにとどまらないことを理解した。クレジットデフォルトスワップの履行をめぐる余波が収まらず、銀行としてもどのバランスブックに不良な住宅ローンが含まれているのか把握しきれない状況で、メリルリンチやリーマン・ブラザーズの元本社の近くでは「ウォール街を占拠せよ」と抗議者たちが気勢を上げていたが、その一方、きわめて堅い保守層の人々でさえ、ブロックチェーンの革新性を見てとることができただろう。まもなく、ＪＰモルガン・チェース、ＮＡＳＤＡＱ、Ｖｉｓａ、ＨＳＢＣ、ステート・ストリート、ＵＢＳ、サンタンデール銀行など、世界じゅうの金融機関がブロックチェーン技術の可能性を探り始めた。二〇一五年末には、「ビットコインではなくブロックチェーン」というフレーズがウォール街で流行し、二〇一四年一月から二〇一七年二月にかけて、五〇以上の金融サービス企業がこの分野に投資した。[6] 二〇一六年全体にわたって、各企業は先を競うかのように「許可型」ブロックチェーン――プライベート・イントラネットと同じく、身元が明らかな参加者のみに限定されたネットワーク――を採用した。自由参加型のインターネットがメディアや音楽産業に多大な影響をもたらしたあとだけに、革新的なテクノロジーを試しもしない企業は破滅に至る、とどの企業も肝に銘じていたのだ。しかし、そうしたプライベートなブロックチェーンが有意義なかたちで実装される前に、またあらたなアイデアが投資家たちの注目を集めた。すなわち、イニシャル・コイン・オファリング（ＩＣＯ）だ。Ｋｉｃｋｓｔａｒｔｅｒ《キックスターター》とＩＰＯとビットコインを掛け合わせたような仕組みであり、新規プロジェクトの立ち上げに際し、「トークン」と呼ばれるデジタル権利証を仮想通貨で投資家に購入してもらい、資金を調達する。この仕組みは急速に広まり、経済的な支援を受けて勢いづく開発者たちが大量に現われて、既存の金融サービスを揺るがした。二〇一七年には、アルゼンチンからジンバブエに至るまであらゆる地域の一般人が、アマゾン、フェイスブック、アップルといった巨人を破壊することを目指す分散型プロジェクトに五六億ドル相当ものデジタルコインを注入した。これに比べ、同分野へのベンチャーキャピタルからの投資額はわずか五億五八〇〇万ドルにとどまった。少数のビッグマネー企業による投資よりも、新しい投機的な（ときには詐欺的な）投資が平等性の高さで人気を集めたのだ。[7] 二〇一七年初めに資産クラスの総額は一八〇億ドルだったが、年末には三四倍の六一三〇億ドルに膨れ上がった。二つの巨大な総合取引所――片方は、一八九八年にシカゴ・バター・エッグ取引所の名称で設立されたシカゴ・マーカンタイル取引所（ＣＭＥ）で、つい前年には一兆ドル以上の取引を記録している――が、一週間のうちに相次いでビットコインの先物取引を開始した。[8] 年初に約一〇〇〇ドルだったビットコインの価格（ＢＴＣ）は、二〇一一ドルに跳ね上がった。ヴィタリック・ブテリンが生み出した新しいブロックチェーン「イーサリアム」も、通貨単位である「イーサ」が一年足らずで八ドルから七五七ドルまで急騰し、九五倍のリターンを記録した。早期導入者《アーリーアダプター》たちは、にわかに富豪に――でなくとも、一年前よりはるかに裕福に――なり、オンライン掲示板「レディット」では高級車ランボルギーニを略して「ランボ」と呼ぶのが流行し、実際に購入する者も少なくなかった。ビットコイン（ＢＴＣ）が急上昇するたび、後世に記録を残そうとばかり、ツイッターに#tothemoon（月へ向かって）というハッシュタグを添えた書き込みが相次ぎ、前例のない勢いでビットコインに関する議論が交わされた。[9] 振り返ってみれば、九年前の二〇〇八年、「ピア・ツー・ピア電子キャッシュシステム」を提唱するホワイトペーパーがひそやかに発表されたことが、すべての発端だ。暗号愛好家向けのメーリングリスト「ＣＹＰＨＥＲＰＵＮＫ」に投稿されたこの無名の論文がきっかけとなって、「暗号化」は雪だるま式に注目を集め、あらゆるケーブルニュース局、ウェブサイト、雑誌、新聞、ポッドキャスト、オンライン動画がこぞって取り上げるまでになった。

ここにいたるまでの経緯を理解するために、二〇一三年一一月中旬のある日までさかのぼることにしよう。場所は、サンフランシスコの北西部の先端、緑豊かなプレシディオ。荒々しい紺碧の太平洋に面し、スペイン帝国やゴールドラッシュの名残が感じられる街だ。ユーカリの香りが漂うなか、森に覆われた丘を一九歳の痩せた若者が歩いている。[10] 数年前、彼は画期的な技術についてのブログ記事を時給四ドルほどで執筆していたが、現在はコンピューター科学のあらたな問題に取り組んでいる。彼が生み出す解決策は、やがて五年と経たないうちに一三五〇億ドル以上の価値を持つことになる。

第1章

早熟な才能

一九九四年から二〇一四年一月二〇日まで

ヴィタリック・ブテリンは、まるで、もとの生息地から遠く吹き飛ばされた植物の種のようだった。新しい環境で根を張るのに苦労しながらも、みずからが成長し繁殖するうえで適した土壌を見いだすことになる。良きにつけ悪しきにつけ、彼はよく「異星人」と形容された。オンライン上の見知らぬ人たちからも、近しい仕事仲間からも……。なにしろ、姿かたちからして、どうにもぎこちなかった。彼の父親は、背が高く筋肉質で、丸顔に柔らかな笑みをたたえている。母親は小柄で、青い瞳、巻き毛の赤い髪、ふくよかな頬を持つ。ところが彼と来たら、遊園地のびっくりハウスの鏡のなかから生まれてきたかのように見える。ひょろりとした体格で、歩きかたも危なっかしい。鼻が尖っていて、耳が大きく張り出し、顎は未来へ向かって突き出ている。深くくぼんだ眼窩の奥の青い瞳は、魂の窓というより、魂そのものが外界を覗いているかのような印象だ。額から上がひどく大きく、その内に秘めた知能の高さをアピールしているふうでもある。

二〇一三年の秋、彼は「暗号通貨2・0」と呼ばれるアイデアに深く思いを巡らせていた。一七歳のとき、すなわち二〇一一年二月、政府や銀行によって制御されない新しい通貨ビットコインについて父親から教えられた。最初は気に留めなかった。当時およそ八〇セントで取引されていたものの、変わり種のデジタルトークンにすぎず、本質的には価値がないと考えた。しかし数カ月後、別の筋からも情報が入り、少し調べてみる価値がありそうだと思い直した（価格は四月に一ドルを超え、そのあと二ドルを超えた）。

以来、ビットコインについて広範囲にわたる記事を書くようになり、さらには大学を休学して世界じゅうのビットコイン・コミュニティーと交流を深め、『ビットコイン・マガジン』を発刊し、フリーランスの暗号通貨開発者として働きだした。ヨーロッパやイスラエルで数カ月を過ごしたあと、ロサンゼルス滞在を経てサンフランシスコに戻り、クラーケンという仮想通貨取引所のオフィスに勤め、創設者のひとりでCEOのジェシー・パウエルのアパートメントに泊まり込むようになった。けれども、ビットコインなどの暗号通貨を可能にするブロックチェーン技術にはいろいろな難点があると気づき、問題視し始めた。

そもそもビットコインは送金用につくられており、ホワイトペーパーの副題は「ピア・ツー・ピア電子キャッシュシステム」だ。[1] しかし、ビットコインの基盤技術を応用すれば、分散型ドメイン名システムの構築や、賭けなどの複雑な条件を含む取引も可能であることが、しだいにわかってきた。

ヴィタリックの考えによると、問題は、まるで基本的な算術に計算機を一台ずつ割り当てているかのように、各プロジェクトがたった一つの機能のためにブロックチェーンを構築している点だった。アーミーナイフのように複数の機能を持つブロックチェーンも多少はあるものの、新しい機能を持つブロックチェーンが登場すると、代わりに、その機能を持たない既存のブロックチェーンが一つ、力を失ってしまう。ブロックチェーンにスマートフォンのような多機能性を持たせられないだろうか、とヴィタリックは思った。スマートフォンはどんな開発者がつくったアプリにも柔軟に対応でき、そうしたアプリはＡｐｐＳｔｏｒｅのような場にアップロードされて誰でも使用可能だ。

ウォーキング好きのヴィタリックは、思索しながら、プレシディオの緑豊かな丘を何時間もさまよい歩いた。海側にはゴールデン・ゲート・ブリッジの素晴らしい景色が広がっている。そうして歩くうちに、一つのブロックチェーンであらゆる機能を実行できる仕組みを編み出した。分散型コンピューターによって多種多様な用途をサポートできる。彼はそのアイデアをホワイトペーパーにまとめ上げ、二〇一三年一一月二七日――奇しくもビットコインが初めて一〇〇〇ドルの大台に乗った日――一三人の友人に電子メールで送った。

理屈から考えてブロックチェーンはこのアイデアどおりに進化するはずだと思ったものの、なぜこんな当然の進化――すぐに時代遅れにならないためのブロックチェーンの仕組み――がまだ実現していないのかが不思議だった。ひょっとして、そもそもの設計に何か致命的な欠陥があるのだろうか。暗号通貨の優秀な開発者たちが、このホワイトペーパーを読んで感心し、大学を二学期しか受けていない一九歳の若者でもかまわないと、雇ってくれるかもしれない……。彼はそんなことを想像した。多少の不安はあった。ビットコイン関連のコンファレンスの際、『ビットコイン・マガジン』のブースに立ち寄った専門家たちに、自分も技術面に関心があるのだとアピールしても、なんとなく反応が良くなかった。「はいはい。でもしょせん雑誌の編集者でしょ。本当に高度な内容となったら、きみには理解できっこない」と軽んじられているような気がしたものだ。が、彼は勇気を出して、送信ボタンをクリックした。

ヴィタリックは一九九四年、ロシアのコロムナで生まれた。モスクワの南東約一〇〇キロに位置する、人口一五万人ほどの街だ。いくつもの聖堂や古い城壁がディズニーランドのような雰囲気を醸し出している。父ドミトリーと母ナタリアは、ともにコンピューター科学を専攻し、モスクワの大学で学位を取得した。ふたりの在学中に生まれたヴィタリックは、祖父母に育てられた。しかし、ヴィタリックが三歳のころ、両親は別居し、それぞれ別のアメリカ系企業で働きだした。父親はアーサー・アンダーセンに勤務したあと、起業家になった。母親はプログラミングの世界から財務会計の分野へ鞍替えし、いくつかの多国籍企業を渡り歩いたのち、カナダのエドモントン大学でビジネスの学位を取得した。その一年半後、夫婦は正式に離婚し、六歳のヴィタリックは父親に連れられてトロントで生活し始めた。

幼少期から、ヴィタリックの頭の良さはきわだっていた。三歳か四歳のとき、母方の祖父から教えられて九九を覚えた。五歳になるころには、病院の待合室を駆け回りながら三桁のかけ算をしてみせ、周囲の患者たちを驚かせた。また、父親と同様、三歳くらいから本を読み始めた。若いころコンピューターが欲しかったものの買えなかった父親は、息子に夢を託そうと、ヴィタリックが四歳のときコンピューターを買い与えた。幼いヴィタリックはエクセルで遊ぶのが大好きで、ついには七歳にして、素晴らしいエクセル作品をつくり上げた。タイトルは「バニーなんでも事典」。ウサギに似た「バニー」たちが暮らす架空世界の生活、文化・経済を事細かに記したものだ。目次にはこんな項目が並んでいる。

バニーの船

バニーが一隻の船を食べるのにどれくらいかかる？
バニーの体重が一〇〇トンを超えたのはいつ？
バニーの休日
バニーはいつ死ぬ？
バニーはいつから爆弾を使って戦い始めた？
バニーのお金
バニー・カードの使いかた
バニーはどうやってお金を稼ぐ？
バニーはどんな気温で生きられる？
バニーはどうやって光速を超えることができる？
バニーのコンピューター
バニーのコンピューターはどんな記数法を使っている？

本文は、たとえばこんな調子だ。

バニーの体重はどのくらいですか？
数トンです。二〇〇〇年には、およそ六一四・三トンに達するはず。

（中略）

バニーは何を飲みますか？

バニー・ドリンクです。つくりかたは次のとおり。

1　船をミキサーに入れて砕く。

2　水と混ぜる。

3　注ぐ。

（中略）

男性バニーと女性バニーはそれぞれ何匹いますか？

男性は八匹います。女性は一匹だけで、それは猫です。

（中略）

バニーはどうやってクレジットカードを使いますか？

カードを機械に入れ、Ａボタンを長押しします。次にＢボタンを長押しします。引き出したい金額を入力したら、二秒待って、カードを取り出します。すると、カードにお金がチャージされています。

果ては、バニーの世界における周期表まで載っている。

ヴィタリックはコンピューターにかけては早熟な才能を示した――ビデオゲームのプレイどころか、開発までした――ものの、おしゃべりの能力は拙かった。一〇歳近くになるまで、ほとんど話さなかった。何か言いかけても、じょうずに話せないのが自分でももどかしくなって、諦めてしまうことが多かった。ほかの六歳児が複雑な長い文で話しているのに、ヴィタリックは、短い言葉をとりとめなく発するだけだった。継母のマイアは、この子はきっと、内面世界に広がる豊かな思考を、地球上での生活とうまく結びつけられないのだろう、と考えた。彼女も父親のドミトリーも、「人に何かを伝えたいときは、いったん立ち止まって、整理しなさい」と我が子にたびたび言い聞かせた。ドミトリーは息子の言葉の遅れを心配していたが、心理療法士に相談しようとはしなかった。心理学的なラベルを貼ってみたところで意味がない。

九歳の誕生日を過ぎて、ヴィタリックの口数がようやく増えてきたものの、新しく身に付けたコミュニケーション能力は、人付き合いの広がりにはあまり役立たなかった。トロントで生活し始めて何年かのあいだ、彼は孤独な日々を刻んだ。北ヨークの一三階建てのマンションの五階で父親と暮らしていた。韓国人が営む店やレストランが多い地域だ。かよった公立の小学校や中学校にしろ、生徒のほとんどはアジア系の子供だった。とはいえ、孤独だったのは、文化の違いのせいではない。中学生になったあとですら、突然、クラスメイトたちは放課後つるんで遊んでいるらしいと気づいた。互いの家を行き来して、楽しく騒いでいた。けれども、ヴィタリックは仲間に入っておらず、どうすれば入れるのかもわからなかった。孤独感がさらに募った。ふつうの子でいたいだけなのに、と思った。

やがて転機が訪れた。ヴィタリックはアベラード・スクールという私立学校へ進学した。四学年全体を合計しても生徒が五〇人しかいない。ある教師グループが一九九七年に創立したこの学校は、生徒と教師の比率が五対一で、一つのクラスの生徒数が平均一〇人[2]。信頼と自由に満ちた校風ながらも、大学院のゼミのようなカリキュラムと高度な教育水準を誇っている（また、ほとんどの生徒が白人なので、ヴィタリックにとって大きな環境の変化だった）。

ヴィタリックは成績優秀だった。九年生のときに一二年生の数学を履修し、イタリアで開かれた国際情報オリンピックで銅メダルを獲得。ニューヨーク市における模擬国連世界大会にも参加した。

ついにヴィタリックは理解者を得た。副校長のブライアン・ブレアだ。ヴィタリックにラテン語、古代ギリシャ語、哲学を教えてくれる教師だった。この副校長がそれまで接してきた優秀な生徒たちは、たいがい傲慢で、ほかの生徒から敬遠されていた。それに引き換え、ヴィタリックは人気者だった。年上の男子生徒からＬｉｎｕｘ（カスタマイズ性が高いうえオープンソースで、開発者に人気のあるオペレーティングシステム）を教わり、数学の方程式のグラフを３Ｄプリントするような上級プログラマーの世界へ導いてもらっていた。この時期、彼は父親といっしょにトニー・ロビンズの自己啓発セミナーにも参加し、その影響から、健康に関する意識を高め、魚介類を主食とする食生活《ペスカタリアン》に興味を持ったほか、世間の人々がどんな動機づけを持っているかや、自分のニーズや欲求をどうすればうまく伝えられるかを学んだ。

そのせいか、孤独を味わった幼少期とは打って変わって、高校の最終学年時、校内の文芸誌に寄せた短編小説には、人間関係の機微が活写されている。題名は『クリスマスプレゼントと友情』。友人間でのプレゼント交換を描いた物語だ。自分がもらった贈りものが誰からなのかはわからないというルールになっている。女の子のヤスミンは、ショッピングモールの商品券をもらう。そのうれしそうな姿を見て、ウルリッヒは「あんなありきたりなものをもらって喜ぶ子なのか」という感想を抱く。一方、ザビエルは「商品券なんて、ろくでもない」と思う。彼が用意したのは現金。いい具合に、借金苦のウェズリーの手に渡った。が、ウェズリーは内心、穏やかではない。こんなのまるで、ぽっちゃり型の友人に、当てつけがましく減量セット一式をプレゼントするみたいなものじゃないか、と憤慨している……。こんな調子で、どのプレゼントも、各人の内面に異なる反応をもたらす。

この物語には、ヴィタリック自身がやがて手に入れる斬新なライフスタイルも描かれている。商品券をもらって喜ぶヤスミンを白い目で見ながら、ウルリッヒはこんなふうに思う。あの調子だと、隠居に必要な貯金くらいはできるにしろ、自分がめざすような「数学的に異なる」財政的自立には到達できないだろう。「隠居とは、貯金を切り崩して暮らすことを意味するが、財政的自立とは、貯金の利子だけで生活できることを指す。いわば、社会への貢献が完了し、この世界に対する借りを返し終わって、それまでの仕事の成果により、あとは永遠に平和に生活できるわけだ」

しかしその当時、ヴィタリック本人は財政的自立を達成していないどころか、まだいちども働いた経験がなかった（初めて仕事を得たのは卒業後の夏だった）。学校ではコンピューター科学の授業を受けなかったものの、大規模公開オンライン講座（MOOC）で機械学習と人工知能のクラスを受講した。そうした講座のなかでゲームを開発して、ワイヤード誌に取り上げられ、それがきっかけで「ネクストソート」というオクラホマ州に本社を持つ教育関連会社のインターンシップに参加できることになった。[3] 卒業後、オクラホマ州では数少ないリベラルな地域の一つ、ノーマンへ引っ越した。しゃれたインド料理店、ベジタリアン向けバーガーやオクラを出す軽食堂などがいくつもあり、州内のふつうのハンバーガーよりもおいしく思えた。彼がその夏にやり遂げた最大の成果は、ネクストソートのウェブアプリをインターネット・エクスプローラー9互換にしたことだった。

続いて、コンピューター科学に強いウォータールー大学へ進むことになった。

学業と並行して、ヴィタリックはビットコインの世界にも目を向けていた。二〇一一年の冬の終わり、ビットコインを研究してみようと思い立ち、「ビットコイン・トーク」というオンラインフォーラムを覗いて、ビットコインの利用を広く促す動画などを見た。自分を雇ってデジタル通貨で賃金をくれる人がいないかと、いろいろな掲示板を探しまわった。すると、キバという名前の人物から、『ビットコイン・ウィークリー』の記事を書いてくれれば五ビットコイン（BTC）――四ドル相当――を払う、と申し出があった。[4] ヴィタリックは二〇BTCを稼いだ時点で、うち八・五BTCを使い、ビットコインをアピールするTシャツをつくった。収入も支出もビットコインの商取引だけで完結するのは便利だった。もともと調査や執筆が好きだったので、しばらくこの仕事を続けたが、ただでさえ最低賃金以下の報酬なのに二・五BTCへ賃下げされてしまい、金が底を突きかけてきた。

ヴィタリックは名案を思いついた。彼とキバは引き続き、『ビットコイン・ウィークリー』の記事を週に二本ずつ書く。最初の段落だけ無料公開し、続きを読みたい人には、所定の料金をビットコインでメール送信してもらうのだ。[5] それよりわずか前の二〇一一年六月一日、ネットメディアのGawkerが「あらゆる種類の麻薬を購入できる地下ウェブサイト」と題する記事を掲載した。[6]「シルクロード」という闇サイトについての報道だった。このサイトでは、世界じゅうの売り手が、マリファナからヘロインまであらゆるものを販売していた。ウェブサイトが普及してから一〇年以上が経過していたものの、二〇一一年になるまでこのような不正販売サイトは存在しなかった。というのも、ビットコインが登場するまで、麻薬ディーラーは通常の銀行システムを使わないかぎりオンラインで支払いを受け取ることができなかったからだ。現金取引に頼らざるを得ず、となると、じかに対面するほかない。ところが、ビットコインの出現により、相当額の暗号通貨をオンライン送金してもらえば済むようになって、ディーラー側は、雨が降ろうが槍が降ろうが、「モリー」だの「ブロー」だの「アシッド」だのといった違法ドラッグを購入者の郵便受けへ直接送ることができるようになった。しかも、クレジットカードやデビットカードを介した電子支払いとは異なり、ビットコインは分散型だから、違法な取引を助長している罪で特定のCEOが逮捕されたり会社が閉鎖されたりすることもない。政府の許可なく新しい通貨が生まれたことも、罪には問われない。

ビットコインのネットワークは、世界じゅうに散らばった人々が自分のコンピューターその他のデバイスで対応ソフトウェアを実行することによって維持されている（これらの人々のうち、あらたなビットコインを生み出す計算処理に貢献する者を「マイナー」または「ブロック生成者」と呼び、報酬としてビットコインを獲得するチャンスが約一〇分ごとに得られる）。ビットコインのシステム全体を停止させたければ、ソフトウェアを実行している全利用者のデバイスを突き止めてオフにする必要があるが、そのためには世界じゅうの各国政府が協調して行動しなければならない。しかも、既存のデバイスをすべてオフにしたところで、誰かがあらたにビットコインソフトウェアを立ち上げるのを防ぐことは不可能だ。Gawkerの記事が図らずも宣伝になり、BTCは一週間のうちに九ドル弱から三二ドルに急上昇した。やがて一〇ドル台で落ち着いたものの、ヴィタリックはビットコイン関連の記事で一時間あたり約六ドル稼げるようになった。

ヴィタリックは、ビットコインがらみで具体的に何かやりたかったわけではないが、社会的・政治的な理論、数学や科学、オープンソースソフトウェアやプログラミングなど、自分にとって興味深いテーマが組み合わさっていると感じた。しかも、父親がかねてからダグ・ケーシーというオーストリア学派の無政府資本主義者に傾倒しており、この学者は、政府発行の法定通貨はいずれ崩壊して大恐慌が起こると唱えていた。もし実際そうなったら、生き延びるために懸命に働かなければならないだろう、とヴィタリックは考えた。その場合、ビットコインは良い防御手段のように思える。仕組み上、ビットコインは上限が二一〇〇万に固定されており、上限に達するまでソフトウェアによって平均一〇分ごとに新しいビットコインが生成されるため、デフレーション傾向を持つ。いわば、金《きん》のデジタル版だ。

「ビットコインに関して平易でわかりやすい文章を書く人物」として、ヴィタリックは広く知られるようになった。たとえば、ビットコインをネットワークととらえて記述するときは大文字のB、通貨ととらえて記述するときは小文字のbを使う、といった工夫をした。ほかにも、誤解を招きやすい基本的な事柄を以下のように説明してみせた。

> 通貨の価値は、コインという物体の値打ちではありません。流通網のなかでどれくらいの値打ちを持つかだけが実際の価値の決定要因です。（中略）したがって、「コンピューター上のビットにすぎないから、ビットコインの価値はゼロ」という考えは間違っています。人々が金銭を支払って手に入れたいと思うからには、相応の価値を持つわけです。また、需要と供給の方程式のうち「供給」の部分も重要です。ビットコインは希少性によって価値を保っています。ビットコインを自由に生成する権限は、どんな個人も団体も持っていません。[7]

別の記事では、さらにこう説明している。「ビットコインのユニークな特徴の一つは、社会組織が備えている特定の機能をコードによって強制的に実行することです。たとえば、インフレ率はコードで厳密に制御されており、それを誰かが無理やり変更することは不可能です[8]」

複雑なトピックに関する明快な文章が高く評価され、二〇一一年八月、ミハイ・アリシエという人物から、新しい出版物の最初のライターになってほしいとメールで依頼が来た。それが『ビットコイン・マガジン』だった。ヴィタリックは、バラエティー番組『マペット・ショー』に出てくるスウェーデン人シェフのような無頓着さで、すぐさま移籍し、『ビットコイン・ウィークリー』は直後に閉鎖となった[9]。

ミハイは長身痩軀で、肌が青白く、髪が茶色のルーマニア人だった。両手をさかんに動かしながら話す。おしゃべりで愛想がいい。何かのエピソードを語るとき、細身のからだを左右に向け変えて一人二役を演じることも多い。前年に大学を卒業したが、仕事に就かず、オンラインポーカーばかりやっていた[10]。彼は、ゲーム理論におけるレベルごとの戦略や考えかたに非常に魅せられていた。レベル0――ゲームの基本――では、プレイヤーは「いまの手札の範囲で最善の組み合わせは？」と考える。その答えが出たら、次は「相手の手札は？」と推測する。そのあと、自分の手札と相手の手札だけでなく、「相手はこっちの手札をどう推測しているか？」について検討する。さらに次の段階では、「相手は、自分の手札をわたしがどう推測していると推測しているか？」

ミハイにとって、オンラインポーカーはまさに天の恵みだった。ルーマニアの平均月給が約二〇〇ドルなのに対し、彼はひと勝負にその二倍の額を賭けた。初めて儲けが出た日、バスに乗って仕事に向かう人々を見ながら、自分がまったく異なる人生を歩み始めていることに驚いた。

二〇一一年の冬、ミハイはビットコインについて耳にし、ヴィタリックと同様、BitcoinTalk.orgという交流サイトの書き込みを読みあさった。やがて、きわめて良質の記事の多くをヴィタリックが執筆していることや、ビットコインを扱う主流メディアが闇サイト「シルクロード」に焦点を当てがちであることに気づいた。もっとビットコインを中心にした明快な情報源が必要だと感じた彼は、ヴィタリックを雇い、BitcoinTalk.orgで共同出資者を募った。

ミハイが最初に考えた雑誌のアイデアは、読者がめいめい妥当と思う金額を決めてPDFファイルをダウンロードするという、投げ銭のようなシステムだった。あるていど成功すれば、いずれ、広告収入で支える印刷版に進化させられるかもしれない。ところが、PDF版の創刊号を作成し始めた二〇一一年一二月のある夜、ビジネスパートナーのマシュー・N・ライトが「いちかばちか勝負しよう」と言いだした。つまり、最初から印刷版で出そう、と。ミハイは資金不足を理由に難色を示した。しかし翌日、珍しく数時間オフラインで過ごしたあと、ふたたびネットにアクセスすると、未読のスカイプメッセージが約六〇〇通も待っていた。BitcoinTalk.orgでマシューが、『ビットコイン・マガジン』の創刊号を印刷版で出す、と勝手に宣言してしまったのだ。[11]

夏にGawkerの記事が出て急騰したのち、BTCは下落し、その年の一二月には三ドルから四ドル前後にとどまり、ビットコイン企業各社はあまり景気が良くなかった。しかしミハイたちは奮闘のすえ、定期購読の予約と広告収入によって印刷版の資金を確保できた。ただ問題は、世界各国の購読者にどうやって送付するかだ。スタッフがいるイギリスから郵送するのでは高くつく。マシューはアメリカ国籍ながら韓国在住。ところが購読者のほとんどは西洋にいる。そこで、ミハイが住むルーマニアから発送するのが最善だろうということになった。購読者のもとに届くまで一カ月かかりかねないものの、ルーマニアからなら、ヨーロッパ内への送料は一ユーロから二ユーロ、アメリカへの送料は三ユーロから四ユーロとわりあい安い。ミハイが、なんとかしてみせると請け合った。

まもなく、『ビットコイン・マガジン』の創刊号が五〇〇〇部、アメリカからイギリスへ送られ、そのあと二〇トントラックでルーマニアへ運ばれて、最終的にミハイの両親の家に到着した。前庭に積まれた段ボール箱を見て、ミハイは「両親に伝えておくべきだったかも」と思った。運び込んだ五〇の箱が居間を埋め尽くした。ミハイとガールフレンドのロクサーナ、彼女の兄の三人で、一冊ずつ封筒に入れ、受取人の名前と住所を手書きした。準備を終えて、近所の郵便局へ持っていったが、局に置いてある切手だけでは足りなかった（そのあと徐々にこの郵便局も新しい雑誌ビジネスに協力してくれるようになった。また、大学最終学年のロクサーナが物流のおもな担当者に決まり、彼女は授業が終えると毎日、ミハイの両親の家へ行き、定期購読を管理し、広告を処理し、宛名を貼って雑誌を発送した。やがて『ビットコイン・マガジン』にはラベルプリンターが導入された）。ストレスはあったものの、やり甲斐を感じたミハイは、雑誌のおかげで自分はコミュニティーの一員になれたと思った。

二〇一二年五月号が発行されるころ、ヴィタリックは高校最終学年の春だった。『ビットコイン・マガジン』に参加し始めてからも、彼は暗号通貨についてのわかりやすい文章をオンラインに寄稿し続けていた。

ビットコイン・ネットワークと呼ばれるコンピューターのネットワークによって、ビットコインの取引が送信され、公開ブロックチェーンが維持されます。この用語は、たんにブロック生成者だけを指す場合もあります。（中略）**ブロックチェーン**とは、これまでに送信された取引すべての公開リストです。これにより、どのビットコインを誰が所有しているかを誰もが知ることができるのです。（中略）**ブロック生成者（マイナー）**とは、ブロックを生成してブロックチェーンに追加しようとする人を指します（この作業を行なうソフトウェアを指す場合もあります）。ビットコイン・プロトコルにもとづいて、有効なブロックを生成した者には五〇ビットコインが自動的に割り当てられます。ビットコインの生成方法はこれ以外にはありません。[12]

一方でヴィタリックは、ジャーナリスト向けに、ビットコインにまつわる誤解を解くための記事も書いた。「ビットコインには中央組織や管理当局がありません。（中略）ふつうの企業が発売する製品とは性質が異なり、金《きん》と同じような自己持続型の商品をデジタル化したものと捉えるほうが適切です。健全な衛星産業があり、ビットコインを中心とした製品やサービスを提供していますが、中央に位置する集権的な組織は存在しません[13]」

印刷された『ビットコイン・マガジン』の創刊号には、サトシ・ナカモトと名乗るビットコイン発明者の人物像、暗号通貨の試みのこれまでの歴史、二〇一一年のビットコイン・バブルなどのトピックを扱った記事が一二本掲載されていた（BTCはクリスマス時からほとんど変わらず、およそ五ドルだった）。六九ページにわたる誌面に目を通したヴィタリックは、一二本のうち九本が自分の書いた記事だと気づいた。ほかのライターがなかなか見つからなかったに違いない。彼は好機に巡り会えたことに感謝した。

『ビットコイン・マガジン』のドラマは続いた。マシューはBitcoinTalk.org上で、「パイレート」と呼ばれているものは詐欺ではないと主張し、今後三週間以内に購入者のもとに届くはずで、もし無理だろうと言い張る人がいれば、倍額の賭けを受けて立つ、と宣言した。その後、一カ月も経たないうちにマシューは「自分の負債が、一生かけても返済不可能な金額に達した」と明かし、『ビットコイン・マガジン』を辞職した。[14] さらに、別のビジネスパートナーが会社から不正に金を引き出していたことが発覚した。ミハイによれば、この人物はＷｏｒｄＰｒｅｓｓのホスティング八カ月分として八〇〇〇ドル、および「デジタル出版向け」ソフトウェアの料金として三〇〇〇ドルを社に請求していた。このデジタル出版とは、当初検討されていたアイデアだ。改変できないように「デジタル著作権管理（ＤＲＭ）」プロテクトをかけたＰＤＦファイルをオンライン配布する。しかし実際には、デジタル版はつくられなかった。

こうした混乱のなか、ヴィタリックはウォータールー大学で最初の学期に臨んだ。四つ（のちに五つ）の上級科目を履修し、大学院の研究助手として働き、『ビットコイン・マガジン』の記事を執筆していた。狭い牢獄のような部屋でひとりで暮らし、食事は大学の食堂でとり、たまにスーパーマーケットで果物を買う生活を送っていた。朝起きて二時間働き、食事、四時間働き、場所を移動して食事、四時間働き……。単調な日々で、孤独だった。

ビットコインに関する記事を書くだけでなく、さまざまな方面に手を広げたいと考えた。あるプログラマーの問題を解決し、ビットコインで報酬を受け取った。『ビットコイン・マガジン』のほうも体制がいろいろと変わり、固定給をもらうかたちになった。結果的に、フリーランスの仕事で得た報酬と、BTCの上昇により、二学期が終わるころには約一万ドル相当のビットコインを所有していた（大学入学時の二〇一二年夏はBTCが六・五〇ドルだったが、翌年四月のある時点で二六六ドルを記録。平均的には一〇〇ドル前後で推移するようになった）。

ウォータールー大学には、学生が企業側の理解を得られさえすれば、大学にかよう学期と企業で働く学期を交互に交ぜてよいという産学協同プログラムがあった。ヴィタリックは、このプログラムを利用して、サンフランシスコに本社を置く暗号通貨企業のリップルで働くことを希望した。「オープンソースの個人間決済ネットワーク」を目指している企業だった。[15] 彼は創設者のジェド・マッカーレブから即答で了解を得たものの、ビザ規則により、会社設立から一年以上経過している必要があったため、九カ月前に生まれたばかりのこの企業で働く夢は叶わなかった。

そこでヴィタリックは、世界を旅してビットコイン・コミュニティーを見てまわろうと決め、ニューハンプシャー、スペイン、イタリアを訪れた。布団で寝泊まりし、ときにはエコインダストリアル・ポストキャピタリスト（持続可能な発展を目指し、環境に配慮して、資本主義に代わる社会を目指す人々）のコロニーに宿泊した。ジョギングや考えごとをしたり、自分にとって興味深い難問に頭を巡らせたりしながら、ゆとりある毎日を過ごした。やがて、イスラエルに一カ月間とどまった経験が、彼の理解をあらたなレベルへ導いた。この地には「カラードコイン」という新しい概念に取り組んでいる人々がいた。カラードコインとは、ビットコインのブロックチェーンという消せない台帳を使って、一サトシすなわち〇・〇〇〇〇〇〇〇一BTC（ビットコインの最小単位で、一セントにも満たないようなもの）ずつに取引を記録したメタデータを添付し、暗号通貨で現実世界の資産を取引できるようにするものだ。普遍的に合意された取引台帳を改ざんすることはほぼ不可能だから、ビットコインのブロックチェーンは、微量のビットコインと取引やほかの資産との結びつきを証明する貴重な履歴として機能する。ヴィタリックは、基本的な仕組みのうえで追加の機能を実現する「レイヤー2」の可能性に意識を向けた。彼はウォータールー大学でデータ構造やプログラミング言語を学んでいた。周囲を見るかぎり、レイヤー2を手がける人々は、特定の用途にだけ使える機能を開発しているようだった。誰もが任意の機能を構築できる汎用プログラミング言語をつくれないものか、とヴィタリックは考えた。

ヴィタリックは、別のプロジェクト「マスターコイン」（複数の機能を併せ持つ、いわば「ブロックチェーンのアーミーナイフ」）に働きかけて、この方向への転換を促すことにした。まず、BitcoinTalk.org の投稿を通じてマスターコインに「差金決済コントラクト」を提唱した。[16] 続いて「アルティメット・スクリプティング」――マスターコインを改良し、任意のルールにもとづき二者間の金融契約を可能にするための提唱――を書き上げた（見返りとしてマスターコインに二五〇ドルを請求）。その最初の段落で、マスターコインがビットコインを上回っている点は、より高度なタイプの取引が可能であることだ、と述べている。マスターコインは、ひとりの利用者が別のひとりに支払うという単純な取引にとどまらず、拘束力のある取引（注文者は、注文が満たされたら代金を支払うことを確約）やギャンブルのたぐいも処理できる、と。そして最後にこう締めくくった。

しかしながら、現時点におけるマスターコインは、こうしたアイデアを開発するうえで、あまり構造化されていません。本質的にいえば、それぞれの取引タイプを別個の「機能」として扱い、専用のコードや規則を用いています。この文書では、オープンエンドの方針に従い、マスターコインの契約を指定する別のやりかたを概説しています。このやりかたを活かせば、基本的なデータと算術的構成要素を指定するだけで、誰もが自分のニーズに——予測すらしていないニーズにも——対処でき、任意に複雑なマスターコインの契約を作成できます。

一一月一三日、ヴィタリックはマスターコインの開発チームにこの提案書を送り、熱っぽい返事を期待した。ところが、マスターコインのJ・R・ウィレットからは、将来的にはそうした高度な機能を盛り込むかもしれないものの、「現時点で実現を目指すと、細部に足を取られて開発の進行が遅れる恐れがある」という返信が来た。「まれに発生する想定外のケース《コーナーケース》が指数関数的に増える(と思う)ので、テストに取りかかる前に、まずはマスターコインのコア機能が正しく動作するかどうかを確かめたい[17]」

そこでヴィタリックは自分でやることにした。彼がサンフランシスコの旅を終えるころ、ビットコインの価格は急上昇していた。二〇一三年一〇月には一〇〇ドル台前半だったのが、一一月初めには二〇〇ドル台前半、彼がサンフランシスコにいるあいだに四〇〇ドル台に乗り、その後八〇〇ドルを突破した。ブームが熱を帯びるなか、ヴィタリックはみずからのアイデアを提唱した。「プライムコイン」といい、ビットコインから派生したマスターコインと同様、ブロックチェーンの上にレイヤーを重ねたものだった。おそらく自分と数人のプログラマーだけで開発することになるので、アプローチとしてこれが適切だろうと考えた。プレシディオの丘を延々と歩きながら、彼は、ビジョンを実現するための技術を模索し、ホワイトペーパーを練り直した。一方で、インスピレーションを求めて、SF作品に出てくる物質のリストを眺めていた。すると、「イーサリアム」という単語が目に留まった。響きがいい。そのうえ、一九世紀の科学理論で光波を運ぶ媒体と考えられていた仮想の物質「エーテル」に由来する。ヴィタリックも、自分の生み出す技術が多くのものの媒体になる——マスターコインに提案したような、あらゆる種類の取引を可能にするプラットフォームになる——ことを期待していた。そこで、ふさわしいネーミングだと思い、「イーサリアム」と命名し、一一月二七日に友人たちへ提案書を送った。奇しくもその日、ビットコインは初めて一〇〇〇ドルの大台を超え、数日後には最高値の一二四二ドルに達することになる。

ヴィタリックから提案書を受け取ったひとりは、トロントに住む小柄で黒髪のビットコイン起業家、アンソニー・ディ・イオリオだった。つい少し前、ヴィタリックが『ビットコイン・マガジン』のQ&Aコーナーで二回にわたって取り上げた人物だ。[18] アンソニーは、二〇一二年に「トロント・ビットコイン・ミートアップ」という情報交換イベントを立ち上げたほか、ビットコインのギャンブルサイト「サトシ・サークル」を創設し売却、さらにはビットコインを普及促進するため「ビットコイン・アライアンス・オブ・カナダ」を設立した。[19] それ以前は、家族経営の引き戸製造会社で働いたあと、地熱掘削会社を立ち上げるなどしていた。いち早くビットコインを購入し、サトシ・サークルを二四〇〇ビットコインで売却（うち彼の取り分は約二〇〇〇ビットコインで、当時のBTCは一五〇ドル以下）、その後ビットコインが急騰した結果、彼は二〇〇万ドル以上に相当するビットコインを所有していた。きわめて早い時期に多くのビットコインを入手し、資産が数百万ドルに達した人は「ビットコイン百万長者」と呼ばれ、彼はそのひとりだった。

アンソニーは、マーケティングやビジネスが専門であり、技術面には詳しくなかった。そこで、ヴィタリックから受け取ったホワイトペーパーを知人のチャールズ・ホスキンソンに見てもらうことにした。[20] チャールズはコロラド州に住む数学者で、博士課程を中退後、オンライン講座「ビットコイン教育プロジェクト」を開設し、少し前まで「ビットシェアーズ」という別のプロジェクトに関わっていた経歴を持つ。ひげを生やした二〇代の若者ながら物腰が中年ふうのチャールズは、このホワイトペーパーには新しいアイデアが二つ含まれていると感じた。第一は、クラウドに世界規模のコンピューターを構築し、計算処理の実行にかかる費用を各ステップで負担させるという点。第二は、ブロックチェーン上にプログラミング言語を置くというアイデアだ。チャールズのお墨付きをもらったアンソニーは、イーサリアムの開発資金として、ひとまず一五万ドル相当のビットコインをヴィタリックに提供した。

二〇一三年一二月、ヴィタリックとアンソニーは、ラスベガスで開かれたビットコインの会議に参加した。[21] 興奮が高まっている時期だった。数週間でBTCが五倍に膨れ上がり、ヴィタリックのアイデアを受け入れる人が増えた。アンソニーの投資のおかげで、イーサリアムは、プライムコインの上に構築されるのではなく、独自のブロックチェーンを持つれっきとした暗号通貨になった。MGMグランドホテルの湯船に浸かりながら、ヴィタリックは、アンソニーやそのビジネスパートナーであるスティーブ・ダフと話し合い、「プレマイニング」——暗号通貨の開発者が新規公開前にマイニングを行ない、そのぶんを報酬として受け取る方式——は採用しないと伝えた。「イーサ」——イーサリアムの通貨名——のプレマイニングをしないことで、共同創設者たちを含むすべての人々に平等な機会を与えるわけだ。いわば、私利私欲を捨てて、みずからは株式を持たずに自己資金で新興企業を立ち上げるのに似ている。ヴィタリックはこの分散型の計画を広く公表して、ネットワークを稼働させるため、デスクトップアプリケーションなどのダウンロード可能なソフトウェアクライアントを作成する開発者を募った。

アイデアそのものについて言えば、イーサリアムが備えている新しい特徴は、たとえば二種類のエンティティーが取引を送受信できるということだ。一つは当然、人同士だが、興味深いことに、契約も取引を行なえる。つまり、人とチャットボットがメッセージを交換できるのと同じように、イーサリアムでは（1）人と人、（2）人と「スマートコントラクト」――金融契約の取引を自動実行するソフトウェア――、（3）スマートコントラクトとスマートコントラクトのあいだで取引が可能なのだ。スマートコントラクトは、イーサリアムのブロックチェーン上にプログラムされた少量のコードであり、アドレスと残高が記録されており、人と同様に取引を送受信できる。誰かがコントラクトに取引を送ると、コントラクトのコードが起動し、コントラクトの記録を変更するか、あるいはコントラクトが自動的に取引を行なう。

たとえば、分散型のライドシェア・ネットワークをつくりたいとしよう。ウーバーのような会社を介さず、車のネットワークを構築したい。その場合、まず新しい暗号通貨をつくる。仮に「キャブコイン」と呼ぶことにする。次に、イーサリアム・ネットワーク上にキャブコインの資金調達契約を用意する。その契約は、イーサを送ってきた人に対し、あらかじめ設定された比率で新しいトークンを送り返すようにプログラムされる。イーサ一に対してキャブコイン一万、というふうに。キャブコインの保有者は、それを使って乗車料金の支払いをしたり、ネットワークの変更――価格設定、運転手の賃金、ネットワークのマーケティング予算などの変更――に投票したりできる。電話や人とのやり取りは必要ない。キャブコインに投資したい、あるいはキャブコインを利用したい人は、コントラクトと直接取引するか、みずからコントラクトをプログラミングして実行すればいい。人の労力はまったく必要ない。

イーサリアム上のすべて――取引所、賭けサイト、分散型ドメイン名システム、株主組織、保険、分散型の市場売買――は、コントラクトのかたちを取る。使用される言語は「チューリング完全」、すなわち、開発者が望むあらゆる概念を表現できる。ヴィタリックは、この新しいバージョンの白書を次のように締めくくった。

> イーサリアムのプロトコルの設計思想は、今日の多くのほかの暗号通貨が取るアプローチとは多くの点で逆である。ほかの暗号通貨は複雑さを増し、機能の数を増やすことを目指しているが、イーサリアムは正反対だ。むしろ、機能を削る。マルチシグの取引、複数の入出力、ハッシュコード、ロックタイムなど、ビットコインでさえ提供している多くの機能をサポートしない。その代わり、複雑な処理は全部、チューリング完全な万能のアセンブリ言語で実行し、この言語を使えば数学的に記述可能な任意の機能を構築できる。言語自体はジョージ・オーウェルの『一九八四年』に登場するニュースピークの原則に似て無駄を極力省いてあり、四つ未満のほかの命令のシーケンスで置き換えることができる命令はすべて削除される。その結果、コードベースが非常に小さく、それでいてほかの暗号通貨でできることはすべて実行可能である。
>
> 金融の技術的特異点《シンギュラリティー》へようこそ ;)

四日後の一二月一九日の午前一一時五三分、ヴィタリックはギャビン・ウッドという人物から開発チームに参加したい旨のメールを受け取った。「ジョニーから情報を聞きました。僕はC＋＋ができます（作例は github/gavofyork を見て）。イーサリアムの開発はどのくらいまで進んでるんですか？」と書かれていた。

ヴィタリックはさらなる手助けを歓迎した。仲間の開発者ふたりとともに、すでにコーディングに没頭しているところだった。あと数カ月で立ち上げることができる見通しで、そうしたら『ビットコイン・マガジン』と大学の生活に戻るつもりだった。

ヴィタリックは返事を i@gavwood.com 宛てに二回送った。文面から察するに、二回目は、つい一五分前にメールしたのを忘れて重ねて送信してしまったらしい。どちらのメールにも、ギャビンを開発チームに喜んで迎えると表明し、どんなC＋＋クライアントを構築したいかを尋ね、締めくくりに「気前のいい報酬」を約束してあった。

ギャビン・ウッドは三三歳のイギリス人だった。濃い茶色の鋭い瞳を持ち、モップの房糸のようにまっすぐ垂れた灰色の髪が広い額を覆っている。彼はコンピューター科学の博士号を持つプログラマーで、KDEなどのいろいろなオープンソースプロジェクトを渡り歩いてきた。博士号を取得したプロジェクトは、音楽を「なんとなく美しい」画像に変換するソフトウェアの制作だった。しばらくして、高校時代の友人であるエアロン・ブキャナンと共同でビジネスを始め、博士号のプロジェクトをもとに音響を照明ショーに変換するデバイスを開発し、ロンドンのいくつかのナイトクラブに販売した。ほかにもさまざまな起業に手を出したもののそれほど儲からなかったが、やがて、オックスリーガルというビジネス契約ソフトウェア分野の新会社の旗揚げに携わり、希望の光が射してきた。

しかし一方で、二〇一三年初めにガーディアン誌で闇サイト「シルクロード」についての記事を読んで以来、ビットコインにも興味が湧き始めた。[22] その記事には、ヴィタリックの友人のアミール・ターキとミハイが大きく取り上げられ、ロンドンの市街地にあるオフィスビルに無断で居座っているようすが描かれていた。どこかの会社の会議室だった部屋をいくつも好き気ままに使い、ミハイは、ビットコインに反対する政治家たちを批判して、「ビットコインを禁止するなんて、豚一頭を焼くために村を丸ごと焼き払うようなもの。一部にポルノの投稿があるからと、インターネット全体を閉鎖するのと同じだ」と主張していた。添えられた動画には木製のドアが映っていて、緑のマーカーで「ビットコイン・マガジン　グローバル本部」と書いてあった。記事の最後では、その建物の屋上に立つアミールが、遠くのロンドンの高層ビルに向かって、くそくらえと中指を立てていた。

ギャビンは、既成概念を嫌うこのビットコイン革命家に会いたいと思った。自分のKDE.orgアカウントからアミールにメールを送り、反応を期待した。すると、例の本部に招待してもらえた。大きな七階建ての建物だった。崩れた壁、故障したトイレ、破壊された電気変圧器……。ヨークとケンブリッジでほとんどの人生を過ごし、廃ビルに足を踏み入れたことなどないギャビンにとっては、目をみはる光景だった。ふとドアが開き、アミールが姿を見せた。室内を覗くと、がらんとしたなかにマットレスが一枚だけ敷かれ、ミハイとロキシーが毛布にくるまって寝ていた（軽い挨拶のあと、ドアはすぐに閉まった）。この訪問時、ギャビンは「ジョニー・ビットコイン」のニックネームで知られるジョナサン・ジェームズ・ハリソンと出会った。

ふたりはその後、一二月に再会した。ジョニーがギャビンにイーサリアムのコーディングをやってみないかと提案し、ギャビンは自分の実力を証明する機会だと思って受けて立った。ホワイトペーパーに目を通し、おおいに興味をそそられた。なにしろここ数カ月間、オックスリーガルでビジネス契約がらみの仕事を請け負い、おもにワードなどのマイクロソフトオフィスを相手に苦戦していた。マイクロソフトオフィスは使いにくいうえ、後方互換を気にしなければいけなかった。その点、イーサリアムはゼロから構築できる。クリスマスを挟んで何週間か楽しく取り組めそうだと思った。

クリスマス休暇には、ランカスター近郊の友人の乳牛農場へ行った。海に近い場所にあり、風すさぶ湿地に大小の納屋が建ち、壊れたトラクターや積み上げられた干し草が点在するなか、一〇〇頭ほどの牛が歩きまわっていた。友人たちはビクトリア調の家の暖炉の前でくつろぎ、クリスマスディナーを楽しみ、ゲームをし、ときおり、暖炉にたまった灰を掻き出していた。そのかたわらで、ギャビンはソファーに座って、イーサリアムのコーディングをし続けた。翌週、オックスフォードに戻ると、昼間はオックスリーガルで八時間働き、夜はイーサリアムに八時間費やした。オックスリーガルでは共同創設者という立場で、給料をもらっておらず、会社の資金繰りも不安定だった。おまけに、ギャビンは過去二年間まともな収入を得ていなかったから、経済的に追い詰められた。暗号通貨に早くから参入していたジョニー・ビットコインが一二月と一月の家賃を肩代わりしてくれたおかげで、ひとまずしのげたものの、まともな仕事に就くか、オックスリーガルへの出資者を見つけるか、どちらかの道を選ばざるを得ない日が近づいてきた。しかし、イーサリアムは捨てがたかった。決断の最終期限は二月一日だった。

ギャビンがイーサリアムについて知ったのと同じころ、オランダのプログラマー、ジェフリー・ウィルケもイーサリアムに興味を持った。やはりクリスマスにGo言語でイーサリアム・クライアントのコーディングに取りかかった。三〇歳の彼は、背が低く、髪が薄い。からだは筋肉質だが、しなやか。顎に割れ目があり、人をなごませるような、おおらかな物腰だ。大学でコンピューター科学を専攻していたものの中退し、子供向けの数学学習プラットフォームに携わるうち、ビットコインに関心を抱いた。

暗号通貨の可能性を探り、一時はマスターコインにも取り組んだ。その後、マスターコイン関係の友人が、プログラミング言語を開発するのが好きなきみなら興味深いだろうと、イーサリアムのホワイトペーパーを送ってくれた。それを読み、技術的に面白いと感じた。もともと、言語の開発だけでなく、仮想マシンを構築する——ソフトウェアによってコンピューター上に別のコンピューターをつくり出す——のが好きだった。クリスマスは、アムステルダム郊外にある両親の家で過ごした。子供や歩行者を優先し、車が速度を出しにくいように工夫された生活道路「ボンエルフ」が発達した地域だ。クリスマス行事の合間に、彼はノートブックパソコンを開いた。Go言語を選んだのは、まだ得意ではないので練習したかったせいもあるし、処理が速くシンプルで癖が少ないという特性を持つせいでもある。イーサリアムのようなプロジェクトにとって有利な特性だ。

彼はギャビンと連絡を取り合った。クリスマスの日、農場の友人宅のソファーに座ったギャビンと、ボンエルフに囲まれた両親の家にいるジェフリーは、スカイプを通じ、イーサリアムのホワイトペーパーの細部について語り合った。

このころには、イーサリアムの話題を扱うスカイプチャンネルが急増しつつあった。ギャビン、ジェフリー、ビットコイン教育プロジェクトのチャールズ・ホスキンソン、ビットコイン・アライアンス・オブ・カナダのアンソニー・ディ・イオリオ、ミハイ、その他おおぜいの人々が参加し始めた。ヴィタリックの友人でカラードコインのプロジェクトに携わっているアミール・チェトリッツもそのひとりだった。ヴィタリックは彼を「資本主義者アミール」、アミール・ターキを「無政府主義者アミール」と呼んで区別した。資本主義者アミールは以前、アンソニー・ディ・イオリオと親しかった。

ほかに、テイラー・ゲーリングという人物もスカイプに参加していた。シカゴに住む小柄で社交的な開発者だ。目元に笑い皺があり、笑顔が少年のように優しい。腕には「ｌｏｖｅ」の文字の下にハートが並んだタトゥーが入っている。ミハイはミラノで開かれたコンファレンスで彼と出会い、イーサリアムのウェブサイトのメンテナンス担当者として雇った。世間の関心が思った以上に高まり、ウェブサイトが頻繁にクラッシュしていたからだ。参加者としてはほかに、アンソニー・ドノフリオという人物もいた。ひげに覆われた丸顔の彼は、プログラマーから転身して、大麻入り食品のビジネスを起業した。オンラインでは「テクスチャー」のハンドル名で知られていた（やがて実生活でもそう呼ばれるようになった）。

一方、アンソニー・ディ・イオリオは、自身が立ち上げた交流イベント「トロント・ビットコイン・ミートアップ」を楽しんだ。中心街にビットコインの拠点をつくることを思いつき、三階建ての古いレンガ造りで広さ五一五平方メートルの一軒家を借り、「ビットコイン・ディセントラル」と名づけた。

世界各地を巡ってトロントに帰宅したヴィタリックは、Ｐｙｔｈｏｎ言語を使ってイーサリアムのクライアントをコーディングしていた。ギャビンとジェフリーはそれぞれ、Ｃ＋＋とＧｏのクライアントに取り組んだ（ヴィタリックは、イーサリアムがさまざまなソフトウェア・クライアント上で動作するようにしたいと構想した。そうすれば、一つのクライアントでバグが発生しても、ブロックチェーン全体がダウンすることはなく、バグの修正中、ネットワーク上のエンティティーは別のクライアントを利用できる）。

二〇一四年一月一日、外の気温が摂氏マイナス一五度という寒空のもと、[23]ヴィタリックは、ビットコイン事業施設「ディセントラル」の開場式に出席した。この施設の大きな特徴は、カナダで二番目のビットコインＡＴＭが設置されていることだった。活気あふれる人々——ほとんど男性——が、狭い空間に詰めかけた。ヴィタリックは、青、紫、白の細いストライプが入った黒いセーターを着ていた。ほかの人たちは、ふわふわのフードが付いたコートを着たままだった。ひと晩しゃべり明かしたなかでアンソニーが最も興味を抱いた相手は、トロント出身のジョゼフ・ルビンだった。髪が薄く、温厚な話しかたをする人物で、立っているとき、片手でもう一方の腕を握りしめる癖があった。プリンストン大学を卒業し、五〇歳に近づいている彼は、ゴールドマン・サックスなどに勤めた経験があるが、すでにウォール街から引退し、ジャマイカに住んでいた。アンソニーは彼をスカイプグループに招待した。

イーサリアムを軸にしてコミュニティーが形成されつつあった。一月中旬には、ロンドン在住の堅実なフランス人、ステファン・トゥアルが中心メンバーに加わった。なでつけた黒髪と口ひげが印象的な男だ。太い頬ひげは首筋あたりまで伸びている。彼の担当分野はコミュニケーションとコミュニティーの構築であり、今後のイーサリアムの一般発売、いわゆる「クラウドセール」には重要な役どころだった。

一月二五日から二六日までマイアミで開催される北米ビットコイン・コンファレンスで全員の顔合わせをしないか、とアンソニーが提案した。このイベントでヴィタリックが講演する予定だった。「ビットコイン百万長者」になって余裕があるだけに、アンソニーは、航空券代は各自で払ってもらうが、マイアミでの宿泊先としてみんなのために家を一軒借りると申し出た。もし互いに気が合えば、そのままいっしょに仕事をするといい。

コンファレンスの前の週末、ギャビンはロンドンの一角にあるジョニー・ビットコインの部屋に泊まった。マイアミへ行く前に少しでもイーサリアムの準備を整えたいと思い、週末ずっと部屋にこもってコーディングに励み、食事はテイクアウトで済ませた。ただし金欠だけに、マイアミまでどうすれば行けるかをヴィタリックとスカイプで相談していた。

解決したのは直前の日曜日だった。マイアミ空港に到着したアンソニー・ディ・イオリオをチャールズが出迎えた。アンソニーはこれまでイーサリアムの開発資金を提供したり、滞在費の負担を申し出たりと、金銭面で頼りになる男だった。そこでチャールズは、ギャビンの飛行機代を出してくれないかとアンソニーに頼んでみた。「いいよ」とアンソニーはあっさりこたえた。フランスに住むギャビンはそれまで三回しかアメリカに行ったことがなかったが、こうしてアンソニーの厚意により、翌日から一週間の旅に出ることになった。

さかのぼってその月の初旬、ギャビンはジョニー・ビットコインとその友人（やはり「ビットコイン百万長者」）と夕食をともにした。友人のほうがギャビンにこんな忠告をした。「イーサリアムをつくってるなら、ほかの奴らのカモにならないように気をつけろ」

ギャビンはその忠告を胸によみがえらせつつ、マイアミへ向けて飛行機に乗り込んだ。

第2章

私欲か、利他主義か？

二〇一四年一月二〇日から二〇一四年六月三日まで

イギリス経由でマイアミに着いたギャビンは、思わず心のなかで歓声を上げた。摂氏二二度と、暑からず寒からずだった。[1] アンソニーが用意してくれた家は、ビスケーン湾に浮かぶベイハーバー諸島の海沿いにあり、一五〇平方メートルほどの広さだった。なかに足を踏み入れると、足元にはクリーム色のひんやりした大判のタイルが敷きつめられていた。リビングにはビリヤード台、豪華な茶色のレザーソファー、さらにはバーカウンター。裏手の引き戸から外へ出ると、テラスにラウンジチェアが並び、業務用サイズのグリルがあり、きらきらと輝くターコイズ色の湾が広がっていて、向こう岸にゴルフコースと数多くのヤシの木が見えた。鳥のさえずりを運ぶ甘いそよ風には夏の匂いが漂っていた。海へ飛び込めば、イルカと泳ぐことができた。

イーサリアム開発チームのメンバーたちは、事前準備のため、コンファレンスの数日前に集まった。一部の例外を除いてほとんどが初めての対面だった。アンソニーが借りた家には、つねに約十数人がいた。ヴィタリック、アンソニー、チャールズ、ジョゼフ、ヴィタリックの友人である「資本主義者アミール」、ウェブサイトの保守を担当するテイラー・ゲーリング、大麻入り食品ビジネスを手がける「テクスチャー」……。ほかにも、アンソニーが連れてきたビデオカメラマンやビジネスパートナーのスティーブ、などなど（ミハイは、はなから来るのをあきらめていた。ルーマニア市民がアメリカへ旅行したい場合は、膨大な量の情報をアメリカ政府に提供しなければならない。ミハイによれば、彼のケースだとたとえば『ビットコイン・マガジン』の顧客全員の氏名を明かす必要があったという）。最初の夜、家に泊まったのは一〇人ほどだったが、日が進むにつれて人数が増えた。訪問客も多く、女性のコンファレンス参加者もおおぜいやってきた（もとのメンバーはほとんどが男性で、うち何人かは女性の訪問客を喜んで寝室に招き入れた）。ざっくばらんな会話のなかで、知り合ったばかりの面々の大多数が幻覚剤を使った経験ありだとわかった。違法性を考えると、そうよくある話ではない。室内の空気には期待と興奮が満ちていた。ビットコインの価格が一〇〇〇ドル近くまで高騰し、一同はビットコイン2・0の発表に沸き立っていた。

いや、少なくとも大半はそんなようすだった。最初の数時間は、一九歳のヴィタリックはどこにも姿がなかった。やがてようやく現われた彼に、テクスチャーが「やっと会えてうれしい」と声をかけた。ヴィタリックは頬や額にちらほらとニキビがあり、顎は産毛が生えている程度だった。「どうも」とこたえたあと、舌足らずな口調で「いま、スマホで中国語を練習中なんだ」と付け加えた。マイアミにいるあいだ、かなりの時間を割き、移動中の車のなかでも言語学習アプリを開いていた。しばらくして、アンソニーのビジネスパートナーであるスティーブが、まだ飲酒できない未成年のヴィタリックにマリファナを吸わせようとしたが、たまたまほかの人から呼び出しが入って、戻ってきたときにはもうヴィタリックの興味は冷めていた。おおかたのところ、周囲の者たちがこの天才少年の面倒を見てやる必要があった。ヴィタリック当人は物思いに沈んでいることが多く、注意が疎かになりがちだったからだ。レストランでは迷子のような状態になりがちで、「おおい、こっちだ！」と呼んでやらなければいけなかった。

ギャビンは、特定のテーマについて知恵や技術を競い合う「ハッカソン」のイベントがあると聞かされていたのだが、Ｇｏクライアントを構築しているアムステルダム在住のプログラマー、ジェフリー・ウィルケがやってこなかったため、デジタルウォレットの開発者を除くと、プログラマーはほぼギャビンひとりだった。しかし、いずれにしろ暇はない。イーサリアムのＣＥＯを自称するチャールズから、週末に壇上で行なうデモンストレーションに間に合うようにイーサリアムの稼働準備を終えてくれ、という課題を与えられており、ギャビンは食卓に陣取って作業に没頭した。ほかのメンバーたちは、ソファーのあるあたりに集まって、イーサリアムに関する重大な決定を協議していた。

ある協議の最中、ヴィタリックは純然たる理想主義をかざした。イーサリアムに関して、組織内に階層はつくらず、特定の創設者グループも定めず、プリマイニングも行なわず、ただたんにクライアントをリリースし、オープンなコミュニティー・プロジェクトにしたい、サトシ・ナカモトのように無私無欲を貫き、コインのかたちで「持ち分」を保証される者はいないようにしたい、と。

即座にアンソニーが反論した。「いや、これについては話し合っただろう、ヴィタリック。前に話し合った。創設者が存在したほうがいい。信任を受けた責任者がいるべきだ」

この時点で、アンソニーはほとんど全資金をプロジェクトに投入していた。開発コストに一五万ドル以上出資し、ギャビンらの家賃や交通費も肩代わりした。また、立ち上げに向けて資金、時間、労力を投じてきた人たちに報いるため、プレマイニングは必須だと考えていた。プレマイニングに要する資金を調達しなければいけない。階層の有無に関していえば、サトシ・ナカモトが姿をさらしたがらなかったのに対し、イーサリアムは事情が違うと感じていた。オープンさと信頼性が大切なだけに、プロジェクトの責任者がおもてに出るべき、というのがアンソニーの主張だった。

イーゼルにメモ用紙を広げて、一同は誰を創設者に据えるかを話し合い始めた。成り行きを聞いていたギャビンが、食堂のテーブルで作業し続けながら、ソファーのあたりで議論している仲間たちを見やった。この時点に至るまで、ほかのメンバーたちがほぼ初対面の関係だとは知らなかった。イギリス人の自分とは違い、アメリカふうの英語を交わし、挨拶がわりにハグをして、兄弟のように振る舞っていたからだ。ここしばらくいっしょにイーサリアムの開発に取り組み、何もかもまとまっているのだと思い込んでいた。なのに、いまごろ責任者を選んでいる段階なのか？　もしまだイーサリアムが始動していないなら、自分が創設者になりたい！

一つ厄介なのは「資本主義者のアミール」の存在だった。イーサリアムと競合する恐れのあるカラードコインの関係者だからだ。追い出したいわけではないものの、この人が参加していていいのか、という疑問が場に漂っていた。

一方、正当な分け前をもらえとジョニー・ビットコインの友人から忠告されていたギャビンは、みずから創設者を名乗るだけの根拠を模索した。二五歳まで学校にかよい、それ以降は気に入ったプロジェクトに取り組んできただけの彼には、交渉スキルと呼べるものがなかった。それでも、メンバーたちのそばに行き、可能なかぎりの説得に努めた。なにしろ、ほかの人たちが議論しているあいだにも実際に何かをつくり続けていたのは彼なのだ。自称ＣＥＯのチャールズ、さらにはジョゼフが、ギャビンは起業の経験と技術的な専門知識を持っているから適任だとして、彼を支持した。

けれども、ギャビンの飛行機代を含め、これまでほとんどの支出をまかなってきたアンソニーは不賛成だった。彼はおそらく「資本主義者のアミール」と最も立場が近く、「ギャビン、それは無茶だ。いくらなんでも」と言った。きみはプロジェクトに参加するのが遅すぎた、と。アンソニーにしてみれば、ギャビンはその時点でそこにいたほかの五〇人と同列の存在だった。「しじゅうプログラミングをしていて、初期メンバーのなかにはヴィタリックくらいしか知り合いがいない男」という程度の認識だった。イーサリアムの組織面には関わりのない人物と見なしていたのだ。アンソニーはのちにこう語っている。「いくら開発者がそろっていても、意思決定において中心的な役割を果たせる人がいるとはかぎらない」。プログラミングを受け持っているからといって、それが即、共同創設者のひとりとして名を連ねる理由にはならない、とみていたわけだ。ギャビンは憤慨したようすで、イーサリアムを実際に構築しているのは自分なのだと主張した。議論がしだいに白熱しつつ五分ほど続いたあと、アンソニーのビジネスパートナーであるスティーブが、一服しよう、とアンソニーを外へ連れ出した。

ふたりは裏庭に出た。数メートル先で、さざ波が陽光にきらめき、湾の向こう側には、ヤシの木々に囲まれた平穏なゴルフコースがあった。スティーブは言った。「なあ、せめてギャビンも創設者のひとりだと認めてやれよ。認めてやるだけでいい。分け前をたんまり与える必要はないけど、創設者として認めないっていうのはあんまりだ。C＋＋クライアントを構築してるのは、あいつひとりなんだから。ヴィタリックはぜんぜんやってなくて、Ｐｙｔｈｏｎクライアントにしか取り組んでないんだ」(Ｐｙｔｈｏｎ言語は実行速度が遅い)。

アンソニーはこの裏庭での会話を覚えていないという。しかしスティーブによると、アンソニーはいちど煙草を吸い、煙を吐いてから、結局こうこたえた。「そうだな。おまえの言うとおりだ」。そしてふたりで室内に戻った。

共同創設者やリーダーシップ構造について、はっきりとした最終的な合意があったのかどうかは不明だが、いずれにしろ、明確な階層のある従来の企業とは違い、「分散型」のプロジェクトにふさわしい妥協点が少なからず生まれた。今日に至るまで、ヴィタリック、アンソニー、チャールズ、ミハイ、アミールの五人がそもそもの共同創設者だったことには誰も異議を唱えていない（ただし、ギャビンの印象では、アンソニーは自分とヴィタリックのふたりだけを創設者と限定したがっているようすだった。友人のチャールズとアミールに関しては共同創設者として容認したものの、ヴィタリックの友人のミハイを含めることには乗り気ではなさそうだったという。アンソニー本人は否定している。彼によれば、五人の共同創設者はマイアミより前に決まっていたといい、ヴィタリックの記憶も同様だ）。もっとも、アミールを除く四人が「取締役」――受託者責任《フィデューシャリー・デューティ》を負うメンバー――となるケースもあったようで、ウェブサイトにはそう記された（のちにアミールは、自己満足よりプライバシーを優先したかったせいだと釈明するが、ほかの人々は、アミールはカラードコインにも関わっていたため、証券取引委員会に目を付けられたらまずいと思って名前を伏せたのだろう、とみている）。ただ、少なくともギャビンは、ギャビン、ジェフリー、アミールの三人が下位の創設者と名指しされたと記憶している。この下位グループは創設者たちの会議に出席し、難局を脱するのを手伝い、取締役メンバーの半分の量のイーサ（ETH）を得るはずだったという。ギャビンはこれが最終決定だと思っていたが、アミールはそうは思っていなかった。あとになって、ギャビンは創設者の下位グループに入れられたことを悔しがるはめになる。彼によれば、あとになって、チャールズがスカイプグループに参加したのはギャビンよりたった一日早かっただけと判明したらしい。

その日しばらく経ってから、ギャビンが共同創設者に名を連ねることにいちばん強硬に反対したアンソニーが、プレゼントの袋を持ってギャビンのもとへやってきた（後日、アンソニーはこのときのことを「よく思い出せないが、生活用品か何かを買ったかもしれない」と語った）。ギャビンは、裏庭でのアンソニーとスティーブの会話を知らなかったものの、きっと誰かから「あいつとは今後もいっしょに働かなきゃいけないんだから、仲直りしろ」と諭されたのだろうと感じた。ギャビンは袋の中身を見た。ジョニーウォーカー・レッドラベルの瓶が入っていた。いちばん安物のスコッチかよ、と彼は鼻白んだ。それから五年経っても彼の心からはわだかまりが消えず、そのウイスキー瓶を屈辱のしるしとして保管し続けることになる。「もういいじゃないか」とほかの人に強く説得されても、気持ちは変わらなかった。

次の日曜日、すなわち一月二六日の午前九時三〇分、ヴィタリックの講演が始まった。[2] 夜通し馬鹿騒ぎしたあとだけに、まだ朝早すぎた。けれども、コンファレンスの参加者たちは自分を叱咤して、このプレゼンテーションに耳を傾けた。会場は大混雑で、立ち見の人垣が四重にもなっていた。主催者の調べでは六〇〇人以上が集まったという。ヴィタリックは相変わらず舌足らずなしゃべりかただった。時間にして三〇分弱。しかし、内容は的確だった。イーサリアムはほかの暗号通貨とは異なる戦略を取っており、特定の機能を実現するものではなく、プログラミング言語の一種なのだと訴えた。「この一種類の構成要素、いわば〝暗号通貨のレゴブロック〟から、ほとんどあらゆるものをつくれるのです」と彼は言った。それればかりか、作成したアプリケーションは、ビットコインのような分散型にできる。つまり、適切な構築を行なえば、どこの誰にもどこの政府にも停止不可能なシステムをつくれるわけだ。聴衆のうち少なくともひとりは「ビットコインの模倣品はすでに数多く存在するけれど、イーサリアムは、ビットコインのたんなるバリエーションではない」と直観したという。それ自体が重要な存在意義を持っているのだ、と。そんなアイデアにもとづく暗号通貨は初めてだった。ヴィタリックが話し終えると、何人もが質問の手を挙げた。しかし質疑応答の時間はあまりなく、スタンディングオベーションのあと、おおぜいが彼を追って場外へ出た。

イーサリアムの可能性の大きさが明らかになるにつれ、開発メンバーは地位を争った。CEO（最高経営責任者）の座をつかみ取ったチャールズが、チェスをしながら、ギャビンにCTO（最高技術責任者）にならないかと気軽に誘った。水曜日に自分のノートブックパソコンからチャールズのノートブックパソコンへイーサの最初のトランザクションを送信したギャビンは、「どう思う？」とヴィタリックに許可を求めた。ヴィタリックは研究（と中国語学習）には熱心だが、他人に命令することや肩書きにはあまり興味がなく、「べつにいいよ」とこたえ、みずからは「C3PO」という肩書きを名乗った。

イーサリアムのビジネスはさておき、この週末はビットコイン・バブルの華やかさと魅力に彩られた。最初期の「ホエール」――価格に影響を与えるほどの大量のコインを持っている人物――のひとりが、屋上でパーティーを開いた。氷の彫刻がいくつも展示されるなか、全身を金色に塗った女性ダンサーたちが踊った。ギャビンの目には、007映画のワンシーンのように映った。ありとあらゆる趣向が凝らされ、「われわれは世界一の金持ちだ！」と大声で叫んでいるかのようなパーティーだった。ギャビンは「これから先、人生はずっとこんな感じなんだろうか？」と胸の内でつぶやいた。
ロンドンのヒースロー空港に降り立ってすぐ、彼はビジネスパートナーに電話をかけた。「オックスリーガルはやめるよ。イーサリアムの未来に立ち合いたい」

クラウドセール――世界じゅうの購入希望者からビットコインを預かって、引き換えにウォレットを渡し、イーサリアム・ネットワークがいよいよ始動するとき、このウォレットに相当額のイーサを入金する――は当初、二月一日に開始の予定だった。[3] しかし、トロントにおけるコンファレンスの最中、この日程に対して不安の声が出始めた。ジョゼフ、チャールズ、アミールの三人（創業チームのなかの「ビジネス担当」）らが、証券販売に関するアメリカ証券取引委員会（SEC）の規定に抵触しないことを確認できるまでクラウドセールを延期したほうが賢明だろうと言いだしたのだ。なにしろ、暗号通貨のクラウドセールは法的に疑問視されていた。実質的には新規株式公開（IPO）に近い。アメリカでは、規定の免除条件に該当しないかぎり、IPOを行なう際は必ずSECに届け出なければならない。イーサリアムのメンバーは届け出をしたくなかったし、実際に動作する製品も収益もIPOに必要な資金もない以上、イーサリアムはIPOにそぐわない。かといって、免除の条件にも該当していなかった。法律に従わずにIPOに踏みきった、という指摘を受ける恐れがあった。年長でビジネス経験豊かなジョゼフは、違法と判断された場合には懲役刑もあり得ると知っていた。他方、アミールの人脈をたどって潜在的な投資家たちに働きかければ、近い将来、二〇〇〇万ドルという巨額の資金を調達できそうだった。チャールズは、自分が「ビットシェアーズ」プロジェクトを離れたのも、クラウドセールが法に引っかかるのではという懸念が大きな理由だった、と付け加えた。しかも、技術的な面を考えても、イーサリアムのクラウドセールの準備はまだ万全ではなかった。そこで、一月二六日のコンファレンス最終日のあと、彼らはクラウドセールの延期を決めた。

一方で、ギャビンはアムステルダムへ行き、ジェフリーに会った。歓楽街にあるホグワーツ魔法学校ふうの雰囲気のパブに陣取って、ふたりは、ＧｏクライアントとＣ＋＋クライアントを結ぶ初期のイーサリアム・ネットワークを構築した。これは、ＧメールとＹａｈｏｏ！メールといった異種間でもやりとりが可能な電子メールネットワークに似た構造を持っていた。それまでギャビンは一週間に四、五人と交流する程度だったが、突如、一日で五〇人とコミュニケーションを取るようになった。三〇人がタイル表示されたスカイプウィンドウを何枚も切り替えながら通話することも珍しくなかった。クリスマスから二月中旬にかけて、ギャビンとジェフリーは、それぞれのイーサリアム・クライアントのために七万行以上のコードを書いた[4]（結局、ヴィタリックのＰｙｔｈｏｎクライアントはおもに調査用として使われることになる）。

ＣＥＯのチャールズは、法的な管轄区域を調べ、イーサリアムの拠点を置いてクラウドセールを開催するのに適した場所を探した。そして目を付けたのが、スイスのツーク州だった。ツーク湖の北東に位置し、緑豊かな丘と低い山々に囲まれた小さな州。かつては酪農場とサクラの木の栽培が主たる産業だったが、企業に有利な税制を提供し始め、スイス国内でもきわめて裕福な地域に変貌を遂げていた。イーサリアムの構想について理解を得るべく、ミハイが現地の税務当局や規制当局と会合を重ねた。また、スイスを拠点にクラウドセールを行なうことを承認してもらうため、スイスの最先端のコンサルティング会社であり法律事務所でもあるＭＭＥの協力を取り付けた。

イーサリアムの企業実体をスイスに置く方向で調整中だとチャールズが伝えたところ、アンソニーは気分を害したようすだった。プロジェクトの資金の大半を出しているのは自分なのに、知らないうちに話が進んでいたからだろう、とチャールズは思った（じつは、チャールズがスイスへ行く三日前、アンソニーはすでにイーサリアム・カナダを設立していた。その理由の一つは、取締役会が「創業メンバーの身元調査や犯罪歴チェックを行なうため」だったという。のちにアンソニーは、イーサリアム・カナダの登録地であるディセントラルこそがイーサリアムの最初の本社である、と言明している）。一方、ジョゼフは、ウォールストリートで働いた経験――ヘッジファンドを経営していたほか、短期間ながらゴールドマン・サックスに在籍した――に照らして、スイスは理想的だと考えた。

開発者のギャビンとジェフリーは、さらなるコードを書き続けながら、イーサリアムを本当に構築しているのは自分たちとヴィタリックだと感じていた。下位グループではなく、正規の創業メンバーに名を連ねる資格があるはずだと、五人の上位創設者たちに伝えた。

そのころ、チャールズはミハイに、意思決定の投票権を持つのが五人では少なすぎると不満を言った。共同創設者の顔ぶれを決めるときチャールズがアンソニーと揉めたのを思い出して、ミハイは「CEOのチャールズとしては、ベンチャー投資家のアンソニーに対抗するために、もっと支持者が欲しいのだろう」と思った。ほどなくして、メンバーを増やすかどうかの議論が持ち上がると、チャールズは開発者のギャビンとジェフリーに言った。「わたしはきみたちを本当に大切に思っている。きみたちを共同創設者として認めない者がいるようなら、わたしはここを辞める」。この言葉を脇で聞いていたミハイは「ギャビンとジェフリーに媚を売って、アンソニーと対立したとき味方してもらおうという魂胆だろう」と感じた。共同創設者を増やすことの是非について、もとの五人が議論した結果、賛成が四人。アンソニーひとりが反対だった。チャールズはさっそくギャビンとジェフリーに電話をかけ、ふたりが正式な共同創設者に昇格したことを伝えた。クラウドセールが延期されただけに、開発資金を提供し続けることができるジョゼフも正式メンバーに加わった。もっとも、何年もあと、ジェフリーは、チャールズがCEOになったいきさつは、誰かが急に割り込んできて「じゃあ、とりあえずおれがアップルのCEOだから」と言うようなものだった、と述懐した。けれども当時のジェフリーは幸福感に包まれ、CEOのチャールズには感謝の気持ちしかなかった。また、ギャビンとしては、ほかの人たちが自分とジェフリーの重要性を認めてくれたことに満足していた。[5]

共同創設者それぞれが同額のイーサと投票権を持つことになった。ただし、ヴィタリックだけは例外で、ほかの人の二倍の量のイーサを得るほか、八人の共同創設者のあいだで賛否が同数になった場合などに最終決定権を握る。

イーサリアムの法的・管理的構造について取り組むチームは、最初、ツーク湖のほとりにあるマイヤースカッペル市のエアビーアンドビーに滞在していた。ミハイは、分散型のイーサリアム・ネットワークを補完するために「ホロン」、すなわち自立的な単位を組み込むべきだと熱心に訴え、同一空間内で生活と仕事の両方をこなせるようにしたいと考えた。そこで、彼らは狭い空間のなかで仕事をし、料理をし、互いを撮影した。チャールズは報道関係者に電話対応するのに忙しくなった。二三歳のデンマーク人、マティアス・グロンネベックが、ウェブサイトのコーディングを受け持った。彼は、財務危機の際に祖父が巨額の富を失ったことがきっかけで、イーサリアムへの道を歩み始めた。グループの別のメンバーひとりは料理を担当した。まるでイスラエルの農村共同体「キブツ」のようだった。コミュニケーションを重視するステファン・トゥアルは、のちに、この時期を自身にとってイーサリアムの最高の思い出だと振り返っている。エアビーアンドビーから退去することになったとき、スイス当局との連絡係のハーバート・ステルキが、ルツェルンにある自宅アパートメントを提供すると申し出た。ＩＫＥＡに寄って寝具などを買い、少なくとも一一人がマットレスをぎゅうぎゅうに敷きつめた２ＬＤＫのアパートメントで暮らし始めた。

やがてロクサーナが見つけた物件が、イーサリアムの本拠地になった。現代的な三階建てで、灰褐色の砦のように見え、メンバーたちは「スペースシップ」と名付けた。ツーク湖からいままでより少し離れたバール市にあり、周囲にはスイスらしいのどかな丘が広がっていた。地上三階、地下一階からなる建物だ。二つのバルコニーがある最上階には、全員が同時に作業できる長いテーブルを置くことができた。常時一〇人ほどが住み込みで働くことを考えると、少なくともスイスの基準ではそれほど高くない家賃だった。

エレベーターを備えたスタイリッシュで明るいミニマリストスタイルのこの家は、彼らには完璧だったが、大家にしてみれば、実績のない新しい法人イーサリアムＧｍｂＨ（ＧｍｂＨはアメリカの有限責任会社に相当するスイスの会社形態）に貸すのは不安げだった。そこでミハイがすべてを賭けて、手持ちの残りのビットコインをすべて換金して一年ぶんの家賃五万五〇〇〇スイスフラン（ＣＨＦ）を前払いし、ジョゼフも一万六五〇〇ＣＨＦの保証金を支払った（ＣＨＦ-ＵＳＤ為替レートはおよそ一対一）。彼らは銀行口座を持っていなかったが、ビットコイン・スイスを通じてビットコインをスイスフランに換金した。ビットコイン・スイスとは、大口のビットコイン取引を仲介する会社だ。

クレディ・スイス銀行の元銀行員で、長い灰色のポニーテール、ぼさぼさの口ひげとあごひげを生やし、革のネックレスと髑髏のペンダントを付けた銀の鎖を着用しているデンマーク人のニクラス・ニコラジセンが設立した。

ツーク周辺での生活と仕事のホロンが始まった。しかし、ホロンを推進してきたミハイですら、狭苦しいなかで生活するのは大変だと身に染みた。朝起きた直後から、同僚とからだがぶつかる。キッチンと仕事場が同じなので、仕事中の人は料理の音などがうっとうしい。雰囲気を明るくするために、自転車を買ったほか、ロクシーの友人の大工ロレンツォ・パトゥッツォとミハイが二階に仕切り壁を設けて、個室を一つつくった。昼間、ファミリー部屋として使い、たとえば『ゲーム・オブ・スローンズ』を見る。毎週、バーベキューパーティーも開いた。酔いすぎのトラブルがときどき起きたものの、そう深刻ではなかった。ほとんどの者が金欠だったうえ、給料ももらっていないから、ドアにビットコインのQRコードを貼り、ビール代をまかなえるだけのビットコインを受け取れるようにした。あるとき、ビットコイン・スイスの従業員がビールを一ケース差し入れしてくれ、みんな大喜びして、彼に四〇〇〇ETHの支払い約束書を渡した。

しかし、スペースシップ内の緊張感は高まり続けて、まもなく限界を超え、生活と仕事をともにする場合のふつうのイライラどころではなくなった。たとえばCEOのチャールズは、離れて見れば魅力的だった。鮮やかな青の縦縞スーツを着てポケットにペンを差しているという平凡な服装のときでさえ、プロモーションビデオを使って聴衆を魅了することができた。けれども、身近に接するとマナーの悪さが目に付き、マイヤースカッペル市のエアビーアンドビーにいたころも、切った爪を階段に散らばらせていた。危険信号もあった。ある日、マイヤースカッペルでロクシーとふたりきりになったチャールズは、自分がサトシだと打ち明けた。女性に捨てられたあと、気を紛らわすためにビットコインをつくったのだ、と。サトシ・ナカモトの正体は暗号通貨界の最大の謎であり、神様的な存在といってもいい。政府が管理できない分散型通貨をつくり、それでいて個人的な利益を求めずに去るという究極の「サイファーパンク魂」を発揮したからだ。

チャールズの告白をロクシーがほかの人に伝えると、技術者ではないふたりのデザイナーも、同じような話を聞いたとのことだった。うちひとりはチャールズを信じていた。別の日、ツークの一団がエアビーアンドビーの切妻天井のテレビ部屋でくつろいでいたとき、チャールズは携帯電話の画面を仲間たちに見せびらかした。サトシのメールアカウントらしきものが表示されていた。その場にいたあるひとりは、あとから振り返ると、たぶんチャールズはサトシを思わせるメールアドレスをどこかに登録して、サトシ本人のメールをいくつもインポートしただけだろう、と推測している。その後、スペースシップへ移ってからも、チャールズは同じような行動をとり、二〇〇九年に登録されたサトシ・ナカモト名義のフォーラムアカウントを見せびらかした。これについても、居合わせたひとりは、二〇〇九年に作成したアカウントのユーザー名だけを直前に変更しただけではないか、と話している。チャールズは、もっと遠回しに思わせぶりな態度を示したこともある。ミハイに対しては、「うん、二〇〇八年、二〇〇九年はいい年だったなあ。面白いことに取り組んでた」などと言った。何をしていたのかとミハイが尋ねると、チャールズは「いやあ、何でもない」とこたえた。しばらくすると、こう言いだした。二〇〇八年に失恋して、忘れようと仕事に没頭していたら、数カ月後、ドッカーン！――ビットコインが誕生したんだ、と。『ビットコイン・マガジン』の創始者で、サトシを崇拝するミハイは、とうとうヴィタリックに「チャールズがサトシなのかな？」と尋ねた。ヴィタリックが、チャールズはそんなことができるほど数学や「暗号経済学」を理解していないと思う、とこたえると、ミハイはほっと息をついた。[6]本物のサトシなら、ビットコイン・ブロックチェーンの最初のブロックのコインを動かしてみせれば、自分の正体を簡単に証明できるはずだ。チャールズのような小細工は必要ない。結局、ツークにいるグループの大半は、チャールズがサトシではないと判断した。

チャールズはときどき、スペースシップ内を歩きまわる際に足を引きずっていた。大丈夫かと訊かれると、アフガニスタンでアパッチ・ヘリコプターからＨＡＬＯジャンプ（高高度落下傘降下）をしたときに負傷した、と話した。そんな調子で、自分はＣＩＡの情報提供者だと言いだすこともあり、ある日、ステファンに「ザ・ファーム」に連れて行ってやる、と気軽に約束した。ステファンはグーグルで調べ、ザ・ファームとは正式にはキャンプ・ピアリーと呼ばれる秘密のＣＩＡ訓練所だとわかったが、チャールズがフランス人の自分をそんなところへ連れて行けるはずがないと思った。チャールズはさらに、アパッチ・ヘリコプターから降下した先で女性スパイに出会い、銃を携えて建物から建物へと移動するうち恋に落ちた、とも話していた。エピソードが嘘くさいどころか、おおやけのプロフィールから考えて、もし彼が陸軍にいた時期があるとすると、年数のつじつまが合わないのだった。一方でチャールズは、ミハイに対しては、有名なＤＡＲＰＡ（国防高等研究計画局）で暗号解読法の仕事をしていたと匂わせ、マティアスには、若くして大学に入ったけれど、ゴールドバッハ予想を解こうと躍起になりすぎてしまった、と語った。ポーカーの経験を持つミハイは、チャールズが何か発言をするたび、心理を分析せずにはいられなかった。この言葉は本心なのか、真実なのか、それともこっちを操ろうとしているのか？

こうした事態に加え、チャールズの対人関係にも難があり、無害なものから深刻なものまで、スペースシップにいた何人かの悩みの種になった。たとえば、付き合っている彼女の話を妙なタイミングで持ち出した。ロクシーにしょっちゅう、何の脈絡もなく、仕事の話の最中に突然、「マーリーンが恋しい」とのろけだした。ロクシーは、チャールズの偽の人格が顔をのぞかせ、完璧な彼氏を演じようとしているらしい、と感じた。テイラーの当時の彼女がたまたま来ているとき、そのマーリーンが現われたという。チャールズとマーリーンのやりとりは「めちゃくちゃ変」に感じられた。チャールズより年上のマーリーンが、まるで母親のように振る舞っていた。

もっとたちが悪いのは、チャールズが嫌な手口で他人を操ろうとすることだった。いろいろな人を散歩に連れ出して、相手の願望を探る。あとでその情報を使ってわざと不和を招いたり、その人をコントロールしたりする魂胆らしかった。「いちばん近いたとえは、カルトの教祖だと思う」とツークのスタッフのひとりは漏らした。

さらにぞっとするのは、エアビーアンドビーにいたころ、チャールズが自分のノートパソコンのプライベートな画面を、チームの共有画面に表示したことだ。ふだんなら作成中のコードを共有するための画面だった。ある人物の記憶によると、「ビットシェアの仕事の面接を受けに来た女が、こんな接近禁止命令を送ってきやがった」として、その命令書と称するものを表示したのだという。チャールズが言うには、彼はとても賢くて力を持っているので、その女性が彼を潰そうと工作している、とのことだった（実際には、そのような接近禁止命令が出された記録はない。あるインタビューで彼を追及したところ、その後、問い合わせに応じてくれなくなった）。チャールズと密接に仕事をしていたある人物は、唐突にこう気づいた。この男は完全なサイコパスかもしれない、と。

当時は互いに知らなかったが、ツークにいなかった人たちの多くも、チャールズとの付き合いで不快な、あるいは不気味な思いを味わっていた。マイアミの家に泊まっていたある人物は、ギャビンとヴィタリックが週のほとんどを休まず働いているあいだ、チャールズは太い葉巻に火をつけ、いつかイーサリアムのおかげでみんなヨットを所有する億万長者になるだろうと話していたことを記憶している。チャールズが意図的にスティーブ・ジョブズの真似をしていて、不誠実で偽物だと感じた人も多い。

あるときマイアミで、チャールズがテクスチャーに、女の子から「あなたのペニスを吸いたいわ」というメッセージが届いたのを見せた。テクスチャーは「なぜこんなものを見せるのか理解できない」と言った。チャールズは、アフガニスタンの前線で国防高等研究計画局の任務を負い、そこで女性の軍人と出会って、彼女がいまでもメッセージを送ってくるのだとこたえた。チャールズのもとで働いていたある大学生は、「すっごい上から目線」と感じ、四五歳でもあるかのように自分より四歳年下の大学生を「いい子」と呼び続けたと回想する。

スペースシップでみんながクラウドセールのウェブサイトや法務・管理の作業にいそしんでいるなか、チャールズは地下の個室を我がもの顔で占拠していた。唯一のプライベート空間だから貴重な部屋だ。おまけに彼は大工に頼んで、その室内に専用のデスクをつくらせた。ときどき二階に上がってきたかと思うと、ランボルギーニやスポーツカーの話をした。テイラーは、「チャールズは肩書きこそCEOだが、自分たちと肩を並べて働いていない」と感じた。リーダーを二つのタイプに分けるとすれば、チャールズは「あっちへ進め！」と上から叫ぶタイプのボスで、塹壕のなかでいっしょに汗を流しつつ指示を出すようなリーダーではなかった。また、助手のジェレミー・ウッドを「ボーイ」と呼んだ。「朝起こしてくれ、ボーイ」といった調子だ。周囲の人々は、この態度に眉をひそめ、彼の優越感を滑稽に感じた。というのも、彼がCEOに就任したのは、本人がなりたがったからにすぎない。

イーサリアムの共同創設者の全員（ふたたびミハイは除く）が次に顔を合わせたのは、四月一一日から一三日にかけてトロントで開催されたビットコイン・エキスポだった。アンソニーは、自身の組織であるビットコイン・アライアンス・オブ・カナダにこのエキスポを開催させた。大きな理由はイーサリアムを披露するためで、アンソニーの資金提供により、イーサリアムは三万ドルでタイトルスポンサーになった。このコンファレンスのスポンサーエリアに入ると、正面中央にイーサリアムのブースがあった。ブース内では、平面スクリーンテレビ上でイーサリアムのロゴ（二重四面体、すなわち上向きと下向きの二つのピラミッドを重ねたようなデザイン）が回転し、黒い革張りの肘掛け椅子と二つのテーブルが置かれ、イーサリアムの名刺やボタン、丸いステッカー、上質紙を使った二つ折りのチラシの束が載っていた。[7] また、Tシャツが一〇〇〇枚配布された。ヴィタリックの講演が何よりも人気で、参加者は三〇〇人にのぼった。テイラーは、マーケティングとはこういうものなのか、と思った。イベントを開き、スポンサーになるのだ。

共同創設者のほとんどは、アンソニーのディセントラルに泊まり、斜め天井の屋根裏部屋にマットレスを敷いて寝た。アミールが別の暗号通貨プロジェクトのTシャツを着てきたため、何人かが腹を立てた（アミール当人によれば、ビットコイン・コンファレンスとビットコイン・センターではビットコインのTシャツを着たと説明している）。彼らはふたたび、アミールがカラードコインとの利益相反の問題を抱えていることを取り上げ、緊迫した話し合いを行なった。ギャビンは、イーサリアムに専念するようアミールに迫った。創設者として報酬を受け取るなら、イーサリアムに専念したあとでなければいけない、創設時に名を連ねていたというだけでは駄目で、おおいに貢献してこその報酬なのだから、と。さらにギャビンは、カラードコインは競合プロジェクトであると唱えた。これに対してアミールは、ヴィタリックとミハイだって『ビットコイン・マガジン』と兼業だし、アンソニーもディセントラルと二股を掛けている、と反論した。

(こうした議論には真面目に参加したものの、それ以外では、アミールは勝手気ままに振る舞っていた。アンソニーが、裏手でイーサリアムのグループ写真を撮ろう、と呼びかけたとき、ある参加者の記憶によれば、アミールは食事中で、この誘いに「嫌だね。くそくらえ」とこたえたという。ただしアミール当人は、丁重に断ったと釈明している。彼は「金《かね》にしか興味がない」としょっちゅう公言してはばからなかったらしい。その点について彼は、イーサリアムは金のプラットフォームだから、そう表現したまでだと説明し、無私を装いつつ実際には自分の懐を肥やすことしか考えていない連中が、彼の信用を傷つけるために悪口を広めている、と語った)。

ただ、もっと大きな権力闘争が、ビジネスチームと開発チームのあいだで起こっていた。自分たちの利益をめざすことが目標なのか、それとも、他人を助けるためのツールをつくることが目標なのか？　すなわち、私欲か、利他主義か？　それに応じて、イーサリアムを従来の営利企業として組織すべきか、それとも、分散型ネットワークとして組織すべきか、という議論が展開した。この議論を反映する些細な例が、肩書きに表われていた。半数のグループ(ビジネス志向の人々)は従来型の階層にこだわり、残りの半数(ほとんどの技術者)はこだわらなかったので、各自がまちまちな肩書きを名乗ることになった。チャールズはおおやけにCEOに選出されたが、実際に支持したのはチャールズ自身とアンソニーだけだった（ギャビンは「チャールズが基本的に自身をイーサリアムのCEOだと考えていることが明らかになった」と表現した。また、ヴィタリックは「チャールズがCEOになることを主張した一件」と呼び、その肩書きを得るプロセスを「チャールズがわれわれ全員を説得して、彼にCEOの肩書きを付けさせた」と述べた）。ギャビンは最高技術責任者（CTO）、ジョゼフは最高執行責任者（COO）に指名された。ギャビンの記憶によれば、ジェフリーはソフトウェア開発主任に指名されたというが、ジェフリー本人は肩書きを気にしなかったので、そんな肩書きは知らなかったかもしれない。

分散型アプリケーションのプラットフォームとしてのビジョンをどのように追求するかをめぐり、大きな議論がマイアミで始まった。チャールズ、アンソニー、ジョゼフ（いわゆる「ビジネス派」）をはじめとする共同創設者の一部は、利益が優先と捉え、「暗号通貨界のグーグル」になることを望んだ。つまり、顧客のデータを取得して、それをもとに利益を上げ、ネットワーク上の利益はすべて自社のものとする。グーグル、フェイスブック、X（旧ツイッター）などのインターネット大手企業がこのモデルを採用しているのに対し、自由意志論とパンク精神にもとづくビットコインなどの暗号通貨企業は、このモデルを避けた。資本主義とインセンティブを信じるアンソニーは、ソフトウェアをクローズドソースにして、自社だけがコードにアクセスできるようにしたいと考えていた（アンソニー自身は、後年、どちらのアプローチにもメリットがあるとの立場に変わったため、この時期にどちらを支持していたかは覚えていないという）。ところがミハイは「駄目！　駄目！」と大反対だった。「基本的な合意として、オープンソースであるべきだ！」。オープンソース・コードとなると、企業の利益よりユーザーを優先することになる。また、世界のどこにいる開発者でも開発に貢献できるので、コードをより堅牢にできる。チーム内で非営利をこころざす者たちは、オープンソース・ソフトウェアを構築し、顧客から搾取するのではなく、誰も所有したり止めたりできない新しい分散型ネットワークを生み出したい、という理想を抱いていた。ビットコインのように、世界じゅうのコンピューターで運営され、たとえそれを管理する非営利組織が消滅しても存続しつづけるかたちが望ましい、と。ヴィタリックは、イーサリアムが非営利組織に管理されることを強く望んでいた。しかし、周囲の人たちから、スイスの財団をつくるのは会社を設立するより時間がかかるし官僚的だと説得され、しぶしぶ営利企業にすることに同意した。

イーサリアムにとって最適な組織とは何かをめぐって議論が続く一方で、ビットコイン・エキスポから数日後、ギャビンが「分散型アプリ」に関するブログ記事を公開した。「DApps：ウェブ3・0はどんな姿か」と題されたその記事は、まず、当時のウェブで支配的だったビジネスモデルを批判した。[8] つまりグーグル、フェイスブック、ツイッターなど無数の企業が採用していた、消費者が無料で広告を見る代わりに情報サービスを利用できるというモデルだ。数日後に投稿された「専門性が控えめ」の改訂バージョンは、次のように始まっている。

エドワード・スノーデンが暴露する前から、インターネット上の任意の主体に情報を委ねることはきわめて危険だと、われわれは気づいていた。（中略）全般として、組織に情報を委ねることは根本的に破綻したモデルだといえる。（中略）よくありがちな収益モデルの場合、他人の情報をできるだけ多く収集することが必要になるわけで、現実に即して考えると、そうした情報が秘密裏に悪用される危険性をいくら重視してもしすぎることはないだろう[9]。

続いて彼は、ウェブ全体を再構築すべきだと提案した。大企業がコンテンツ公開、メッセージング、金融取引のための製品を提供するという方式を改め、そういったサービスを分散型ソフトウェアのかたちで、いわば公共財としてつくり直す。インターネット全体が公益であり、営利企業はいっさい運営に関わるべきではない……。このビジョンは、やがて多くの人々の想像力をかき立てることになる。

アンソニーは、プレマイニングの問題でもヴィタリックに勝利した。しかし、創設者と初期の貢献者（「クラウドセール前にプロジェクトに携わった者」と定義）のために一〇パーセントを確保するとは決めたものの、どのように分配すべきか？　クラウドセール後、ネットワークが稼働し始めたら、長期の基金に一〇パーセント、従業員優遇制度を通じて購入を許可された従業員にも一〇パーセントが割り当てられる。ビットコインに早期に参入したことで、アンソニーのようなふつうの人がビットコイン長者になれたのだから、価格が低い早い時期にコインを入手すれば、「イーサリアム長者行き」の列車に乗るも同然だと誰もが理解していた。

かつて飛行機でマイアミへ向かう前、カモにならないように気をつけろ、と助言されていたギャビンは、一〇パーセントを初期の貢献者に分配する際にはプロジェクトに対する貢献度を考慮すべきだと感じていた。会議に二、三回出席しただけの人や個人的なアシスタントが、ギャビンのようにイーサリアムを書いた人と同じパーセンテージのイーサを受け取るべきではない。ハイレベルな人脈づくりをしている者については、顧問やエンジェル投資家と同等にみなし、ギャビンのようにテクノロジーを構築している者こそ、創設者かそれに近い立場として高評価するのが理に適っている、と彼は考えた。そこで、市場で同様の仕事をする人々が得ている給与水準を指標にして割り当てを決めてはどうか、と提案したが、あまり賛同を得られなかった。大半の者が、おもに人脈づくりしている側だったからだ。

結局、彼らはプレマイニングの一〇パーセントを、ヴィタリックがホワイトペーパーを書いた二〇一三年一一月からクラウドセールまでの各月に均等に配分することに決めた。そのうえで、それぞれの月にイーサリアムに携わった全員について、フルタイム勤務、ハーフタイム勤務、クォータータイム勤務という三グループに分け、グループ内ごとに均等の額とした。たとえば一一月は、ヴィタリックただひとりが貢献者だから、その月の全額を得る。一二月はジェフリー、ギャビン、ミハイ、チャールズ、アンソニーが加わったので、ヴィタリックと六人でその月の配分を分け合う。二月の場合、ロレンツォはスペースシップの壁づくりにフルタイム勤務で取り組んだので、ギャビンと同額のイーサをもらう。ギャビンにしてみれば、その月、イーサリアムの主要プログラマーである自分が大工と同額というのは納得できず、長年経ってもまだ根に持ち続けることになる。

次の話題は給与だった。ギャビンは、配分の議論には負けたが、せめて高給取りを狙いたいと思った。「ペイスケール」などのサイトから得た標準的な給与水準を用いると、ギャビンとジェフリーは年間一九万ドル、ヴィタリックは一八万五〇〇〇ドルが相応だった。しかしヴィタリックは、ギャビンの強欲さを不快に感じて、後日、「みんな、自分の取り分を自分で決めてしまった」と漏らし、最終的にヴィタリック自身は年間一五万二〇〇〇ドルを受け取ることにした。

ビットコイン・エキスポで交わされた議論は、ビットコイン・マイアミ以来くすぶっていた緊張の縮図にすぎない。たとえばミハイとアンソニーは、一つのスペクトルの両端に位置していた。ルーマニア人のミハイは、『ビットコイン・マガジン』の創始者で、無政府主義者の溜まり場に住んでいた経験があり、酒を楽しみ、社交的で自発的で創造的。イーサリアムが生活と仕事の「ホロン」の連鎖になることを望んでいた。反対端にいるアンソニーは統制を好み、みずからを「プロジェクトにほぼ単独で資金を提供しているベンチャー投資家」とみなし、投資に見返りを求め、自分が関与していない決定についてはロゴのデザインなど細部にいたるまで異議を挟み、「ホロン」のフラットな構造を無秩序と蔑んでいた。かつてハッカーどもが明かりもつけずドラッグにふけっていた狭苦しい巣窟と大差ない、と。残念ながら、この正反対のふたりはどちらも自分がマーケティングの中心人物だと考えていた。ギャビンは、主要なクライアントの一つを構築し、最高技術責任者（CTO）を名乗って、我こそイーサリアムの真の立役者だと自負していた（その月、彼はイーサリアムの「イエローペーパー」を発表する。ヴィタリックのホワイトペーパーのいわば技術版だ）。一方、チーム内には、イスラエル出身のビットコイン長者で社交的な男、アミールがいた。彼はビットコインから派生したカラードコインのプロジェクトにも関わっており、イーサリアムにおける彼の職務はいったい何なのか、誰ひとり明確には把握できなかった（当人はのちに、クラウドセールのアイデアを思いついたのは自分だし、世界じゅうを駆けずりまわって何十人もの投資家に会い、トークン経済の考案を手伝い、法的コンプライアンスを提唱し、ブランディング、マーケティング、技術、ロジスティクスに貢献した、と述べている）。かと思えば、チャールズは、コロラド州で数学の博士課程を履修中だった元学生であり、ビジネス経験がなく、それでいて早い段階でCEOに立候補した。その対極が、立ち位置を曖昧にしたままのヴィタリックだった。イーサリアムの生みの親である彼は、みずから肩書きを望まないばかりか、そもそも肩書きという考えかたに否定的だった。

空気が張り詰めていた最大の理由は、チャールズがCEOでありヴィタリックは肩書きを拒否していたにもかかわらず、実権を握っていたのはヴィタリックだったからだ。二〇歳の彼は自分を客観視できていなかったが、多くの人たちが、彼は純粋で無邪気で世間知らずであること、みんなそれに気づいていること、なかにはそこにつけ込もうとしている者がいることを知っていた。加えて、彼は自分の意見に固執しない。すべてについて非常に固定的な考えを持つアンソニーにしてみれば、ヴィタリックの見解は風に揺れる空気人形のように感じられた。そのうえ、ヴィタリックが対立を避けたがる性格であることも明らかだった。そこで、彼を操ろうと企む者は、ただいっしょにいて、話を聞かせるだけでよかった。ノーと言えないたちの彼を意のままにできた。

もう一つ考慮に入れなければいけないのは、ヴィタリックが周囲から変わり者と見なされていたことだ。対人関係を苦手とする自閉スペクトラム症ではないか、と推測や冗談を言う人が多かった。彼はまるで機械じかけであるかのようだった。ふつうの人々と違い、ジョークを口にしたり、愛情を表現したりしない。たとえばレストランでは、ほかのみんながメニューをひととおり眺め、料理やワインについて話し合うのに、ヴィタリックはメニューをちらっと見ただけで注文を決めると、あとは携帯電話を見つめていた。世間話もしない。女性に対しても、ひどく不器用で無口だった。両親は彼が子供のころから社交性に乏しいと気づいていたものの、言葉が遅れているという自閉症の特徴がしばらく出ていた時期さえも、専門医に診せようとせず、現実的な問題——友達が少ない、感情を抑えられないなど――にだけ目を向けた（ヴィタリック本人は、自分が自閉症かどうかわからないし、自閉症の定義や分類を調べたこともないという）。

実際に自閉スペクトラム症だったかどうかは別にして、ヴィタリックが他人の表情や声のトーン、ボディランゲージなどの社会的な合図を理解できない、つまりいわば「行間を読めない」ことは、誰もが察していた。人にまんまと利用されているときすら、彼は気づかないのだった。彼はほかの人たちよりも正直で純粋だった。会話の最中、相手が嘘をついている可能性など考えもしなかった。そのせいで、他人の目論見どおりに事が進んでしまう恐れがあった。実際に何が起こっているのかヴィタリックにはまるきりわかっていないのではないか、と感じる人もいた。

ギャビンはまだくよくよと考え続けていた。開発者としての自分の仕事は、ほかの人の仕事よりもはるかに重要なはずだ。壁を建てて四つめの個室をつくる作業なんて誰にでもできるけれど、イーサリアムを構築できるプログラマーは世界でもごくわずかしかいない、と。そのうえ、クラウドセールが終わったら、多くの初期貢献者――たとえば、クラウドセールを開始するための法的承認を取ろうとしている人――が必要なくなるだろう。ギャビンから見れば、共同創設者のうち何人かは、「顧問」くらいの肩書きのほうがふさわしい。本当に「共同創設者」を名乗るべき不可欠な存在は、開発者だけ――すなわちヴィタリック、ジェフリー、そしてギャビン自身。ビジネス面を処理する人たちは多かれ少なかれ交換可能であり、とくにジョゼフ・ルビンは胡散臭い、と彼は思った。一つの理由は、ジョゼフが従来型の金融機関ゴールドマン・サックスで働いていた過去を持つせいだが、さらに大きな懸念材料として、ジョゼフのかつてのヘッジファンド・パートナーが規制上の問題に巻き込まれ、ジョゼフがジャマイカへ行ったのもそれと関係があるらしい、という噂が広まっていた（ジョゼフ本人の釈明によると、規制上の問題を抱えていたのは自分のパートナーの元雇用主であって、パートナー自身ではない。また、ジャマイカに行った理由は、友人と音楽プロジェクトに取り組むためと、ジャマイカが好きだから、だという）。

クラウドセールが延び延びになって、ギャビンはさらに苛立ちを募らせた。「あともう二週間」というフレーズが冗談として定着した。ギャビンにしてみれば、過去三カ月間なぜずっと「あともう二週間」の連続なのか、理解できなかった。いったい何をぐずぐずしている？

ロンドンは金融に重点を置きすぎていると判断して、ギャビンはベルリンへ引っ越した。しかし、スイスのツークにいる連中が浮かれ騒いでばかりいるという話が耳に入り、その点も心配になった。馬鹿騒ぎの中身はそう衝撃的ではなかったものの、どうやら大量のビールを飲み、ときどき大麻を吸っているらしかった。いつでもすぐにビート音を大音響で鳴らせるように、移動可能な大型スピーカーを購入したという事実が、現地のありさまを何よりも物語っていた。ヴィタリックとジェフリーと自分が一生懸命にイーサリアムを構築しているのに、とギャビンは憤慨した。おまえたちは何をやっているんだ？

アムステルダムにいるジェフリーも、同じように感じていた。八人の創設者の名前を見たとき、プログラミングをしているのは三人で、残りの五人はいったい何をやっているのやら、と感じた。クチコミを広めているのか？　だとしたら、五人も必要だろうか？　実質的な仕事は三人でこなしているのに……。毎週の電話会議では、それぞれの共同創設者が自分のやったことを報告し合うのだが、ジェフリーには、無意味な言葉の羅列に聞こえた。この会議に行ったただの、あの会議に行っただの、おおぜいにイーサリアムを理解してもらっただの……。会議に参加する前に、実際に何かを構築したほうがいい、とジェフリーは思った。また、ジョゼフに関しては、嫌いではないものの、ギャビンと同意見で、信用できない気がしていた。状況しだいで裏切る男だろう、というのが直感的な印象だった（一方のジョゼフは、この時点でのジェフリーはギャビンにすっかり操られていたと考えている）。しかし、ジェフリーの目から見て、最も悪質な共同創設者はアミールだった。なるべく働かずに済まそうとしている人物がグループのなかにいるとしたら、それはアミールだ。

ギャビンとジェフリーというふたりのプログラマーの不満は、ほとんどが「ビジネス屋」（チャールズ、アンソニー、アミール、ジョゼフ）に端を発していた。とりわけ、その四人がおおかた営利企業の方向性を支持していたため、ギャビンとジェフリーは、オープンソース・ソフトウェアに対する理解がない、と鬱憤を募らせた。開発者たち、それにミハイは、「ファイアフォックス」などを開発する「モジラ」のようになりたかった。自分たちの利益を最大化するのではなく、利用者に奉仕し、より大きな利益を目指して何かをつくる集団に……。

これに対し、ビジネス屋にもそれなりの意見があった。ジョゼフは、開発者のギャビンとジェフリーの開発者コンビと、ビジネス屋とのあいだの亀裂が広がっていくのを見て、ギャビンが権力を掌握している点が元凶だと考えた。アンソニーは、無事にコードの作成に入ったいま、開発者たちは資金——すなわち彼の金——の重要性を顧みなくなったと感じていた。当時三七歳で、ギャビンより四歳、ジェフリーより七歳年上のアンソニーは、そのふたりや二六歳のミハイを、現実世界を理解していない若造で、法律や規制について無知な連中だと見なしていた。

ギャビンとジェフリーがビジネス屋とほとんど真っ向から対立するなか、プログラマーではない人たちや、ビジネス担当でさえない人たち――スペースシップ内で管理業務を受け持つ人など――も、どちらかの側につかざるを得ない雰囲気に追い込まれた。開発者コンビは、中間的な立場のメンバーたちにも腹を立てているようすだった。たとえばツークにいるテイラーは、プログラマーではあったがウェブサイトの作成者にすぎないため、価値の低い非技術者といっしょくたにされて開発者コンビから見下されている、と感じた。それどころか、あのふたりは、ツークにいる人々のほとんどを不必要と思っているのではないか、と(この懸念は必ずしも当たっていなかったが、ギャビンとジェフリーがツークの人々の言動を疑問視していたのは確かだ。たとえばジェフリーは、ミハイに好感を抱きつつも、「ホロン」を目指すなどの彼の奇妙なプロジェクトはイーサリアムとは無関係と考えていた)。

こうした見解の相違が何らかのかたちで大きな衝突を招きそうな気配が漂ってきた。げんに、共同創設者ではなくツークにもいないふたりの幹部が、対立関係にあえてけりを付けようと動き始めていた。

五月の出来事だった。ウェブサイトの作成に取り組み、その後スイスでクラウドセールの法的および規制上の問題に取り組んでいた、当時二四歳のデンマーク人のマティアスが、ロンドン支社の設立を手伝うため、ロンドン南西部のツィッケナムにあるステファン・トゥアルの家を訪れた。マティアスの記憶によると、到着時、ステファンはマティアスがチャールズに味方していると思って彼を嫌っていた(ステファンは否定しており、ツークでの生活の一日目から良好な関係を築いたと述べている)。いずれにせよ、ワインを飲みながらひと晩じゅう語り合ううちに、わだかまりはすぐ解消した。続く数週間、ふたりはイーサリアム内部の不信感と分裂について議論し、最終的に、このまま黙って見ているわけにはいかないという結論に達した。プロジェクトを救うためなら、自分たちが追い出されるはめになってもかまわないとさえ覚悟を決めた。最大の問題はチャールズだ、とふたりの意見は一致した。

チャールズが他人を操ろうとする不快な存在だからというだけではない（もちろん、その点も重大だった。仲間を信用していないCEOなど看過できない）。しかし、よく考えてみると、チーム内の空気が張り詰めている原因の核心は、プロジェクトの使命について意見の相違があることだった。二つの異なる使命を負った組織は、崖へ向かって突き進む船のようなものだ。ひとりの船長が左へ、もうひとりが右へ舵を取りたがっていたら、船はやがて崖に衝突してしまう。端的に言って、イーサリアムに関するチャールズのビジョンは、ヴィタリックのビジョンと両立しないように思えた。両方を実現できるほどの資金はない。マティアスの試算によれば、実行可能な最小限の製品を開発するだけでも一五〇〇万ドル以上かかりそうだった。資金をいくら調達できるのかは不透明だし、ソフトウェア開発費はたいがい、当初の見積もりをオーバーする。それなのに、現在、開発には予算の約六〇パーセントしか充てられておらず、残りの四〇パーセントは、チャールズが虚栄心を満たしたいだけと思えるような起業準備プロジェクトに充てられていた。この厳しい現状を考えると、本当に不可欠な共同創設者はギャビンとジェフリーという開発者コンビだけなのだった。ふたりの存在意義はヴィタリックをも上回る。ヴィタリックは自分の手でイーサリアムを構築する気がないからだ。基本的にソフトウェア・プロジェクトである以上、開発者なしでは完成できない。

開発者コンビの重要性に気づいたからには、妻子のいない身軽なマティアスにとって、結論を出すのは簡単だった。ビットコインについて知って以来、政府の監督下にない分散型取引所こそが最善とつねづね考えていた。二〇〇八年の金融危機で祖父が巨富を失ったからだ。そこで、イーサリアムが登場したとき、自分の夢をついに実現できるプラットフォームだと思った。それを救うためなら何でもする覚悟があった。マティアスの記憶によれば、ステファンの動機は違ったものの、結論は同じだった。ステファンは妻子持ちにもかかわらず、ほぼ半年間、無給で働いていた。もしイーサリアムが失敗に終わったら、身の破滅だろう。彼は、より公平で分散化された世界を夢見ており、地球規模の検閲不能なコンピューターになり得るのはイーサリアムだけと確信していたので、イーサリアムを救いたかったのだという。

決議の際、共同創設者はそれぞれ一票、ヴィタリックだけが二票を持っていた。おそらくジョゼフ、アンソニー、アミールは、チャールズの解任に賛成しないだろう（もちろんチャールズ本人も）。となると、ギャビン、ジェフリー、ミハイを説得して、賛成票を投じてもらうほかない。もし説得に成功すれば、賛否が四票ずつとなり、ヴィタリックが最終決定権を握ることになる。

説得作業は慎重に進めなければならなかった。少しでも間違えば、チャールズによって自分たちが首を切られるに違いない。マティアスとステファンは、まずミハイに接触した。五月二六日の深夜、ふたりはミハイ、ロクサナ、テイラー・ゲーリング、リチャード・ストットとスカイプで通話し、チャールズの問題を取り上げた。ミハイはすぐさま、チャールズの行動が最大の障害であることに同意してくれた。

スペースシップにいる少なくともひとり、すなわちテイラーにとって、この通話は別の理由でも重要な意味を持った。ステファンとマティアスが少し酔っ払って口が軽くなり、聞き捨てならない情報を漏らしたからだ。コミュニケーション責任者という立場上、ビジネス屋たちと開発者たちの両方のスカイプグループに入っているステファンが、目下、双方のあいだで重大な政治的チェスゲームが行なわれている最中だと明かした。テイラーの記憶が正しいなら、ステファンは「クラウドセールの金が入ってくれば、スペースシップやビジネス屋の連中は力を失い、開発者サイドが金庫の鍵を握る」と示唆したらしい。開発者のリーダーはギャビンだろうから、ようするにそれは、いずれギャビンが勝つことを意味していた（ステファンとマティアスは、どちらもそれほど酔っていなかったと弁明している。また、ステファンは、このときの通話はチャールズについてであって、ギャビンについてではないと強調する）。

この時点で、みんな何カ月も給料をもらっていなかった。アンソニーとジョゼフが最初に大口の資金提供をしたきり、テイラーらは準備を円滑に進めるためにむしろビットコインを貸し出していた。そこで――テイラーの証言によると――ステファンは「妻と子供の生活費を稼ぐには給料が必要だから、ギャビンの側に付く」と通話中の全員に向けて明言した（ステファン本人は、その発言は覚えていないけれど、ギャビンとは互いに友情と尊敬の念を抱いていたから、そんなふうに思われても当然かもしれないと語った）。

これを聞いて、テイラーは危機感を煽られた。くそっ、みんなどっちかのグループに集まり始めているのか。

こうして最初の通話で成果を挙げたあと、マティアスとステファンは、次にギャビンとジェフリーに電話した。ミハイたちと話し合った問題点をおおまかに伝えたほか、今回はひとひねり加えた。イーサリアムを構築する能力のある者はギャビンとジェフリーだけなのだから、あなたたちには

「チャールズを解任しないなら、プロジェクトを離れるぞ」という核オプションを突きつける力がある、とそそのかしたのだ。

言われなくても、ジェフリーはすでにその点を心得ていた――それも、かなり前から。みんな同じ気持ちだと確認できたマティアスとステファンは、ふたたびワインを飲んで祝った。


数日後、ギャビン、ヴィタリック、友人でイーサリアムの研究者のブラド・ザムフィア、同じく友人のヤニスラフ・マラホフが、ウィーンで開かれたあるビットコイン会議に姿を現わした。会場となったウィーン工科大学の建物は、美しい装飾がほどこされ、一九八年の歴史を誇る。ヴィタリックは、一月のディセントラルの創設式に出席したときと同じ紫、青、白のストライプのセーターを着ていた[10]。夜間、ギャビンは酒を飲み、ヤニスラフと遅くまで外出していたが、年下のヴィタリックとブラドは、滞在するエアビーアンドビーでコンピューターと向かい合った。しかし日中、ギャビンとヴィタリックは重大な問題について議論した。ふたりとも一貫して、イーサリアムが暗号通貨界のモジラ、つまりオープンソース開発を支援する非営利団体になることを希望しており、ここに来ていよいよ、営利モデルへの懸念について本格的に討議し始めたのだ。ヴィタリックによると、キリンの置物が飾られたエアビーアンドビーで、ギャビンは「もし非営利ではなく営利団体が技術を管理するのなら、自分は残る気はない」と表明した。ギャビンは、その発言は記憶にないそうだが、自身が「ヴィタリックと対等に、あるいは彼の直属で働くのは構わないが、チャールズの下では働けない」と言ったことは鮮明に覚えている。

「非技術系のリーダーは無駄な存在。運よく不相応な地位を手に入れたにすぎない」というギャビンの見解は、ヴィタリックもよく知っていたし、あるていど同感だった。ギャビンとは違い、技術的な事柄がほかのすべてよりもはるかに重要とまでは感じていなかったが、非技術系の人々の貢献度が低いことは感じていた。アミールはカラードコインと掛け持ちしており、イーサリアムに全面的な信頼を寄せているとは思えなかった。ヴィタリックが友人として非常に好感を持っていたミハイにしろ、マーケティングの役割には適していなかった。ステファンには対人関係の問題があった。ジョゼフはまともだったが、おもに人脈とエンジェル投資を通じて価値をもたらしているだけだった。アンソニーは役に立つものの、自分の重要性を過大評価し、ビジネスパーソンとして割り込んでくる。そして残るひとりが「数学者」のチャールズ。実務経験がないにもかかわらず、最高幹部の地位を手に入れていた。

しかしヴィタリックは、あるていどギャビンと同意見とはいえ、急に何人も降格させ始めたら、辞める人が相次いでイーサリアムが崩壊してしまう恐れもある、と危惧していた。たとえば、非技術系の人々のなかには、共同創設者たちが証券法に抵触しないようにイーサリアムの法的戦略を練っている者もいた。ヴィタリックやギャビンにはなじみのない分野だ。そうした役割に関しても、いくらでも替えが利くとギャビンは考えているらしかった。ヴィタリックとしては、人事を念入りに整理するよりも、まずはクラウドセールを実施し、プロジェクトを稼働させることが優先だと思った。

ヴィタリックによると、ある時点で、ギャビンはほかの人を一掃し、開発者だけ——つまりヴィタリック、ギャビン、ジェフリーの三人だけ——で続けてはどうか、という案まで持ち出したらしい。みんながクラウドセールを待ちわびているいま、ヴィタリックはそんな改革に踏み切るつもりはなかったが、何か抜本的な変更が必要だという気はしていた。

その週末、ツィッケナムにいるステファンとマティアスから、ギャビンとヴィタリックにスカイプ通話がかかってきて、不吉な予言を告げられた。「ツークのチームは大きな問題を抱えている。何かが起こるだろう。イーサリアムは分裂して、大規模な離脱が起こるに違いない」と。先だってミハイやテイラーと通話したところ、チャールズに重大な難点があることがわかった、ぜひとも全員に知ってもらう必要がある、との話だった。さらに、自分たちはミハイやテイラーの味方に付く、プロジェクトをこれ以上進める前にこの問題を片付けなければいけない、と説得された。これを聞いたギャビンとヴィタリックは警戒態勢に入った。ツークを拠点とするチームのなかに不協和音があるとは、ヴィタリックにとっては初耳だった。

ヴィタリックは非常に驚いた。チャールズが親切で友好的な人物だと思い込んでいたからだ。ふたりでいっしょに食事をしたり、数学について議論したりする仲だった。とはいえ、こうなると、ほかの人たちとも協議しなければいけないだろう。

偶然にも、ヴィタリックとギャビンは二、三時間後にツークへ電車で向かう予定だった。数日後の六月三日にスイスで共同創設者たち全員が書類に署名し、正式にイーサリアムGmbHの取締役になるための会議が以前から設定されていたのだ。

ツークのメンバーはかねてからチャールズに不満を抱いていたが、テイラーがこの問題に本気で取り組みたくなったきっかけは、五月二六日深夜のスカイプ通話だった。会話の途中でマティアスが、チャールズについて何か調べたか、とほかの通話者たちに尋ねた。テイラーは、良からぬ噂をいろいろと耳にしていた。しかも、ためしにチャールズの過去を検索してみたところ、ある日付より前の情報がまったく見つからなかった。一同は、チャールズの空想じみた話を列挙するうち、非常に不安になってきた。ロクサナが、事務手続きのために持っていたチャールズのパスポートのコピーを出して、みんなに見せたほどだった（おかげでチャールズという名前が偽名ではないことだけは確かとわかり、一同はいくぶん安心した）。

通話を終えたテイラーは、あらためてインターネットを検索し、チャールズが本当にアフガニスタンで軍用ヘリコプターから飛び降りて脚を負傷したのかどうかを調べた。その件の手がかりは見当たらなかったものの、代わりに、チャールズが設立した会社がいくつか見つかった。オンライン上の情報を念入りにたどったが、チャールズの話を裏付けるものは何もなさそうだった。大学に早期入学したというチャールズ本人の弁と、軍隊にいたという主張とは矛盾するように思えた。彼がインターネット上に投稿した文章の日付からみても、従軍経験があるとは信じがたい。

インターネットを探るうちに、テイラーはチャールズが掲示板型SNS「レディット」などのサイトでいくつかのハンドルネームを使っていることを知った。一つは「レイブンクレスト」。それをグーグルで検索すると、あるフォーラムに同名のアカウントが見つかり、コロラド州ボルダー在住と記されていた。チャールズがボルダーに住んでいた時期と重なる投稿のなかに、不快な内容があった。ふだんチャールズが自身のことを語るときの口調とよく似た文章だった。

スクリーンショットを撮りながら、テイラーは調査結果を文書にまとめた。テイラーが見るかぎり、チャールズは正体を偽ってとんでもない話をしていた。

数日後、アンソニー、アミール、ジョゼフが、イーサリアムＧｍｂＨの取締役に就任する書類に署名するため、スイスへ飛んだ。書類はすでに作成されており、あとは全員が署名すればいい。ただ、スイスの法律では、オンラインではない正式の会議を開く必要があった。スペースシップに一八人も泊まることになり、ロクシーは数日かけてようやく、じゅうぶんな数のマットレスを手に入れた。マティアスとステファンは招待されていなかったが、自費で飛行機に乗った。途中、ふたりはドラマ『ゲーム・オブ・スローンズ』のテーマソングを口ずさんだ。

ニューヨークにいる者でさえ、チームコミュニケーションツール「Ｓｌａｃｋ」におけるやりとりを通じ、イーサリアム内で何か異変が起きているのを察知していた。ジョゼフとともにアメリカでのクラウドセールの合法性に取り組んでいたスティーブン・ネラヨフは、弁護士から技術者に転身した異色の経歴を持つ。空港でジョゼフとチャールズを降ろす際にこう声をかけた。「なあ、何かおかしいぞ」

ジョゼフはこの会話を覚えていないが、スティーブンによるとジョゼフは「きみは心配しすぎだよ」とこたえたらしい。

かたやチャールズは、何がおかしいと思うのかと尋ねた。

スティーブンの返事はこうだった。「『蠅の王』を読んだことはあるか？　きみたちのどっちかが、あの小説に出てくるピギーみたいな犠牲者だ。どっちかわからないけれど」

みんなが集まってくるにつれ、スペースシップには妙な雰囲気が漂い始めた。テイラー、ミハイ、ロクシー、そのほか数人は、これから何が話し合われるのかを知っていたが、まだ全員が到着していなかったため、翌日まで口に出せず、エネルギーが変な具合に抑え込まれていた。

とはいえ、一部では本音も交わされた。軒先へ出て喫煙していたとき、アンソニーがマティアスのほうを向いて「おれは、おまえが気に入らない」と言った。マティアスは「おれも、あんたが嫌いだよ」とこたえた。

六月三日の朝が来た。空は青く、透けるような薄雲が点在していた。空気は少し冷たい。いつも家にいることの多いジェフリーは、アムステルダムから最後に到着した（帰るのも早かった）。ヴィタリックは、例によって紫、青、白のボーダーのセーターを着て、ギャビン、ミハイ、テイラーといっしょに駅へ向かい、ジェフリーの到着を待った。交通機関のダイヤの乱れでジェフリーが遅れたため、一行はツーク湖のそばにあった灰色のまだら模様の丸い岩に座って待った。テイラーは、自分とミハイがギャビンといっしょに朝を過ごしていることに気づき、苦笑した。ギャビンがツークにいる全員に反感を持っていると思い込んでいたからだ。しかし少なくとも、チャールズに対して否定的という点は共通しており、当面はそれでじゅうぶんだった。

やがてジェフリーが到着し、一同そろって、駅からスペースシップまで半時間ほどの道のりを歩き始めた。途中、シティーガーデンホテル近くの公園に立ち寄り、小高い場所のベンチに座った。テイラーがほかの人たちに調査結果の文書を見せた。判明した事実の一つは、チャールズがビットシェアーズのプロジェクトを去った理由は、同社のトークンセールがSECの怒りを買うのを懸念した、という本人の主張とは違うかもしれないということだった。じつは、就職面接を受けた女性からセクハラの訴えを受けたせいらしかった。

ギャビンは、事の詳細はともかく、チャールズの側近に当たる人たちが彼を信用していないのはまずいと思った。テイラーにしろ、こうしてわざわざ書類を作成し、チャールズ本人に突きつける前にほかの仲間たちに見せた。それだけでも、不信感のひどさがうかがえる。ギャビンはおもにひとりでコード作成をしていたから、人間関係で悩んだ経験はなかったが、とにかく一つだけわかった。この連中は、いっしょに働くべきではない。ヴィタリックとしても、どちらのサイドを支持するか、決断せざるを得なくなった。

五人とステファンは、チャールズとアミールを外してはどうかと協議した。なかには、アンソニーにも出ていってほしい、ジョゼフにも出ていってほしいといった声もあった。ようするに「ビジネス屋」の一掃だ。しかし、議論のすえ、技術者だけでプロジェクトを完成させるのは無理だから、せめてジョゼフは必要だろうという話になった。

スペースシップに着いたあと、息子のキーレンを連れたジョゼフ・ルビンが到着した。彼は二十代のその息子と時間を過ごすのが好きだった。しかしアンソニーなどは、あきれたようすだった。なんで息子を連れてきたんだ？ ギャビンとジェフリー、ほかの数人が、ジョゼフとアンソニーに向かって、じつは書類に署名することが本題ではないと打ち明けた。続いて、調査結果の概要も説明した。ギャビンが反応をうかがうと、ジョゼフはいつもの皮肉な笑いを浮かべ、自分は無関係とでもいったようすだった。

最上階の作業スペースで、ステファンとテイラー（と、おそらくミハイ）がジョゼフに会った。テイラーが調査報告の文書を手渡した。ジョゼフはそれを読むなり——ある目撃談によると——顔面蒼白になった。この情報はぜったいに外部に知られてはいけない、と表情が物語っていた。いますぐこの男を追い出すしかない。ジョゼフは顔を上げ、きみを敵に回したい人はいないだろうな、とテイラーに冗談を言った。

ミハイの耳に、テラスにいるチャールズの話し声が聞こえてきた。「やつらは、おれをグサリとやるつもりらしい」。ロクシーに向かって、自分は解雇されるだろうと告げているところだった。チャールズは風邪を引きかけていた。テイラーの調査文書のことを知っているロクシーは、いたたまれない気分で、なるべくやんわりと「悲観的にならないで。成り行きを見守りましょう」とこたえた。チャールズがマティアスに情報を求めたが、マティアスは申し訳なく思いながらも、知らないふりをした。

チャールズはさらに、ステファンに「もしアンソニーの追放に一票入れてくれたら、アンソニーの株式と創設者の肩書きをきみにあげよう」と持ちかけた。

ステファンの返事は、ひとことでまとめるなら、「ふざけんな!」だった。

午後の早い時間、ついに、最上階の長いテーブルの前に全員が集まり始めた。このテーブルは自作したもので、薄い灰色の筋が入った白っぽい長方形の厚板を六枚(三枚ずつ二列)貼り合わせてテーブルトップにし、薄茶色の作業馬を脚として取り付けてあった。滑らかなキャスター付きのオフィスチェアは、黒いメッシュ素材で背もたれが高く、腰と首の部分に支えが付いていた。その椅子に腰かけている者もいれば、立ったままの者もいた。テーブルのいちばん端に陣取ったヴィタリックは、小さなベランダを背にし、部屋の奥のキッチンに向かって座っていた。彼は、二言三言しゃべってから、順々に全員が意見を言うよう促した。

ジェフリーはてっきり、自分とギャビンとヴィタリックの三人が「チャールズはリーダーとしてふさわしくないので辞めるべき」と発言する手はずだと思っていた(ギャビンとヴィタリックは、事前にそんな取り決めをしたつもりはないと否定している）。なのに、ヴィタリックが何も言及しなかったため、ジェフリーは驚いた。次はギャビンの番だったが、彼もまた、明確にはチャールズに退任を迫らなかった（ただし、ほかの何人かの記憶によれば、ギャビンはここで「もしチャールズが残るなら、自分は辞めて新しいプロジェクトに取り組む」と発言したという）。ギャビンは、アミールについては「プロジェクトにほとんど貢献していない」という趣旨のことを指摘した（アミールは、自分はビジネス面を担当していたから、開発者のギャビンには仕事の内容が伝わっていなかったのだろう、と釈明している）。さらに、このギャビンの発言は、みずからのもとに権力を集中させる意図にもとづくのではないか、とも述べた）。

チャールズを解任すべきだとギャビンが言わなかったことにジェフリーは仰天し、ギャビンを睨みつけた。ギャビンも見つめ返してきた。ジェフリーは、ギャビンとヴィタリックに裏切られたと感じた。くそっ、なんで何も言わないんだ？

そこで、オランダ人のジェフリーは、いつもどおり率直に思いを述べた。「チャールズ、あなたはみんなを間違った方向へ導いていると思う。われわれはグーグルになりたいのではなく、モジラになりたいのだ。あなたには辞めてもらいたい。あなたがCEOであることは望ましくない」。少なくともひとりの参加者は、ジェフリーが激怒しているように感じたという。チャールズに対して言いたいことをずけずけと言っていた。

チャールズはショックを受けているようすだったが、彼を嘘まみれの男と感じるジェフリーは、本当なのか芝居なのか判断できなかった。やがてジェフリーは核オプションを発動した。「もしチャールズが残留するなら、自分はプロジェクトから身を引く」と明言したのだ。[11] チャールズが反論し、自分のこれまでの功績を並べたてたものの、ジェフリーは「そんなのはどうでもいい。われわれは、企業のためではなく、人々のために何かをつくるべきだ」と言った。

続いてジェフリーは言った。「アミール、残念ながら、あなたを好意的にとらえすぎていたらしい。あなたはどうも貢献度が低いようだから、ここにいるべきではないと思う」

次はミハイが発言する番だった。彼はチャールズについてジェフリーと同意見だと述べた。ジェフリーは、むっとした。同意するだけではなく、問題点をはっきり指摘してくれ、と。しかしミハイは「どこまで信じていいのか迷うけれど、おおまかにみて、チャールズはときどき嘘をつくように思う」とだけ付け加えた。続くジョゼフは、「チャールズを信頼しているし、彼はイーサリアムのために最善を尽くしていると思うから、彼の残留を支持する」と表明したものの、最終的には決議に従うと言った。ある参加者の目には、ジョゼフが驚愕しているように見えたという（ジョゼフはこれを否定している）。ステファンも、チャールズは去るべきとまでは述べたが、調査報告の文書がおおやけになったらイーサリアムはおしまいだと感じていて、細部には踏み込まなかった。「チャールズは出ていかなければいけない。われわれにとって障害だ」という意味のことを「社会病質者《ソシオパス》」といった失礼な言葉を交えつつ語った。

テイラーは、かたちのうえでは上司だが存在意義のないアミールは辞めてほしいと訴えた。すべての仕事をこなしているのはテイラーなのに、意思決定の電話に参加することが許されていなかった。例の調査報告の文書をまとめた当人だが、チャールズについてはほとんど言及しなかった。

ギャビンは早い段階で発言を済ませたあと、成り行きを見つめ、全員が名指しで非難し合うような状況をヴィタリックが許したことに衝撃を受けていた。しかも、ジョゼフの息子も含めてその場にいた全員が、このデリケートな議論を知ってしまった。参加者が口々に敵対関係を公言するのを一時間ものあいだ座って聞くのは苦痛だった。いっしょに暮らしてきた人たちの生の声だとはいえ、チャールズをみんなの面前で糾弾すべきではない。彼に不満を募らせている人がいることをヴィタリックは事前に知っていたのに、この会議を招集したのはまずい判断だった、とギャビンは思った(ヴィタリックとしては、この会議は自発的に発生したものだし、少人数グループでこの問題を話し合うのはふさわしくないと考えた)。

この瞬間を演出した主要人物のひとり、マティアスは葛藤していた。これが正しいとわかっていても、対立が苦手なたちだけに、チャールズについてみんなが不満を言い合うようすを見て不快になった。だから、自分の番が回ってきたとき、本当の気持ちのほんの一部しか口に出さなかった。

紅一点のロクシーは何を言おうかと重圧に苦しんだが、順番が来ると、自分の思いを正直に話した。アンソニーはほかの誰よりも優れているかのように振る舞うので信頼が置けない。彼が営利組織をめざしている点も気に入らない。続いて彼女は、参加者たちの目を見つめて言った。「チャールズとアンソニーは信用できない。このふたりを信用しては駄目」

人生のなかでもめったにないほど気まずい場面で、彼女はきわめて直接的にネガティブな意見を述べた。チャールズは目を円くして彼女を見つめ、自分の話を全部は信じていなかったのかと驚いているふうだった。彼女はそれまでいちども面と向かって、そんなの嘘でしょ、などと言ったことはない。この男は、こっちにはこっちなりの考えがあることに気づかなかったのか、と彼女は呆れた。

テーブルの反対側から観察していたギャビンは、チャールズはもう挽回できないだろうと思った。

それまでチャールズを非難していたのは全員、まだ若い男だったから、「少年」同士の喧嘩のようでもあった。けれども、スペースシップに常駐するただひとりの「少女」がチャールズを信用していないと宣言したとなると、もはや決定的に感じられた。

のちにチャールズは、この会議はほかの人たちに「こてんぱんにされた」一時間だったと振り返るが、それでも、その場では弁解を述べ、われわれはうまくいく、事態は好転する、なんなら非営利団体にしてもいい、と言った。彼は、営利か非営利かという問題が物事の核心だと捉えたらしかった。調査結果の文書の件は誰も持ち出さなかった。

ついに、議論の材料は出尽くした。ヴィタリックが決断を下すべきだと全員が同意した。マティアスとステファンが予測したとおり、四人（ジョゼフ、アンソニー、アミール、チャールズ）がチャールズの残留に賛成し、三人（ジェフリー、ギャビン、ミハイ）が解任に賛成して票が割れ、ヴィタリックの二票で運命が決することになった（ただし、何人かはこの場面を違うふうに記憶している。投票は行なわれなかったと話す参加者もふたりいて、うちひとりは、ギャビンとジェフリーがヴィタリックに、自分たちか、チャールズとアミールか、どちらかを選べと最後通告したと語る。ヴィタリックによれば、チャールズとアミールの味方をしたのは彼ら自身ふたりだけだったという）。八人の全員一致で、取締役会、つまり最高幹部チームを解散すると決まった。共同創設者という地位は残るが、幹部は総辞職し、ヴィタリックが考え直す。心が決まったら、これぞと思う人を再抜擢する。

ヴィタリックは、最上階に二つあるベランダの大きなほうへ出た。外は小雨が降っていた。足元には真っ直ぐな、サクランボ色に染められた板が敷かれ、脇には黒いバーベキューグリルがあり、黒のプランター四つに低木が植えられ、黄色い花の風車が置かれていた。前方には、スペースシップと同じような家がもう一軒あってほかには灰色やテラコッタ色の外壁のアパートメントが建ちならび、その先には緑ゆたかな丘陵があり、さらにその向こうにツークの町が見えた。ただ、すべての景色が霧でかすんでいた。彼はいつものように歩き始めた。ふだんの曲がりくねった散歩コースに比べれば、狭いスペースだ。それでも、その後一時間を費やすにはじゅうぶんだった。

第3章

イーサリアム発進

二〇一四年六月三日から二〇一五年七月三〇日まで

ヴィタリックはスペースシップのベランダを歩きまわり続けた。複数のチームメンバーがチャールズに有罪判決を下すのを目の当たりにしたばかりだったが、ヴィタリックとしては、チャールズを含めてどのひとりも、なくてはならない存在に思えた。実際、チャールズはきわめて重要な役割を担っていた。CEOとして、プロジェクトのすべての動きを一つにまとめていたのだ。ほかのメンバーがチャールズを素通りしてヴィタリックに判断を仰ぐときが多いのは知っていたが、二〇歳のヴィタリックはなるべく多くの時間を研究開発に費やしたかった。自分が関わりたくない管理や組織の細部をいまのところ取り仕切っている人物を追い出したらどうなるか、考えるたびに不安になった。

しかし同時に、ヴィタリックは、自分がいま決断するしかないとわかっていた。チャールズを外した場合のリスクを考えつつも、それでプロジェクトが生き延びられるのなら、とみずからを説得した。

アミールに関しては、もっと単純だった。ヴィタリックは前々から、アミールを外しても大丈夫と確信していた。この会議のおかげで、もっと早くやっておくべきだったことを実行するきっかけができた。

正面側のベランダでヴィタリックが選択肢を熟考しているあいだ、チャールズを含むほかの共同創設者たちは、いくつかのアパートメントに面したあまり見晴らしの良くない裏手側の小さなベランダにひしめいていた。窓のブラインドにさえぎられ、室内の人たちからは見えない。

アンソニーは、友人のチャールズの旗色が悪いと感じながらも、「まあ、チャールズは創業者だから。辞めろと無理強いはできないよ」と擁護し続けた。チャールズのもうひとりの友人アミールも同じだった。

けれどもミハイは「チャールズは辞めるべきだ」と言った。

ツークでチャールズとともに働いてきたミハイらが強い感情を持っているのを見て、ギャビンも、チャールズには辞めてもらうしかないと考えた。

ジェフリーはなおも、最初からチャールズの解任を提案するものだと思っていたのに、ほかの人たちが言いださなかったことにショックを受けていた。やがてギャビンといっしょに下の階へ移動し、なぜ初めからチャールズ解任を提案しなかったのかと尋ねたが、ギャビンははぐらかした（ギャビンはこのやりとりを覚えていないらしい）。ジェフリーはマティアスにも、批判が不十分だったと苦言を呈した。けれどもマティアスは、自分は執行部の一員ではないので、責任の範囲外だとこたえた。さらに、万が一ヴィタリックがチャールズの残留を支持したら、チャールズを非難した者は解雇される恐れがあるので、二の足を踏んだ、と付け加えた。

しばらくしてジェフリーたちがふたたび最上階に戻ると、背の高いアミールがジェフリーを見下ろして、「おまえは、おれのことが嫌いらしいな」と言った。

ジェフリーは「ああ、嫌いだよ」と応じた。

ジェフリーによると、アミールは「おれがユダヤ人だから嫌いなんだろう」と畳みかけた（ただしアミール本人は、そんなことを言った記憶はないという）。

ジェフリーは腰が抜けそうになった。いったい何のつもりだろう、と胸のうちでつぶやき、「どうしてそんなふうに思うんだ？」とアミールに尋ねた。

あとから振り返って、アミールは、グループから人種差別的な発言を直接受けた覚えはないものの、イスラエル人であるせいで固定観念を持たれていたのでは、と話す。たとえば、イスラエル政府の手先ではないかとからかわれた（ほかの人たちの記憶によれば、これに対して彼は「くそったれの人種差別主義者め」とこたえたらしい。当人は、ふだん「くそったれ」などという言葉を使わないので、そんなせりふを吐くはずがないと否定している）。

「違う、僕は人種差別なんかしない」とジェフリーは厳しい声色で言った。「そもそも、あんたがユダヤ人だとは知らなかった。たとえ知ってても、そんなのどうでもいい。僕があんたを嫌いなのは、何もしないからだ。おまけにいま、とても失礼な態度を取ってる。人種差別だなんて言いがかりを付けて」

そのとき、ジェフリーは肩に強い手を感じた。ギャビンだった。ジェフリーを引き止めようとしていた。ジェフリーはアミールにもうひとこと、「あんたは馬鹿げてる」と言った。

ついに、ヴィタリックが裏手のベランダに姿を現わし、心を決めたと告げた。共同創設者たちがまわりを取り囲んだ。開発者のギャビンとジェフリーが隣り合って立ち、ジェフリーの右側、つまり輪の端に、彼を人種差別主義者だと非難したばかりのアミールが立った。

ヴィタリックが話し始めた。「創設者の人はみんな、創設者のままだ。それは変わらない。創設者の分け前ぶんのイーサを受け取れる」

ギャビンは、アミールの顔に喜色が浮かぶのを見た。ずっと望んでいたものを確保でき、いままでどおりの務めを続けられることを喜んでいるふうだった。彼の友人たちが知るかぎり、その務めとはおもに自分自身への奉仕であり、奉仕の主軸は女性と寝ることだった。友人たちは、そういうあけすけな願望を愛すべき正直さと捉えていた（アミール本人は、創設者たちが分け前のイーサを受け取るのはもっと早い段階で決まっており、このときのヴィタリックの発言は既定の事実を再確認したにすぎないと語る。また、恋愛生活に関しては「極度に内向的なコンピューターおたくの集団から見れば、社会に適応してまともにしゃべれる成人男性がふつうにデートしているだけで、カサノバみたいに思えるのだろう。褒め言葉として受け取っておく」と語った）[1]。

ミハイの記憶によると、ヴィタリックはこう続けた。「さっき話し合ったとおり、明らかに両サイドに意見が割れていて、この状態はまずい。全員が同じ側にいるべきだ」。さらに、チャールズは率いようとしている人たちからの尊敬を失ったと指摘した。しかし話しながらも、彼はまだ完全には確信が持てなかった。ストレスのせいか、自分の創造物をめぐる諍いに心を痛めたせいか、少なくともひとりの共同創設者の証言によれば、ある時点でヴィタリックは泣きだした。

それでも彼は気持ちを奮い立たせ、ギャビン、ジェフリー、ミハイ、アンソニー、ジョゼフに、引き続きプロジェクトに取り組んでほしいと伝えた。名前が挙がらなかったのはチャールズとアミールだった。

一同は部屋に入り、大きなテーブルに着いた。室内に残っていた人たちも合わせて全員に向かって、ヴィタリックが新しい最高幹部の顔ぶれを発表した。少し前の時点で、ミハイとジョゼフが、技術者であるテイラー——アミールのもとですべての仕事をこなしていながら、創設者たちの会議に参加できずにいて、チャールズに関する調査結果をまとめた男——を幹部に加えるよう提言していた。さらにジョゼフは、ロンドンにいるフランス人のステファンも推薦した。コミュニケーションとコミュニティー構築を担当している人物だった。ヴィタリックは、このふたりを迎え入れたりした。ステファンは、いままでチャールズが行なっていた社外とのコミュニケーションやインタビューの仕事を引き継ぎ、テイラーはアミールの役割を引き継いだ。

ツークのグループは拍手もせず、祝福もしなかったが、チャールズがいなくなることに安堵した。数人の証言によると、テーブルでは、アミールがヴィタリックとプレマイニングの分け前について話し始め、自分がどれだけのイーサを受け取れるかを確認していた。最高幹部から外された点はさほど気に病んでいないようすだった。後日、ツークのスタッフのひとりはこう振り返る。「アミールにしてみれば、欲しかったイーサを予定どおりもらえると決まって、もはや取締役のふりをする必要がなくなったわけだから、ウィン・ウィンだった」(当のアミールは、その時点ではイーサは無価値で意味がなく、むしろ、プロジェクトに資金を提供したぶん損していたと語るものの、一方で、分け前は以前から決まっていたとも話している)。

風邪ぎみのチャールズは、解任の知らせをうまく受け止められなかった。最初、テラスに出て、日光浴中のマティアスと話そうとした。チャールズを信用していないマティアスは少し怖くなった。

それに、罪悪感もあった。正しいことをしたとわかっていても、チャールズを裏切ったような気分だった。チャールズに対して、つねづね憐憫の情を抱いていた。この男を偽りだらけの人間に変えたきっかけは何だったのだろうか、と。きっと恐ろしい原因があるに違いない。マティアスは、チャールズには何よりも助けが必要だと思ったものの、イーサリアムを救うために最善を尽くすことが優先とも感じていた。行動を起こさなければ、チャールズがイーサリアムを台無しにしてしまう。

その後、チャールズは、助手のジェレミーを連れて階段を降りた。一階の自分の部屋に入ると、創設者としての分け前のイーサをすべて、ジェレミーに譲ったらしい。ヴィタリックはしばらく、何事もなかったかのようにテーブルでコンピューターに向かっていたが、少し経ってから、チャールズと一対一で話をするために降りて行った。チャールズは風邪が悪化し、汗をかいていた。失望と悲しみをヴィタリックに伝えたものの、結果は受け入れた。

その夜、ギャビン、ヴィタリック、ミハイ、ロクシーの四人は同じ部屋で眠った。ギャビンとヴィタリックが一つのマットレスを、ミハイとロクシーがもう一つのマットレスを使った。全員がベッドに入ってまだ眠りについていないとき、ギャビンが無言で立ち上がり、ドアに鍵をかけた。

翌朝五時、風邪が本格化したチャールズは、スペースシップに最後の別れを告げ、コロラドへ戻った。自宅に着いた彼は、残りの人生をどう過ごせばいいのか考えた。

チャールズ（とアミール）が去って、メンバーたちはかなり安堵したが、それも長くは続かなかった。外出嫌いのジェフリーはアムステルダムへ戻り、ほかのメンバーは、前日の惨劇の現場である最上階に集まって、今後の道筋を話し合った。そのときヴィタリックは、共同創設者の何人かから誤った情報を聞かされていたと知った。じつは、スイスで法人をつくるのはごく簡単だったのだ。さも複雑そうに振る舞って報酬を多く得ようとする輩がいることに、ヴィタリックは恐怖を覚えた。「世界を変えようと目指すブロックチェーン暗号通貨プロジェクトに参加しているくせに、眼中にあるのは数百万ドルよけいに稼ぐことだけなのか？」と彼は鼻白んだ。

彼は、オープンソースのイーサリアム・プロジェクトを主導するにあたって、モジラのような非営利財団（スイスでは「シュティフトゥング」と呼ばれる）を設立することに決めた。営利企業にしたいと最も声を張り上げていたアンソニーも（おそらく、チャールズとアミールが追い出されたあともプロジェクトに残れたことに安堵して）譲歩した。

翌日の六月五日、ヴィタリックはシール・フェローシップを授与された。これは、大学中退者に二年間で一〇万ドルを提供し、何かを構築する後押しをする制度だ。授与されることは薄々予想していた。責任団体から電話がかかってきて、応募するよう促され、さかのぼって候補に入れてもらったからだ。「ベンチャー投資家」のアンソニーのビットコイン資金は、価格の低迷により枯渇しつつあった（その時点では一二月の価値の約半分の六四一〇ドル前後だった）ので、ジョゼフの資金提供でしのいでいる状況だった。ヴィタリックはシール・フェローシップから月に約四〇〇〇ドルを生活費に充て、クラウドセールまでプロジェクトを存続させるために給与は請求しなかった。

しかし、グループはこんどはクラウドセールで入ってくる金をどう分配するかなど、あらたな論点で揉めていた。サンフランシスコでシール・フェローシップ・サミットに出席したあと、ヴィタリックは、友人や家族に宛てて長いEメールをつづり、イーサリアム内部で「ゲーム・オブ・スローンズの日」あるいは「レッド・ウェディング」と呼ばれることになる出来事について知らせた。

みんな派閥に分かれて、お互いの喉に噛みついていた。以前、部分的に競合する会社のCEOがうちの従業員のひとりについてひどいことを言っていて、僕はてっきり悪意のある嘘だと思っていたけれど、結局のところ、おおかた事実だった。（中略）僕の望みは、メンバーが協力して働くことだけ。だから毎日何時間もかけて、みんなをまとめようとしているのに、成功の兆しが見えたと思っても、五時間後にはまた口論を耳にする。（中略）みんなが一貫して尊敬し続けている人物は、僕ひとりだ。僕としては、難しい組織的な仕事は有能な人たちのチームに任せて、自分はコードを書いたり、暗号経済学の難解だけど楽しい課題を解決したりすることに集中したかった。なのにいまや、船が沈没しないようにすることすら、僕の役目だとわかった。やれやれ。

その後の数週間、ツークに常駐するメンバー以外が去り、常駐グループは非営利団体「シュティフトゥング・イーサリアム」の設立に向けて準備したが、一方で、さまざまな業務に予算をどう配分するかについて議論が交わされた。ふたたび、一部の人たちは、ギャビンがとくに金と権力に飢えているという印象を持った。ある午後、ツークのメンバーたちは自転車で出たまま帰るのが遅くなり、スペースシップに戻ったときにはすでに電話会議が始まっており、大急ぎで途中参加した。ツークのあるスタッフによると、その会議の場でギャビンは「クラウドセールの前に予算の割り当てを明確に決めておく必要がある。実際に金が流れ込んできたら、いま以上に争いが激しくなるだろうから」と言った。みんなが多少とも感じていたことを、ようやくはっきりと口に出したわけだ。

つまり、まだ一セントも入ってきていないのに、早くも、金をめぐる争いが激化しつつある。したがって、クラウドセールの前にシュティフトゥングを正式に設立することがきわめて重要だった。スイスにおけるシュティフトゥングは、必ずしも慈善団体ではなく、利益追求とは異なる使命を掲げた財団を意味する。その使命に従って資金が使われなければならず、スイス政府機関がそれを監督する。「シュティフトゥング・イーサリアム」の使命は、イーサリアムの分散型システムを運営することであり、すなわち、インターネット関連のさまざまな非営利団体と同様、「世界規模の巨大コンピューター」を管理することだった。シュティフトゥングの設立をクラウドセールに間に合わせておけば、本来の使命とは異なる用途に数百万ドルもの資金が流れてしまうといった事態を防げる。

関連して、証券取引委員会の怒りを買わずにプレセールを行ない報酬を得るにはどうすべきかも課題だった。その春先、スイスの弁護士たちが、プロジェクトの分散化という性質上、クラウドセールで発行する証券は有価証券とはみなされないと判断を下した。一つの組織が主体となって発行するわけではないので、付加価値税が生じる製品と違い、課税もされない。ただし、入ってくる金は税制上では投資とみなされる。彼らが発行するもの自体が有用な機能を備え、成功するか否かはサードパーティーの業績ではなく、ユーザーがそのプロトコルを受け入れるかどうかに依存している点も、法的な立場に有利に働いた。彼らはしばらくのあいだ、潤沢な資金のあるアメリカでも同様の法的な立場を取れないかと模索した。ニューヨークのイーサリアムチームは、法律事務所のプライヤー・キャッシュマンに依頼し、「イーサリアムのクラウドセールは、アメリカにおいて、未登録証券の募集とはみなされない」という意見書を書いてもらった。同所の主任弁護士はイーサリアムの可能性に興奮し、料金の一〇パーセント割引を申し出た。「これまでどんなクライアントにも提示したことのない割引率です」と彼は顧問契約書を送る際に書き添えた。

クラウドセールを合法的に行なう方法についての議論は、「ゲーム・オブ・スローンズの日」にはまだ決着がついていなかった。同日、SECはビットコイン起業家のエリック・ボーヒーズ(アンソニーがビットコイン・ギャンブルサイトを売却する際、匿名の買収者との仲を取り持った人物)を未登録証券の募集で訴追告発した。これこそまさにイーサリアムチームが恐れていたことだった。[2] プライヤー・キャッシュマン事務所の弁護士から、こんな文章が送られてきた。「わたしのひとまずの見解を述べると、イーサのプレセール時にビットコインで支払った場合、ハウィーテストの第一の要件である〝金銭の投資〟に相当する可能性がきわめて高いことが、この告発によりあらためて浮き彫りになったと思う」

よくない徴候だった。裁判所はハウィーテストを用いて、投資契約が有価証券に当たるかどうかを判断する。ハウィーテストとは、一九四六年にSECがW・J・ハウィー社を訴えた事件の判決で示されたもので、以下の四つの要件をすべてを満たす投資は有価証券とみなされる。(1)金銭の投資であること、(2)投資先が共同事業(投資家の命運が他者、たとえば投資を募っている人の命運と結びついている事業)であること、(3)投資先から収益が見込めること、(4)特定の他者の努力によって利益がもたらされること。もし(ボーヒーズの告発が示唆するとおり)イーサリアムのプレセールが第一の要件を満たし、イーサリアムが「共同事業」とみなされ(第二の要件)、イーサリアムを使う人が増えるほど価格が上がることを期待して人々がイーサを購入し(第三の要件)、イーサリアムチームが利益の責任を負う特定の他者である(第四の要件)ならば、プレセールは未登録証券の募集とみなされる恐れがあるわけだ。

スイスチームのいろいろな法的アイデアがニューヨークにも少しずつ伝わった。スティーブン・ネラヨフは、バーでヴィタリックと話をするうち、イーサはイーサリアムを使うのに必要なもの（利用者が計算処理のための経費を払うのは当然）だから、車を動かすのに必要なガソリンのようなものだと思いついた。つまり、プレセールは有価証券ではなく、人々がこれから使う製品の販売なのだ（似たような例として、過去に裁判所は、値上がりを期待して分譲マンションを購入したとしても、分譲マンションは住居であり有価証券ではないと判断していた）。

プライヤー・キャッシュマン事務所の意見書は、非営利の財団と営利目的のＧｍｂＨを区別していた。後者は、ネットワークが稼働し、プレセール参加者がイーサを受け取った時点で消滅する予定だった。したがって、厳密にいえば、販売を行なう当事者のＧｍｂＨは、ネットワークの成功に関する責任を負う立場にはない。そのため、ハウィーテストの最後の要件は成立しない公算が大きい。さらに意見書は、プレマイニングされたイーサが、イーサリアムを開発した営利企業ではなく、それまでイーサリアムに携わってきた人々に渡ること（現実には両グループのメンバーはほぼ重複しているので、明らかに詭弁なのだが）、その企業はイーサを投機的な投資ではなく製品として宣伝していること、を指摘していた（イーサの有用性を訴えているわけで、分譲マンションは有価証券ではないとする考えかたに似ている）。

ついに七月九日、シュティフトゥング・イーサリアムが正式に発足した。[3] 七月一八日金曜日、プライヤー・キャッシュマン事務所の意見書の草案が届き、七月二一日月曜日には署名入りの公式な意見書が来た。そして七月二二日火曜日、中央ヨーロッパ夏時間の真夜中〇時、クラウドセールが開始された。

このセールで、チームメンバーたちは「おたく」ぶりを存分に発揮した。ヴィタリックは、クラウドセール開始を告知するブログ投稿にこう書いている。「イーサの価格は当初、**一BTCあたり二〇〇〇ETH**の割引価格に設定され、この状態が**一四日間**続いたあと、**一BTCあたり一三三七ETH**の最終レートまで直線的に下がる。セールは**四二日間**続き、ツーク時間の九月二日二三時五九分に終了する」[4]。最終レートを一BTCあたり一三三七ETHに選んだのは、「1337」が「エリート(elite)」を意味する「リートスピーク」だからだ。インターネットの黎明期、やや差し障りのある話題を初期のインターネット掲示板上で議論する際、文字を数字に置き換えて表記した。「エリート(elite)」は数字だけではうまく表記できないため、「リート(leet)」に変えて、「1337」と表わした。「1」はlに、「3」はeの左右反転に、「7」はtに似ている。また、セールが四二日間続くのは、ダグラス・アダムズの小説『銀河ヒッチハイク・ガイド』で、「生命、宇宙、そして万物についての究極の疑問」への答えは42とされているからだった。

このようなおふざけとは裏腹に、ヴィタリックのこのブログ投稿には、弁護士の影と、ヴィタリック自身の才能が色濃く表われていた。一三項目の箇条書きのうち二つは次のとおりだ。

・イーサは製品であり、有価証券や投資の募集ではない。イーサは、イーサリアムプラットフォーム上で分散型アプリケーションサービスの取引手数料の支払いや構築・購入に役立つたんなるトークンである。購入者が何かについての議決権を得られるものではなく、われわれはその将来の価値を保証しない。

・結局、われわれはアメリカに関しても制約をかけていない。やったね。

彼は、プレマイニングについて、最終的に二つの基金プールを決めたと述べた。「プレセールの前にプロジェクトに取り組んだ貢献者に割り当てられるもの」と「財団の長期基金」であり、それぞれに対し、販売された初期イーサ量の九・九パーセントを割り当てる[5]。

契約条件の規定はこんな出だしで始まっている。「本契約条件は、イーサリアム・オープンソースソフトウェア・プラットフォーム（以下、「イーサリアム・プラットフォーム」と記す）上で分散型アプリケーションを実行するために必要な暗号燃料であるイーサ（以下、「ETH」と記す）の購入者グループ（総称する際は「購入者グループ」、個別には「購入者」と記す）への販売に適用されるものである[6]」。製品としてマーケティングしてあるか？　オーケー。ガソリンのような有用性をうたってあるか？　オーケー。あとは、規制当局がこの販売を有価証券の募集とみなさないことを願うばかりだった。

最初の二日間で、五七四二BTCが入ってきた。価格レートは一BTCあたり六二〇ドルだったから、しめて約三六〇万ドルに相当する。一四日目の終わり、すなわち、一BTCあたりのETHが二〇〇〇から一三三七に下がる直前の時点で、一万二八七二BTC集まった。レートは約五九〇ドルで、計七六〇万ドル相当にのぼった。まだ二八日残っていた。

首脳陣はクラウドセールが終わる前にいくつかの債務を清算したかったが、ふたたび金銭をめぐって空気が緊迫した。弁護士への支払い、初期の貢献者たちへの未払いの給与、アンソニー、ジョゼフ、テイラーなどへの融資の返済のほか、適切な当局者を紹介してくれたツークの調整役ハーバート・ステルキに対してもおよそ六万スイスフランの支払いが必要だった。しかし、クラウドセールの終了前にビットコインを「マルチシグ」から取り出すと、世間に悪い印象を与えかねなかった(マルチシグとは「マルチシグネチャー・ビットコイン・ウォレット」を指し、資金を動かすためには複数の秘密鍵による承認が必要となる。多くの場合、三人の署名者の鍵のうち二つ、あるいは五人の鍵のうち三つが必要)。第一に、セール終了前にビットコインを取り出すと、「それをまた還流してイーサの購入に充て、実際に集まっている以上の額が集まったかのように見せかけて、買い手の熱を煽ろうとしているのでは」という憶測を生む恐れがあった。たとえそんな工作をしておらず、自分たちの動きの透明性をできるだけ保ったとしても、資金を早期に使ってしまっては、イーサリアムの周辺にFUD(fear＝恐怖、uncertainty＝不確実性、doubt＝疑念)が漂う事態を招く。ビットコインその他のライバルたちに格好の攻撃材料を与えてしまう。たとえば、チャールズが途中で去った別のプロジェクト、ビットシェアーズの創設者ダニエル・ラリマーは、ビットコイン・マイアミでヴィタリックが講演したあと、彼を厳しく問い詰める動画を公開し、ヴィタリックが質問にこたえなかったため、イーサリアムは持続不可能で中央集権的だと批判した。[7] また、多くのビットコイン関係者たちが、イーサリアムなどの「アルトコイン」は不要だと主張していた。たとえば、三月のブログ投稿「アルトコインの近い将来の消滅(および、それを早めるためにできること)」には、こう書かれていた。「「でもイーサリアムはスマートコントラクトができる!」と言う人もいるが、じつは間違いだ。(中略)

よって、イーサリアムは公約を果たせず必然的に失敗し、ほかのコインと同じくすぐに忘れ去られるだろう」[8]。また、BitcoinTalk.orgでも、クラウドセールが始まって二日もしないうちに「**〔ETH〕イーサリアム＝詐欺**」というタイトルで、スポエトニクが「これはIPOであり、**暗号通貨のIPOはすべて詐欺だ**」と投稿した[9]。タウンシューは「イーサはビットコインのロンダリングに使われているのかも。あるいは、需要があるように見せかけるため、自分たちで買っているのかもしれない」と書いた。シリアスコインも「アンソニー（イーサの創設者）に会ったことのある人ならみんな、あいつがいかがわしい野郎なのを知っている」と加勢した。するとタウンシューは、ジョゼフの名前を挙げ、「ゴールドマン・サックスとのつながりもお忘れなく」と返した。

　一方、ギャビン、ジェフリー、ステファンは、めいめいの街でイーサリアムの事業体をつくろうとしていた。ミハイは、執行部のなかで最も力を持つとみなされているギャビンが、スイスの本部から離れたベルリンで自身の営利事業体へ資金を流し入れようとしている、と受け取った（のちにギャビンは、イーサリアムの構築を万全にするために動いていただけ、と弁明する）。しかしミハイ、テイラー、ヴィタリックはスイスの非営利財団の取締役会に属しており、公約どおりの使命を果たしているかを政府に監視されていた。ギャビンがベルリン企業へ資金を送ろうとしたら、プロジェクトも、財団の取締役である自分もスイス当局に摘発されるのでは、とミハイは気が気ではなかった。実際、ギャビンは外部、とくにジョゼフからの干渉を最小限に抑えたがっていた。ジョゼフがしだいに障害に思えてきたのだ。のちにギャビンは、ベルリンに別の営利事業体をつくりたかった理由として、ツークには技術者が少なすぎ、わずかにいる人材も高給取りだったことを挙げた。法律上、ドイツ国民を雇用するにはドイツの事業体が必要だった。そこで彼はドイツで、スイス財団の子会社であるイーサリアム・デヴUG（略称「ETHデヴ」）を設立した。一方、オランダ企業はオランダの法定居住者だけが所有できるため、オランダの事業体はジェフリーが設立した。ロンドンでも、イギリスの事業体であるイース・デヴ・リミテッドが設立され、ギャビン、ジェフリー、ヴィタリックが取締役を務めた。

彼らが直面した財政上の最大の危機は、クラウドセールの四二日間のうちにビットコイン価格が急落したことだった。開始日は約六二〇ドルだったが、終了日には約四七七ドル。したがって、たとえば最初の二日間に集めたビットコインは当初三六〇万ドルの価値があったが、終了の時点では二七〇万ドルに目減りしていた。もしビットコインが入ってくるたびに換金していれば、クラウドセールで集まった金額は一八四〇万ドルだったはずだが、クラウドセールの終了時、集まった三万一五三〇ビットコインは約一五〇〇万ドルの価値しかなかった。つまり、三〇〇万ドル以上が消えてしまった計算になる。

それぞれが抱えているクライアントに関してつねに連絡を取り合っていたヴィタリック、ギャビン、ジェフリーは、セールが始まった直後、集まったビットコインの少なくとも半分をなるべく早く売却したかった。その年の冬にはプラットフォームを稼働開始すると公約していたからだ。一刻も早くオフィスを開設し、開発者や管理職者やオフィススタッフを雇い、テストを用意し、ツールをつくり、セキュリティーの監視を委託したい。となると、ただちに銀行口座に数百万ドルあるいは数百万ユーロが必要だった。COOであり、ヘッジファンドの経験もあるジョゼフが、ビットコインを換金する役目を任されていた。ところが、彼は売りたがらなかった。理由の一端は、彼のトレーダーとしてのメンタリティーではないか、とギャビンは考えた。価格が下がっているあいだはけっして売らず、上がっているときに売ろうとする。ギャビンやほかの開発者たちは、「いや、待っている時間なんてない！　組織を運営するために法定通貨が必要なんだ！　すぐに法定通貨がいる！」と苛立った。

議論は熱を帯び、必死さが増した。ビットコインの価値はさらに下落し続けた。クラウドセールが終わってから数週間後には四〇〇ドルを下回った。彼らはまだ知らなかったが、一〇月末には三四〇ドルを、一月には三〇〇ドルを割り込み、一月中旬にはついに一七二ドル以下で取引されるようになる。

チャットや電話会議で、ジョゼフは、自分ならすべてをビットコインのままにしておくと言い張った（換金せずビットコインを持ち続けることを関係者のあいだではHODLと呼ぶ。あるときBitcoinTalk.orgで酔っ払った投稿者が「HOLD（保有し続ける）」と書き込むつもりが綴りを間違えた、という出来事にちなむ）[10]。もっとも、ジョゼフがビットコインの売却を直接拒否したことはいちどもない。なにかしら理由を付けては、次の会議まで売却を先送りにしようと提案するのだった。たとえば、どの法定通貨に変換すべきかをもっとよく調べる必要がある、などなど。ギャビンの推察によれば、ジョゼフはヴィタリックがつねにコンセンサスを大切にしていることを知っていて、いろいろな選択肢を検討する方向へ導けば行動の決定が遅れると踏んだのではないか、という。また、ジェフリーは、ジョゼフの行動は他人の金で賭けをしているようなものだと感じた。みんなが何度も「ビットコインを売れ！」とジョゼフに言ったが、ジョゼフは価格が上がるのを期待してビットコインを手放さず、しかし現実の価格は下がり続けているのだった。のちにジョゼフは、自分がビットコインを換金する責任者だとヴィタリック、ギャビン、ジェフリーがこぞって考えているとは知らなかった、と弁明した。また、彼らが売却を望み、自分がそれを妨げていると感じていたことも気づかなかったといい、グループとして決定を下していたのだから、怒りの矛先を向けてくるのは筋違いだと語った。

ジョゼフの目から見ると、権力を握るギャビンが本部のスイス財団から資金を剝ぎ取り、みずから四月に母国のベルリンで設立した事業体ＥＴＨデヴへ流そうとしている、という事態だった。だからギャビンはビットコインの売却を急いでいるのだと解釈した。スイス財団がこうして調達した資金の大半を、すぐさまドイツの事業体へ送るのはおかしいと考えた。そのような流出を避けたいジョゼフは、目標が達成されていることを途中で確認しながら、資金を「分割払い」で放出したかった。彼は開発者たちに、進捗状況を数週間ごとに報告するよう求めた。対するギャビンは、そういう報告はイーサリアムのブログに掲載すべきだという条件を付けた。ジョゼフに内密に情報を与えたくなかったのだ。なぜか？　ジョゼフはジョゼフで、ブルックリンに自身の営利企業を立ち上げ、イーサリアム上で分散型アプリケーションを展開しようと動いていたのだ。その事業をコンセンシス・システムズ、略して「コンセンシス」と名付ける予定だった。

結局のところジョゼフは、ドイツ、オランダ、イギリスの事業体が設立されたあと、「ローカルビットコインズ」（ビットコインを交換するための個人間の売買サイトのようなもの）やビットコイン・スイスを通じてビットコインを売却し、一定の間隔で開発者たちに法定通貨を配り始めた。[11]ギャビンとジェフリーは自分たちのチームの採用を始めた。九月、ギャビンはベルリンの「レインメイキング・ロフト」というコワーキングスペースでテーブル半分から始め、新入メンバーを迎えてテーブル二つに増やした。新顔のひとりはクリストフ・イェンツシュという真面目で濃い眉毛の男だった。

物理学の博士課程履修中で、モルモン教を信じ、ドイツの保守的な地域の出身だった。手を動かしながらよくしゃべり、よく笑い、笑顔になると優しい目元に皺が寄る。テスト責任者として、クリストフは三つのクライアント——ギャビンのC++、ジェフリーのGo、ヴィタリックのPython——向けのテストを作成した。いずれかのクライアントに不具合はないか、メインチェーンと同期せずにあらたなブロックチェーンの作成を開始するクライアントはないかといった点を確認する目的だ。たとえるなら、ある文書ファイルをマイクロソフト・ワード、グーグル・ドキュメント、アップル・ページズの各ユーザーが正しく読み書きできるか、どのような変更が加えられても各ユーザーの画面に同一の内容が表示されるか、といったことをチェックするのに似ている。また、クリストフはイエローペーパー——ギャビンがまとめた技術仕様——を注意深く読み、各クライアントがそれを正しく実装しているかどうかも確認した。平たく言うと、彼の役割はチェーンを壊そうと試みることだった。フリーランス契約でイーサリアムチームに加わり、博士課程を六週間から八週間ほど休む予定だった。ほかに二名が雇われ、「ソリディティ」——スマートコントラクトを実装するためにギャビンが生み出した言語——を専門とする開発者に任じられた。ひとりは、静かで控えめなドイツ人のクリスチャン・ライトビースナー。多目的最適化、アルゴリズム、複雑性理論で博士号を取得した。もうひとりは、カールした黒髪と自虐的なユーモアの持ち主で、ギリシャ人のレフテリス・カラペツァス。東京大学で学んだあと、直近はベルリンのオラクルで働いていた。

Goクライアントを構築中のジェフリーのチームメンバーは、ほとんどがリモートで働いていた。プログラマーのひとり、ベルリン在住のフェリックス・ランゲは、饒舌で痩せ型、元気にあふれ笑顔を絶やさない。ETHデヴと同じコワーキングスペースにいたが、Goプログラマーなのでジェフリーのチームに入った。ほかに、ペーテル・ジラーギという男は、ハンガリーとルーマニアの血を引き、控えめで巻き毛、すきっ歯が特徴だ。分散型および非中央集権型のコンピューティングについて博士論文を書き上げたばかりで、Ｇｏ言語が非常に気に入っていた。

対照的に、ギャビンはベルリンにあるオフィスを念入りに整備した。ジェフリーがささやかなスペースを借り、家具を少し置いただけでアムステルダム・オフィスと称したのに対し、ギャビンは空きスペースを取得し、自分の好みに改築したあと、デザイナーをひとり雇って、しゃれた内装に仕上げた。カスタム照明とエジソンスタイルの電球を天井から黒いコードで吊るし、まるでレストランか北欧家具ショップのような雰囲気だった。さらに、ｅＢａｙで購入した中古のグッズを所狭しと飾った。毛足の長いラグ、劇場で使われていた黄褐色の座席（D列まるまる全部）、ダン・フラビンの美術作品を模倣した蛍光灯、一九六〇年代のテレビアニメ『宇宙家族ジェットソン』に出てきそうな茶色と金色のサイドキャビネット（なかにはアナログレコードプレーヤーが入っている）、校舎内に設置してあればシックで良さげなアーミーグリーンのロッカー、ヒトラーが台頭する前の西欧と中欧の地図、文字盤に12という数字しか書かれていないミニマルデザインで毎正時にチャイムが鳴る壁掛け時計……。

ジェフリーとギャビンのスタイルの違いは、オフィスの構えかたにとどまらない。ギャビンは、イーサリアムに関するあらゆるプレゼンテーションが素晴らしいものでなければいけないと感じていた。社内のメンバーに向けて発信するときも、同じマーケティングの姿勢を貫いた。しかし、プログラマーの多くは「おたく」タイプで、この新しい暗号通貨のことを事前には聞いたためしもなく、開発にそれほど熱意を燃やしているわけではなかった。たとえばフェリックスにしろ、何もないところから金を生み出し、ときには巨額の取引も行なうなどというアイデアは、不可思議としか思えなかった（もっとも、やがて現実に支払いを受け始めると、クールさを実感したが）。ギャビンは、このプロジェクトはきみたちのキャリアのなかで最も重要なものになると言い、一同の奮起を促した。だが、ベルリンのオフィスで働くメンバーたちは、ギャビンがまだ存在すらしないものを平気で発表したり、何かにつけて「世界初」と吹聴し、製品名に「ターボ」の一語を追加したがったりすることに気づき始めた。ドイツ人であるフェリックスは、これがイギリス人の特徴なのだろうかと訝った。これに対し、ジェフリーはもっと大陸ヨーロッパ的な態度だった。イーサリアムがどれだけクールか、いずれ世間の人々も気づくはずと信じ、大言壮語は必要ないと考えていた。ただ、ベルリンのオフィスがいよいよ完成すると、訪問客は一様に感嘆していたとの証言もある。

そんな出来事が初めて起こったのは、二〇一四年一一月二四日の月曜日、ベルリンのオフィスで「デヴコン0」という開発者会議が開かれたときだった。オフィスはまだ完成したてで、イーサリアムのメンバーたちもその数日前の金曜日に引っ越してきたばかりだった。数十人ほどの参加者が到着するなか、食器洗い乾燥機の取り付け作業が行なわれていた。フェリックスをはじめ、暗号通貨についてまだ知識のない新入りメンバーにとっては、とうてい理解できないほど難解な内容の会議だったが、まるで魔法のようだと感じた者もいた。かねてからイーサリアムの動向を見守っていたプログラマー、グスタフ・シモンソンは、イーサリアムのクラウドセールは詐欺かもしれないと勘ぐっていたが、ギャビンや、クリスチャン・ライトビースナーのほか、多くの関係者が博士号を持っている人物だと気づいた。数学の博士号を有するユッタ・シュタイナーは、マッキンゼー・アンド・カンパニーで数年間を過ごしたのち、イーサリアムのセキュリティーと監査を担当していた。

さらに、ヴィタリックはつい少し前、マーク・ザッカーバーグら錚々たる候補者を抑えて、二〇一四年の世界テクノロジー賞をITソフトウェア部門で受賞している。グスタフは疑念を捨てて、ユッタと協力してセキュリティーの仕事に就くことに決めた。

開発者たちは、ヘビーワークの期間に入った。毎日、ジェフリーはアムステルダム西部にある自身の小さなアパートメントで目を覚まし、飼っているブルテリアのブルースを散歩させ、コーヒーを飲んだあと、夕食の休憩を挟んで就寝までひたすらコーディング作業を続けた。ドイツにいるクリストフは、小さな町ミットバイダ（人口一万五〇〇〇人）に住み、ほとんどリモートで働いていたが、ときどきベルリンのオフィスへ出勤した。最初のうちは、プロトコルが破綻しかねないセキュリティー上の弱点が数多く見つかった。見つかるのはたいていGoクライアントで、ギャビンがイエローペーパーを作成したものの、実装のコードはジェフリーが書いているせいだった。[12] しかし時間の経過とともに、バグはみるみる減っていった。クリストフはイーサリアムに魅了され、博士号の取得はあきらめた。目標は、どのクライアントにもバグが見つからない状態が六週間続くことだった。それを達成できたら、システムの稼働開始だ。

ギャビンの指揮下にあるベルリンオフィスも、ジェフリー率いるより分散型のGoチームも、毎日会議を開き、チームメンバー全員がひとりひとり、完了した事柄と現在取り組んでいる事柄を報告した。ギャビンが以前からヴィタリックに指摘していたとおり、「共同創設者」ほか創設メンバーの多く——アンソニー、ジョゼフ、ミハイ、さらにはツークのスタッフのほとんど——は、イーサリアムの構築に直接関与していなかった（ただしテイラーは基本的なテストのためにジェフリーが雇った）。チャールズとアミールが去り、ジョゼフがニューヨークでコンセンシスを立ち上げ、アンソニーはトロントで自身のウォレット「クリプトキット」に取り組むなど、ビジネス志向のメンバーはもうほとんど残っておらず、開発者たちが組織を主導していた。

ジェフリーのチームのメンバーはとくに、上司であるジェフリーが柔軟で気楽な存在だと感じていた。ジェフリーは部下たちに、こちらの信頼を悪用したら解雇すると釘を刺しつつも、好きな仕事内容を、好きなだけの時間やっていいと言った。彼は根がひょうきん者で、一見すると気難しそうだが、外見に反して優しい人物だった。しょっちゅう人をもてあそんだり、からかったりしたものの、冗談なのは明らかだった。上司ぶるのを嫌っていた。また、いつでも簡単に連絡が取れた。一日じゅう「ギッター」にログインし、広く公開されているGo Ethereumというチャンネルにいた。おかげで、ルーマニア中部にいる黒髪のペーテル・ジラーギや、リオデジャネイロにいるデザイナーのアレックス・バン・デ・サンデ（通称アブサ）――広い額とぼさぼさの髪のせいで、大学教授のような雰囲気をたたえている男――など、リモートで働いているメンバーには好都合だった。誰もがチームの一員であることを実感できた。

一方、ギャビンの下で働くメンバーは、異なる雰囲気を味わっていた。ギャビンは何かが気に入らないと、単刀直入に批判した（ただし、褒めるときも非常に率直だった）。批判されて腹を立てる者もいたが、ある人によると、ギャビンはチャットで仕事の難点を指摘したあと、五分後には直接顔を見せて「なあ、昼食はどこの店に行こうか」と誘ってくるようなタイプだったという。スキルが高く、生産的な人物だった。ただ、負けず嫌いでもあり、彼とほかのメンバーでタスクを分担した場合、ギャビンはいつも先に終わり、相棒に向かって「まだ終わらないのか？　まだか？」とせっかちに言うのだった。細部にまで口を出して管理する、いわゆる「マイクロマネージャー」をジェフリーが嫌っていたのに対し、ギャビンは、物事をどう処理すべきかについて厳格な考えを持っていた。数人の開発者からあるアイデアを提案されても、即座に却下してしまうことがあった。多くの場合、たしかにギャビンのほうが正しかったが、たとえ、やりかたを無理強いしてくるわけではなくても、きみは間違っているとしじゅう指摘してくる上司のもとで働くのは愉快ではない。ギャビンはヴィタリックさえも叱責し、スカイプで「きみは×××をやると言ってたよね」「こっちのほうが優先だ」「このアイデアのほうがいい」などと発言した。控えめにみても「熱くなりすぎ」だと誰もが感じ、ある人は「つねに全員が自分と同じくらい生産的であることを期待している」と評した。いちど、アブサがリオデジャネイロからアムステルダムへ出向き、ジェフリーといっしょに作業していたところ、それを聞きつけたギャビンは、アブサに連絡し、チューリッヒ行きの列車に乗ってこっちで仕事してくれと求めた。アブサが二度目にアムステルダムを訪れたときも同様で、こんどはロンドンへ呼びつけられた。

時間が経つにつれ、部下たちは心証を害した。ギャビンはどちらかというとアイデアを出すばかりになり、それを部下に実行させておきながら、自分の手柄にし、部下たちを褒めない、という不満を漏らし始めた。それでも「聡明な人物」だと思う人もいれば、「切れ者だが、上司としてはいかがなものか」と疑問符を付ける人もいた。あるメンバーは、「ギャビンは自信過剰になる資格がある……だって……やることはみごとにやってのけるんだから」と語った。同じく支持派のある人は、ギャビンをスティーブ・ジョブズにたとえた。「他人の気持ちを逆立てることがあるか？　こたえはイエス。だけど……じゃあ悪者か？　ノーだ」。ギャビンは近寄りがたく、C＋＋チームはプライベートなスカイプグループで会話していた。そのせいで、ジェフリーがギッターでオープンな議論を可能にしたＧｏクライアントに比べ、ギャビンのＣ＋＋クライアントは意見が交換しづらかった、と少なくともひとりのメンバーは漏らしている。

接しづらい性格にもかかわらず、ギャビンはカリスマ性、語学力、美意識の高さで尊敬の的だった。プレゼンテーション時、魅力的な穏やかな声で聴衆を惹きつけた（対照的に、ジェフリーはプレゼンテーションをいっさいやりたがらなかった）。語彙が豊富でセンスのいいギャビンは、ネーミングも非常に得意だった。たとえば、みずから考案した安全なメッセージングプロトコルを「ウィスパー（ささやき）」と名付けた。ブロック内のトランザクションが取り消し不能になる「ファイナライズ」のプロセスを言い表わすのに、より芸術的で視覚的な「シーレント」という独自の用語を使った（おそらく「シーラント（封緘《ふうかん》）」のつもりだったのだろうが）。ヴィタリックの抽象的なアイデアを具体的な数式やコードに変え、イーサリアムの技術的な仕組みを示したイエローペーパー（すなわち「仕様書」、二〇一四年四月公開）にも、ギャビンのスタイルがよく表われている。[13] 第一に、暗号通貨の世界では「ホワイトペーパー」と称するのがふつうなのに、彼は「イエロー」を選んだ。[14] 第二に、なにしろ、この文書は知的優位性をひけらかし、読者に舌を巻かせる意図が込められているようだった。なにしろ、珍しいフォントが何種類も使われ、ギリシャ文字だらけの数式で説明されていた（結果として、掲示板型ＳＮＳ「レディット」にいくつものスレッドが立ち、「理解困難」「驚くほど複雑」などの声があふれた）。[15] 美的な印象があまりに強烈だったため、イーサリアムの研究者たちがいくつかのささやかな誤記や間違いに気づいたのは数年後だった。[16]

ジェフリーとギャビンには共通点が一つあった。ふたりとも、クライアントを自分なりのやりかたで構築したがり、従うよう相手側に強く求めたことだ。二〇一五年一月にベルリンを拠点にして

Goチームに加わったドイツ人開発者、ファビアン・フォーゲルシュテラーは、ギャビンとジェフリーがあまり会話を交わしていないことに気づいた。彼はC++チームに「Goチームとも相談すべきだ。向こうだって同じもの（製品や機能）に取り組んでいるんだから」と何度も言った。そのたびにギャビンは不機嫌そうになり、自分が一方的にアイデアを出す側になりたがっているようすだった。

イーサリアムに三つの実装があるのは、本来、ネットワークを強化するためだが、ジェフリーの印象によると、このマルチクライアント戦略をギャビンがライバル競争に変えてしまったという。ギャビンが自分のC++クライアントに勝利をもたらしたかったのに対し、ジェフリーは競争を拒んだ。トップに立つことに意欲を燃やすギャビンは、あらゆる最適化に注力した。一方のジェフリーは、まともに機能するクライアントをつくりたいだけだった。ギャビンは自分のバージョンを「ターボ・イーサリアム」と呼んで最速を目指し、ネットワークの「プロフェッショナル」である開発者やブロック生成者をターゲットユーザーに据えた。しかしジェフリーは自分のクライアントが最高かどうかなど気にしておらず、対象ユーザーは技術的な知識のない一般消費者だった。機能も多くは盛り込まなかった。結果的に、当初はギャビンのクライアントのほうが良好に機能し、ジェフリーのクライアントはかなり悪い状態だった。

ジェフリーのGoクライアント「Geth」に問題点が見つかるたび、ギャビンは声を大にして指摘し、メンバー全員に知らしめた。これに対してジェフリーは、自分のチームメンバーたちに「C++チームの悪口を言ったり、ミスを指摘したりしてはいけない。どちらのクライアントも、同じイーサリアム財団のために開発しているのだから」と伝えた。ジェフリーと、あるC++クライアント開発者の証言によれば、ギャビンは自分のチームに「Ｇｅｔｈチームには協力するな」とまで指示したらしい（当のギャビンは、両陣営にライバル心があり、Ｇｏ側ではとくにペーテルが強硬だったが、ジェフリーは制止しようとしなかったと語る。一方のジェフリーは、ギャビンからペーテルについて苦情が来る前から、過激になりすぎるなとペーテルに注意を与えていたと話す）。

しだいに、ギャビンの闘争心が、ベルリンにいるジェフリーのチームメンバーを圧迫し始めた。自分たちのミスを、ＣＴＯであるギャビンがいちいちおおやけにあげつらうため、Ｇｏチームの士気が下がってきた。両チームの摩擦を和らげるため、金曜日の午後いっしょにゲームを楽しんで和む時間帯が設けられた。しかし、初回は全員が参加したが、二回目は四人しか集まらず、それ以降は中止になった。ギャビンとの友情が冷えきったことに落胆したジェフリーは、直談判を試みたものの、ギャビンが、そんなのは曲解だと否定したり、質問をかわしたりして、進展がなかった（その一方、ギャビンは何度かヴィタリックに直接、自分のチームはジェフリーのチームより技術的に優れていると主張した）。最終的に、ジェフリーはギャビンと協調して働くのは不可能だと感じた。

ヴィタリックさえ、ギャビンのスタイルに反感を抱き、友人や家族へのメールでこう書いた。

ギャビンは全般に、自分のチームに対してかなり権威主義的だ。決定は自分が信頼する少数の専門家グループが下すべきと考えている。でも僕は、全員が意見を言う機会を与えられたほうがいいと思う。オープンな意思決定が効果的と信じている。財団の透明性を可能なかぎり高めたい。なのにギャビンは基本的に閉鎖性を好み、おおかたの人は無知で、現状のニュアンスを理解できないと思い込んでいる。

このような機能不全の状態のなか、開発者たちは混迷しながらもゴールに近づいていった。

イーサリアムの稼働開始後もソフトウェアの改善を続けていくのが当初からの計画だったものの、開始の時点でも、ネットワークがダウンしかねないほどの深刻な問題点ははらんでいないように、じゅうぶんな安定性を確保しなければならなかった。ブロックチェーンが金を生み出す以上、安全でなければ利用者の信頼を失ってしまう。そこで、ユッタは七五万ドルのセキュリティー監視予算を確保した（監視会社にはデジャブ・セキュリティーを選んだ）。さらに、コミュニティーにいる開発者たちにバグを見つけて報告してもらうため、懸賞金を出すと発表した。

こうしてクライアントの立ち上げ準備が整いつつも、財団の資金繰りは厳しくなってきた。九月一一日に一BTCあたり約四八〇ドル、二〇一五年二月上旬には二二七ドルでビットコインを売却したため、約九〇〇万ドルしか得られなかった。ビットコインが入ってくるたびに換金していれば得られた額の半分以下だ。四月上旬、手元にはわずか四八六ビットコインしかなかった。四月二日の終値にもとづくと、ビットコインのかたちで残っている資金総額は一二万三〇〇〇ドルを割り込んでいた。

ヴィタリックは、ギャビンが自身とジェフリーの給料を大幅に上げたことに腹を立て、友人や家族にこう書いた。「あのふたりは、自分たちの賃金がスキルに見合う市場水準を下回っている（実際、以前の仕事では同等かそれ以上の金額を稼いでいた）と指摘するが、非営利団体にそんな水準を当てはめるのはまったく見当外れだと思う。非営利団体の場合、生活費ぎりぎりの賃金でも喜んで働く人が多い」。さらに、三人ともジョゼフに対して怒っていた。集まったビットコインのせめて半分はすぐに売却すべきだった、と。しかし、資金繰りの苦しさは、ギャビンの事業体であるＥＴＨデヴがひどく金を消費しているせいでもあった。ヴィタリックの推定では、月に二〇万ドル使っていた。法務費用の二二〇万ドル、未払い給与の一七〇万ドルを払い終えたら、もうほとんど残らない。ある管理職者によると、上層部からのとげとげしい電話が増え、周囲でも互いを責め合う場面が多かったという。「なぜきみのガールフレンドが給料をもらってるんだ？　何もしていないくせに。きみだって何もしていない。ここから出て行くべきだ」といった具合に。

資金難の原因がどうであれ、ＧｏとＣ＋＋の両方のクライアントの監査を行なう金はなかった（ヴィタリックのＰｙｔｈｏｎクライアントは研究用なので、監査はさほど重要ではなかった）。ギャビン、ジェフリー、ヴィタリックに加え、ギャビンと交際し始めていたユッタも入れて四人が、ここで決断を下し、限られた予算でどのクライアントを監査すべきか絞り込まなければならなかった。ギャビンのＣ＋＋は専門知識を持つ人々向けであり、ジェフリーの一般消費者向けのＧｏクライアント（Ｇｅｔｈ）が正常に機能しさえすればひとまず事足りると考えて、四人はまずジェフリーのＧｏクライアントを監査することに決めた。いずれネットワークが稼働してイーサが手に入ったら、それを元手にして秋にギャビンのＣ＋＋クライアントを監査すればいい。

五月上旬、彼らはイーサリアムの最初のバージョンの「テストネット」を公開した。バグを見つけた開発者や、ネットワークにおいて重要なフォーク、つまり二つの競合するブロックチェーンを生み出すことに成功した開発者がいれば、二万五〇〇〇ＥＴＨの懸賞金を与えることにした[17]（ネットワークが稼働してから誤って二つ目のブロックチェーンが生まれないよう、立ち上げ前にこの種のバグを潰しておきたかったのだ)。まだGethの監査中だが、もうすぐ完了する見通しだった。六月一二日、アンソニー・ディ・イオリオがトロントに設立したディセントラルの従業員から、ヴィタリックにメールが届いた。件名は「CSDにアクセス不能」で、こう書かれていた。「アンソニーがCSD(集中型ソフトウェア配布システム)を持ち帰り、あなたと話す機会を持つまでアクセス不能となる、との連絡を受けました」

このメールは、ビットコイン専門のセキュリティー・コンサルタント、マイケル・パークリンにも同時送信されていた。彼は一年前、イーサリアム財団がクラウドセールで得るビットコインをオフラインで保管する、いわゆる「コールドストレージ」ソリューションを用意するために雇われた(資金はインターネットから切り離され、複数の署名者が必要なマルチシグに設定される)。以前、いくつかの暗号通貨取引所やギャンブルサイトに依頼されて、その種のシステムを構築した経験があり、彼は一三ページのコールドストレージ指針と六ページのキー・コンプロマイズ・プロトコルを作成した。ホットウォレットやコールドストレージの鍵が「コンプロマイズ(危殆化)」された場合、すなわち、アクセスすべきでない人物が所持している場合に従うべき手順を概説したものだ。メールで言及されたCSDとは、トロントにあるコールドストレージ装置で、ほかにはロンドンとベルリンのオフィスにあった。クラウドセールのビットコインを動かすには、そのうちの二つが必要になる。トランザクションを実行するうえで三つのCSDのうち二つが要るだけでなく、それぞれの場所で三人の公式署名者のうちふたりが承認しなければならない。

アンソニーは、財団のビットコイン・ウォレットにアクセスできるクロームブック、通称「フットボール」の一台を持ち去ったのだ。重大なセキュリティー違反だった。マイケルは緊急のキー・コンプロマイズ・プロトコルを発動し、もしメールの内容が事実なら、アンソニーの行動は「鍵を人質にとる」ことに等しいと述べた。一時間ほど緊迫の時が流れたあと、アンソニーはCSDを返却し、ディセントラルの改装でドアが「ただの合板」になってしまったため不用心だと思って持ち出した、ほかの人に知らせるのを忘れていた、と釈明した。ヴィタリックはグループメールを送り、今回の出来事は「最終的に解決し、鍵が人質にとられた状況ではなかったという認識で全当事者が合意した」と伝えた。

結局、一サトシ（ビットコインの最小単位で、〇・〇〇〇〇〇〇〇一BTCを表わす）すら失われなかったとはいえ、この件をはじめとするいくつもの出来事を通じて、イーサリアムチームはアンソニーに反感を抱くようになった。しばらく前から、ほかの共同創設者――とくに開発者――たちは、アンソニーの貢献度がゼロに近いと考えていた。ある人は彼を「イーサリアムに便乗して金持ちになりたがっている、落ちぶれたビジネスマン」と評した。ヴィタリックやジェフリーは「落ちぶれたビジネスマン」とまでは見下げていなかったものの、彼のおもなモチベーションが「巨額の個人的な利益」だという点は感じていたようだ。アンソニーと仕事をした人がことごとく嫌な経験を味わうので、あるチームメンバーはアンソニーが「げす野郎」だと結論した。ある初期の貢献者は、アンソニーには「ずるい」とか「ひどい人間」とかいった自覚がなく、みんな自分と同じように行動すると考えていたのだろう、と推測する（アンソニー本人は、自分に否定的な感想を抱く人たちは嫉妬しているだけで、「リスク覚悟で大金を投じることの意味を理解していない」と反論した。また、イーサリアムに便乗したがっているだけなどと考える人たちは、ヴィタリックが真っ先にホワイトペーパーを見せたのは彼だったことを思い出してほしい、と語った。ヴィタリックによれば、アンソニーは「いち早く見せた相手のひとり」らしいが)。彼と仕事をしたトロントのあるメンバーは、彼が薄情で、スポットライトが自分に当たっていないとすねることに気づいた。カナダ・ビットコイン協会(BAC)のメンバーがカナダ議会の銀行委員会でプレゼンテーションを行なったとき、アンソニーは自分もいっしょにプレゼンテーションを求められなかったことに動揺し、数カ月後にもまだその件を持ち出した(アンソニーは現在でも、自分は事務局長だから呼ばれるのが当然だったと主張する)。以前、アンソニーとBACがオンタリオ証券委員会でプレゼンテーションを行なった際、ある規制当局者から暗号通貨のセキュリティーについて尋ねられたアンソニーは「ええと、あなたがたはいま現在、危険にさらされています」と、従来型の金融システムの危険性を指摘した(アンソニーによると、そのときの質問は量子コンピューティングに関する内容で、それなら従来の金融システムだって同じくらい脆弱、と言いたかったらしい)。

ほかのメンバーたちにとってとくに腹立たしかったのは、資金提供のほかは何もしていないアンソニーが、「共同創設者」の肩書をできるだけ少人数に限定しようと熱心なことだった。また、ツークのチームは彼に監視されているような印象を抱いた。ある時点で、ツークのスタッフが薬物をやっていると思い込んだようで(大麻を吸う者はたしかにいたが)、誰にも告げずに抜き打ちでツークを訪れた(アンソニー本人は、事前に通知したと語る。「いきなり訪問するはずがないだろう」と。さらに、ツークのスタッフが大麻を吸っていたとしても「たいしたことではない」と述べた)。彼とそのアシスタントが到着した日、ツークのメンバーたちはキャンプに行っていた。彼はスペースシップの外でしばらく待ったあげく、雨に降られて激昂し、結局はホテルを予約した。ツークの何人かは、来るとは知らなかったと言うが、彼の話によれば、ツークのメンバーはわざと「子供みたいに」「共謀して」不在にし、電話の電源まで切っていたという。

しかし、もっとひどい体験をしたのは、アンソニーのもとで働いていたトロントのグループだった。彼らの大半は、アンソニーと口頭で取り決めをして働き始めたが、内容を書面にする段階になると、アンソニーが得をするように歪めてくるのだった。最初にアンソニーに会ったとき、マイケル・パークリンはビットコインのコンサルティング会社を始めたばかりだった。ちょうどそのころアンソニーが、ディセントラルにふらりと立ち寄った訪問客たちの質問にこたえるスタッフを必要としており、ふたりは握手で取り決めを交わした。マイケルはアンソニーに雇われるのではなく、共有オフィススペースを無料で貸してもらう見返りに、ディセントラルの訪問客に応対するという条件だった。マイケルは、コールドストレージの開発の報酬として、イーサリアム財団に請求書を送った。するとその一週間後、アンソニーが、外で煙草を吸わないかと誘ってきた。アンソニーの弁護士、アディソン・キャメロン゠ハフもいっしょだった。マイケルは不審に感じた。アディソン弁護士は喫煙者ではない。

外に出ると、アンソニーがマイケルに、イーサリアム財団のコールドストレージの契約をきみが獲得できたのは、自分が推薦したからだ、と告げた。続いて「だから、五〇パーセントが妥当だと思う」というような言葉で締めくくった。

マイケルは「五〇パーセント？　何の五〇パーセントです？」と訊き返した。

きみが稼ぐ額の五〇パーセントだ、とアンソニーはこたえた（らしい）。

「この請求書の話ですか？」とマイケルは尋ねた。

今後のすべての請求書の五〇パーセントを無期限にもらいたい、というのがアンソニーの返事だった。

マイケルは眼鏡越しに彼をまじまじと見た。「何を言ってるんですか？」

マイケルの記憶によると、アンソニーは、きみが成功している唯一の理由はここのスペースで働いているからだ、実際、イーサリアムの取締役会は別のセキュリティプロバイダーを選びたがっていたが、自分がきみを推薦したのだ、と説明した。マイケルのコンサルティング会社がほかの仕事を得ているのも同じ理由で、アンソニーのディセントラルのスペースで働いているから信頼を得られたわけで、そう考えると、今後のすべての請求書の五〇パーセントをもらうのが妥当だと思う、と。

「つまり、キックバックってこと？　違法じゃないんですか？」とマイケルは言った。

後日アンソニーは、この会話はディセントラルで採用していた「委託契約」の相談だったと語る。彼のスペースを使ってサービスを提供する会社から手数料を取る仕組みであり、キックバックではないという。ただし、ディセントラルがどのくらいの割合を徴収したかは覚えていない。マイケルによると、ここでアディソン弁護士が割って入り、オンタリオ州ではキックバックは必ずしも違法ではないと説明したらしい。

マイケルは、さらなる質問をアンソニーにぶつけた。取締役会における協議の際、純粋にイーサリアムの上級幹部という立場で臨んでいたのか、それとも、キックバックで自分の懐が潤うことを念頭に置いていたのか？「それって典型的な利益相反じゃないですか？」

するとーーマイケルによればーーふたたびアディソン弁護士がさえぎって、取締役会においてアンソニーに利益相反があったかどうかはいま重要ではなく、ここで議論したいのは、今後、マイケルの会社「ビットコインサルタンツ」が顧客に請求する額の五〇パーセントを斡旋料としてディセントラルに払うかどうかだ、というようなことを主張した。

マイケルは断った。それ以降、ふたりの関係は悪化した。マイケルによると、アンソニーが作業スペースの賃貸料を請求し始めたという（アンソニー側は、もしそうだったとしても、斡旋料の件とは無関係だと話している）。結局、マイケルは出て行くことにした。

アンソニーが欲をかいた例は、これだけではないようだ。以前、スティーブ・ダークと組んでギャンブルアプリ「サトシサークル」をつくった際、スティーブによると、アンソニーは弁護士を通じ、アメリカ国民のスティーブがギャンブル会社を所有するのは違法だと忠告した（アンソニーの記憶は異なり、スティーブ自身が心配していたのだという）。アンソニーは、スティーブをビジネスパートナーではなく従業員として扱い、給与を払った。ただし、一二〇日以内にアプリの権利の買い手がついたら利益の分け前を与えるものの、当分のあいだ売りに出すつもりはないと明言したらしい。ところがその二日後、彼はスティーブがつくったアプリを独断で売却した（アンソニーは、つねづね売却する意向だったと語る）。その売却益により、彼はビットコインの億万長者になり、のちにイーサリアムプロジェクトに資金を提供して「共同創設者」の肩書を手に入れることができた。

また、アンソニーのデジタルウォレット会社「クリプトキット」のある従業員によると、彼はふたりのマーケティング担当者に二・五パーセントの株式を分け与えると口頭で約束しておきながら、もろもろを書面化する段階になると、株式をいっさい受け取らないと記された書類に彼らが署名するまで給与の支給を止めたという（アンソニーは「給与の差し止めなどしていない、株式に関しては、合意がなければ署名の段階には入らないだけ」と釈明している)。

こうした出来事や、トロントで働く人たちの不満は、ヴィタリックの耳にも届いた。マイケルの斡旋料をめぐる一件が決定打になったわけではないものの、アンソニーに対する疑惑がいっそう膨らむ結果になった。数カ月ようすを見たあと、イーサリアム財団は、頼りになるベンチャー資本家だったはずの男から距離を置き始めた。

ついに七月下旬、システムの稼働開始の日が来た。数カ月前から、Ｇｏクライアントの「Ｇｅｔｈ」が少なくとも一つの重要な点でギャビンのＣ＋＋クライアントを明らかに上回っていた。インストール(開発者の用語では「ソースビルド」)するのに数秒、長くても数分しかかからない。Ｃ＋＋は古い言語なので、Ｃ＋＋クライアントのほうは三〇分もかかる場合があった。また、機能の多さではＣ＋＋クライアントに軍配が上がるものの、動作はＧｏクライアントのほうが良好だった。そのうえ、すでに監査ずみだ。ジェフリーのＧｏクライアントの優れたユーザビリティと信頼性を前にして、ＣＴＯのギャビンは手痛い打撃をこうむったに違いない。過去、Ｇｏチームの不手際を再三あげつらい、みずからのクライアントを「ターボイーサリアム」にする野心を抱いていたのに、面目が丸潰れだった。

ギャビンとしては、ＧｅｔｈがＣ＋＋クライアントよりも大々的に宣伝されるのは嫌だった。六月のブログ投稿で彼はこう書いている。「はっきりさせておきたいのは、Ｇｏクライアントが監査プロセスをパスしたのはべつに驚くような話ではない。(中略)ほかのクライアント(Ｃ＋＋やＰｙｔｈｏｎ)をさしおいてＧｏクライアントを優先的に使う理由は何もないと思う。(中略)どのクライアントも、保証はいっさい付いていないのだ。じつのところ、マイナーなクライアントのほうが」――たとえば、C++クライアントのほうが――「攻撃対象として小さいぶん、攻撃を受ける危険性が低いとも考えられる」[18]

もっともな指摘だったかもしれないが、ほかのチームメンバーから共感を得ることはできなかった。立ち上げ時、Ethereum.org のメインリンクはすべてGethとつながっていた。たまに、別の選択肢としてC++を表示する程度だった。[19] ギャビンがCTOだからといって、表示の並び順をランダムにしろとか、GoクライアントをC++クライアントの下に置けとか命じることはできなかった。立ち上げ時にはGeth――つまりジェフリーの赤ん坊――がメインクライアントとして宣伝された。

ヴィタリックは、ビットコインのブロックチェーンをスキャンして誰がどれだけのイーサを購入したかをリスト化するスクリプトを作成した。これをジェネシスブロックにコード化し、プレセールの参加者があらかじめ決められたイーサリアムアドレスでイーサを受け取れるようにした。続いて、ヴィタリック、ギャビン、ジェフリー、エアロンが、テストネットワークのブロック1028201を選び（回文素数だったので）、イーサリアムソフトウェアを実行する場合、このハッシュ値をジェネシスファイルに入れるようにと広く伝えた。そうすれば、同じブロックを作成したほかのクライアントを見つけることができ、チェーンが生まれる。暗号通貨企業の誰かがチェーンを立ち上げる必要はなく、魔法のようにあらたなチェーンができるのだ。

七月二八日、ヴィタリックは中国からベルリンへ飛んだ。その翌日、イーサリアムチームが最後のセキュリティーチェックを行なった。七月三〇日、ヴィタリックはベルリンオフィスのレストランふうの照明とレトロな家具に囲まれながら、タイマーを表示する画面を見つめ、テストネットワークがブロック1028201に到達するのを待った。ついに二〇一五年七月三〇日、協定世界時午後三時二六分一三秒に、それが実現した。画面上に、自由主義者として有名な政治家ロン・ポールが「いよいよ始まったぞ！」と両腕を振りかざすGIFアニメーションが表示された。ギャビンがジェネシスブロックを生成し、「これでよし！」と叫んだ。

ヴィタリックが二年弱前に夢見たアイデアがとうとう現実のものとなった。

立ち上げ当日、イーサリアム財団は、最初のブログ投稿に続いて、第二の投稿「新しい財団取締役会と常務取締役の発表」を公開した。[20] 取締役が四名、あらたな常務取締役が一名という体制になったと記されていた。新規加入者は「マサチューセッツ工科大学の卒業生」で、「何十年ものあいだ、複雑なITとマネジメントコンサルティングのプロジェクトを主導し完遂して、ビジネスベンチャーを立ち上げて成長させ、トップの教育者、科学者、投資家と協力して、刺激的な研究革新を実現してきた」とのことだった。前髪で額を覆い、やさしい笑顔を浮かべたアジア系の女性の写真が添えられていた。北欧のスキーセーターを着ているように見える。文面には、スイス生まれの女性であり、二〇一三年からイーサリアムに注目し続けていると書かれていた。つまり、ホワイトペーパーを持っている人がほんの数人しかいないころからだ。彼女の名前は、ミン・チャンだった。

第4章

あらたな取締役会

二〇一五年二月から二〇一五年一一月下旬まで

二月下旬から三月上旬にかけて、ギャビン、ジェフリー、ジョゼフ、アンソニー、ヴィタリック、ミハイ、ステファン、テイラーという上層部メンバーがツークに集まり、「スペースシップ」で一週間の会議を行なった。ギャビンの長年の友人でありベルリンオフィスで側近を務めるエアロン・ブキャナンと、イーサリアムのセキュリティー監査マネージャーでありギャビンの恋人でもあるユッタ・シュタイナーも出席した。エアロンは疲労困憊していた。話し合いのなかで、ギャビンをはじめとするＥＴＨデヴの主要メンバーたちが、イーサリアムの現在の上層部グループ（その時点で財団の取締役だったミハイとテイラーも含め、ヴィタリック、ジェフリー、ギャビン、アンソニー、ジョゼフ）を解散してはどうかと提案した。経営の専門知識を持つ人々によってあらたな取締役会を結成し、財団の長期的な戦略を管理するためだ。新体制が発足するまでのあいだ、ベルリンのＥＴＨデヴが執行部を代行して日々の意思決定を行ない、ヴィタリック、ギャビン、ジェフリーが責任を負う（もっとも、ベルリンに住んでいるのはギャビンだけだが）。ヴィタリックは、あまり気が進まないながらも、この案を受け入れた。ギャビン、ジェフリー、エアロンが内密に接触してきて、ほかの上層部の面々は役に立つどころか足かせになっていると訴えたからだ。ジョゼフもこの案に賛成だった。彼はイーサリアム財団から徐々に身を引き、みずから創設したコンセンシスへ活動の重点を移しつつあった。

この会議の議事録に署名したテイラーは、事実上、自分の解任を承認してしまったことに気づかなかった。テイラーを排除する件についてはまだ議論されていなかった。彼としては、今回の動きはギャビンによる権力掌握のあらたな一歩ではないか――ヴィタリックとジェフリーから委任を取り付けて、実質的にはひとりで支配するつもりではないか――と感じていた（ギャビンによれば、これはヴィタリックの決定であり、テイラーがなんらかの欺瞞を感じたのなら、ヴィタリックに向けた感情ということになるはずだと語る。一方、ヴィタリックは、テイラーは事態の行方に気づいていたと思う、と話している）。

エアロンの後任として、ベルリンのETHデヴは、同市に住むアメリカ人女性のケリー・ベッカーを採用し、イーサリアム関連組織すべての最高執行責任者（COO）に据えた。彼女は率直な物言いが特徴で、ウェーブのかかった長い黒髪を大きく横分けにしている。ほかに、最高財務責任者（CFO）としてフリチョフ・バイナートという人物も起用した。

新COOのケリーは、いくつかの非営利団体で財務、運営、開発に携わった経験があった。とはいえ当初、ツークで働く人たちの一部は彼女を「知ったかぶり」と感じ、メンバーたちがいままでやってきたことを全否定しているとの印象を抱いた。少なくともひとりのメンバーは、ギャビンから下された命令のみに従い、彼女に向かって「あなたなんてしょせん駒の一つにすぎない」と暗に示そうとした（これについてケリーは、悪い印象を持たれた点は残念に思うものの、彼らは非営利団体にまつわる経験が浅かったし、ギャビンは自分にとっても上司であり、彼らがその命令に従うのはごく自然だったと述べている。また、自分に関しての否定的なコメントの数々は、当時の状況がいかに険悪だったかを示している、と指摘した)。

二〇一五年初頭、「ゲーム・オブ・スローンズの日」から九カ月後に着任したケリーは、イーサリアムチームがこれまでたどってきた道のりを理解しなければいけないと気づいた。彼女の感覚に照らすと、イーサリアムチームの面々は「さまざまな国に行き当たりばったりでビジネス組織をつくり、多額の金を浪費した若者たちの群れ」だった。徐々に彼女がつかめてきたのは、チャールズとの不和がいまだ傷跡を残していることや、チーム内でいちばん大人らしく振る舞うべきジョゼフが、金儲けを前面に押し出し、ほかのメンバーたちを萎縮させていることなどだった(これに対して、数年後に資産が一〇億ドルを超えたジョゼフは、金儲けには興味がなかったと語っている)。

彼女はヴィタリックから与えられた任務に全力を注いだ。すなわち、イーサリアムを純粋な教育財団へ発展させ、技術を保護することだ。ジョゼフとは違い、ヴィタリックの頭には金儲けのことなどまったくなかった、と彼女は言う。ヴィタリックは取締役会メンバーを公募で選びたいと考えていた。ケリーが難色を示し、むしろ彼の人脈を活かすよう勧めたものの、ヴィタリックは譲らなかった。そこで、四月一〇日、イーサリアム財団はブログに求人広告を掲載し、エコノミスト誌にも広告を出した。

その結果、目を引く履歴書がいくつか集まったが、立ち上げの日が近づいていただけに、採用面接はスカイプで手短に済ませた。最終的に採用されたひとりは、眼鏡をかけたイギリス人のラーズ・クラビッターだった。IT分野の経歴を持ち、目下のところロールスロイスでゼネラルマネージャーを務めていた。ロンドンのイーサリアム関連の会合にたびたび顔を出しており、自宅のパソコンでイーサリアムを使い、ヴィタリックのブログ記事を見て応募してきた。ほかに、エコノミスト誌の広告を通じて、ウェイン・ヘネシー＝バレットとバディム・レビティンという二名の採用が決まった。ウェインは、イギリス陸軍とコンサルティング会社で豊富な経験を積んでおり、現在はアフリカのフィンテック企業に勤務していた。バディムは、国連の開発事業に数年間たずさわり、過去にはグローバルな教育・研修企業のCEOだった。この三人にヴィタリックを合わせた計四人が取締役会メンバーとなった。

一方、イーサリアム財団は、子会社の業務を監督するエグゼクティブディレクターも募集した[1]。こちらについては、チューリッヒにある高級かつスタイリッシュでミニマリズムの「B2ブティックホテル＋スパ」で、三人の候補者と直接面接を行なった。このホテルは大聖堂のような窓が特徴的で、四方に本棚がそびえ立つ読書室には、ワイン瓶を組み合わせた芸術的な照明器具が天井からぶら下がっている。広々としたプールからはチューリッヒ市内や遠くの山々が一望でき、温泉施設も完備されている。二十数名の応募者のなかから、結局、三人が選ばれた。ひとりめは、地元のスイス人銀行家。ふたりめは、国連で幅広く活躍し、ヴィタリックいわく「派手な」履歴書の人物。もうひとりは、最近まで八年間、ミシガン大学の教育サイト「チャイナ・ミラー・プロジェクト」でアシスタントを務めていたミン・チャンという女性だ。彼女はMITを卒業しており――その点をヴィタリックは高く評価した――中国語学習モバイルアプリ「iWrite Wenzi」を数年かけて作成し、アップストアで称賛されていた。また、コロラド州に一〇年近く住み、スキー関連の会社も立ち上げようとしていた[2]。

ホテルの部屋でギャビン、ジェフリー、ヴィタリックとの面接に臨んだ際、ミンの受けこたえは要を得なかった。どんな人物かと、まずは軽い雑談から始めたところ、彼女のおしゃべりはあらゆる方向へ話題が飛び、とめどなかった。興奮した口調で延々としゃべり続け、何か質問されても耳を貸さなかった。その後、ジェフリーとギャビンが、より適性がありそうな国連出身の人物の採用に傾いた。しかし、その面談の前のある晩、ヴィタリックはミンから電話をもらい、三時間も会話を楽しんでいた。おたがい「おたく」タイプであり、型にはまった学校生活を苦労して乗り越えてきた者同士だけに、おおいに意気投合した。暗号通貨についても話し合った。

ギャビンとジェフリーが国連出身の人物を推していたため、ミンを採用したかったヴィタリックは妥協案を出した。もしその国連出身者が高額な報酬を要求してきたら、ミンを選ぼう、と。予想に違わず、国連出身者が二三万ドルの給与と引っ越し費用の負担を求めてきたため、ヴィタリックは心置きなく、約一五万ドルの給与でミンを採用できた。

ミンは最初から精力と情熱に満ちているようすだった。彼女が早い段階で取締役会に伝えたことの一つは、みずからをヴィタリックと肩を並べるくらいの天才とみなしている点だった。彼女と取締役会メンバーがそれぞれの居場所――ミシガン、ロンドン、ラスベガス、ナイロビ――から一カ月あまり協力しながら働いたあと、彼女の着任がブログに正式発表された。

ところが、ミンがイーサリアムに加わるとすぐ、人間関係のドラマが始まった。発表から三日後の八月上旬、彼女は、二時間のスカイプ通話中に性的ないじめや嫌がらせを受けたとして、取締役会の新メンバーのひとりであるバディムを告発した。さらに、バディムは彼女やほかの取締役会メンバーをコントロールし、脇へ追いやろうとしている、と示唆したのだった。

ラーズとウェインは、バディムをまだよく知らなかったものの、それまでの短い付き合いから判断するかぎり、そんな行動を取る人物だとは信じがたかった。バディムは最年長のメンバーであり、大学教授を引退し、数多くの非営利団体の取締役会に参加してきた。暗号通貨業界におけるバックグラウンドはないが、実社会で培った経験にもとづいて、非営利団体のありかたについて助言してくれていた。たとえば、ある特定の状況下で取締役会はどう行動すべきか、投票システムや規約をどのように設定すべきかなどだ。とてもではないが、権力をひとり占めしようと企んでいる男には見えなかった。もしバディムがクーデターをくわだてているとしたらどんな動機なのかも想像できない。それでも、ラーズとウェインは、ミンの発言を真摯に受け止め、まずは真相を突き止めるのが先だと考えて、彼女の主張をバディムには知らせなかった。

ラーズはミンに宛ててメールを送り、バディムの行動をめぐる懸念を共有してくれたことに謝意を述べたうえで、「取締役会はこの件を非常に深刻に受け止めており、公正かつ徹底的な問題解決プロセスを実行し、適正な結論を出すことを約束する」と伝えた。「そのためにまず、逸脱行為の程度を文書化し、証拠を付してもらえないだろうか。それを根拠に行動を起こしたいと思う」

翌日、ラーズのスカイプ画面にメッセージの着信が通知された。ミンからのメッセージで、彼女のハンドルネームは「バンパー・チャン」だった。

［バンパー・チャン：二〇一五年八月四日］
きのうラーズからこんなメールが送られてきた。

二〇一五年八月三日、午前八時〇六分　lars.klawitter@ethereum.org

（ここに、前日ラーズが送ったメールが一言一句そのままペーストされていた）

［バンパー・チャン、二〇一五年八月四日、二〇時〇五分一五秒］

ウェインは、ほかの取締役会メンバーを含め、全員を見下している。何もかも自分で処理する気でいる。ラーズがこのメールを送ってきたのも、どうやらウェインの指示らしい。ウェインはわたしに「きみは行き場を失うだろう」と言っていた。ほかの人たちも同じだ、と。

［バンパー・チャン、二〇一五年八月四日、二〇時〇六分〇七秒］

あの男はバディムよりひどい。

［バンパー・チャン、二〇一五年八月四日、二〇時〇六分五九秒］

さいわい、ノーラによると、わたしがヴィタリックと組んで支配権を握れる見通しとのことだった。あなたがたえず支えてくれれば、だけれど。

［バンパー・チャン、二〇一五年八月四日、二〇時〇八分三七秒］

彼女は、以後のシナリオも教えてくれた。わたしさえよければ、わたしは取締役会の議長、ヴィタリックは会長に収まるという筋書きだそうだ。それから、彼女によれば、わたし自身のアドバイザー（ケリー以外の人物）はわたしが選べるとのことだった。

彼女とはごく短時間しか話せなかったけれど、現在はまともな状況ではなく、（取締役会内で）敵対的な関係が生じているらしい、と言っていた。

ラーズは呆気にとられ、目を疑った。この一連のメッセージをすぐにエバーノートへコピー&ペーストして保存した。と突然、ミンが自分の送信ミスに気づいたらしい。彼女とのスカイプチャットログはこんなふうに変わっていた。

[このメッセージは削除されました]

[このメッセージは削除されました]

[このメッセージは削除されました]

[このメッセージは削除されました]

[このメッセージは削除されました]

［このメッセージは削除されました］

［このメッセージは削除されました］

［このメッセージは削除されました］

ラーズにとっては青天の霹靂《へきれき》だった。適切な対処ができるようにと出来事の詳細を尋ねたのに、ミンはそれを不快に感じたのだ。しかも、彼女の「支配権を握る」ための策略は、まるでマキャベリズムだった。

それでも、バディムをまだほとんど知らないため、判断を誤ってはいけないと考え、ウェインとラーズは、ミンの告発をバディムに伝えなかったばかりか、いっさいのコミュニケーションからバディムを外し、事の真相を究明しようとした。ところが、詳細を尋ねられたミンは、性的な内容を取り下げ、言葉による暴力だったと訴えを弱めた。また、ラーズに誤送信したあと削除済みのスカイプメッセージからみるとウェインとラーズが無条件に彼女の言い分を信じてくれないことに不満を抱いているらしかった。バディムに対するのと同様の非難を、ウェインとラーズにもぶつけ始めた。最終的には、ウェインが彼女を怒鳴りつけたらしい。

さらに突っ込んだ質問を受けると、バディムに対する彼女の告発内容はかなり大きく変遷した。ETHデヴのメンバーの一部は、バディムはたんに会議の系統立てについて強硬な意見を述べただけ、との感想を抱いた。あるひとりは、彼がミンに――性的な意味ではもちろん、言葉のうえでも――暴力を振るった事実などなく、ミンの捉えかたは歪んでいると感じた。しかし、この人物はミンが直接の上司だったので、正直に発言できなかった。ウェインに対する非難に関しては、誰もが唖然とした。ウェインにはよこしまな態度がまったくないと感じていたからだ。ある人は彼を「前向きで、楽しく、気さく」と形容し、別の人は「きちんとしていて、いつも非常にていねい」と表現した。バディムは意地悪ではないにせよ、年長のロシア生まれのアメリカ人で、ロシア軍に在籍していたこともあり、やや家父長的だったので、彼の発言をミンは攻撃的と感じたのかもしれない。実際、そんなふうに感じたイーサリアム開発者もいる。

この期間に、ヴィタリックは韓国から北京へ移動し、ある大学でイーサリアムについて教え始めた。朝起きて、教壇に立ち、学生たちとランチやディナーを食べるという日課だった。休憩時間中には長ければ二時間も、ミンからの電話に応じた。一方で、プロトコルの研究にも着手していた。正直な話、ヴィタリックは誰を信じればいいのか迷っていた。ミンか、それとも取締役会か？

ラーズがミンの削除ずみのスカイプメッセージをヴィタリックに見せたところ、ヴィタリックは「彼女の側の言い分も理解してあげないといけない。彼女はきみたちに不快感を覚えているんだ」と言った。ラーズが、彼女のメッセージは不快感ではなく、人々を追い出す陰謀を表わしていると指摘すると、ヴィタリックはふたたび、どっちつかずの態度になった（ヴィタリックの説明によると、ミン側の主張は、ある種の年配の男性が女性に示すような、威圧的で攻撃的な態度を向けられた、という趣旨だったらしい）。

ヴィタリックとの電話で、ミンは、バディムを非難する一方、ヴィタリックが財団の支配権を維持することがきわめて重要であり、取締役会の圧力に負けてヴィタリックの権限が拒否権だけになってしまわないように注意すべき、とも訴えていたという。ヴィタリックは、聞けば聞くほど、ミンのほうが正しいと思えてきて、取締役会よりも彼女を信頼するようになった。さらに彼女は、ほかのメンバーを追放したいとヴィタリックに語った。ヴィタリックはべつに権力を欲していなかったものの、さほど深くは知らない取締役会メンバーたちをあまり信用する気になれなかった。

ミンは、イーサリアムに関わっていないひとりの友人に、取締役会メンバーを信用していないと明かした。金儲けだけが目的の人たちに思える、と。その友人は、取締役会メンバーが無報酬で働いていることを知らなかった。

次の週、ヴィタリックは、またあらたな危機に直面した。前年一〇月のクラウドセールのあと、ヴィタリック、テイラー、ミハイの三人で取締役会を構成していた時期に、初期の貢献者への配分を最終決定するための会合を開いた。目的は、リストに載っている八四名それぞれが実際にイーサリアムに貢献したか、どんな貢献だったか、事前の決定どおりフルタイム、ハーフタイム、パートタイムという三つの区分に応じた正しいイーサ配分量――トロント・ビットコイン・エキスポのときギャビンは反対した報酬方式――になっているかを確認することだった。

こうして三重のチェックを済ませた初期の貢献者に対して、ネットワークが稼働し始めたいま、各自のETHアドレスに相応のETHを送信すべき段階になっていた。ところが、この期に及んで、最高コミュニケーション責任者のステファン・トゥアルが、一部の人々の配分量を減らそうとした。実際のところどのくらいのイーサを受け取るに値するか、ステファン自身の判断基準に照らして、調整しようと考えたのだ。彼はミハイとロクサナの取り分が多すぎると憤慨していた。ヴィタリックがもともと定めた計算式にもとづくと、ふたり合わせておよそ五〇万ＥＴＨにのぼる。掲示板型ＳＮＳ「レディット」では言及しなかったが、ステファンはチャールズの配分額（二九万六二七四・八二六ＥＴＨ）にも納得がいかなかった。チャールズはむしろイーサリアムに実害を与えたと感じていたからだ。また、ステファンの友人の証言によれば、イーサリアムコミュニティーの成長に尽力したステファンとは貢献度がまるで違う、アミール・チェトリッツのような人々が多くの利益を得ていることにも不満を抱いていた（アミール・チェトリッツの場合は三〇万八三二四・三六八ＥＴＨで、これはギャビン、ジェフリー、アンソニー、ミハイに次ぐ高額であり、ステファンの受取額一八万八一三九・六二三ＥＴＨより六四パーセントも多い）。

ヴィタリックは、初期の貢献者たちの分配額を変えようとするこの動きを阻止した。すでに取締役会が分配額を三重チェックしており、いまさら公正に変更する方法を思いつけなかったからだ。そのうえ、彼は一部の人々に対して直接、約束どおりの額を分配すると約束ずみだった。口約束を反故にしたくなかったし、そんなことをすれば財団の評判に傷が付き、敵をつくってしまうと考えた。それにもまして、過剰な報酬を受け取る者の人数について、ステファンとは根本的に異なる意見を持っていた。

数人と協議したあと、ヴィタリックは、変更を認めない決意を固めた。どのみち自分が取締役会内で決議を阻止する権限を持っているので、ラーズ、ウェイン、バディムには相談するまでもないと判断した。

これで事態にけりが付いたかに思われたが、八月一六日、レディット上のあるユーザーが、イーサリアム財団のマルチシグからおそらくプロジェクトの初期貢献者たちへ向けてそれぞれいくらのイーサが分配されたがわかるトランザクションへのリンクを投稿した。[3] これをきっかけに、ステファンが不満の声を上げ、レディット上で公開論争を始めた。投稿されたリンクにレスポンスするかたちで、「およそ八二人」の初期貢献者が約五〇〇万ETHを受け取る見通しだと述べ、しかし「イーサリアムに多少とも本当に関わっていたのは一二人だけだし、現在もイーサリアムチーム内に残っている人の数となると、さらに少ない（ちなみに、わたしはその少数のひとりだ）」とコメントした。[4]

これに対し、ヴィタリックもレディットに見解を書き込んだ。フルタイムで働いた人は一、パートタイムの人は〇・五、ごくわずかな仕事だけした人は〇・二五の割合で配分したと明かしたうえで、「各自の仕事が実際にはどれだけの価値を持つかについて揉めるのは避けたかった」と説明した。[5] 彼は、一週間前の話し合いと自身の意思決定プロセスについて記したあと、受益者のなかで三三人が現在もエコシステムに積極的に貢献し続けていると述べた。

対するステファンは「ヴィタリックは、提出された修正案を取締役会の審議にかけようとせず、正当な手続きに従っていない」と反論した。[6] また、この問題は記録に残らないまま埋もれかけていて、自分がこのレディットの投稿に反応したからこそおおやけになったのだと訴え、さらに、ヴィタリックは「複数の人々」と相談したというが、それが誰なのかを上層部――当時はヴィタリック、ギャビン、ジェフリー、エアロン、ステファンから成る――に明かさないことも納得いかないとした（後年、ヴィタリック本人は誰と相談したか覚えていないと述べた）。ステファンは、ヴィタリックに初期貢献者のリストを公開するよう求め、「プロジェクトやコミュニティー、あるいは開発に向けた努力と報酬レベルが本当に比例しているかどうかをコミュニティーが検証できるようにすべき」とした。また、不公平な分配が「将来のイーサの評価に否定的な影響を与える」と警鐘を鳴らした。大量のイーサが売りに出されて需要が追いつかず、価格が暴落する恐れがあるためだ。

ヴィタリックは投稿スレッド上で何度か応答し、非をあるていど認めた。「われわれが犯した最大のミスは、クラウドセール前の貢献者たちへの報酬を九・九パーセント、財団に九・九パーセントと、早い段階で固定してしまったことだと思う。当初は二〇一四年一〇月にプロジェクトをローンチする予定で、それなら公平な数字だったけれど、実際にはずれ込んでしまった。ローンチが二〇一五年七月になると最初からわかっていたら、割合をそれぞれ四・九パーセント、一四・七パーセントくらいに定めていて、この公平性の議論はまったく違っていただろう」[7]。しかし、報酬を受け取った初期貢献者たちがイーサを投げ売りするのでは、とするステファンの指摘は、この場には不適切と評した。「断わっておきたいのだが、大量の投げ売りが出回ることについての懸念は、ここで議論すべきではない。イーサリアム財団は暗号通貨トークンの価格を操作するビジネスではないのだから」[8]

一方、レディットの投稿スレッドの奥深くで、ヴィタリックは、ETHを一ドル五〇セントと見積もった場合、イーサリアム財団の残りの資金はあと一年ぶんだと明かした。その時点ではまだ知るよしもなかったが、イーサリアム貢献者への最初の配分が行なわれた数時間後、ETHの価格は一ドル六九セント強で一日の取引を終えた。しかし、以後の五カ月間はそれを下回る――ときには大幅に下回る――価格が続いた。

初の対面での取締役会が八月二三日と二四日にツークのスペースシップで開かれることになった。あるスタッフによれば、大企業の取締役会に似せたかったミンは、できるだけプロフェッショナルに見せようと神経を尖らせていたという。とんでもない時間を費やして、銀行の取引明細、規制関連のレターといった書類を栗色の金属リングバインダーにまとめた。そうこうするうち、ヴィタリックが北京からチューリッヒに到着し、ジェフリーはアムステルダムから、ギャビンはベルリンからやってきた。また、イーサリアム財団ではなくギャビンが運営するETHデヴに所属するメンバーとして、ギャビンとともにCOOのケリー、CFOのフリチョフ、さらにエアロンが来た。トロントからは取締役以外のメンバー、たとえばアンソニー・ディ・イオリオも来た。彼はみんなのために卵を調理したり、サンドイッチを用意したりしたが、ほかの人々の目には、場違いな不要な存在と思われないように必死らしい、と映った。もちろん、スーツを着たミンをはじめ、取締役会メンバーは全員が出席した。ウェインだけは、急な家庭の事情があり、ケニアからスカイプで参加した。

ここでようやくミンからの告発について聞かされたバディムは、ハラスメントの疑惑を強く否定し、名誉毀損で彼女を訴えるとまで言った。この段階で、ギャビンはミンに電話をかけた。ただ、ミンは彼の仕事ぶりの「熱狂的なファン」のような状態だから、ミンの言葉をすべて真に受けるのは難しいと感じ、こう伝えた。「バディムは法的措置をとると言いだしていて、きっと敏腕の弁護士も知っているはず。きみのほうも、よほどしっかりと証拠を固めないといけない」。彼女は感謝しているようすだった。

この時点で、ほとんどの者がミンの主張に疑いを向けていた。例外はヴィタリックただひとりだった。彼だけが、取締役会は彼女の側に立つべきだと言い続けた。しかし取締役会としては、その根拠がいっこうにつかめず、聡明なはずのヴィタリックが、誰が彼の味方で、誰が彼に付け込もうとしている敵なのかを見きわめられなくなっているように思えた。取締役会メンバーは、ミンが後者に属すると信じ、やんわりと彼にそれを諭そうとした。

ＥＴＨデヴのひとりは、ベランダでの会話を目撃し、ミンがヴィタリックを思いどおりに操ろうとしているという印象を受けた。その少し前、ヴィタリックがたいして重要ではないある決定を下したのに対し、ミンは違う決定を望んでいた。「わたし、あなたを本当に心配しているのよ。あなたを守りたくて、ここにいる」と彼女は言い、これこれこういうふうに決定してくれれば、わたしたちはもっと楽になる、と続けた。重要度の低い決定事項だっただけに、まるでミンがヴィタリックを動かす力をテストしているかのようだった。「人をそそのかすガールフレンドみたいに見えた」

取締役会の二日目、「ゲーム・オブ・スローンズの日」の舞台となったあの長テーブルを挟んで議事が進行した。三人の取締役会メンバーが、ミンを除外し、彼らとヴィタリックだけで話し合いを進めたがった。なるべく深刻にならないように、こんな言いかたをした。「さて、次の議題に移ろう。わたしたちだけにしてもらえるかな?」。アンソニー、ジェフリー、ギャビン、エアロン、ケリー、アミール・フリートホフら、財団で公式な役職を持たない人たちは全員、その部屋——キッチンの隣にある、本来なら誰でもいられるはずの場所——を退出した。

こうしてスペースシップの最上階にいる人数が絞られたあと、彼らはヴィタリックに尋ねた。「ミンの告発は許容できない行為だということで、全員合意ですね?」この時点で、取締役会のメンバーはフラストレーションを抱えていた。マキャベリズム的と思えるミンの行動について数週間前から事実が明るみに出ていながら、何の手立ても講じられていなかった。この期に及んでまだ説得の必要があるとは、じつに苛立たしかった。ミンを雇う決定を下したのは間違いだった、是正するには彼女を解雇するほかない、と訴えた。そこで取締役たちは、ミンをエグゼクティブディレクターの座に置いておくことは、財団にとって有害であり、危険な状況だ、と。

最終的には、ヴィタリックも折れた。ミンと取締役会メンバーとはぎくしゃくしているので、自分が彼女に告げると言った。

そのあと、バディム、ラーズ、ヴィタリックは、スイスにおける法律業務を委託しているMME事務所の弁護士と会う予定になっていた。

スペースシップを出る際、ヴィタリックはミンに、取締役会が彼女の解雇を決めたことを伝えた。ヴィタリックによると、彼女はツーク駅近くにあるMMEオフィスまでの二〇分の道のりを泣きながらついてきたという。

彼はオフィスに入り、財団の主任顧問であるルカ・ミュラー＝シュトゥーダーと会い、取締役会のメンバーたちとともに法務、運営体制、財務について話し合った。新しい取締役会メンバーたちは、スイスの法律下では財団の取締役はどのような個人的責任を負うのかと尋ねた。

取締役はそれぞれ一票の投票権を持つが、ヴィタリックは三票を握り、賛否同数の場合の最終決定権もあった。つまり、実質上はヴィタリックが完全に支配していた。取締役会は六月にこの奇妙な仕組みに初めて気づいた。疑問を向けられたヴィタリックは「これはあなたたちが来る前からの名残で、ほかのメンバーに票数で負けないようにする必要があった。ただ、今後は変えていく。心配いらない」とこたえた。しかし八月下旬になっても、状況は変わらなかった。

確証はなかったものの、取締役会メンバーたちは、ミンがヴィタリックに取締役会に対する不信感を植えつけたせいではないかと勘ぐっていた。おそらく、「気をつけて。あの人たちは取締役会の支配権を狙っていて、あなたが人生をかけた仕事を奪うつもりよ」とでも囁いたのではないか。

ある取締役会メンバーの記憶では、彼らの責任についてルカに尋ねたところ、「完全かつ個人的な責任」との返答だったという。彼らは、現状の投票構造では自分たちには経営をコントロールする権利がない、と指摘すると、ルカは「だとしても、関係ない」と述べた。取締役会がしたこと、しなかったことに法的な責任を負わなければならないとのことだった（のちにルカは、イーサリアム財団について具体的に話すことはできない立場ながらも、「一般論として、財団の取締役は、財団の作為や不作為について完全かつ個人的な責任など負うことはない。特定の場合に限り、取締役が法律や財団の定款に反して行動し、財団に損害を与えた場合、責任を問われることもある」と述べた）。

ＭＭＥを出たラーズとバディムは、帰路の飛行機に間に合うようにチューリッヒへ急いだ。けれども、報酬なし、イーサ割り当てなし、その他いっさいなし、この取締役会のためのチューリッヒまでの交通費のみ支給という、リスク覚悟の無償奉仕で取締役の任務を果たした彼らの行動は、何も実を結ばなかった。機内に乗り込んだとき、この交通費が彼らが受け取る最初で最後の「報酬」になるとは考えてもいなかった。

ＭＭＥにおける会談のあと、取締役会メンバーたちは一週間半、何の連絡も受けなかった。彼らはヴィタリックにメールを送り、ミンが解雇通知をどう受け止めたか、次のステップは何かを尋ねた。すぐには反応がなく、少し経って、ミンから書類への署名を求めるメールが届いた。

彼らはふたたびヴィタリックにメールし、解雇したはずのミンからなぜ業務連絡が来るのかと訊いた。九月二日、ヴィタリックから、先日は性急すぎたので、九月一〇日まで実質的な決定を延期するとの連絡が届いた。彼らがさらに質問を重ねるうち、ついに九月二六日、ヴィタリックから、彼自身が財団に関するすべての支配権を維持すべきという「全般的なアドバイス」を受けた、という通知が来た。実質的な権限がない取締役たちに個人的な責任を負わせるのは不公平だと承知しており、取締役の選出をやり直したい、とのことだった。

ある関係者は、その時点で、自分たちが法的な危険にさらされていることが明らかになったと語る。財団の行動に責任を負う立場でありながら、実質的に無意味な投票権しかなく、その一方でマキャベリズム的なエグゼクティブディレクターが日々の意思決定をすべて行なっているのだった。取締役会のメンバーとしてこれ以上留まっていては、人生や経歴、評判を損ねる恐れあり、と彼らは判断した。

九月二八日、彼らはヴィタリックにメールを、スペースシップとMMEには書面を送付し、即時辞任を表明した。「ブテリン社長へ」で始まる文面には、「取締役社長としての立場であなたが約束し、保証したことは何一つ実現しなかった。それどころか、自分自身が取締役会の投票権を三票持つことに固執し、事実上われわれの関与を無効にしてしまった。ありとあらゆる側面において、取締役としてのわれわれの唯一の機能は、あなたが下したすべての決定をただ承認することでしかなかったようだ」と記され、幸運を祈る、と締めくくられていた。

取締役会のメンバーたちは、ミンの解雇を決めたあと、MMEでラーズ、バディムと会ったときにヴィタリックが考えを変えたことを知らなかった。そもそも新しい取締役を雇った理由は、ギャビンが言ったとおり、プロフェッショナルな人々にイーサリアム財団の経営を任せるためだった。しかし、個人的な責任についてルカに確認するラーズとバディムの反応や態度を見て、ヴィタリックは、ふたりには財団を本気で担う意欲がないと感じたのだった。

対照的に、ミンの言動からは、財団を本当に気にかけている姿勢がうかがえた。なにしろ、解雇通告を受けたあとでさえ、いつ追い出されるかわからないのに、財務監査に取り組み続けていた（ヴィタリックが取締役会の決定を彼女に伝えたとき、彼女の雇用契約はまだ暫定的なものだった）。

九月二日から七日まで、ヴィタリック、ミン、ミンのボーイフレンドで一五歳あまり年下のミシガン出身者ケイシー・デトリオの三人は、トロントでキャビンを借り、財団の再編成の進めかた、指針や価値観について話し合った。また、ケイシーがミンを手伝い、予算策定とウェブサイト作成に取り組んだ。

その最中、ディセントラルでイーサリアムイベントが開催される前日、アンソニーからスカイプでミンにメッセージが届いた。

［二〇一五年九月七日、午前九時五二分五九秒］アンソニー・ディ・イオリオ
おはよう、ミン。あなたはV《ヴィタリック》を孤立させ続けるつもりらしいけれど、わたしは少し心配だ。バランスの取れたアプローチには思えないし、やや出しゃばりすぎのような気がする。彼はイーサリアムにおけるきみの将来について模索中で、まだ決めかねているのだから。

［二〇一五年九月七日、午前一一時二四分〇四秒］バンパー・チャン

わたしたちは順調に進行中。あなたのサポートと配慮には、ふたりとも感謝している。ディセントラルのイベントが楽しみ。イベントについて忘れずにリツイートしておく。

［二〇一五年九月七日、午前一一時三八分一二秒］アンソニー・ディ・イオリオ

非難する気はないのだが、「ふたりとも感謝している」とは？　V《ヴィタリック》の代弁までするようになったのだろうか？　Vの意見を聞きたいときは、本人に直接訊く。きょうも、さっきメールした。わたしの懸念のメッセージは、あなたに宛てたものだ。わたしを軽くあしらうのはやめてもらいたい。あなたに懸念を伝えたときに、Vの意見まで代弁するのも勘弁してほしい。

トロントの財務関連のある人物は、取締役会と揉めたミンに非常に同情的で、一貫して彼女を支持していた。しかし、取締役会のメンバーたちにどうやら勝利したとなってから、ミンがヴィタリックを雑に扱い始めたことに気づいた。「とても情にあふれる女性だったはずが、突然、「あら、権力は全部わたしのものよ。あっちへ行って」という感じになった」と証言する。「性格が変わってしまった。まったくの別人だ」。そこでヴィタリックに警告した。「ミンはわれわれが思っているような人物ではなさそうに思う」

こうした忠告はどれも効き目がなかった。ヴィタリックはもはやアンソニーら取締役会メンバーを信用していなかったし、ここで警告を発した財務関係者は信用していたが、意見を聞くだけ聞いて、そのままにした。考えれば考えるほど、ミンを残留させるほうが理にかなっていると思えてき

た。ここで九月、ヴィタリックは彼女の契約を確定した。

取締役会とミンのドラマが展開するなか、別の危機が広がっていた。イーサリアム財団の資金が底を突きかけていたのだ。春を通じて毎月、ビットコインの価格をもとに三年から六年ぶんあると思われていた資金が突然、一年半ぶん、さらには一六カ月、一四カ月ぶんと目減りし続けた。イーサリアムの立ち上げにより、財団はようやくイーサを多少は活かせるようになった。ぎりぎりのタイミングだった。それでも、危機的な財政状況に陥った。ビットコインはわずか五〇万ドル未満相当しかなく、ファイアット通貨の保有額は約二〇万ドルだった。財団に割り当てられたイーサリアム（七七五万ETH、一〇五〇万ドル相当）を合わせても、約一年ぶんの資金しかなかった。

これが八月二三日から二四日の取締役会のおもな議題だった。ヴィタリック、ラーズ、ウェイン、バディムが、製品のロードマップと照らし合わせながら財務状況を討議した。ギャビンが考案したイーサリアムブラウザ「ミスト」や、メッセージングプロトコル「ウィスパー」などの開発資金をカバーできるか？　GoチームとC++チームの給与もすでに支払い始めていた。

彼らは予算削減案の表を作成した。筆頭は、月額五五〇〇スイスフラン（約六六万円）のスペースシップだった。このころにはミン、ケイシー、エアロンしか定期的に使っておらず、あとはヴィタリックなどのほかの創業者の仮眠所として機能していた。もう一つの不合理な出費は、共同創業者たちの会議旅行だった。一日あたりの上限はなく、すべてが経費に計上されていた。そのあたりを削っても、GoクライアントとC++クライアントの両方の開発資金をまかなうには明らかに不十分だった。

このころ、ギャビンは自分のベンチャー企業を立ち上げつつあった。少なくともひとりの取締役会メンバーによれば、ギャビンはしばらく前から起業を切望していたという。ヴィタリックが強く反対していたため財団を営利組織に変えるのは無理だと悟り、ベンチャー投資家たちと協議し始めていたらしい。「イースコア」という会社を創設し、そのあとはイーサリアム財団ではパートタイムになって、より多くの資金を確保する腹づもりだった。

ほかに精査の対象となったのが、開発者会議「デヴコン1」だった。一〇月の第一週にロンドンで開催する予定だったが、ミンとの一件や財政難により、無期限の延期とした。

これらは、最初の取締役会で決定された予算削減策だった。ミンを交代させたあと、さらなる削減を行なう予定だった。

ステファンの問題も、ちょうどこのころ、最終的な結論を迎えた。

ここ数カ月間、ギャビン、ジェフリー、ミハイらは、ステファンの奇行を心配していた。問題行動のなかには個人的なものもあった。彼はロンドンの共同作業スペースの中央で一日じゅう電子タバコをふかしていた。丸いタンクのような、やけに大仰なタバコだった。大型バッテリーを二個内蔵しており、指では挟めないから手のひらで握って吸う。充電のため、ノートブックパソコンに常時つないであった。たえず煙に包まれた彼は、まるで煙発生機のようだった。一方で、仕事上のトラブルも引き起こしていた。たとえばある日、ミハイが財団を去って自分のイーサリアムアプリの開発に取り組むようになったころ、ステファンはイーサリアムブログ上のミハイの投稿をすべて削除し、初期のイーサリアム会議のユーチューブ動画も削除したらしい。イーサリアムの共同創業者であるミハイが、なぜそんなことをしたのかと問いただすと、ステファンは何事もなかったかのように「ははは、冗談だよ！」と言い、ブログの書き込みは復活した（ステファンは、ミハイのブログ記事のすべてではないが一部を削除したことを認め、それらは「事実にそぐわない」うえ、「これまで読んだなかで最もくだらない」内容だったと話している）。ステファンはできるだけ早く出勤し、できるだけ遅くまで残っていた。ほかの人たちの働きぶりを、どれだけストレスに苦しみ、どれだけオフィスに長くいられるかで測定しようとしているかのようだった。ある日、ロンドンで、テクスチャーが午後八時、つまり出勤から一二時間後に帰宅準備を始めた。するとステファンから、きょうは早退するのかと声をかけられた。もっと陰険な行動もあった。やがて、彼が全員について詳細な記録をつけていることが明らかになった。あらゆる通話を録音していた。彼の家に泊まったある人物は、イーサリアム財団のメンバー全員について彼が悪口を熱弁するのを聞いたという（ステファン本人はこれらの証言を否定している）。

レディット上での口論、ミハイのブログ記事やイーサリアム初期の会議のユーチューブ動画の勝手な削除といった問題行動が重なるうち、ヴィタリック、ギャビン、エアロンは我慢の限界に達した。取締役会に先立って、ヴィタリックはツークのスターバックスから声明を出し、八月二〇日にギャビンも交えたスカイプ通話でステファンを解雇したと明かした（ただ、ギャビンはステファンを解雇したことを覚えておらず、ステファンもこのようなかたちで解雇された記憶はないという）。

ステファンはめげず、取締役会へ赴いた。スペースシップの外で、ミンがヴィタリックを脇に従え、ステファンに立ち去るよう要求した。ステファンはヴィタリックに向かって、「自分で話せないのか、坊や？」と言った。

ヴィタリックは「ミンと同意見だ」とこたえた。

「なら結構」とステファンは吐き捨て、怒って帰って行った。

批判の正しさを証明するかのように、ステファンは法外な退職金（ミハイによると、一〇万ＥＴＨ）を要求したうえ、すべてのチャットログを規制当局に公開すると財団を脅してきた。やましいことは何もなかったが、チャットをもとに痛くもない腹を探られても困る（ステファンはそういった行為を否定しているものの、解雇にひどく憤慨したことは認めており、ミンに「ナンセンスだ」と抗議したと語る）。ヴィタリックによれば、ミンが激昂して、脅しはやめなさい、そんなことをしたらイーサリアムだけでなくステファン自身にとっても非常にリスキーだと警告したという。また、ステファンに宛てて、厳格な守秘義務契約のもとにあることをあらためて通告する法的な手紙が送付されたらしい。

九月三日、ヴィタリック、ミン、ケイシーがキャビンにいるあいだ、ステファンはイーサリアム財団のブログに最後の投稿を載せた。イーサリアムは「アイデアであり理想《アイデアル》でもある」と詩的に表現したあと、彼はこう書いた。「個人的な価値観の相違により、イーサリアム開発陣とわたしは、互いに別々の道を歩むことに決めた[9]」

アンソニーがスカイプメッセージを送った一、二日後、ミンとヴィタリックはヴィタリックの両親の家で作業をしていた。急にミンが叫びだし、その高音の金切り声が家じゅうを凍りつかせた。彼女は、ヴィタリックがイーサリアムの取引や開発者への支払いの一部を記録していないことに気づいたのだった。「あなた、刑務所行きになるわよ！」と大声でわめいた。ヴィタリックは「刑務所でも、研究と運動はできる」と軽口で応じたが、ミンは興奮し続けた。ヴィタリックの継母マイアが上階から作業場へ下りてきて言った。「何の騒ぎ？　いい加減にしてちょうだい」。父親のドミトリーは、息子が目に涙を浮かべながらミンをなだめているのを見て驚いた。若者を助けるはずの五〇歳近い女性が取り乱し、二一歳のヴィタリックが大人の役割を果たしているのだった。

ジョゼフから「デヴコン１」の費用を払うとの申し出があり、彼の会社コンセンシスで話し合うため、ヴィタリック、ミン、ケイシーは一台の車に相乗りして交通費を節約しつつ、ニューヨークへ向かった。すでにジョゼフはニューヨークでおおぜいの人々の心をつかみ、イーサリアムに夢中にさせていた。創設当初のコンセンシスは、ブルックリンのブッシュウィックにあるシェアオフィスのなかに拠点を構えていた。壁にはいろいろな絵が描かれ、若者ファッションに身を包んだ者たちがうろつく、小汚い場所だった。栄養補助食品ソイレントの大箱をみんなでシェアしていた。ネットワークの立ち上げが近づくと、稼働開始と同時にイーサのマイニングに取りかかれるように、一同はＧＰＵ（グラフィックス処理ユニット）を買い込み始めた。やがて近所の独立したオフィスへ引っ越した。こんどはゴルフパッティング練習用の小型のグリーンが設置され、土曜日になるとジョゼフはときどき壁でスカッシュをした。

そんな新しいオフィスを訪れたヴィタリック、ケイシー、ミンのほか、Ｃ＋＋開発者一名は、ジョゼフとその側近のアンドリュー・キーズに会った。アンドリューによると、会議が始まる前、ミンは上半身を窓から突き出して父親に電話をかけた。代わりにフライトを予約してもらうらしく、大声で話していたが、ひどく揉めて、とうとうミンは泣きだした。そのうち会議が始まり、一一月の第二週にロンドンで「デヴコン１」を開催する方向で諸条件がまとまった。財団の資金が枯渇していたせいか、あるいはデヴコン開催の責任者だったせいか、安心したミンはふたたび泣きだした。

会議の前後における彼女の感情的な姿はあまりにも奇妙で、コンセンシスの従業員の何人かは、数カ月後になってもオフィスを訪れた人たちにその出来事を話したほどだ。泣き崩れながら、彼女はその日も前日も何も食べていないと明かしたため、一同そろってレストランへ行った。ヴィタリックとケイシーは彼女に食事を食べさせ、薬を飲ませた。気持ちが高ぶっていたのか、トロントのキャビンで五日間いっしょに過ごして親密さが増したのか、それともまったく別の理由によるものかわからないが、レストランへの行きか帰りのある時点で、ヴィタリックとミンは手をつないでいた。

九月三日、取締役会の一週間後、ギャビンはイギリスで新興企業「イーサコア」を設立した。計画では、ジョゼフのコンセンシスのような存在ながら、ソフトウェアクライアントの開発により重点を置く会社にするつもりだった。新会社を立ち上げたからといってイーサリアム財団と距離を置くのではなく、パートタイムのかたちで財団ではいままでどおりの仕事をする気だった。ただし、投資によって資金を調達できるようになるわけだ。

ギャビンがイーサコアを設立したもう一つの理由は、イーサリアムが本格稼働して以来、Ｇｅｔｈがネットワークの九九パーセントを占める最も人気のあるクライアントになった点だ。Ｃ＋＋クライアントは、多機能をめざしていたことや、まだ監査を受けていないことが足かせになり、後れを取った。さらに、資金が不足していたため、残りのリソースをＣ＋＋クライアントではなくＧｅｔｈに割り当てるべきだという意見もあった。ＣＴＯとはいえ、ギャビンは、Ｇｅｔｈを積極的に推進する気にはなれず、別会社を設立したほうがすっきりすると考えたのだ。

当初、ギャビンはイーサコアの創業メンバーとして、自分、ヴィタリック、ジェフリーが対等のパートナーとなり、さらにエアロンとおそらくユッタが加わるのを想定していた。しかし後年、ジエフリーは創業メンバーになることに同意した覚えはない、と述べた。ただ、イーサリアムの準備中に気持ちが高ぶり、イーサリアムが失敗した場合にはふたりで会社を興そうと同志の契りを交わしたことがあり、ギャビンはその件を指しているのかもしれないという。ギャビンがイーサコアについて話しかけてきたとき、ジェフリーによると、ギャビンは、ジェフリーには決定権はないが株式を与える、その代わり、新会社イーサコアはGoクライアントの開発責任者が関与していると公言できる、との条件を提示したらしい。ジェフリーは「ありがとう、でも遠慮しておく」とこたえた。

一方、その秋、ミンはジェフリー、ギャビン、その部下の一部と会合の場を持った。資金が逼迫していたため、彼女は（ヴィタリックの承認を得て）C++チームとGoチームのどちらかを選ばなければならなかった。ギャビンの部下のひとりで「ソリディティ」の主要開発者であるクリスチャン・ライトビースナーは、上位の決定について部下に知らせないギャビンの経営スタイルに不満を感じていた。とくに腹立たしかったのは、ギャビンがスマートコントラクト言語Solidityの設計者として功績を独り占めしていたことだ。ギャビンはアイデアを思いついただけなのに。ギャビンが世界じゅうを飛びまわるあいだ、すべての開発作業はクリスチャンがこなしていた。

九月末、ヴィタリックはブログ記事でイーサリアムコミュニティーに現状を率直に伝えた。「財団の予算は限られている。原因の大半は、予定していたほどの保有高を売却できないうちに、ビットコインの価格が二二〇ドルに下落してしまったことだ。その結果、約九〇〇万ドルの潜在的資本を失った[10]……」

プロジェクトのニーズが膨らみ、財団とその子会社だけではプロジェクトを完了するのが不可能な規模になってしまった、とヴィタリックは説明した。加えて、八月中旬以降、イーサの価値が急落し、初期貢献者たちに割り当てを分配した日に比べると価値が三分の一になっていた。財団の資金は九カ月で尽きる恐れがあった。だからこそコミュニティー主導のモデルが必要だと述べ、彼は、イーサリアムを推進しているほかの団体の取り組みをくわしく説明した。最も規模が大きいのは、ヴィタリックが仲介した中国のブロックチェーン投資会社との取引で、同社は四一万六六六六ETHを五〇万ドル、すなわち一ETHあたり一・一九ドルで購入した。九月の立ち上げ時には一ETH一・三五ドルだったが、ヴィタリックがこのブログ記事を公開した日の終値は〇・五八ドルだったことを考えると、財団にとって良い取引だった。[11] 一〇月二一日、イーサはさらに〇・四二ドルまで下落した（このころ、ブロックチェーン界で大きな注目を集めていたのは、銀行がブロックチェーン技術を使って業務の効率化を図るというアイデアで、「ビットコインではなくブロックチェーン」というスローガンが掲げられていた。銀行協会「R3」が、ゴールドマン・サックス、JPモルガン、バークレイズなど九行で始動すると発表したばかりで、ヴィタリックのブログ投稿の日には、HSBC、シティ、ドイツ銀行など一三行があらたに参加することを明らかにした。[12] R3にさらに多くの銀行が加わったというニュースがその秋のブロックチェーン界を席巻し、冬から春にかけて新メンバーや初期テストに関する記事が次々と出た）。

チームメンバーと面談したあと、ミンはギャビンのチームを縮小する一方、ジェフリーのチームは同じリソースレベルを維持することに決めた。また、彼女はヴィタリックに、ギャビンは信用できない、財団から金をだまし取っていると思う、と伝え始めた。ギャビンの給与も理不尽だと感じていた。さらに、あなたがイーサコアの理事になるのは利益相反に当たる、とヴィタリックに訴えた（どんな根拠だったかはヴィタリックは覚えていないという）。最終的にヴィタリックはそれを受け入れ、自分はイーサコアに関与しないとギャビンに通達した。

そうしてデヴコン1が一一月九日から一三日まで開催された。会場は、リバプール駅近くのギブソンホール。一八六〇年代に銀行として建設された新古典主義様式の建物だ。このデヴコン1には約四〇〇人（銀行家も多数）が参加し、イーサリアムだけでなくUBSやデロイトの関係者も講演を行ない、マイクロソフトがスポンサーに名を連ねた。[13] さらにマイクロソフトは、自社のクラウドコンピューティングサービスにイーサリアムを統合すると発表した。タイの決済会社OMISEは、イーサリアム財団の助成金プログラムに一〇万ドルを寄付した。ぴりぴりと張り詰めた雰囲気だった。開発者たちはデモを披露した。そのひとりが、前述したクリストフ・イェンツシュ——立ち上げ前、C++クライアントに脆弱性がないかをテストするため雇われ、そのうちイーサリアムが気に入って博士課程を中退した人物——だった。彼は、イーサリアムを使ってロッカーの鍵を制御して、レンタル用品の受け渡しができるシステムをデモした。支払いが済んだ人に鍵を渡し、用品の入ったロッカーを開けてもらう。ほかにも、ノートブックパソコンの前に立ってあるトランザクションを作成し、数メートル離れた場所にある電気ケトルのスイッチを入れてみせた。[14] 久しぶりに表舞台に出てきた彼は、スロック・イットという会社の共同創設者になっていた。ケトルが沸騰すると、自分や聴衆のためにお茶を淹れて角砂糖も用意するよう命令を出した（彼がスロック・イットに参加するという告知には、イーサリアムのコミュニティー内で素晴らしい立場にある人物、と紹介されていた[15]）。

とはいえ、予算削減にまつわる不安がコンファレンスに影を落としていた。ある人物は、何人かが泣いていたのを覚えているという。ジェフリーとジョゼフは、もし財団が給料を払えなくなった場合、Goクライアントの開発をいかにして継続するかをふたりで話し合おうと約束した。しかし

あらたな取締役会

心配しなくていい、とジョゼフはジェフリーに言った。たとえジョゼフ率いるコンセンシスが資金提供できなくても、どこかが必ず出資するはずだ、と。

予算削減を断行するミンへの恐れが、一時的にギャビンとジェフリーをふたたび結びつけた。別の開発者ひとりと三人で小さな喫茶店に集まって、「ジェダイ評議会」――ミンの力が及ばないあらたなイーサリアム組織――をつくらないか、と冗談半分に話し合った。

ロンドンでステファン・トゥアルといっしょに働いていたビネイ・グプタが、デヴコン1の期間中にパーティーを開いた。その席上、ヴィタリックとミンは二時間、ふたりだけで部屋にこもっていた（後日、ヴィタリックは、ふつうに仕事をしていただけだったと思う、と述べている）。

デヴコン1が終わる前、ミンはツークへ行き、ベルリンオフィスの責任者とともに、スペースシップに散らかった領収書、請求書、契約書を整理した。誰かがやらなければいけない作業だったが、なぜほかならぬミンが、それもデヴコンの最中にやるのかは不可解だった。

いずれにしろ、彼女の存在感は相変わらず大きかった。ギャビンもデヴコンのあいだにパーティーを開いた。参加者のほとんどは彼が主導するC++クライアントの開発者だった。そのパーティーの最中、彼はメンバーたちに向かって、チームが縮小されること、残った人の給与も減額されることを伝えた（彼はミンから、予算七〇パーセント削減を通告されていた）。一部のメンバーにとっては寝耳に水だった。残り数カ月ぶんの運営資金しかない財団がコンファレンスを開くのは矛盾しているように思えた。しかも、デヴコン1の一週間前、ギャビン、ユッタ、コミュニケーションチームのメンバーたちはアジアへ出向いていた。ユッタはシンガポールへ、ギャビンは東京とソウルへ行った。存続の瀬戸際に立たされた組織のCTOの行動とは信じがたい。一同は、数カ月後に解雇される恐れがあるとはいえ、ドイツでは辞職するよりも解雇されたほうが失業保険を長く受けられる、と教えられた。

その夜、ギャビンはパーティー参加者ひとりひとりにイーサコアに参加しないかと誘いをかけた。ジェフリーのチームの所属とはいえベルリンで働いていたフェリックス・ランゲにまで声をかけた。ギャビンの下で働くのがあまり楽しくなかったある従業員は、彼が一方で財団からの解雇を匂わせながら、もう一方でイーサコアに雇い入れようとしていることに違和感を抱いた。ギャビンの部下ではない別の従業員も、「ダークサイドに加われ」と促された気分だったと話す（ギャビン本人は、誰かを解雇しようとした覚えはないと述べた）。

一部から批判的な視線を浴びているとは気づかないギャビンは、デヴコンのあと、新しい企業を立ち上げたくてたまらなかった。イーサリアムの構築が完了したいま、資金難の財団にすがるのではなく、このエコシステム内でほかのプロジェクトを始めるべきだと考えていた。この時点で、ギャビンと財団（すなわちミン）との取り決めでは、彼は以後、「エコシステム・アーキテクト」のような肩書きを保持しつつも、財団からは給与を受け取らないことになっていた。

ギャビンは、新会社イーサコアのためにＲｕｓｔ《ラスト》言語を使ってあらたなイーサリアムクライアントを構築しようとしていた。一一月二三日月曜日、ベルリン時間の午後一二時一二分、ギャビン配下のＣ＋＋開発者のひとりマレク・コテビッチが、このクライアントの最初のギットハブコミット（コードベースのスナップショット）を行なった。また、イーサコアのウェブサイトも稼働し始め、経験豊富な開発者とそうでない開発者を合わせて四名募集した。[16]

ここ数週間、ミンはヴィタリックを説得してギャビンを解雇させようとしていた。しかし、イーサリアムをはじめとする暗号通貨の世界を中心に人生がまわっているヴィタリックは、ギャビンを切り捨てたいとは思わなかった。ギャビンから叱責されたり見下されたりしたこともあるが（イエローペーパーでギャビンは、ヴィタリックを「カーネルの提案者」と位置づけていた）、それでもヴィタリックは、ごく早い段階から自分のアイデアの現実化を助けてくれた人物にまだ愛着を感じていた。ミンとの話し合いでは、たびたびふたりとも泣いた。チャールズとアミールの解任を決めたときと似たような状況だった。ミンは、「イーサリアム財団から給与をもらっている従業員たちの一部が、勤務時間中にイーサコアのための仕事をしている証拠がある」として、みずからの主張に強い説得力を持たせた。

ＥＴＨデヴのＣＯＯであるケリーは緊急帝王切開で出産し、ここ一週間、赤ん坊といっしょに新生児集中治療室（ＮＩＣＵ）で過ごしていた。ミンはベルリンオフィスのマネージャーに命じてＮＩＣＵの病室に行かせ、意識がまだぼんやりしているケリーにいくつかの書類を示して署名させた。一つはギャビンへの解雇通知だった。

第5章

TheDAO創設

二〇一五年一二月から二〇一六年六月一七日まで

解雇の知らせにギャビンは不意を突かれた。「プロフェッショナルな」エグゼクティブディレクターを雇うことは自分が出したアイデアだっただけに、皮肉な結果だった。打ちのめされた彼は、恋人のユッタに自分の退任に向けての事務処理に手を貸してほしいと頼んだ。当時ユッタはギャビンとのあいだの最初の子を妊娠中で（やがてもうひとり子供をもうけることになる）、ドイツでは妊婦に手厚い労働者保護法が定められていたが、以後数週間、彼女はユッタとメールで連絡を取り合った（もっとも、のちにユッタもイーサリアム財団を解雇され、産休のあと、ギャビンの新会社に加わる）。結局はギャビン、ユッタ、ヴィタリック、ミンの四人で協力して、ギャビンの退任を知らせる各種の文書を作成し、その一方、ミンはイーサリアム財団の拠点をスペースシップからツーク中心部の小さなアパートメントへ移転させた。開発はほとんど自分が行なったとするクリスチャン・ライトビースナーの主張に反して、ギャビンとユッタは、文書に記されたクリスチャンの役割を「創作者」ではなく「主任開発者」に変更するよう訴えた。Ｓｏｌｉｄｉｔｙを考案し設計したのはあくまでギャビンで、それを実装したのがクリスチャンだ、と。ミンはメールの最後をこう締めくくった。

「みんなでリフレッシュして、輝かしい新年を迎えられることを祈る」。ところが、ヴィタリックに対しては内密に、ギャビンが最大五〇〇万ドルを横領したと思うと伝えていた（ギャビン本人は、当時のETHデヴの財務はエアロンが管理しており、自分はいっさい関与していないと語った。ヴィタリックのほうは、ミンから証拠を提示されたことがあるか、あるいは調査に乗りだしたことはあるかという質問に対し、ミンを信頼しているとこたえた）。

同じころ、ミンはベルリンオフィスを訪問した。ギャビンとユッタはいなかった。ミンはそこで働く従業員たちに、予算カットは資金不足のせいではなく、不正使用が原因だと告げた。

二〇一六年一月一一日、ギャビンはイーサリアムブログに「最後のブログ投稿」と題した文章を載せた。冒頭はピンク・フロイドの歌詞の引用だった。「時は過ぎ、歌は終わる。もっと言いたいことがあったはずなのに」

公開しなかった草稿はこんなふうに始まっていた。「わたしはミンに解雇されたので、年内はタイで過ごす」。実際に投稿した文章の出だしはこうだった。「大きな悲しみを抱きつつ、みなさんに別れを告げなければいけない。ピンク・フロイドの歌にあるように、わたしはイーサリアムに関わっているあいだ、ありとあらゆる感情を味わってきた」。続く短い数段落のなかで、これまで「おおぜいの素晴らしい人々」に出会ったと述べ、ジェフリーをはじめ一〇人の名前を挙げて、C++チームをサポートするために今後も最善を尽くすと述べた。結びはこうなっていた。「これから先の道のりは険しいに違いないが、われわれが何をすべきかわかっているし、未来の予想図もつかめている。さようなら、そしてすべての魚に感謝を」（最後のひとことは、またもやSF小説『銀河ヒッチハイクガイド』へのオマージュ）。ヴィタリックについてはひとことも触れていなかった。[1]

ギャビンが去ると、ベルリンオフィスが燃やしていた競争心は消えた。ギャビンの直属だったC++チームメンバーでさえ、トランシルバニアのGeth開発者たち、たとえばペーテル・ジラーギと仲良くなった。ペーテルは、C++チームの面々もふつうの人間なのだとやっと安心した。

イーサリアム財団の支出も抑えがきくようになった。一月七日、ヴィタリックはイーサリアムブログに投稿し、月間経費を四〇万〇〇〇〇ユーロ（四三万五〇〇〇ドル）から一七万五〇〇〇ユーロ（一九万ドル）に削減できたと明かした。理由は、スペースシップを退去したことに加え、C++チームの規模を約七五パーセント減らし、Gethの予算も約一〇パーセント、コミュニケーション経費を約八五パーセント、管理コストを約五〇パーセント削減したことなどだ。[2] この時点で、財団は二二五万ETH（約二一〇万ドル）、五〇〇BTC（二三万ドル）、法定通貨で一〇万ドルを保有しており、合計で約二四〇万ドルだった。あらたな予算に照らすと、約一年ぶんの運営資金に相当する（ラーズ、ウェイン、バディムが辞職し、取締役会メンバーが自分ひとりになった件には触れなかった）。

そのあと一月下旬、イーサの価格がついに、初期貢献者への配布が行なわれた八月中旬の日の一・六九ドルを上回り、直後、二ドルに達した。前年九月下旬にヴィタリックがコミュニティーに、この価格では財団は九カ月後に解散を余儀なくされるかもしれない、と伝えたときは〇・五八ドルだったから、三倍以上に急騰したわけだ。これで財団の資産は大きく膨れ上がり、イーサリアムはライトコインを抜いて第三位の価値を持つブロックチェーンになった。かつては、「ビットコインが金なら、ライトコインは銀」といわれていたものだ。

この時点で、すでに解雇された一部の開発者たちに対し、財団に復帰する選択肢が提示された(ただし、ギャビンは対象者ではなかった)。これをきっかけに二月にC++開発者として正式加入したカナダ在住のイギリス人ボブ・サマーウィルは、じつは前年夏の立ち上げ以来、無料で働いてきた。当時、Goチームの誰かに質問すると、すぐ返事がもらえるのに、C++チームのメンバーは誰も返事をくれなかったという。正式加入のあと、両チームが対話をしなかった「ベルリン要塞」時代の思い出話を耳にしたものの、「自己中心的な」ギャビンがいなくなったおかげで、すでに物事は穏便に機能するようになっていた。

しかし、平和が訪れたのは財団のなかだけだった。外部の会社の人間になったギャビンが、なおも競争を、公然と仕掛けてきた。彼の会社イーサコアは二月二日、新しいクライアントParityについてブログにこう発表した。「最新のベンチマークの結果(parity.io で見ることができる)、現時点で利用可能なクライアントのなかでParityが頭一つ抜けて最速かつ最軽量のイーサリアムブロック処理エンジンを有していることは明らかである」[3]。ジェフリーの腹心の部下のひとり、ペーテル・ジラーギがこの投稿を検証したところ、イーサコアはGethに手を加え、組み込まれている最適化機能をスキップするように細工していたことが明らかになった[4]。イーサコアは、Gethにハンディーを背負わせて新しいParityと比較したのだ。ペーテルはこれを「悪質な行為」と感じた。もしギャビンが本当に優れたものをつくったのなら、認めてやってもいい。だが、数字を改竄するのは許せなかった。ギャビン自身の部下であるマレク・コテビッチも、のちに、Parityが実際には二〇パーセントほど速いだけなのに、何倍も高速であるかのように見せかけていたと認めた。これに対しギャビンは、財団にいた時期にジェフリーのGoチームと競争していた覚えはないとしつつ、この時期にＧｏチームがＰａｒｉｔｙを脅威とみなし、両チームのあいだでライバル競争が勃発したと話している。

Ｇｏチームのメンバーたちは、Ｐａｒｉｔｙクライアントがあらたな脅威というよりあらたな問題の種だと感じた。イーサリアムのクライアントとしては上出来だが、仕様が独自であり、開発者とクライアントとのやりとりが異なっていた。プロトコルで別のフォークを規定しなければいけないほどではなかったが、システムを構築する人たちにとっては厄介な差異だった。しかもＰａｒｉｔｙチームは、こうした違いを調整することについての話し合いを拒否した（ギャビンは「Ｐａｒｉｔｙチームは最高のテクノロジーを開発し提供する作業に専念しており、ほかのチームと〝標準化〟をめぐって政治的な駆け引きをしたり戦ったりする気はない」と説明する）。

ギャビンにまつわる問題はまだすべて残存していた。一年後、レフテリス・カラペツァスは、パリのコンファレンスで元上司のギャビンと再会したので、Ｓｏｌｉｄｉｔｙの生みの親はギャビンかクリスチャンかという話題について議論しようとした。レフテリスは当初から、クリスチャンに分があるとみていた。クリスチャンがすべてをつくったのだ。あなたはイエローペーパー、Ｃ＋＋クライアント、さらにいまやＰａｒｉｔｙクライアントを世に出したと胸を張ることができる、なぜＳｏｌｉｄｉｔｙまで自分のものにしたがるのか、とレフテリスは訴えた。彼は英語が母国語ではないが、流暢に話せる。ところがギャビンは「きみは英語があまりじょうずではない」と説教したうえで、Ｓｏｌｉｄｉｔｙを最初に考案したのは自分だから生みの親を名乗って当然、あとから来た人はたんなる開発者にすぎない、と持論を述べたという。レフテリスは見下されているのを感じた。ひどく腹が立ち、以後、二度とギャビンとは口をきかなかった。

財団には、もっと力を入れるべきポジティブな事柄があった。二月中旬にはイーサの価格が六ドルまで上昇した。イーサリアムは、銀行送金用コインのリップルを抜いて、ビットコインに次ぐ第二のブロックチェーンとなった。イーサリアム財団には一年ぶん以上の資金ができた。さらに三月一日、イーサは七ドルに到達。三月中旬には一五ドルと急騰した。突然、財団の資金は数年ぶんに膨らんだ。かつてスペースシップにビールをひと箱差し入れたビットコイン・スイスの従業員は、このころ四〇〇〇ETHの約束手形を現金化して一万ドル以上を手に入れ、高級時計を買った。

イーサリアムにとって、ようやく明るい兆しが見えてきた。ヴィタリックは安堵した。少なくとも三年間は財団の資金が尽きずに済むと思った。このあと荒海が待ち受けていることは知らなかった。

ドイツのミットバイダという小さな町に住むクリストフ・イェンツシュ——立ち上げ前にクライアントの脆弱性をテストしたC＋＋開発者——は、スロック・イットの共同創設者となり、あらたな事業に取り組んでいた。同社はブロックチェーンベースの分散型共有経済を可能にする「モノのインターネット（IoT）」企業だった。デヴコン1でみずから電気ケトルを使ってデモしたとおり、同社の機器「スロック」は、イーサリアムのトランザクションを利用して、物品を操作できる。たとえば鍵を開けることができ、エアビーアンドビーの分散型システムに応用し、客が支払いを済ませると宿泊施設の鍵が開く、といったかたちで実用化が可能だ。

クリストフ、共同創設者である兄のサイモンとステファン・トゥアル、その他ふたりの従業員——レフテリスと、シアトル出身のアメリカ人グリフ・グリーン——は、スロック・イットのための運営資金を必要としていた。他社の例にならってベンチャー資金を募ることもできたし、イーサリアムのようにトークンセールを行なう手もあった。しかし、彼らはもっと興味深い方法を考えた。投票権を付与したトークンを販売するのだ。それればかりか、会社みずからは資金を調達せず、トークンの販売によって分散型自律組織（DAO）となって、経営方針はトークン保有者たちが決定し、スロック・イットはDAOから分散型共有経済の開発資金を受け取る。同社の業務がDAO向けのみとなると、DAOが事実上の取締役会というわけだ。クリストフがデヴコンで説明したときの言葉を借りると、「みなさんは開発に資金提供し、主要な決定に投票することができ、さらに重要なこととして、資金を管理することもできる。（中略）お金はわたしたちにばかり行くわけではない」。むしろスロック・イットは、世界に先駆けたDAOの「サービス提供者」、あるいは契約者となることをめざしていた。

おおまかに言えば、投資者はイーサをDAOに送金し、スロックトークン（のちにDAOトークンと呼ばれる）を受け取る。それにより、DAOのメンバーシップと投票権を得る。「会社の株を買って配当を得るようなものだ」と彼は説明する。配当は二つの方法のいずれかで支払われる。例えば、DAOメンバーがスロック・イットをサービスプロバイダーとして利用したい場合、賃貸アパートメントを借りてスロックを持つ者が、家賃の一定率または一定額をDAO所有者へ自動送金する設定にできる。金額はDAOが決めることができ、送金はブロックチェーン上で自動的に行なわれる。

クリストフがインスピレーションを得たきっかけの一つは、二〇一四年末、ギャビンがWeb3・0に関する講演で、合法でも違法でもない状態を意味する「アリーガル」という概念を取り上げたことだった。その講演でギャビンは、現在のSaaS（サービスとしてのソフトウェア）製品

――たとえば、チケット販売に利用できる「イベントブライト」や、社用メールとしても使える「Gメール」など――は、いずれＤｓａａＳ（サービスとしての分散型ソフトウェア）製品に取って代わられるだろう、と述べた。たとえば、ペイパルは「ペイパル株式会社」という法人が運営するサービスであり、その従業員が規制当局に訴えられたり、出廷を命じられたり、刑務所に収監されたりする恐れがある。しかし、ＤｓａａＳであるビットコインの場合、特定の運営企業は存在せず、いわば「自然の力」に近い。

「新しい分散型ＤｓａａＳを作成するのは、まったく新しい自然の力を生み出しているようなものだ」とギャビンは説明した。「一般論として、適切に実装されていれば、裁判所も警察も国家も、そのサービスをシャットダウンすることはできない。（中略）自然の力はわれわれ人間など関知せず、人間の悩みや不安、知的財産法へのこだわりとは関係ない[5]」。これがアリーガル（合法でも違法でもない）の状態だ。

このような新しい分散型でアリーガルな時代において、ベンチャー資金は旧式であり、中央集権的すぎる（かつ、法律でコントロールされている）。アリーガルな自然の力をつくり出すために、スロック・イットはＤＡＯスマートコントラクトのコードを無料で作成すると述べた。それがローンチされたあとは、誰でもＤＡＯにアイデアやプロジェクトを提案し、資金を募ることができる。現実には、ＤＡＯのメンバーたちから資金を集めるわけだ。スロック・イットもＤＡＯを通じて運営したい、とクリストフは述べたものの、支持するかどうかはＤＡＯトークン保有者しだいとなる。スロック・イットはコードのバージョン１・０をリリースし、以後はＤＡＯの作業を停止して、それが「自然の力」になるのを見守る計画だった。

二〇一五年一一月のデヴコン1のあと、クリストフとレフテリスはDAOの本格的なプログラミングを開始した。[6]一カ月で完成する見込みだったが、実際には春までかかった。クリストフはイーサリアム財団のC++チームでも働いており、一二月は財団で半日勤務した。スロック・イットを正式に始動する前にDAOを構築し終えなければと、彼は貯金を削りながら生活していた。DAOトークン保有者がひょっとしてスロック・イットに資金を提供してくれない場合の予備プランはなかった。一方、レフテリスは週一〇時間ぶんのパートタイム最低賃金として月額五〇〇ユーロを受け取っていた。スロック・イットがDAOの資金を得たのち、通常の給与に加えてそれまでの未払い金をもらうことを前提にしていた。共同創設者のステファンは無報酬の状態だった。グリフは暗号通貨だけを望んでいたため、スロック・イットが暗号通貨で給与を払えない現状では、やはり無報酬だった。

スロック・イットは、みずからが手がけるDAOを「TheDAO」と名づけた（DAOはあらゆる分散型自律組織をさす一般的な用語であり、同社のDAOは「DAOの一つ」にすぎないから、厳密にいえばTheを付けるのはおかしいのだが）。自律組織とはいえ、TheDAOを稼働させるためには、人による支えが必要だった。[7]ステファンは四月九日のブログ投稿でこう説明した。TheDAOを構成するのはまず「コントラクター」であり、この人々が製品やサービスの開発に向けて提案を出す。提案はスマートコントラクトと「平易な英語による説明」からなる。

続いて、「キュレーター」と呼ばれる人々が、コントラクターの提案内容とスマートコントラクトの内容に齟齬がないか、また、スマートコントラクトが安全に機能するかどうかを検証する。[8]問題なしとなれば、キュレーターはそのコントラクターのイーサリアムアドレスを承認、つまり「ホワイトリスト」に登録し、TheDAOからイーサを受け取ることを許可する。

DAOトークン保有者たちは、コントラクターの提案を受け入れるかどうかなどを投票で決定する。[9] 最低定足数は提案の金額に比例し、二〇パーセント（金をまったく使わない提案の場合）から五三・五パーセント（TheDAOの全資金を使う提案の場合）までの範囲となる。提案の承認には過半数の賛成が必要だ。

別の種類の提案として「スプリット」がある。これによって新しいベンチャーファンドを作成でき、その新ファンドはメインのDAOとは異なるアイデアに資金を提供できる。しかし、スプリットの最も重要な意義は、メインのDAOから自分の資金を引き出して移動できることだ。提案から七日間の待機期間が必要で、そのあいだに新しいDAO（「子DAO」または「スプリットDAO」とも呼ばれる）が作成される。スプリットに賛成票を投じた人たちのトークンに対応するETHが新しいDAOへ移動される。メインのDAOが大きな母船だとすれば、スプリット（子DAO）は救命ボートのようなものであり、七日間の待機期間は救命ボートを海へ下ろす作業時間といえる。こうして、一つのDAOは最終的には多くのDAOに分裂することになる。

TheDAOに参加するためには、準備期間中にETHをTheDAOのスマートコントラクトに送金する必要がある（新規株式公開の際、特定の期間内に株を購入するのと同じ）。DAOトークンを保有すると、保有数に比例して提案に対する投票権が得られるほか、承認されたコントラクターの提案によって得られた収益から「報酬」を受け取る権利も得られる（ベンチャーファンドの株を保有すれば、投資先に影響力を持つことができ、保有する株数に応じて投票権が得られるうえ、利益の分配も受けられるのと同じ)。

スラックチャンネルでＴｈｅＤＡＯの仕組みについて議論するなかで、あるメンバーは、スロック・イットの提案がトークンセールのあとに計画されているのは「クレイジー」とコメントした。「まるで、ベンチャー資本家に向かって「ひとまず金をくれ、ビジネスプランは後日渡す……ことになるといいいね」と言うようなものだ」


複雑なルールが定められているとはいえ、ＴｈｅＤＡＯが結局のところ何なのかは曖昧だった。クリストフはのちに「何千人もの個人や、会社の創設者たちが共有する銀行口座のようなもの。彼らは、みずからは仕事をせず、ほかの団体に仕事を依頼する」と説明した。さらに、スロック・イットの法解釈によれば、ＴｈｅＤＡＯを作成することは、数千人の創設者を集め、証券取引委員会に登録する必要のない会社をつくるのに等しいと述べた。もっとも、スロック・イットのほかの共同創設者は少し異なる見解を持っていた。「クレイジーなアナーキスト」を自称するグリフは、かねて執心しているユニバーサルシェアリングエコノミーを実現するための非営利の統治機関とみなしていた。ＴｈｅＤＡＯにより、バックパックでノマドとして暮らし、必要なものをときおりレンタルするだけ、という生活が可能になると考えたのだ。レフテリスとステファンは、ＴｈｅＤＡＯをもっと従来型の会社と似たものととらえ、トークン保有者が中心になってスマートコントラクトを運用し、利益の還元を受ける仕組みだと説明していた。

創設者それぞれの思惑をよそに、多くのコミュニティーメンバーや投資家たちはＴｈｅＤＡＯを「分散型ベンチャーファンド」とみなした。購入者がアメリカで定義される「認定投資家」である必要はなかった。認定投資家とは、年間収入が二〇万ドル以上（共同収入の場合は三〇万ドル）または純資産が（個人または共同で）一〇〇万ドル以上の人をさす。つまり、ＴｈｅＤＡＯはインターネットにアクセスできるすべての人に開かれた、世界初のグローバルで分散型のベンチャーファンドであり、どの国からでも、裕福でも貧しくても、若くても年老いていても、経験豊富でも初心者でも参加できる。

ＴｈｅＤＡＯに対する興奮が高まっていた。二月には、ＴｈｅＤＡＯのスラックに七つの外国語チャンネルが開設された（ポーランド語のチャンネルが最も活発だった）。三月下旬には、ＴｈｅＤＡＯの一般スラックチャンネルに約三〇〇〇人が登録していた。積極的なスラックメンバーの一部はフォーラムを作成し、四月三日には daohub.org を立ち上げた。[10] このころ、ほかのトークンセールもかなりの資金を集めており、ブロックチェーンプラットフォームのリスクや、物理資産をトークン化する分散型自律組織であるディジックスＤＡＯが、それぞれ五〇〇万ドル以上を調達した。

しかし、スロック・イットはいくつかの問題に直面していた。まず、顧問弁護士たちが、同社の業務——とくにトークンの販売——は合法ではないとみていた。アメリカの弁護士のひとりは、スロック・イットが五月二日に始まるアメリカ最大のブロックチェーン会議「コンセンサス」の前にＴｈｅＤＡＯを立ち上げたがっていると感じ（クリストフは、コンセンサスはイーサリアムコミュニティーにとって重要な会議ではないとして、この点を否定しているが）、もしアメリカの投資家を参加させるなら、証券弁護士が必要であり、その契約には六カ月かかると忠告した。以後、スロック・イットはその弁護士の連絡に応じなくなった。クリストフによれば、必要な情報はすべて得たからだという。しかしクリストフは、スロック・イットがトークンを販売しているわけではなく、ＤＡＯトークンが証券であるという考えは理にかなっていないと思った。ＴｈｅＤＡＯは別の組織であり、ＴｈｅＤＡＯからスロック・イットへ資金が流れる。企業がじかに自社株式を売っているわけではないのと同じ理屈だ。ドイツとスイスの弁護士と話し合ったあと、クリストフはまた別の解釈を聞かされた。誰でも問題なくＤＡＯトークンを購入できるが、のちにそれを売りたい場合、トークンは事実上証券となり、一連の規制に従わなければならない、という解釈だった。クリストフがまさに避けたい事態だ。

　プレセールの法的な意味合いが不明確だったため、ステファンはブログ投稿の冒頭に免責事項を記した。「ＴｈｅＤＡＯのコードの使用は自己責任でお願いしたい。ＴｈｅＤＡＯの法的地位について世界共通の推定はできない」[11]。一方、グリフはスラック上でＴｈｅＤＡＯのクラウドセールに言及し、こう述べた。「数カ月前からこれをプレセールと呼ぶのをやめた。ＴｈｅＤＡＯはブロックチェーン上で稼働する予定であり、誰も何かをプレセールしているわけではない。（中略）ＤＡＯの作成フェーズ中にＥＴＨを送信してＤＡＯに資金を提供すると、その瞬間に新しいＤＡＯトークンが作成される。これは販売とは言いがたく、ＤＡＯの創造行為である！」

　にもかかわらず、スラック上には、プレセールがいつ行なわれるのかを尋ねる投稿が相次いだ。スイスのヌーシャテルにいるＤＡＯ投資家、ジャン・ボクスラーとアレクシス・ルセルは、関心を寄せつつも、スロック・イットが返答を避けていることに気づいた。しびれを切らしたアレクシスはステファンに電話をかけ、理由を訊いた。お互いの母国語であるフランス語でやりとりしたすえ、ステファンが、ドイツの税務当局から、法的地位を持たない組織が企業に資金提供するのは認められないとの通達を受けたと明かした。アレクシスは、ビットコイン、イーサ、そしてＤＡＯトークンの取引所「ビティー」の共同創設者だ。法律の学位を持ち、以前はデジタル権利とプライバシーを重視する、スイスの海賊党という政党の党首を務め、そのあと約五年間、国連で働いていた。彼は、ドイツの税務当局の問題を、スロック・イットがTheDAOから資金を得た場合、「VAT欄に記入するものが何もない」ということだと解釈した。

ふたりが電話で話した翌日、クリストフの兄でありスロック・イットのCEOであるサイモンが解決策を見つけるためにヌーシャテルを訪れた。アレクシスは、スイスの法律のもとでは取引相手の組織の構造は重要ではないことを確認した。取引相手が支払い能力を持ってさえいれば、商取引に入れる。そこで、ドイツの税務書類にVAT番号を記載できるスイスの代理法人「DAOリンク」を設立することに決めた。スロック・イットのTheDAOへの提案が承認されたら、TheDAOはDAOリンクに資金提供し、そこからスロック・イットへ出金される。

四月二一日、TheDAOのウェブサイトがdaohub.orgで公開された。[12] ホームページには「TheDAOとは」という言葉が表示され、鮮やかなオレンジ色のカーソルが自動的に動いて、こんな文章が完成した。

TheDAOは革命的である。
TheDAOは自律的である。
TheDAOは報酬をもたらす。
TheDAOはコードである。

その下に右肩上がりの線グラフがあり、全体的な上昇傾向が示されていた。

そのホームページにはこう書かれていた。「ＴｈｅＤＡＯのミッション：メンバーの利益のために、ビジネス組織に新しい道を切り開き、どこにも存在せず、同時にどこにでも存在し、停止不可能なコードの堅い鉄の意志によってのみ運営される[13]」

立ち上げの時点では、ページ下部に細かい文字でこんなふうに追記されていた。「このウェブサイトはＤＡＯコミュニティーによって所有され、ＤＡＯハブチームによって管理されており、ホスティングはスイスのＤＡＯリンク有限会社の厚意により提供されている（意味＝アメリカ証券取引委員会《SEC》のみなさん、ここはスロック・イットの所有ではないので、追跡無用です！）[14]」

ウェブサイト立ち上げに関するブログ記事のなかで、ステファンは、スラックグループのメンバーが四〇〇〇人近くに達したと報告した。また、ごく早い時期にＴｈｅＤＡＯに提出されそうな提案として「セルフレンタルの都市型電動車両の開発」を挙げながら、daohub.org のフォーラムに自身の提案を送るよう読者に呼びかけた。

また、ステファンは、ＴｈｅＤＡＯのコードが「世界でも屈指の権威あるセキュリティー企業、デジャブ」の監査を受けたと述べ、さらにこう書いた。「数日前にロンドンで開催されたイーサリアム会議で、ヴィタリックがプレゼンテーションを行なった。その魅力的なプレゼンテーションのほとんどはＴｈｅＤＡＯに焦点を当てて、不適切なスマートコントラクトや不注意な暗号資産起業家の危険性について警鐘を鳴らしていた。一部のＤＡＯについても危険性を指摘した……が、じつのところ、ＤＡＯとはとうてい呼べないような例だった[15]」

ウェブサイトのなかで、立ち上げ時には未完成だったのがキュレーターのセクションだ。ステファンとクリストフは、有名な人々——おもにイーサリアム財団の開発者たち——に連絡して、キュレーターになってほしいと誘い、キュレーターの任務は利用者の身元を確認することだと説明した。たとえばスロック・イットから支払い要求を受けた場合、要求を出したアカウントが本当にスロック・イットのものであることを確認する。暗号通貨の専門用語を使えば、キュレーターは「オラクル」として機能する。すなわち、スマートコントラクトで使用する情報のうちブロックチェーンにもとづかないものを検証するエージェントだ。

ジェフリーとギャビンの両方のチームで働いた経験のあるフルスタックデザイナーのファビアン・フォーゲルシュテラーは、キュレーターは正しいアドレスをホワイトリストに載せるだけなので、「DJではなくドアマン」に近い役割だと思った。一方、ギャビンは、キュレーターのおもな責任は「数学」に似ていて、答えの正しさを証明することにある、と捉えていた。

ウェブサイトの公開から四日後、スロック・イットはキュレーターの顔ぶれを発表し、ステファンはブログ記事で「暗号通貨界の紳士録」と紹介した。サイトのキュレーターのページには一人全員の大きな白黒の顔写真が掲載されていた。[16] ギャビンは驚いて二度見した。「自分の存在理由は、ごく単純な主張が正しいことを確認するためだけなのか？　なぜ自分の写真が使われ、〝キュレーター〟と名づけられているのだろう？　本来のキュレーターは、物事を取捨選択する立場であって、基本的なオラクルの仕事をする役割ではない」

キュレーターになるよう誘われたものの参加を保留したのが、ジェフリーだった。引き受けようかと検討したが、もし何か責任を負うとなれば、非難の対象になる恐れもある。さらに、ＴｈｅＤＡＯは無制限に金を集めることができるという点が、不安に思えた。彼はステファンに「上限を設けてほしい。もし失敗したら、とんでもない大失敗になるぞ。頼むから、上限を設けてくれ」と伝えた。しかしステファンから、心配ないとの返事があった。かつてイーサリアムのクラウドセール前、ステファンは上限の設定を提案したが、却下された。のちに彼は自分が間違っていたと感じたため、ＴｈｅＤＡＯの上限設定には反対なのだった。けれどもジェフリーは「万が一しくじったら、きみは大金を失うことになるし、イーサリアムにとっても非常に悪い材料になる」と主張した。

だが、スロック・イットチーム全体としても上限設定には反対の意向だった。たとえばグリフは、データの安全性に力を入れたメイドセーフやディジックスなどの上限付きトークンセールは短期間で終了してしまったため、分散化がじゅうぶんに進まず、熱心な暗号通貨愛好家しか参加しない結果になるだろうと考えていた。スラック上で彼は、ディジックスのクラウドセールについて、自分は西海岸にいたため、目が覚める前に終了してしまったと述べた。また、ひとりの大口投資家《ホエール》が上限額まで独占し、ＴｈｅＤＡＯからスプリットして（いわば救命ボートに全資金を持ち出して）、自分たちには何も残らないという状況も起こりうるのでは、と懸念した。さらにこう付け加えた。「これが通常のプレセールやクラウドセールとは非常に異なる設定であることを忘れている人が多いようだ。ＤＡＯトークン保有者は自分の資産の分け前をつねに管理できるだけに、誰もがスプリットの可能性を秘めている」。ＤＡＯトークン保有者は、スプリット、つまり子ＤＡＯの作成によって、いつでも母体のＴｈｅＤＡＯから離れることができるわけだ。

結局、一一人のキュレーターは、イーサリアム財団の九名——ヴィタリック、ブラジル人デザイナーのアレックス・バン・デ・サンデ（通称アブサ）、Ｓｏｌｉｄｉｔｙを作成してギャビンの解雇騒動の中心となったクリスチャン・ライトビースナー、スペースシップのテイラー・ゲーリングなど――と、イーサリアム財団を辞めたばかりの二名――ギャビンと、その仲間でビジネスパートナーのエアロン・ブキャナン（イースコアに在籍）――となった。

クリストフとレフテリスがコーディングをしているあいだ、熟練した開発者から完全な暗号初心者までが集まり、熱心なコミュニティーが形成され始めた。スラックには数千人の非常にチャット好きなメンバーがいたうえ、コミュニティーリーダーのグリフは、ＴｈｅＤＡＯに関するスキルや知識を学ぶ「ＴｈｅＤＡＯニンジャ講座」を修了した人に報酬を与え、エンジニアたちにＴｈｅＤＡＯへ提案書を出す方法を学ばせた。

さらにスロック・イットは、クラーケン、ゲートコイン、ビティー、シェイプシフト、ビットレックスといった取引所に連絡をとり、デジタル通貨だけでなく、米ドル、ユーロ、スイスフラン、香港ドルなど多くの法定通貨でＤＡＯトークンを購入できるようにしてもらいたいと要請した。[17] おかげで、まったくの暗号初心者にも門扉が開かれた。

同様に、「マイイーサウォレット」というウェブサイトを利用すれば、簡単なボタン操作でイーサリアムブロックチェーンと直接やり取りでき、どこかの企業にコインの管理を委ねる必要はなかった。このサイトには、トークンを取引所に預けなくてもＴｈｅＤＡＯに参加できるオプションが設定されていた。[18] 簡単にいえば、デジタル版の財布《ウォレット》を持ち、現金で支払い、ＤＡＯトークンを自分の財布に戻すという取引ができ、すべてウェブページ上で済ませることができた。

四月二六日、すなわちキュレーターの発表の翌日、スロック・イットはビティーと共同でDAOリンクを設立したことをおおやけにした。TheDAOのスマートコントラクトは監査され、クリストフが非常に尊敬する一八人（ヴィタリックら）がコードを確認し、クリストフ自身も最悪のシナリオに備えて繰り返しテストを行なった。この時点で、クリストフはできるかぎりの準備をしたと感じていた。もし何か問題が起こったとしても、スプリットという手が用意されている。これが機能するかぎり、利用者は資金を取り戻し、すべてもとに戻すことができるはずだ。

TheDAOをローンチするときが来た。分散化の原則を遵守するため（そしてSECの怒りを招く可能性があるハウィーテストの四つの基準すべてに引っかからないようにするため）、コミュニティーメンバーが作成したTheDAOスマートコントラクトコードのインスタンスを展開し、そのなかからどれを公式のDAOとするかをコミュニティーが決める必要があった。DAOを「作成」するには、最初のトランザクションを開始するだけでいい。すなわち、イーサを送信すると、DAOトークンが返ってくる。このように、DAOは特定の個人やグループが作成するのではなく、処女懐胎のデジタル版のごとく、ひとりでに誕生するのだ。

四月二九日、マイイーサウォレットの共同創設者のひとりであるテイラー・バン・オーデンが、スラックにこう投稿した。「やあ、みなさん。DAOを展開したいなら、このスレッドをチェックしてほしい。われわれは間もなく、このスレッドからランダムに公式DAOを選ぶ。追跡不可能な、履歴のないコイン（シェイプシフト、BTCミキサーなど）を用意して、展開してもらいたい」。続いて、スロック・イットの上層部をはじめとするコミュニティーの高位メンバーたちが、運営について話し合うプライベートなスラックチャンネル上で、展開された八つのDAOインスタンスを評価した。二時間にわたる検討のすえ、最終的に二つのＤＡＯに絞り込んだ。どちらも匿名性が高かった。一つは、アカウント情報を取得しない暗号通貨交換所シェイプシフトから資金を得ており、もう一つは、顧客の識別情報を持っているものの裁判所の命令がなければ開示しない、サンフランシスコに拠点を置く交換所クラーケンから資金を得ていた。

彼らがシェイプシフトのインスタンスを気に入った理由は、その「ブロッキー」（個人識別用アイコン《アイデンティコン》）がしゃれていたからだ。全体は丸みを帯びた青緑色の四角形で、そのなかに茶色のハートが描かれ、ハートの下部は口がほどけた袋のように少し開いている。

テイラーたちは最終決定を運に任せることにした。ロサンゼルスのダウンタウンにあるロフトで、テイラーは婚約者のケビンにコイントスを頼み、そのようすをビデオ撮影し始めた。スラックには「表＝０１１、裏＝ＢＢ」と書き込んだ。それぞれのＤＡＯインスタンスのハッシュ（0x001と0xbb）を指す。ケビンは長袖の赤いセーターを着ていて、爪に濃い赤のマニキュアを塗り、二本の指に銀の指輪をはめていた。彼が一〇セント硬貨を空中へ弾き飛ばす。硬貨は台のうえに落ちて、一回、二回、三回と跳ね、短く回転してから止まった――裏。

選ばれた「ＢＢ」インスタンスのＤＡＯはシェイプシフトから資金提供を受けたものだった。あるブログ投稿によれば、そちらのブロッキーは「ハート形とスペースインベーダーを足して二で割ったような形状」だったという。[19] これで、利用者はどこにアクセスすればいいかが決まり、ローンチの準備が整った。四月三〇日午前三時四二分（ベルリン時間）、そのＤＡＯはイーサリアムブロックチェーン上のブロック番号１４２８７５７にインスタンス化された。[20]

午後一二時四分（ベルリン時間）、ch405を名乗る人物がスラックチャンネルに「始まった！」と書き込み、選ばれたDAOのインスタンスを指し示すdaohub.orgへのリンクを付記した。リンク先には、中央に世界地図があり、その両側にDAOトークンの作成数、総ETH量、米ドル換算額、一ETH当たり一〇〇DAOトークンという現在のレート、次の価格変更までの日数、プレセール終了（グリニッジ標準時五月二八日午前九時）までの日数などの情報が表示されていた。その下に、DAOトークンを受け取る方法についての説明があった。

一五分としないうちに、五つのアカウントから七つの取引が行なわれた。それぞれの金額は二ETH、三・一四一五九二六ETH、五ETH、五ETH、四二ETH、八三ETH、五〇〇ETHだった。そのあと、スラック上が騒然とし始めた。

［エリック・ボーヒース、午後一二時三七分］

誰かが九〇〇ETH入金したぞ

［テイラー、午後一二時三八分］

わたしの残高が急上昇中

［匿名、午後一二時三八分］

すごい！

［アフリカノス23、午後一二時三八分］
こりゃ、とんでもないことになりそう

実際、とんでもないことが起きた。実際、最初の日だけでＴｈｅＤＡＯは五六万四八五八ＥＴＨ、すなわち四二〇万ドルを受け取った。二日目には四九〇万ドル。五月一日には、あるひとりが、最初に一ＥＴＨ、次に五万ＥＴＨ、さらに七万五〇〇〇ＥＴＨ、一三万五〇〇〇ＥＴＨ、最後に五・五五五五ＥＴＨと、合計二〇〇万ドル相当を入れ、二週間後にまた五万四〇〇〇ＥＴＨを追加した。[21]

翌日、ＴｈｅＤＡＯのツイッターアカウントには、俳優のシア・ラブーフが「ジャスト・ドゥ・イット！」と鼓舞するミーム動画をもじって「ジャスト・ＤＡＯ・イット！」と叫ぶものが投稿されたが、そんな励ましは必要なかった。[22] ステファン・トゥアルの五月六日のブログ投稿によると、ＴｈｅＤＡＯの誕生に伴い、イーサリアムの新規アカウント作成数と取引数の最高記録が生まれたという。[23]

さかのぼってクリストフとレフテリスがコーディングしている最中、クリストフはＴｈｅＤＡＯが集められるのは五〇〇万ドルくらいと予測していた。イーサリアムが集めたのは一八〇〇万ドルで、それを超えるのは無理だろう、と。一方、クリストフは、ほかのクラウドセールの結果をもとに予測を立てた。前年の秋に実施されたアウグルは五〇〇万ドル、最近のほかのセールもそれぞれ五〇〇万ドル集めた。スラックに五〇〇〇人のメンバーがいれば、ひとり一〇〇〇ドル出せば五〇〇万ドル集まる計算だ。ところが、初日にほぼその額に達したため、クリストフはもっとかなり膨れ上がるらしいと認識を改めた。

このとき、クリストフは二週間の休暇中だった。二〇一一年一一月にデヴコン1でDAOの作業を始めてから働きづめだったから、心身を休めたかった。しかし、TheDAOが二日目に五〇〇万ドルに達し、さらに上昇を続けたため、リラックスするどころではなかった。いま、事態は重大な局面を迎えていた。

五月六日、セールの七日目に、イーサリアムのクラウドセールが集めた額を超えた。[24] ヴィタリックまでがコインを投じていた。翌日、TheDAOプロジェクトの公式ツイッターアカウントは、「TheDAOは現存する全ETHの三パーセントを所有している!!」とツイートした。[25] さらにその翌日、DAOフォーラムを作成したコミュニティーメンバーたちが持つ@DAOhubORGアカウントは、ホームページの「合計二八七万ETH、二七一五万米ドル相当」と書かれた部分のスクリーンショットをツイートし、「史上最も大規模なクラウドファンディング・プロジェクトになるだろう」とコメントを添えた。[26]

早期参加を促すために、DAOトークンの価格は時間とともに徐々に上昇するように設定されていた。セールのなかばで一日に一〇〇DAOトークンあたり〇・〇五ETHずつ上がり、セールの最後の五日間には一〇〇DAOトークンあたり一・五ETH上昇する仕組みだった。

最初の二日間でそれぞれ四〇〇万ドル以上のETHが集まったあと、資金の流入はやや減って、数日間は一八〇万ドルから三四〇万ドル強だった。しかし、価格の上昇前になると流入額が跳ね上がり、一四日目には二六八〇万ドルを突破した。この日は、一ETHにつき一〇〇DAOトークンを得る最後のチャンスとされていた。

しかし、この一四日目のあとは価格が上がらず、スロック・イットが宣伝していたような展開にはならなかった。一五日目――やはり翌日から値上がりする日――にふたたび上昇。二四時間で二一二〇万ドルが集まった。当初の見通しが当たらなかったため、少なくともひとりが陰謀論に飛びついてコメントを投稿した。「他意のない見込み違いだったと信じるべきだろうか？（中略）おまえたち××野郎は思ったよりかなり欲深いらしい」[27]。あるレディット利用者は「コントラクトのバグの最初の証拠だ。コントラクトは本当にじゅうぶん精査されたのか？」と書いた[28]。

五月六日、ステファンは「ＴｈｅＤＡＯの止められない台頭」と題するブログ記事を公開した。出だしはこうだった。

この記事を書いている時点で、われわれのＴｈｅＤＡＯは地球上で二番目に大きなイーサ保有者になり（途中でイーサリアム財団を追い越し）、一一二八万九〇一六ＥＴＨを保有している。

面白い情報：この額はあらゆるイーサリアム契約に組み込まれた全ＥＴＨの三八パーセント以上を占める。さらに、われわれのＴｈｅＤＡＯはつい数時間前、ペブル、プリズンアーキテクト、さらにはイーサリアムを追い越して、世界史上で最も資金を集めたクラウドファンディング・プロジェクトのなんと第三位に躍り出た。米ドル二一九六万相当という歴史的な額だ。

一ＥＴＨにつき一〇〇ＤＡＯという価格設定の最終日、五月一四日の終わりまでに、ＴｈｅＤＡＯは九八八〇万ドルの資金を調達した。また、影響はＥＴＨの価格にも及んだらしく、ＴｈｅＤＡＯの開始時に約七ドル五〇セントだったＥＴＨは、五月二八日の終了時には約一二ドルと、六〇パーセントも高騰した。

TheDAOがETHを吸い上げるなか、スロック・イットのチームはさまざまな感情を抱いていた。クリストフは仕事から距離を置き、「しばらくほっといてくれ」という精神状態だった。レフテリスは、TheDAOにたった五〇〇ドルしか投資していなかった（自分の給料を賄うはずのDAOに貯金を入れるのは奇妙だと考えた）。当初、TheDAOがこれほど大きくなっていることを単純に面白がっていたが、その一部がスロック・イットに流れることに期待を膨らませた。ステファンは、スロック・イットが予想以上の資金を得られる見通しが立って素晴らしいとは思いつつも、イーサリアムで同じような経験をしていたため、それほどの感銘は受けなかった。グリフは、これこそが最初の真のDAOと考えて興奮し、スロック・イットは成功しているとみた。

クリストフと同様、ギャビンはTheDAOの肥大化に不安を感じていた。五月一三日、彼は「わたしがTheDAOのキュレーターを辞任した理由」というブログ記事を公開した。冒頭でまず、DAOが分散型で自律的であること、よってTheDAOの「キュレーター」は判断を必要としないため、肩書きを「アイデンティティー・オラクル」に変更すべきであることを述べた。

さらに、キュレーターの役割は承認作業だと思わないでほしい、もっとも、自分がいったんこの任務を引き受けたのは責任の範囲がごく限定されていたせいなのだが、と続けた。しかし結局、役割についての認識のずれで「時間を浪費」してしまったとして、次のように結論した。

自律型であるTheDAOには、わたしは——いや、どんな個人も——関与していないことをできるかぎり明確にするため、わたしは「キュレーター」を辞任することにした。**TheDAOにETHを預けたすべての利用者は、人間の顔ではなく、その向こうにあるコントラクトの構造を精査し、自分の資金がどのような合意に結びつくのかを適切に理解するよう強く勧めたい。もちろん、行動を起こす前に専門家のアドバイスを求めるべきだ。忘れないでほしい。ここにおいて、支配者はコードだ。人間はまったく重要ではない。**[29]

クリストフは、TheDAOが停止不能であるという事実に心を奪われていた。ビットコインやイーサリアムと同じように、始まったらもう、永遠に存在するだろう。このプロジェクトは自分に一生ついてまわるのだ、いつの日か、嫌でたまらなくなるかもしれない、と彼は気づいた。ゲーテの詩『魔法使いの弟子』を思い出した。最初は小さな力と思えたものが、どんどん大きくなり、やがて制御できなくなるというあらすじだ。終盤に「わたしが呼び出した精霊たちは、もはやわたしの言うことを聞かない」とある。[30] しばし休息のあと、彼はメールにのみ応答し、トークンや金を失ったと不満を訴える人たちからの多くのメッセージは無視した。多くの場合、そういう人はタイプミスをして、何もないアドレスに送金してしまっていた。もっとも、そういうメッセージが届くからには、TheDAOの参加者はETHのインサイダーばかりではない、と安心できた。大半はメインストリームの人々であり、使いやすいユーザーインターフェースがないせいでとまどっていた。イーサリアムのブロックチェーン上の契約と直接やり取りするには、JavaScriptやJSON《ジェイソン》などのファイルを扱う必要がある。

TheDAOが何であるかを理解していない人も多かったのだろう。アブサがTheDAOについて講演した際、聴衆はＴｈｅＤＡＯとイーサリアムの違いさえ知らなかった。彼が違いを説明すると、聴衆から「すると……あなたは、世間の人々にお金を配る大企業に勤めているわけか」との反応が返ってきた。彼はふたたび説明を余儀なくされた。ＴｈｅＤＡＯは中央集権的な組織を持たず、ＣＥＯも従業員もいない。コード化された規約によってのみ運営されるスマートコントラクトである、と。彼は自分のノートブックパソコンの画面を見せて実演するのが好きだった。ＤＡＯを展開し、それを使って投票を行ない、金をどこかからほかの場所へ、何にも干渉されずに移動してみせる。一〇〇行のコードで民主主義を築いている、と冗談で言うのだが、ふつうの民主主義よりも優れているのは、ルールが完全に公開されている点だ。

とっつきにくいユーザーインターフェースにもかかわらず、クラウドセールは驚くべき成果を挙げた。五月二八日に終了した際、ＴｈｅＤＡＯは一一七〇万ＥＴＨ以上を集め、存在する全ＥＴＨの一四・六パーセントを占めた。[31] 合計一億三九四〇万ドルに相当する。まさに史上最大のクラウドファンディングだった。[32]

暗号通貨取引所から膨大な資金が入った。ポロニエックスだけからでも八七万一〇〇〇ＥＴＨ（取引数一万二六九件）が送られてきた。しかし、一部の大口投資家は自身のウォレットから送金した。ある大口投資家は、ポロニエックスから二〇〇万ＥＴＨを引き出したうえで、三一万五〇〇〇ＥＴＨをＴｈｅＤＡＯへ送った[33]（このひとりがポロニエックスの顧客全体の三六パーセントに相当する額を託していた）。

従来のクラウドセールと比べて、ＴｈｅＤＡＯにははるかに多額の資金が流入した。理由の一つは、この時点ですでに暗号通貨長者がおおぜい生まれていたことだ。ビットコイン長者のほか、一ETH一二ドルとなり、イーサリアム長者も多数いた。彼らはさらなる収益を求めており、分割DAO（救命ボート）機能によっていつでも資金を引き出すことができるのが利点と捉えていた。そのため、あるユーザーが「TheDAOは無リスクの投資だ」とツイートしたのが、多くの声を代弁していた。[34]

クラウドセールが終了する数日前の五月二五日、ステファン・テュアルが「TheDAOセキュリティー、TheDAOの完全性を保証する提案」というブログ投稿を公開した。[35] この時点でTheDAOスマートコントラクトに大量のETHが存在していたため、スロック・イットはセキュリティグループの創設を考えたのだ。

構想としては、クリストフを含む二、三人の「専門のセキュリティアナリストリソース」で構成される監視ユニットを設立するつもりだった。「TheDAOが直面する可能性のある社会的、技術的、経済的な攻撃をたえず監視、先制し、回避する」ためだ。その日のETH価格にもとづくと、総費用は約一六〇万ドルだった。

コミュニティーに賛否両論が巻き起こった。あるレディット利用者はこう書いた。「スロック・イットがTheDAOから金を巻き上げようとしている。もしTheDAOが〝たったの〟一〇〇〇万ドルしか持っていなければ、一〇万ドルの提案をしていただろう。ところが、連中ときたら、パートタイムの仕事に一五〇万ドル以上も要求するなんて！」[36]

逆に、金をけちるな、と主張するレディット利用者もいた。年収が四万五〇〇〇ドルしかなかった者たちが「ついにビッグボーイ（＝ベンチャー資本家）と互角に戦うチャンスに恵まれたのに、貧乏くさいことをあれこれ言うな」。結局、スロック・イットは白紙撤回し、翌日、別の提案を出した。一年間、ひとりのフルタイムの専門家にＴｈｅＤＡＯのセキュリティーを担当させ、報酬を八〇〇〇ＥＴＨ（約九万九〇〇〇ドル）支払う、との案だった。

その次の日、すなわちクラウドセールが終了する一日前、暗号通貨分野で著名なコーネル大学教授のエミン・ギュン・シレル、イーサリアム財団の研究者ブラド・ザムフィア、コンセンシスのジョゼフ・ルビンともつながりのある起業家のディノ・マークの三人が、「ＴｈｅＤＡＯの一時的モラトリアムの呼びかけ」というタイトルのブログ記事を公開した。[37] そのなかで彼らは、ＴｈｅＤＡＯが戦略的に攻撃される可能性として、七つのゲーム理論的な方法を列挙し、これによって「善良なＤＡＯ投資家の資金を乗っ取られたり、彼らの利益や意図に反する提案に投資されたりする恐れがある」と述べた。また、ＴｈｅＤＡＯのルールにより、本気で賛成していなくても賛成票を投じる人が多くなりやすいと指摘した。この論文の調査結果は、五月二七日のニューヨーク・タイムズ紙に掲載された。[38]

現状のＴｈｅＤＡＯの構造ではじゅうぶんな情報にもとづく判断ができないと懸念したスロック・イットは、無料でアップグレードを行なうことを検討したものの、その承認を受けるためには最低定足数（全ＤＡＯトークン保有者の五三・三パーセント）が投票に参加する必要があった。[39] 多くのトークン保有者が暗号通貨の初心者だったため、当時のツールでは参加が難しく、定足数を満たすのはまず不可能だった。スロック・イットにしてみれば、「せっかく銀行の金庫をつくって、おおぜいの人に金を預けてもらったけれど、もはや金庫の扉が閉じてしまい、なかに手が届かない」という状態だった。ニュースサイト「コインデスク」の記事中で、ステファンはこう述べた。「イーサリアムにまつわる悪い話は避けたいものだ。もしTheDAOが崩壊したら、世間の人々はマウントゴックス（暗号通貨界で過去最悪のハッキング被害を受けた取引所）と比較するだろう」[40]

それでも、DAOトークン保有者は提案を出し始めた。金を使わない種類の提案は票決のハードルが低く、最低定足数が二〇パーセントだった。しかし、それさえも到達はほぼ不可能に思えた。TheDAO自体が初日から活発な反応を集めたのとは打って変わって、最初の提案は、投票初日、必要な票の〇・〇一パーセントしか得られなかった。コントラクトがアップグレードされるまでのTheDAOのモラトリアム（同じく最低定足数二〇パーセント）についても、最初の日の段階では、必要数の〇・〇二パーセントしか集まらなかった。

TheDAOの構造に関する別の問題も浮上した。金を引き出すのが難しすぎるということだ。引き出すにはスプリットで子DAOを作成しなければならず、そうなると技術的な知識がいるうえ、さまざまな締め切りが過ぎるのを待つ必要があった。そこでレフテリスが即時引き出し機能を提案した。利用者のDAOトークンが破棄され、そのぶんのETHが迅速に返される仕組みだった。[41]しかしグリフは反対し、そんな機能はデイトレーダーを助けるだけだと主張した。即時引き出しの場合は手数料を取り、即時でなくてよければ無料とすればいいのでは、とレフテリスは提案を重ねた。これに対し、コミュニティーのあるメンバーは「投資家に不利なルール変更は、法的措置を招きかねない」と異論を唱えた。[42]

キュレーターのブラド・ザムフィアによると、舞台裏では、キュレーターの過半数が、当分のあいだどの提案にもホワイトリストを入れないことに賛成したという（この点をふたりのキュレーターは肯定しているが、別のひとりは、正式に票決を取ったわけではないと語った）。これによって、事実上、モラトリアムが施行された。けれどもキュレーターたちはこの事実を公表したがらなかった。分散型プロジェクトである以上、中央集権的なコントロールポイントがあってはいけない。

そんなわけで、DAOの欠陥に関する議論はスラック、レディット、ギットハブ、DAOハブフォーラム、ツイッターなどで広がり続けた。


六月一七日の金曜日の早朝、ドイツの小さな町ミットバイダ。草花に彩られた一帯に、クリストフの両親の三階建ての家がある。最上階の寝室でグリフ・グリーンが眠っていた。

グリフは身長一九〇センチで、茶色の長髪は後ろを小さく束ねている。M字形の生え際から傾斜した額がせり出していて、眉はくっきりとし、ひげを生やしていて、金をめぐる業界で働くには異色の人物だった。金融危機の時期、グリフは彼なりに大きな悲劇を嘆いていた。バスケットボールチーム「シアトル・スーパーソニックス」が身売りして「オクラホマシティ・サンダー」になってしまったのだ。当時、彼はバイオ医薬品会社の化学技術者であり、ハムスターの細胞を遺伝子組み換えしていた。その一方で、スーパーソニックスの熱烈なファンだった。脱色した髪をモヒカンに剃り、根元をチームのシグネチャーカラー、緑色に染めていた。超人ハルクの手を模した緑色の手袋をはめ、緑色と金色のプラスチックの宝石もどきを身につけ、服もソニックスがらみのものしか着なかった。ソニックスが負けると、翌日は喪に服した。身売りに伴うチームの移転が近づくと、シアトル残留を働きかける組織「セイブ・アワー・ソニックス」の設立を手伝った。その活動が実らなかったあと、リバタリアニズムとオーストリア学派経済学に興味を持っていた彼は、ふつうの勤労から離れることを決意した。会社がレイオフを断行中だったから、早期退職を志願した。当時二四歳だった。

一時的に失業手当を受けたが、化学技術者だったころから金や銀の取引をしていた。給与を貴金属製造会社「ノースウェスト・テリトリアル・ミント」に持って行き、金や銀の塊に変え、シアトル・オーストリア経済学派読書会の友人たちに売って、ドルを手に入れる。やがて完全にヒッピーになり、火を通さないビーガン料理を食べ、四五キロの減量をした。二〇一一年に失業手当が切れたため、銀行口座を閉じ、すべてを売り払い、ワゴン車を購入し、アートと音楽のフェスティバル「バーニングマン」に参加した。やがてワゴン車も換金して、アメリカに別れを告げた（兄弟の誕生日やバーニングマンのときだけ戻ってきた）。南米を旅し、エクアドルにしばらく滞在したあと、タイへ行き、そこで初めてビットコインを購入した。

グリフは、金銭に対する興味から、アルトコインが好きだった。金《かね》の物語をほかの意味に書き直せるという意味で、自分の哲学を体現していた。ほかに、ネームコインが検閲に抵抗するドメイン登録のためのコインであり、プライムコインが素数を発見するシステムであることに魅了された。ライトコイン、ネームコイン、ピアコイン、フェザーコイン、テラコインなどのアルトコインを購入し始めたが、生活費は、金《きん》の増益、化学技術者としての収入、失業手当をもとに節約して捻出していた。

あるとき、ロサンゼルスでタイ式マッサージを受けている最中、ライトコインが二ドルから四〇ドルに上昇し、一万七〇〇〇ドルの収益を得た。なんと一年ぶんの生活費だった！　グリフはエクアドルで「ビットコインの男」として普及や運用を推進しようとした。その試みは短期間で終わったものの、その期間にキプロスのニコシア大学のオンライン講義を受講し、デジタル通貨の修士号を取得。卒業論文は、自律分散型組織を通じて機能する自転車シェア経済についてだった。彼の目標は、「バックパックを背負って旅行しつつも、もし結婚式に呼ばれれば、素敵な靴をレンタルで調達できる」というような世界の実現に貢献することだった。

スロック・イットの存在を聞きつけたグリフは、論文と自撮りの動画を添えて何度もメールを送り、無料で働くと申し出た。そうしてスロック・イットの最初の従業員になった。

それから九カ月後、グリフは、史上最大のクラウドファンディングの立ち上げを手伝っていた。前日にはイーサが過去最大の取引高を記録した。[43] 明くる六月一七日の朝、彼が眠っているあいだにETHがあらたな高値の二一・五二ドルに達し、TheDAOの価値は二億四九六〇万ドルになった。

ベルリン時間の午前七時か八時、グリフは目を覚まし、電話をチェックした。ハンドルネーム「モー」というスラックコミュニティー仲間から、TheDAOで奇妙なことが発生しているとのメッセージが届いていた。資金が流出しているようだ、と。グリフが確認したところ、DAOから二五八ETH（五六〇〇ドル相当）の取引が連続して発生していた。やばい！

グリフはほかのスロック・イットメンバーに片っ端から電話し始めた。モーを介してクリストフの兄であるサイモンに連絡を取り、大至急、クリストフを呼び出してほしいと伝えた。「どんな手を使ってもかまわない。なんなら車で家に直接行ってもいい」

クリストフは、時差のあるアメリカの人々と仕事をすることが多く、夜型の生活だった。まだ寝ているところを妻に起こされた。お兄さんから電話よ、と。電話口に出たクリストフに、サイモンは「ＴｈｅＤＡＯで何か妙なことが起こっている。見てみてくれ」と言い、イーサリアムのブロックチェーンデータを提供するウェブサイト「イーサスキャン」へのリンクを送った。クリストフはノートブックパソコンを抱えて、階下へ移動した。事態を即座には呑み込めなかったが、誰かがメインのＤＡＯからスプリットして、何か非常にまずいことになっているのは理解できた。ＴｈｅＤＡＯに投資した世界じゅうの何千人もが金を失っている。二五八ＥＴＨずつ。直感では「ゲームオーバー」だった。ある意味、肩の荷が下りた。

カーペット敷きの広々とした仕事部屋で、彼はしばらくのあいだ仰向けになり、手を頭の後ろに組んだ。四方は白い壁だった。一つだけある小さな窓から、弱い光が射し込んでいた。

第6章

盗まれた大金

二〇一六年六月一七日から二〇一六年六月二一日まで

クリストフは、神と妻がいればどんな困難も乗り越えられる、と気を取り直した。仕事部屋の床から起き上がって、イーサリアム財団に連絡し、世界へ向けてのメガホン代わりであるステファンとグリフに急を知らせた。彼自身は、サイモンとレフテリスと協力しながら、攻撃がどのように機能しているのか、どんな防御の手が打てるかを割り出そうとした。

上海にいるヴィタリックは、地元時間の午後三時ごろ、グリフが起きてから約一時間後に、イーサリアムコミュニティーのメンバーから攻撃についてのスカイプメッセージを受け取った。メンバーはこれがハッキングなのかどうかを知りたがっていた。ヴィタリックは、九九パーセントの確率で問題ないだろうと思った。ところが、残高を見ると、一一七〇〇万ETHから九〇〇〇万ETHに減っていた。

一方でベルリン時間の午前八時一五分、グリフはDAOハブフォーラムに「@channel **緊急警報！　スプリットを発生させている人は、いますぐスロック・イットのメンバーにダイレクトメッセージを送ってくれ!!!**」と投稿した。スラックチャンネルにも同様のメッセージを書いた。

反応は芳しくなかった。

あれれ

何が起きてる？

ああ、くそっ

どっひゃー

スプレットを発生させている、ってどういう意味？　スプリットの提案？

見かねたテイラー・バン・オーデンが割って入った。「騒がないで。スプリットを開始し、現在進行中の人は@griffにメッセージを送ってほしい。スプリットとは何かわからない人は、心配いらない」

そのころ、クリストフ、サイモン、ヴィタリックらがスカイプ通話を始め、古参メンバー全員——レフテリス、ヴィタリック、ギャビン、ジェフリー、エアロン・ブキャナン、ペーテル・ジラーギ、クリスチャン・ライトビーズナー、アブサ、テイラー・ゲーリング、ファビアン・フォーゲルシュテラーなど——を集めてスカイプグループをいくつかつくった。一致団結して攻撃の方法を見きわめ、反撃して資金を回収しなければいけない。

数人のメンバーは取引所の運営者たちとスカイプグループで話し合いを始め、ヴィタリックは次のように書いた。

考えられる代償措置は以下のとおり。

1　盗まれたイーサが取引所を通る際に差し押さえる

2　二時間以内にスプリットを行なう人がひとりいるので、その人と連絡が取れれば、同じ攻撃方法を使って、大部分を取り戻せるかも。

ヴィタリックは、子DAO（スプリットDAO）を悪用した攻撃だと明かした。TheDAOを船にたとえるなら、攻撃者は海に浮かぶ救命ボートから攻撃を仕掛けている。もし、開発者側の誰かが別の救命ボートに乗り込むことができれば、同様の攻撃を行なって自分たちのほうへ資金を流出させ、攻撃者の取り分を減らせるかもしれない。子DAOを開始してからトークンを入れられるようになるまで一週間待たなければならないため、すでに開いているか、間もなく開く子DAOを探す必要があった。

イーサリアム財団のコミュニケーションチームのひとり、ジョージ・ハラムは、「すべての取引所へ。できるだけ速やかにイーサの取引を一時停止してください」と書き送った。

これは重大な措置だった。攻撃者がイーサを現金化できないようにする効果はあるものの、ニュースを聞いてイーサの価格が下がる前に利益を確定したいイーサのトレーダーにとっては迷惑だ。しかし、イーサリアムの内部者であるディノ・マークは、「イーサリアム財団が取引所の損失を肩代わりしてもかまわない。ハードフォークとロールバックに踏み切らないかぎり、今回の損害は回復不能となり、このエコシステムは死んでしまう」と投稿した。

ロールバックについて言及があったため、取引所の運営者たちは警戒心を抱いた。ロールバックとは「もとに戻す《アンドゥ》」機能を使うのに等しく、不変性というブロックチェーンの絶対原則を放棄することだ。不変性の原則こそが、ブロックチェーンと従来型のデータベースとの明確な違いといえる。多くの人にとって最も馴染み深いブロックチェーンであるビットコインは、暗号化技術によって過去の取引履歴とつながった、いわばタイムスタンプ付きの台帳だ。過去の取引を改竄しようとすると、台帳の古いバージョンと新しいバージョンのあいだの数学的なリンクが切れる仕組みになっている。

しかしディノは主張を曲げなかった。「二〇一三年のビットコインの前例がある。取引所はトレードをロールバックした」（二〇一三年、ビットコインのソフトウェアがアップグレードされた際、以前のバージョンと互換性がなくなり、チェーンが二つに分岐した。問題を解決するため、開発者たちは古いバージョンをサポートすることを決定した。そのほうが抵抗が少ない。しかし、取引所、マイニング事業者、取扱店、そのほかの大口のビットコイン事業者に連絡を取り、協力を仰がなければならなかった[1]）。

ディノは、状況によっては無害だが物議を醸す可能性のある「ハードフォーク」という言葉も出した。ハードフォークとは、下位互換性のないソフトウェアへのアップグレードを指す。ネットワーク上のブロック生成者やそのほかのノードのかなりの部分がそのアップグレードを受け入れないことを選択した場合、イーサリアムチェーンは二つに分裂し、分岐点までの履歴を共有する新しいチェーンがつくられて、第二のイーサリアム通貨が生まれることになる。これまでにもイーサリアムはハードフォークを実行したが、新機能を追加するためのシステム規模のアップグレードであり、コミュニティーから反対を受けることなく、慎重に計画され、事前告知された宇宙旅行のように行われていた。しかし、DAOトークン保有者だけを救済するためのハードフォークは、おそらくイーサリアムコミュニティー全体、とくにイーサを売る取引所などから支持を得られないだろう。そうなれば、競合するあらたなイーサリアムブロックチェーンができ、独自の通貨が生まれてしまう可能性がある。だいいち、攻撃はTheDAOに対するものであり、イーサリアムに対するものではない。もしイーサリアムがTheDAOへの攻撃を理由にハードフォークを行なえば、まるで、アップルが人気アプリへの攻撃を理由に、みずからに悪影響を与えかねない行為に踏み切るようなものだ。そんな場合、ほかのアプリやユーザーの一部が反発するのは必至だろう。ところが、イーサリアムには、決定を下すCEOはいない。コミュニティーが集団として決定しなければならない。

ある人物は、みんなに向けてこう訴えた。

広い視野で見ることを忘れないでほしい。いまわれわれが目にしているのは、粗悪なスマートコントラクトと不注意な投資家たちだ。適切なデューデリジェンスなしに投資するリスクに見舞われている。ハードフォークやロールバックのような性急な措置を取って、イーサリアムが独立した分散型プラットフォームとしての評判を落とすのは好ましくない。そんなことをしたら、将来、政治的な当局に介入の口実を与えてしまう!

取引所であるビットフィネックスの幹部フィリップ・G・ポッターはこうコメントした。

これはETHの問題ではなくTheDAOの問題だ。

ディノは、ビットコインの二〇一三年のロールバックという前例がある、となおも主張した。フィリップが「取引所を犠牲にしたら、ETHは生き残れるのか？」と尋ねると、ディノは「イエス」とこたえ、取引を凍結するようふたたび取引所に要請した。

フィリップは「くそコインめ」と吐き捨てた。

ディノは、TheDAOの盗難に目をつぶって、そのハッカーが取引所で何百万ものETHを売ったら、イーサリアムは回復できない、と書いた。「価格は〇・五〇ドルになるだろう。冷静に考えてほしい。世間にひどい印象を与え、挽回は不可能になる」

しかし、ポロニエックスのトリスタン・ダゴスタがもっともな指摘をした。「ブロックチェーンは信頼できないと思われて、市場の混乱が起きる可能性のほうがはるかに高い」

さらに、フィリップが書いたように、「もしも政府機関が、DAO（やETH）には〝リーダーがいない〟から、圧力をかければロールバックを引き起こせる、と気づいた場合、その結果は広範囲に及ぶだろう。間違いない」[2]

そのころ、スカイプグループに集まったスロック・イットチームやそのほかの開発者たちは、攻撃の仕組みを素早く解明した。さかのぼること六月五日、クリスチャン・ライトビースナーが、スマートコントラクトが現実世界の金融取引とは異なる順序で機能することにまつわるバグがある、と主要な開発者たちにメールで知らせていた。[3] 現実世界では、銀行の窓口やATMから出金する際、窓口係やＡＴＭは客に金を渡してから、残高を更新する。ところがスマートコントラクトでは、先に残高を変更する必要がある。そうしないと、悪意のあるスマートコントラクトが処理に介入し、残高が更新される前にもういちど引き出しを行なうように仕向けることができてしまう。それがＴｈｅＤＡＯの攻撃者の手口だった。たとえるなら、銀行に二五九ドルある口座から二五八ドルを引き出し、窓口係が口座の残高を一ドルに更新する前に作業を中断させ、二五八ドルをまた引き出す、というのを何度も繰り返すのだ（今回の攻撃者の場合は、ドルではなく、一回につき二五八ＥＴＨを手に入れていた）。

六月九日、ビットコイン財団の共同創設者であるペーター・ベセネスが、この手口を「じつに忌まわしい攻撃」としてブログ記事で取り上げ、翌日、クリスチャン自身もこの攻撃ベクトルについて書いた。[4]

スロック・イットは、ＴｈｅＤＡＯの提案を実行する機能のなかに脆弱性を見つけ、修正版を作成した。あとはＤＡＯトークン保有者の多数が承認の投票をするだけでよかった。ＤＡＯハブフォーラムのあるメンバーがＴｈｅＤＡＯの「報酬コントラクト」と呼ばれる領域にも同種のバグを発見した。しかし、そのコントラクトには金が入っていなかったため、ステファンは六月一二日、「イーサリアムのスマートコントラクトに「再帰呼び出し」バグが発見されるも、ＴｈｅＤＡＯの資金には危険なし」というタイトルのブログ記事を投稿した。[5]「重要なのは、ＴｈｅＤＡＯの報酬アカウントにはイーサがまったく入っていないことだ。したがって、ただちにＴｈｅＤＡＯの資金に危険が及ぶような問題ではない」と彼は書いた。ヴィタリックさえ、心配していなかったらしく、その前日、こうツイートした。「セキュリティーに問題があると聞いたあとも、ＤＡＯトークンを買い続けている」[6]

報酬コントラクトは、TheDAOに潜む弱点だった。その部分が、誰が書いたかわからないスマートコントラクトとやり取りできてしまう。おおまかにいえば、TheDAOが何か利益の出るものに投資した場合、その投資による利益は報酬コントラクトに入り、投資したすべてのDAOトークン保有者に比例配分される。株式の配当のようなものだ。クリストフが決めたルールによると、TheDAOからスプリットして子DAOへ移行した人も、過去の投資に関わる報酬を将来永久に受け取る権利がある。そこで、スプリットしてTheDAOから離れる人は、報酬の送り先となる外部のアドレスまたはコントラクトを指定する決まりになっていた（イーサリアムのアカウントは、個人またはコントラクトが所有できる。コントラクトが所有するアカウントにトランザクションを送ると、自動販売機の商品ボタンを押したときのように、そのコントラクトのコードが自動的に実行される）。本来、TheDAOから離れる人に将来も報酬を与える義務はないのだが、クリストフは善意からこのルールを定め、コードのなかにこんなコメントを入れた。「人に親切にすると、いい報いがある」（コントラクトの行数の数えかたにもよるが、脆弱性は六六七行目または六六六行目にあった）。

しかし、クリストフが親切心を示したにもかかわらず、攻撃者は違った。その謎の人物は、splitDAO関数が四つのステップで構成されていることを知っていた（四つが一気に発生する）。（1）TheDAOから離れる人が子DAOを作成し、そこへ自分のDAOトークンを送る（そのトークンは失効する）。（2）メインのTheDAOから、そのトークンに相当するETHが新しいDAOへ送られる。（3）メインのTheDAOから、その人の指定したアカウントへ報酬が送られるようになる。（4）コントラクトがその人の残高を更新する。攻撃者は通常のアカウントを持っており、悪意のあるコントラクトを作成した。そのアカウントを使い、攻撃者はまず、ＴｈｅＤＡＯに「なあ、おれのトークンをＴｈｅＤＡＯから引き出したいんだけど」と合図を送り、二五八〇五ＤＡＯトークンを送って、二五八ＥＴＨを引き出した。

（２）の段階としてそのＥＴＨの送金先を聞かれた攻撃者は、ちょうどいい場所を用意してあった。少し前の六月八日、ベルリン時間の午前七時三八分に、ある人物（のちに、中国のＤＡＯトークン保有者と判明）が子ＤＡＯ（#59）を作成し、こう命名していた。

lonely

so lonely（孤独、とても孤独）[7]

六月一四日、その人物は、子ＤＡＯを使って引き出したぶんのうち、三〇万五〇〇〇ＤＡＯトークンをクラーケンに預け、残りすべての三〇万六九一四ＤＡＯトークンをポロニエックスに預けた。[8]この時点で子ＤＡＯ#59は空っぽになった。

二〇一六年六月一七日金曜日、ベルリン時間の午前五時三四分、攻撃者が再帰呼び出しを開始し、引き出したＥＴＨを子ＤＡＯ#59へ送った。[9]（３）の段階として、ＴｈｅＤＡＯから「報酬はどこに送ればいい？」と尋ねられたとき、攻撃者は、自分の悪意あるコントラクトをイーサリアムアカウントとして指定した。報酬コントラクトがそのコントラクトに合図を送った。そのコントラクトは合図を受け取るたびに、処理作業を（２）の段階に戻す、すなわち、ＴｈｅＤＡＯから子ＤＡＯへ送金するプロセスを再実行させるように設計されていた。これが何度も何度も繰り返されて、そのたびに子DAO#59へETHが送られた。TheDAOが残高を更新して終了する（4）の段階にはけっして到達しない。今回の場合、攻撃者はこれを数時間行ない、一回につき二五八・〇五六五六五ETH（その日の変動為替レートで三五〇〇〜五五五〇ドルに相当）を引き出した。再帰呼び出しは非常に高速で、攻撃者はほぼ毎秒この金額を取得していた。その日の為替レートの最高値と最安値をもとに計算すると、一分あたり二一万〜三三万ドル、一時間あたり一二六〇万〜一九八〇万ドルにもなる。

しかし攻撃者は、盗んだ金をただ持って逃げるわけにはいかなかった。TheDAOのルール上、攻撃者の金はまだ封じ込まれていた。再帰呼び出し関数を使ってTheDAOからETHを引き出したとはいえ、攻撃者はそれを子DAO（救命ボート）に移動できたにすぎない（報酬コントラクトには資金が入っていなかったので、攻撃者が報酬を要求しても、何も送られなかった）。そのETHは二八日間（すでに時計が動き始めているため二七日あまり）、子DAO#59に保留される（スプリットは、金を引き出すために行なうケースのほか、あらたな目標を掲げたDAOをつくるために行なうケースもある。後者のためにこの二八日間の保留が設けられており、新しいDAOのビジョンに賛同する人はこの期間に資金を送って参加できる）。二八日経過したら、攻撃者は新規の提案——第二の子DAO、つまり孫DAOにスプリットする提案——をすることができ、そのあと七日間の投票期間が置かれる。続いて、孫DAOのメンバーの投票で新しいキュレーターを決めることを提案、あるいは、自分を新しいキュレーターに指名することを提案。キュレーターになれば、管理権を握り、資金を取引所へ移動できる（その後、取引所が認めれば、ついに換金できる）。（ただし、攻撃者がみずから子DAO#59を作成していた場合は、換金のために孫DAOを作成する必要はない）。いずれにしろ、今後三五日間、攻撃者は子DAO

内の資金をどうすることもできないのだった。資金を救出したい人々にとっては、この期間がチャンスだった。期間の終了は七月二二日。

スロック・イットをはじめとする開発者がいつ攻撃者を止められるのかはっきりしないため、イーサリアムネットワークにスパム攻撃を仕掛け、資金の流出を遅らせることにした。強盗の逃走車を食い止めようと、高速道路に大量の車を走らせるのに似ている。

しかし、これは二つの理由から一時しのぎにすぎなかった。第一に、ほかのあらゆる用途でもイーサリアムが使えなくなってしまう。第二に、スロック・イットやイーサリアムの開発者が攻撃を模倣できるとなれば、ほかの人もできるだろう。もはや、誰でもDAOから資金を盗み出せる状態だった。

攻撃は数日前から準備されていた。六月一四日火曜日、ステファンがブログ投稿で、報酬コントラクトの脆弱性を説明しながらも資金は安全だと述べてから二日後、ベルリン時間の午後一時四二分と、同日の夜一一時五分に、攻撃者はシェイプシフトを通じてビットコインをDAOトークンに交換した。最初は二BTCを七九一〇DAOトークン（一三二一ドル相当）に、その晩も二BTCを八三〇七DAOトークン（一三八七ドル相当）に交換し、さらに二BTCを八三〇六DAOトークンに、一・四BTCを五二・〇二ETH（九五〇ドル相当）にした。その後、すべてのDAOトークンとETHを0x969で始まるアドレスへ送った。[10]

六月一五日水曜日、ベルリン時間の午前六時二六分、攻撃者は二つの異なるコントラクトを使って、子DAO#59（中国のDAOトークン保有者が所有していたが、すでに空っぽ）に賛成票を投じた。[11]

その一時間少しあと、子DAO#59の七日間の投票期間が終了し、ほかの人は参加できなくなった。中国のDAOトークン保有者は自分の提案に賛成票を投じなかったので、攻撃者だけがTheDAOからスプリットできた。

木曜日の午前一一時五八分、攻撃者はシェイプシフトで約五〇〇ドル相当のビットコイン（〇・六七七BTC）を交換しようとしたが、失敗した。シェイプシフトでは、「迅速な取引」と「正確な取引」のどちらかを選ぶことができる。攻撃者は「正確な取引」を選択したが、その場合、注文から一〇分以内に送金しないと注文がキャンセルされる。ときどき、不慣れな利用者などが時間内に処理できずに終わるのだ。

午後一二時四六分、何が起きたか理解できなかったのか、攻撃者はシェイプシフトのカスタマーサービスの問い合わせフォームに入力し、返信先のアドレスを「メイリネター」のアカウントとした[12]（メイリネターとは受信専用のメールサービスで、無料でアカウントを作成でき、カスタマーサービスの問い合わせフォームなど、連絡先のアドレスを入力せざるを得ないが身元を伏せたいときに使う。返信メールは公開されて誰でも読むことができるが、数時間後に削除される）。攻撃者はDephisicru@mailinator.comというメールアドレスを作成した。シェイプシフトのカスタマーサービスの問い合わせフォームにトランザクションIDの番号を記入したあと、この攻撃者が書いたと証明できる、今日にいたるまで数少ない証拠であるひとことを記した。「注文を確認してください」

カスタマーサービス担当者は、「入金タイマーの時間切れで取引が完了できませんでした。ただし、以下のとおりBTCは返金されています。http://blockr.io/tx/info/afd6fc9cb2910445b126cbfd8a8dd58b4d5359356688f416635c12b15fcab7bf」と返した。

間もなく大規模なサイバー犯罪を行おうとしているわりに、攻撃者は、顧客の個人情報を記録しないことで知られるこの暗号通貨取引所に不案内らしかった。ベルリン時間の午後一時一一分、ふたたびカスタマーサービスに問い合わせを送った。「注文の確認を頼む」

五時間後にミーガン・メンプール（メンプールはブロックチェーン用語にもとづく架空の姓）が返信したときには、攻撃者はすでに一・二三六ＢＴＣを四六・八八ＥＴＨ（約九六六ドル相当）に交換し、0x969で始まるアドレスに送っていた。[13]

Dephisicru@mailinator.com は午後四時二四分に三回目の問い合わせを送信した。簡潔な文面にもかかわらず、この攻撃者が英語と暗号通貨の略語の両方に堪能であることが表われていた。「ＤＡＯトークンがまだ来ない。このｔｘ《トランザクション》は正当なはず。返金ｔｘハッシュかＤＡＯトークンを送れ。よろしく」

ミーガン・メンプールは、取引が正常に行なわれなかったと伝え、ＢＴＣの資金を送り返した。

午後六時一三分、攻撃者はシェイプシフトの利用方法に慣れ、もはやカスタマーサービスを必要としなくなったらしい。〇・六六七ＢＴＣを二五ＥＴＨ（約五一九ドル）に換え、少額のビットコインをさらに一五ＥＴＨ（三〇八ドル）に交換し、一二八四ＤＡＯトークンを約二三一ドルで入手して、そのすべてを0x969で始まるアドレスに入れた。[14] 六月一六日木曜日のベルリン時間午後六時四三分だった。

この時点で、攻撃者は0x969で始まるアドレスに二五八〇五・六一ＤＡＯトークン（約四六五〇ドル）と一三九ＥＴＨ（二七二四ドル）を蓄えていた。合計七三七七ドル相当だった。

ＤＡＯトークンとＥＴＨの交換レートは一〇〇対一だったから、二五八〇六ＤＡＯトークンはコントラクトによって二五八・〇六ETHと交換できる。プログラムの欠陥につけ込んで再帰呼び出しを繰り返せば、その金額をTheDAOから何度も何度も引き出すことができる。洋上には一艘の救命ボート（子DAO#59）が浮かんでおり、攻撃の準備は万端だった。

翌朝、ベルリン時間の午前五時三四分四八秒、攻撃が開始された。[15]

その金曜日、ベルリン時間の午後一時（上海時間の午後七時）、二五八ETHがメインのTheDAOから毎分何十回も流出するなか、ヴィタリックはブログ記事を公開し、「再帰呼び出しの脆弱性」によりETHがTheDAOから子DAOへ流れ込んでいると述べた。[16] しかし彼は「**たとえ何の行動も取らなくても、攻撃者は少なくともあと約二七日間はETHを引き出すことができない（子DAOの作成準備のため）**。今回の問題はDAO固有のものであり、**イーサリアム自体は完全に安全である**」と書いた。

続いて彼は、開発者側はまず「ソフトフォーク」という手段を試すと説明した。ブロックチェーンの履歴を変更するのではなく、攻撃者がTheDAOやその子DAOに対して機能を実行できなくなるように、今後のルールを変更するのだ。これに伴い、攻撃者（だけでなくDAOに投資したすべての人）は二七日経ったあとも金を引き出せなくなる。

ヴィタリックは、資金が保留されている二七日間のどこかの時点で発生するとみられるブロック番号1760000からこの措置を講じてはどうか、と提案した。最後に、スマートコントラクトの作者たちに向けて、再帰呼び出しに対して脆弱ではないコードを書くこと、一〇〇〇万ドル以上のコントラクトを作成しないこと（つまり、上限を設けないトークンセールをしないこと）を注意喚起した。

念のためにハードフォークを準備中という点には言及しなかった。

ヴィタリックの投稿が公開されると、アクセスが集中してサーバーが落ちてしまい、有志たちがこの投稿をレディットに転載しなければならなかった。[17]

驚いたことに、ベルリン時間の午後一時、ヴィタリックがブログ投稿した直後、TheDAOへの攻撃が止んだ。[18] その時点で、攻撃者は三六四万一六九四ETHを手に入れていた。その日のETHの最高値で換算すると七八〇〇万ドル、最安値なら四九〇〇万ドルに相当する。[19] 攻撃者はTheDAOの全ETHの三一パーセントを奪った。なぜ攻撃を停止したのかは不明だったが、スロック・イットチームやほかの開発者たちは、ヴィタリックがソフトフォークを仄めかしたため、このへんでやめておけばソフトフォークを回避できるかもしれないと考えたのではないかと推測した（後年、グリフは、攻撃者のコントラクトが作動しなくなっただけという可能性もある、と語った）。

この事件の日は、ETHやDAOトークンの保有者にとって激動の一日だった。ETHの取引量が過去最高を記録し、一億九九〇〇万ドル以上のETHが取引された一方、ETH価格は攻撃前の二一ドルから攻撃後には一四ドルまで下落した。[20] 流出した三一パーセントのETHと価格下落により、その朝には約二億五〇〇〇万ドルの価値があったTheDAOは、六月一七日の最安値で換算すると一億九〇〇万ドルになった。DAOトークンを売ろうと躍起になる人が多く、その価格は前日の〇・一九ドルから〇・〇六ドルまで暴落し、翌日にはさらに〇・〇五ドルまで下がった。DAOトークンをパニック売りした人々は、投資額の約三分の二を失った。[21] 自力で引き出そうと子DAOを作成した者も数十人いたが、DAO内のETH総量が減少したためトークン保有者が引き出せる割合も減り、本来の所有量の六九パーセントのETHしかスプリットできなかった。

大きなドラマが繰り広げられたものの、哲学的な疑問が残った。TheDAOへの攻撃はハッキングと呼べるのか？　ハッキングと認定するにしても、はたして窃盗行為なのか？　倫理に反するのは明らかだから、そんな議論は抽象論にすぎないともいえるだろう。しかしヴィタリックは、いつもどおり研究者らしく、コミュニティーで激しく議論されているこの問題を取り上げ、ブログに投稿した。[22]イーサを子DAOへ流し込むことをコードが許容しており、TheDAOのキャッチフレーズは「コードが法である」なのだから、再帰呼び出しはコントラクトを利用した正当なやりかただと捉えることもできる。ヴィタリックは、スマートコントラクトによる盗難や損失は「実装と意図との食い違いに根本的な原因がある」とし、そのような食い違いが起こる可能性を減らすべくセキュリティー対策を強化することが解決策である、と結論した。

やがて、自分が攻撃者だと称する人物が、ヴィタリックのブログ投稿から哲学色を抜いたような文章を公表した。

TheDAOおよびイーサリアムのコミュニティーの人々へ

わたしはTheDAOのコードを注意深く調べた結果、スプリット時に追加のイーサが報酬として与えられるという機能を見つけたため、参加することにした。わたしはこの機能を利用し、三六四万一六九四ETHを正当に請求した。報酬をくれたTheDAOに感謝したい。

（中略）

意図的に組み込まれたこの機能の使用を「窃盗」とみなす人がいることには失望を禁じ得ない。わたしはスマートコントラクトの条件に従い、この明示的にコード化された機能を利用したまでであり、わたしの顧問の法律事務所によれば、わたしの行為はアメリカの刑事法に照らして完全に合法であるという。参考までに、以下に挙げるTheDAOの規定を確認してもらいたい。

「DAOの作成条件は、イーサリアムブロックチェーン上の0xbb9bc244d798123fde783fcc1c72d3bb8c189413に存在するスマートコントラクトコードに定められている。この条件説明やほかのいかなる文書やコミュニケーションにおいても、DAOのコードに定められた内容以上の義務や保証を変更もしくは追加することはできない。説明文のかたちで書かれた条件や記述は、教育目的で提供されているにすぎず、ブロックチェーン上の0xbb9bc244d798123fde783fcc1c72d3bb8c189413に定められたDAOコードの明示的な条件に優先する、あるいはそれを修正するものではない。ここに提示する説明文とDAOのコードの機能に矛盾や不一致があると思われる場合は、DAOのコードが優先であり、DAOの作成に関するすべての条件を定めるものとする[23]」

さらにこの人物は「ソフトフォークやハードフォークは、スマートコントラクトの条件にもとづいて合法的に請求したわたしの正当なイーサを差し押さえる措置に等しい」と主張し、ハードフォークは「イーサリアムだけでなく、スマートコントラクトやブロックチェーン技術の分野に対する信頼を永久になくすだろう」と述べた。

レディット上でも、さまざまな反応がみられた。ヴィタリックがソフトフォークを提案したブログ投稿に対して、「おれは立ち上げ初日、ひどいコントラクトをつくって二〇〇〇ETHを失った。それを取り戻せるのかな?」といった書き込みがあった。IAMnotA_Cylonなるユーザーはこう反応した。「冗談なのはわかってるけど、かなり痛いところを突いているコメントだと思う。イーサリアムは意図どおりに機能した。意図どおりに機能したソフトウェアを更新すべきではない。投資のリスクは自分で負うものだ[24]」。別のレディット利用者は皮肉っぽくこう書いた。「おれの車を盗んだ奴は、おれより配線についてくわしかっただけだ。よって犯罪じゃない[25]」

ある人はこのジレンマを次のようにまとめた。「スマートコントラクトにもとづいて〝ハッカー〟が正当に所有している金を与えるか、スマートコントラクトなんて無意味だと認めるか、どちらかを選ぶしかない[26]」

コミュニティーがこの哲学めいた議論をしているあいだに、あるDAOトークン保有者がこの状況に対してまったく異なるアプローチを取ろうとしていた。二〇一六年初頭、動画配信型SNS「チャットルーレット」の創設者兼CEOのアンドレイ・テルノフスキーは、税務上の理由もあって大学に近いスイスのツークへ引っ越した。何年か前、グーグルの広告配信サービス「アドセンス」を自分のサイトに組み込んだところ、彼が一七歳であることを理由にグーグルにアカウントを閉鎖されてしまった。しかし後日、ロシアにいる彼のもとへ、グーグルから謝罪の小切手が送られてきた。それまで彼は、小切手など映画のなかにしか存在しないと思っていた。でもなぜグーグルは小切手を使っているのだろう？　アメリカの銀行のこの小切手を自分はどうすればいいのか？　そのうえ、コンプライアンス上の理由だとかで、グーグルからのさまざまな質問にこたえ、書類に記入しなければならなかった。彼は、オンライン決済専用につくられたペイパルでさえ、ひどい出来だと感じていた。そんなとき、ビットコインのことを知った。これを使えば、ＳＮＳ利用者と彼のあいだでじかに取引できるようになる。誰の質問にもこたえずに済む。彼はすぐにビットコインの優位性に気づいた。

ツークに引っ越してきたあと、この街にある暗号通貨の有名企業イーサリアムの噂を聞きつけ、六ドルから一〇ドルあたりの値でイーサを少し買ってみた。ちょうど同じころ、ＴｈｅＤＡＯのクラウドセールが始まったため、それにも参加した。スイスで暗号通貨サービスのいい会社はないかと探しているうち、イーサの購入を手伝ってくれたビットコイン・スイスが気に入って、後日、ＤＡＯトークンもそこから購入した。手持ちのイーサはいつの間にか価値が二倍以上になっていた。日によっては四倍近くになった。六月一七日の朝の価格で換算すると、ＤＡＯトークンの持ち分は一〇〇〇万ドル相当だった。ところが数時間のうちに、ほかのＤＡＯトークン保有者と同様、ＴｈｅＤＡＯ攻撃のせいで三一パーセントを失った。残ったＤＡＯトークンの価格も、攻撃前日の最高値〇・一九ドルから暴落し、翌日の最安値は〇・〇五ドルだった。一〇〇〇万ドルだった資産が、いまや一八〇万ドルにしぼんでいた。

開発者側は、ソフトフォークは時間稼ぎにはなるものの恒久的な解決策にはならないと知っていた。攻撃者の資金引き出しを止めるとはいえ、TheDAOに資金を投じたほかの全員の資金引き出しもできなくなってしまうからだ。そこで、ヴィタリック、スロック・イットチーム、そのほかのDAOコミュニティーメンバーたちは、TheDAOから資金を取り出せるようにするには、ハードフォークを実行する以外、手がないと結論した（ヴィタリックはグループ通話のごく早い段階でそう述べた）。ハードフォークに踏みきらないかぎり、TheDAOのコントラクトが模倣者に攻撃されるばかりか、すべての子DAOも攻撃されかねない。子DAOを通じてTheDAOから自分のイーサを引き出そうとしても、その子DAOに攻撃者が割り込んできて妨害される恐れがある。

ハードフォークを実行するため、のちに「不規則な状態変更」と名付ける方式を考え出した。これは、ハードフォークの瞬間に、TheDAOと子DAOのすべての資金を新しいコントラクトへ移動するというものだ。そのコントラクトは、ETHとDAOトークンの売却時の比率である一対一〇〇にもとづき、送金されたDAOトークンの数に応じてETHをアドレスに送り返す（一・〇五対一〇〇、一・一〇対一〇〇などの比率で支払った人への対応は追って検討することにした）。

しかし、この措置をスロック・イットとヴィタリックだけで決めることはできなかった。分散型のありかたに反するからだ（さらに、もし勝手に決めてしまったら、イーサリアム財団やスロック・イットがTheDAOをコントロールしているわけで、DAOトークンが証券であることを示すハウィーテストの四つの要件を満たしてしまう）。その土曜日に、クリストフはブログ投稿でソフトフォークやハードフォークの措置を概説し、「以上の理由から、ハードフォークこそ取るべき道だと考えている」と結論を記した。[27] しかし、こう続けた。「ブロック生成者やコミュニティーの過半数が、何かが意図どおりに機能していないと考えた場合、アップグレードやスプリットを実施できる、とイーサリアムのプロトコルに定められている。これは分散化を何ら損なうものではない。フォークについて決定できる者は、ブロック生成者とコミュニティーだけなのだから。**ほかには誰もいない**。われわれ開発者は、コードリストを提供してフォークを提案できるにすぎない」。たとえるなら、医者が治療の選択肢を並べ、どれが最良だと思うかを告げたあと、「しかし最終的に決めるのは、患者であるあなたです」と言うのに似ている。

グリフがDAOハブフォーラムやスラックに最初の緊急連絡をしたあと、クリストフ、レフテリス、そのほかのDAOコミュニティーのメンバーでスマートコントラクトに精通している人たちは、TheDAOの残りをハッキングして、攻撃者からTheDAOの残りのイーサを守れないか、と検討した。グリフの「TheDAOニンジャ講座」は、こうした攻撃を生み出すのにぴったりの開発者を育てていた。

彼らのアイデアは、オープン中の子DAOを見つけ、その秘密鍵を入手して（トランザクションを送信できるようにするため）、同じく再帰呼び出し攻撃をTheDAOに対して実行するというものだった。ようするに、攻撃者が使ったのと同じ手で、TheDAOの残りの六九パーセントのイーサを自分たちの子DAOへ流し込む。DAOトークン保有者から奪うわけではなく、攻撃者がこれ以上奪えないように確保するのだ。DAOトークン保有者に返す方法はあとで考えればいい。

この攻撃を成功させるには、大量のDAOトークンを持つことが重要だった。持っているトークンが多いほど、一回の再帰呼び出しでより多くのイーサを引き出せる。そこで、戦略の第一段階は、大口投資家からDAOトークンを手に入れることだった。

金曜の夜、アブサのＤＡＯトークンを使おうと準備を進めたが、いざ攻撃を開始しようとしたとき、彼のインターネット環境がダウンしてしまった。土曜の夜、ＤＡＯキュレーターとコミュニティーメンバーがふたたび電話会議で集まった。ベルリンにいるレフテリスとファビアン、イギリスにいるステファン、リオにいるアブサ、居場所は非公開にしているアイルランド人のコルム（姓は不明）だ。彼らは、反撃の手を練るため、コントラクトのルールのいくつかを改良した。ただ、子ＤＡＯから同じ攻撃を行なうと、ほかの悪意のある者が便乗してきて、救出したイーサを奪おうとするのでは、という懸念もあった。しかし、たとえば四人が子ＤＡＯに参加してきたとしても、潜在的な悪意ある者の数は二万人から四人に減るのだと割り切った。

だが、救助の試みには別のリスクもあった。ファビアンはこう指摘した。「法的な観点から見て、かなり厄介な問題になる恐れもある。厳密にいえば、われわれも攻撃者に変身するわけだから」

レフテリスはこたえた。「確かにそうだけど、攻撃開始の直後に名乗り出て、これはホワイトハッキングであり、これこれの理由でやっていると発表すればいい。いま話題にしていたとおり、この脆弱性はもう知れわたっていて、誰がつけ込むかわからない。われわれが率先して、攻撃ベクトルを四つなりなんなりに減らしたほうがいい」

次の論点は、大口投資家から大量のＤＡＯトークンを入手できたとしても、はたしてその大口投資家にあとで返せるのか、ということだった。しかし、ＴｈｅＤＡＯのコントラクトは残高を更新せずに資金を移動するのだから、トークンはおそらく回収可能だろう。

状況は切迫していた。アブサ、ファビアン、レフテリスの三人で約一〇万ＤＡＯトークンを保有していた。それだけあれば、約一五〇〇回の取引でＴｈｅＤＡＯの残りを空っぽにできる。もっと多くの人にトークンを寄付してもらえば、さらに速くなる。たとえば、知り合いのある大口投資家から保有分を入手できれば、たった二一回くらいの取引でじゅうぶんＴｈｅＤＡＯを空っぽにできそうだった。しかしそうなると、その大口投資家に連絡を取り、われわれの金を守るために大量のトークンを引き渡してくれ、と説得しなければならない。ＴｈｅＤＡＯの脆弱性が露呈した以上、いつあらたな再帰呼び出しが始まってもおかしくない。一刻も早く決断しなければならなかった。

その夜の電話会議は緊迫し、議論が長引いた。会話の終盤、何者かが小規模な再帰呼び出しを始めたことに気づいた。レフテリスは溜め息をついた。「ほらな――だから言っただろう。ＴｈｅＤＡＯは来週までに空っぽになるって」

彼らは翌日、イーサ救出計画の詰めに入ることにした。

六月一九日日曜日、彼らは再集合した。法的な理由から、数人はＴｈｅＤＡＯを攻撃することをためらった。メインのＴｈｅＤＡＯから資金を救出しようとするより、イーサリアムがハードフォークするかどうかを待つほうがいいのではないか、と。アブサは、いま攻撃すればハードフォークを回避できると主張したが、同じ考えの者は少なかった。彼らは、ほかの誰かがＴｈｅＤＡＯの残りのイーサを盗もうとした場合に備えることにした。どの子ＤＡＯ（救命ボート）が悪用されるかわからないので、通常のイーサリアムアカウントと再帰呼び出しを実行できる悪意のあるコントラクトを携えて、できるだけ多くの子ＤＡＯに参加するのだ。グリフが作成者を特定し、その子ＤＡＯの秘密鍵を入手し、それを使ってロビンフッドグループ（ＲＨＧ）――アブサが命名した――が、中身のＤＡＯトークンとイーサをコントロールする。そのうえで、各作成者の身分証明書（運転免許証など）をチェックし、じかに電話で話した。RHGとしては、救出したイーサをその人の子DAOに入れても持ち逃げされないことを信じる必要があった。

RHGのメンバーは、イーサリアムのテストネット上で、再帰呼び出し攻撃を実行するためのコントラクトを完成させた。また、六〇二万八九四七DAOトークンを手に入れた。ほとんどがある大口投資家ひとりのものだった。[28] ほかに、リオ在住のカナダ人暗号通貨投資家ライアン・ザラーから五〇万トークン、アブサから一〇万トークン。グリフとレフテリス、グリフのTheDAOニンジャ講座を受講したバルセロナ在住の開発者ジョルディ・バイリーナからも、さらに数トークンを得た。[29] これでRHGは、ほかのどんな攻撃者よりも速くTheDAOを空っぽにできる量を確保した。さて、すぐに資金の救出を始めるべきだろうか？

ハッキングは、合法のケースよりも違法であるケースのほうが多い。たいがいの定義によれば、ハッキングされる側のネットワークを運営する企業や組織から明らかな許可を得ている場合にのみ合法、とされている。しかしTheDAOの場合、許可を与えたり拒否したりできる主体がない。見方によっては、一万五〇〇〇人から二万人のほぼ匿名の所有者たちが許可権を持つともいえる。資金を救出するためにコントラクトでハッキングすることは、合法なのか違法なのか？　意図はともかく、やることはTheDAO攻撃者と同じだ。すなわち、スマートコントラクトを作成して、ほかの人がTheDAOに預けたイーサを、所有者の明示的な許可なしに子DAOに移動させるのだ。レフテリスの記憶によると、クリストフは、法的な問題を踏まえ、スロック・イットが公式な立場で対抗措置に出ることに断固反対したという。スロック・イットはTheDAOを展開していないので、TheDAOはスロック・イットに関して責任はなかった（クリストフ本人は、自社がハードフォークのコード作成に集中していたため反対したのだと語る）。グリフは、ロビンフッドグループは「差し迫った状況」（他者への危害を防ぐために迅速な行動が正当化される法的用語）まで待つべきと主張した。ＴｈｅＤＡＯに再帰呼び出し攻撃を行なって残りのイーサを救出するしかない、という絶対的な必要が生じてから行動したほうがいい。と。しかし、ふだん慎重なレフテリスですら、決行に同意した。ハッキングで法的なトラブルに巻き込まれる危険性はあるが、何も手を打たないことにも法的な結果が伴うかもしれない。利用者の資金がふたたびリスクにさらされていると思われるタイミングで攻撃を開始すれば、被害を拡大させないためだと正当化できるだろう。

ついに六月二一日火曜日、チャンスが訪れた。ベルリン時間の午後七時、正体不明のＤＡＯトークン保有者が、メインのＴｈｅＤＡＯを攻撃し始め、子ＤＡＯへ資金をかき集め出した。一回につき数イーサしか動かせなかったものの、攻撃者はすでに数千ドルを稼いでいた。[30] おそらくこの人物はもっと大規模な引き出しの下準備をしているのだろうと考えたロビンフッドグループ（ベルリンのグリフとレフテリス、リオのアブサ）は、子ＤＡＯ#78を使って、ＤＡＯの残りのイーサを救出するために参戦した。[31] その夜、最初の攻撃者もペースを上げ、ほかに六人が加わり、なかには一回の呼び出しで数百イーサを動かせる者もいた。しかしトークン保有量はＲＨＧが最も多く、一回で最も多額の金を動かすことができた。彼らはベルリン時間の午後七時四四分に自分たちのコントラクトを開始し、八一六ＥＴＨ（九七九二ドル）を一二回集め、合計約九八〇〇ＥＴＨ（約一一万七〇〇〇ドル）を得た。コントラクトの実績に照らして、多少の調整を加えた。午後七時五一分の二回目の攻撃では、八一六ＥＴＨ強を三一回移動させ、合計二万五三〇七ＥＴＨ（三二万五〇〇〇ドル以上）を移動させた。[32] さらにデバッグを行なった。午後八時の三回目の攻撃では、四一七四ＥＴＨ（五万八八ドル）を三一回移動させ、合計一二万九三九〇ＥＴＨ（一五五万ドル）を移動させた。[33] まだ始まったばかりだった。ベルリン時間の午後八時四三分、別の攻撃者もＤＡＯの流出を開始し、一ＥＴＨ（一二ドル）未満から四三〇ＥＴＨ（約五五一九ドル）近くまで、さまざまな量で再帰呼び出しを行なった。[34] しかし午後九時二分までに、六〇〇万ＤＡＯトークンを持つロビンフッドグループは、四万一一八七ＥＴＨ（四九万四二四四ドル）を三一回ずつブロックごとに移動させ、そのたび一二七万六七九七ＥＴＨをかき集めた。[35] その日のＥＴＨ価格が一二ドルだったから、一回のコントラクトヒットで一五三〇万ドルを動かしたことになる。午後九時三六分、別のＤＡＯ攻撃者が参戦し、再帰呼び出し一回につき五三ＥＴＨ（六三六ドル）を動かしたが、すぐに諦めた。[36] ロビンフッドのハッカーたちは、コントラクトを完全にデバッグし、もはやボタンを手動で押す必要はなく、ただ実行するに任せた。「ＤＡＯウォーズ」の開幕だった。

続く数時間、関連する人々は、再帰呼び出しのコントラクトを操ることに熱中した。ロビンフッドグループの各メンバーは、自分のコントラクトが機能しなくなるまで実行を見守った。ＤＡＯを想定外の方法で使っていたため、コントラクトは酷使された車のように、ＥＴＨの七〇～八〇パーセントを取り出したあと、ダウンすることが多かった。すると、別の人のコントラクトが番を取り、残りのまた七〇～八〇パーセントを取得した。合間に、彼らはコントラクトを改良した。

スラック上では、ＤＡＯコミュニティーのメンバーたちが見守っていた。「ＳＦ小説がリアルタイムで展開されるのを見ているようなものだ」とあるメンバーは言った。「一〇年後、ＤＡＯトークンを持っていたら、タイタニック号の遺物を持っているようなものだろう。しゃれている」と別のメンバーは書き込んだ。しかし、ＤＡＯウォーズを歓迎した人ばかりではなかった。「これはまったくのクラスタ・ファックだ」と発言する者もいた。

やがてロビンフッドグループのコントラクトは、ある障害に直面した。メインのTheDAOにある約一億ドルのうち、彼らのコントラクトでは少額すぎる最後の四〇〇万ドル程度を取得できなかったのだ。ここで彼らの次の秘密兵器が登場した。

開発者のジョルディ・バイリーナは、物静かで、眼鏡をかけ、服装がだらしなく、髪の毛は生え際が薄い。バルセロナの小さな家族経営の会社で最高技術責任者を務めていた。一二歳の時からコード作成をしていたが、MBAも取得し、二つの会社を設立した。現在では、ホテル予約サイトの予約システムなど、管理ソフトウェアを作成する五、六人のプログラマーのチームを指揮している。二〇一三年、ビットコインのホワイトペーパーを読み、ビットコインプログラムをいくつか書いてみたが、ビットコインはデジタルマネーのシステムに限定されていると感じた。さらに、バルセロナでの会議はあまり技術的ではなく、参加者はおもにマネーロンダリングなどを話題にしていた。二年後、彼はイーサリアムを発見し、二分あればスマートコントラクトを作成できることに気づいた。すっかり夢中になり、暇さえあれば、スマートコントラクトの研究と分散化について考えた。TheDAOが登場したとき、彼は新しいものをつくろうとする夢想家たちの世界的な盛り上がりに巻き込まれた。グリフのTheDAOニンジャ講座を受講し、練習問題を解き終えるとグリフが五ドル分のETHを送ってくれることに驚いた。彼はTheDAOに「液体型民主主義」を実装するアイデアさえ持っていて、利用者がDAOトークンをほかの人に委任して代わりに投票してもらえるプログラムを書いたものの、TheDAOのローンチ前に公表するのは時期尚早だった。しかし、その作成経験を通じてTheDAOについて多くを学んだ。

暗号通貨との出会いは、彼の人生を変えた。それまでは、ただ上司の命令に従っているだけだった。暗号通貨によって、次世代が使うものに取り組んでいると実感した。「旧システム」のなかでは味わい得ない充足感を覚えた。

しかし彼はまだ新参者だったから、TheDAOに関して初めて電話をもらったとき、ただ聞いているだけだった。ロビンフッドグループをよく知らない大口投資家たちが、彼らに何百万ドルものDAOトークンを手渡したと伝えられて仰天した。

しかし、回収し損ねている四〇〇万ドルを見て、彼は言った。「僕のスマートコントラクトがある。試してみてもいい」。ロビンフッドグループのメンバーから攻撃に必要な資金が送られてきて、予想どおり、彼はその最後の四〇〇万ドルを手に入れることができた。彼は愕然とした。四〇〇万ドルなど、それまでの仕事なら生涯かけても稼げるはずのない金額だった。

自分たちの攻撃を開始したとき、アブサはすべて大文字でこうツイートした。「**現在、TheDAOは安全なかたちで流出している。パニックにならないでほしい**」[37]。誰かが「**全部大文字じゃあ、パニックになるなというほうが無理だよ**」と返した。

三時間半後、アブサが「TheDAOはほとんど空っぽになった。これまでに七二〇万ETHが確保された」とツイートした[38]。

レディット上でアブサは、二名の外部者がロビンフッドグループのDAOに入ったと伝えたが、彼の言葉を借りれば、「二万人の攻撃リスクが、たったふたりに絞られた」[39]

彼は、このふたりと、子DAOを作成したほかの人々に名乗り出るよう呼びかけ、TheDAOのETHをさらに多く取り戻すのを助けてほしいと言った。そして付け加えた。「もしきみが攻撃者なら、いま言えるのは、われわれはきみを追跡しているということだけだ」

しかし、七二〇万ＥＴＨが安全な場所へ避難させることができ、ロビンフッドグループはその夜、安らかに眠った。

第7章 ハードフォークか、ソフトフォークか?

二〇一六年六月二一日から二〇一六年七月二四日まで

アブサの投稿によって大半のETHが救出された事実が明らかになり、安堵が広がったものの、レディット上のコメントの多くは、話題を一点に絞っていた。すなわち、「このような攻撃を防ぐために限定的、自発的、一時的なソフトウェアアップグレードすることにはいくつか意義がある。利用者が同様の攻撃を防ぐことができ、子DAOへのさらなる攻撃を食い止められるかもしれない」

トップコメントには、「一時的なソフトフォークを行なえば、これらのETHを返金コントラクトへ送ることができ、悪夢は終わる!」と書かれていた。[1] しかし、ステファン・トゥアルは、「ハードフォークが(私見だが)依然として最もシンプルで、速く、安全な方法だ」と返信した。[2] 次のコメントには「わたしはハードフォーク支持者だったが、いまコミュニティーを分裂させる必要はない。三〇パーセントの〝ヘアカット〟なら完全に受け入れ可能。(中略)ハードフォークは核オプションだ」と書かれていた。[3]

ハードフォークか、ソフトフォークか? この議論は攻撃の開始早々から激化していた。六月一八日土曜日にクリストフが「コミュニティーに決定を委ねる」と短いブログ投稿で述べたあと、レフテリスは翌日、長文の記事を書き、あらゆる選択肢を詳述した。[4] 第一の選択肢は、ソフトフォークもハードフォークも行なわず、おおぜいのトークン保有者が一体となって攻撃することだった。もし完璧に実行できれば、攻撃者がETHを引き出すのをすべて防げる。しかし欠点は、この動きを永遠に続けなければならないうえ、誰ひとり自分の金を取り戻せない可能性が高いことだった。

次にレフテリスはソフトフォークについて解説した。それは複雑な五つのステップからなるプロセスで、ステップごとに異なる期限があり、二五日間に「さまざまなことがうまくいく必要がある」。しかも、さらに七三日間、盗まれたETHを取り戻すことはできない。とはいえ、その時点でさえも、攻撃者がTheDAOの中身を他の適当な子DAOへ移動させるだけで、ソフトフォークを回避できてしまう。その子DAOから攻撃者が金銭的な利益を得られないとしても、ソフトフォークは無意味になる。レフテリスは「このプロセスは非常に長い時間がかかり、かつ、失敗する可能性が大きい。(中略)結局のところ、ハードフォークが問題を解決する唯一のシンプルな策である」と結論した。

一方、ハードフォークは確かにそれほど複雑ではない。とくに、ビットコインで同様のプロセスを行なうよりずっと簡単だ。サトシ・ナカモトがビットコインのホワイトペーパーで説明したとおり、ビットコインは「ピアツーピアの電子現金システム」であり、誰かが所有するビットコイン(またはその一部)について、生成からの所有権の履歴をすべて追跡することができる。いわば、「このドル紙幣は、造幣所でつくられたあと、タクシー運転手へのチップとして使われ、次に花屋から花を買うために使われ、さらにその花屋がバス代を支払うために使われた」という具合に追跡できるのと似ている。ビットコイン上でＴｈｅＤＡＯのようなものを取り消す場合、もしタクシー運転手へのチップを取り消したければ、バスチケットを取り消し、花を返す必要がある。

グリフが攻撃の翌日、クリストフの実家における動画インタビューで述べたとおり、「イーサリアムでは事情が非常に異なる。イーサリアムには残高というものが存在する。トークンコントラクトでは、コインの転送履歴を追跡するようなことはない。（中略）それはたんなるデータベースであり、エクセルのスプレッドシートに似ている。アドレスと残高が列挙されており、トークンが転送されるたびに、スプレッドシートの数字が変わる。（中略）おかげで、イーサリアムという分散型自律組織は、全体には影響を及ぼさずに変更を加えることが可能だ[5]」

ギャビン、ヴィタリック、クリストフが考案した解決策は、たとえると、車が自動運転で高速道路を走行中、音楽再生を瞬時にＣＤプレーヤーからブルートゥースに切り替えるのによく似ている、とグリフは説明した。写真家イードワード・マイブリッジの作品のような——すなわち、各ブロックが一連のスナップショットのように機能する——ブロックチェーンでは、イーサリアムのほかの部分に影響を与えることなく、ＴｈｅＤＡＯの問題箇所から返金コントラクトへ一瞬で切り替えることができる。

グリフはハードフォークを支持すると明言し、こう述べた。「ＴｈｅＤＡＯの存在全体を巻き戻すことができれば（中略）ほかのスマートコントラクト、とくに今回のような大規模なコントラクトへ攻撃しても、はるかに利益が少ない。攻撃の意欲がそがれるはずだ」

チャットルーレットのＣＥＯアンドレイは、自分としてはソフトフォークで満足なのだが、と感じていた。一連の出来事を考えれば、資金の六九パーセントが戻るだけでも、そう悪い話ではない、と。しかし、DAOスラックを読んでいるうちに、コミュニティーはハードフォークを選択するだろうと確信した。このあたりも、暗号通貨に魅力を感じる理由の一つだった。すべてがオープンソースであり、投稿を読むだけで状況がつかめる。株式市場と違って、インサイダーである必要はない。ギットハブリポジトリを閲覧し、スラックをチェックすれば、ほかの人たちの意見を把握できる。開発者の考えもわかるし、コミュニティーがどこへ向かっているかも予想が付く。今回は、ハードフォークが実行されるに違いなかった。DAOトークンは五・四〜一二セント、つまり〇・〇〇五〜〇・〇〇九ETHで取引されていた。アンドレイは計算した。

六月二二日水曜日、ロビンフッドグループが七三〇万ETHを救出した翌日、レフテリスはあらたな長いブログ記事を載せ、ハードフォークを説明した[6]。いくつかの詳細はまだ決まっていなかった——一〇〇DAOトークンに一ETH以上を支払った人がいるため、正確な返金比率などが未決定だった——が、ハードフォークにかかる時間は最大でも三週間だろうと述べた。「**確実なかたちで全員にETHを一〇〇パーセント返金できるはずだ**」

そのあと、レフテリスはソフトフォークに話を進めた。ソフトフォークの場合、少なくとも四つの領域に分かれた資金を追跡する必要があった。(1) メインのTheDAOの資金については、ソフトフォークはブロック生成者に対して、資金移動を行なう取引を拒否するよう要請する。ただし、キュレーターマルチシグとロビンフッドグループの吸い上げコントラクトによって開始された取引は除く。ブロック生成者がブロックチェーンの取引を選択的に阻止し始めたら、次にロビンフッドグループはダークＤＡＯ（最初の攻撃者が制御する＃59）を攻撃し、ＥＴＨを子ＤＡＯに入れる。攻撃者は自身の取引がブロックされるため、追随することができない。関連する子ＤＡＯの作成および投票期間などを経て、「もしすべてが完璧に機能すれば」七一日後に攻撃者の三六四万ＥＴＨにアクセスできる。（２）メインのＴｈｅＤＡＯからスプリットした、さまざまな善意の子ＤＡＯがある。これらによって救出された七六〇万ＥＴＨについては、取り出せるまで三八日かかる。（３）次に「余剰残高」。一〇〇ＤＡＯトークンに対して一ＥＴＨではなく一・〇五～一・五ＥＴＨを支払った人々の上乗せ代金は「余剰残高」と呼ばれ、その資金はいち早く一四日後に取り出せるようになる。（４）最後に、再帰呼び出し攻撃を模倣した者たちが作成したミニダークＤＡＯがあり、「彼らを罰しない理由はない」とレフテリスは書いた。ダークＤＡＯと同じ扱いとする。以上のようなソフトフォークをレフテリスは「複雑」とし、それを実行することが「イーサリアムコミュニティーにとって大きな障害」になるだろうと予測しつつも、「トークン保持者にかなりのＥＴＨを返還できるかもしれない」と述べた。

レフテリスが提示した最後の選択肢は、じつは選択肢ではなかった――「何も手を加えない」。「率直に言って、これが悪夢のシナリオである」と彼は書いた。執筆中の現時点でも、あらたな誰かが「おそらく悪意を持って」ＥＴＨをＴｈｅＤＡＯに寄付しており、ハードフォークもソフトフォークも行なわないとなれば、ＤＡＯウォーズは永遠に続くだろう、と。これまでのブログ投稿と同じく、レフテリスはあらためてハードフォークを推奨しつつ、「コミュニティーが正しい選択をすることを信じている」と締めくくった。

そのころ、ロビンフッドグループは自分たちの「救出」がクリーンではなかったと気づいた。救出用の子ＤＡＯ——「ホワイトハットＤＡＯ」と命名——にほかに七つの参加者が交じっていた。うち五つは身元を特定できた。正体不明の二つは、アカウント一つとコントラクト一つ。再帰呼び出し攻撃を行なうのに必要な基本的な要素だ。コントラクトのコードはロビンフッドグループ側からは見えなかった。そして、そのペア——アカウントとコントラクト一つずつ——は、ほかのすべてのスプリットにも入り込んでいた。そんなことをするのは、攻撃（または救出）を計画している場合に限られる。そこで彼らは、ホワイトハットＤＡＯへの謎の参加者こそが攻撃者ではないか、と考え始めた。あらためて資金を移動することもできるが、おそらく攻撃者も追従してそのスプリットに参加してくるだけだろう。永遠のイタチごっこだ。レフテリスは、その謎の誰かを「悪意を持つと疑わしき行為者」として、アドレスをブログで公開した。0xe1e278e5e6bbe00b2a41d49b60853bf6791ab614。[7]

翌日、「悪意を持つと疑わしき行為者」は、取引所のビットコイン・スイスを経由してレディットへ文章を投稿した。ビットコイン・スイスを率いるのは、海賊ふうの外見のニクラス・ニコライセンで、ツークにおけるイーサリアム財団の設立を手助けした人物だ。彼は、アドレス 0xe1e278e5e6bbe00b2a41d49b60853bf6791ab614 の保持者がビットコイン・スイスに連絡し、送信者が 0xe1e アカウントを制御していることの証拠となる文字列を添えたうえで、こんなメッセージを送ってきたと明かした。

> われわれは、前記のアドレスの保有者から以下のメッセージを受け取った。

やあ――おもてに出てくることにしたよ。

きみたち全員に伝えたい。現時点では、ホワイトハットＤＡＯの資金がどこに行くにしろ、誰にとっても最善な策ではないと思う。だから阻止するつもりだ。

目下、選択肢を検討中。近いうちに知らせる。[8]

ファビアンは「これが攻撃者本人なのは間違いない」とし、「悪意を持つ、ホワイトハットＤＡＯの攻撃者」である0xe1eアカウントからのメッセージであることを証明するハッシュを投稿した。[9]

コミュニティーはこのやりとりについてどう考えるべきか迷った。攻撃者がコミュニティーを分裂させ、フォークについて決定を下せなくしようと試みているのではないか、という意見もあった。ようは時間稼ぎだ。しかし別のレディット利用者は「こんなのは逆効果になり、フォークへの支持が高まる」と書いた。

イーサリアムがハードフォークに踏みきる可能性が高いと気づいてから、チャットルーレットのＣＥＯのアンドレイは、プランクトンを飲み込むクジラのようにＤＡＯトークンをかき集めていた。取引価格が攻撃前よりも三五～六〇パーセント安い五・四～一二セントになっていた。彼の読みどおりハードフォークが実行されれば、たちまち一〇〇ＤＡＯトークン＝一ＥＴＨのもとの価格に戻り、元手よりもはるかに多くのＥＴＨを手に入れられるはずだ。

アンドレイはTheDAOのスクリプトをいじって、いろいろな関数を呼び出し、スマートコントラクトで何ができるのかを試して楽しんだ。攻撃者が再帰呼び出し攻撃に使用したものに似たコントラクトもつくってみた。

やがてロビンフッドグループが資金を救出し始めたのに気づき、自作のコントラクトを使ってすべての子DAOに参加してみた。ほかには誰もそんなことをしなかったから、もともとの攻撃者さえ、DAOウォーズはもう匙を投げているらしかった。続いて、レフテリスとアブサがアドレス0xe1e278e5e6bbe00b2a41d49b60853bf6791ab614の所有者に名乗り出るよう求めたとき、アンドレイは沈黙を守った。DAOトークンを安く入手し続けたい一心だった。

しかし、コミュニティーにメッセージを送ってみようと思い立ち、アンドレイは、取引所のビットコイン・スイスに頼んでレディットへ投稿してもらった。ロビンフッドグループがそれが正真正銘、攻撃者からのメッセージであると「確認」したのを見て、彼は笑った。本当の攻撃者がこのようすを眺めていたら、「くそっ、誰だこいつは!」と驚いているに違いない。

アンドレイが偽メッセージでさらなる攻撃を予告した影響で、DAOトークンの価格は低いままだった。彼は格安で買い続けることができた。

攻撃が始まって以来、コミュニティーメンバーが入れ替わり立ち替わり提案や請願を出し、結果を予測したり、ハードフォークに賛成や反対を表明したりした。Change.org上では、ハードフォークを求める請願に一〇〇〇人以上の署名が集まった。そこでのトップ評価の賛成コメントは、スマートコントラクトの不可侵性を最重要視する必要はないという意見だった。「暗号通貨界において唯一神聖なコントラクトは社会契約《ソーシャル・コントラクト》だ。みんなの信頼や合意がなければ、われわれは野蛮な動物にすぎない。（中略）イーサリアムがどんな理念や目的を持っているのかと、極端な無政府主義思想の持ち主が求めていることをはっきりと線引きするときが来た[10]」

Consider.itの投票結果でも、ハードフォークに賛成する人が反対する人よりもはるかに多かった[11]。賛成派で高く支持されたコメントの一つにはこう書かれていた。「われわれが自分たちを守り、窃盗犯に立ち向かうことができると示すチャンスだ。多数のブロック生成者が必要なのだから、分散型である点に変わりはない」。一方、反対側のコメントには「この提案はわれわれのDAOを救うことはできるが、イーサリアムを殺してしまう」とあった。しだいに高尚な議論になってきた。スロック・イットのステファン・トゥアルと、若々しいコーネル大学教授のエミン・ギュン・シラー（通称ギュン）――ハッキング前にDAOの一時停止を提案する論文を書いた人物――とが、ツイッター、コインデスク、レディットのいたるところで意見対立していた。さかのぼること六月二〇日、ステファンはギュンが行なった講演のスライドをツイートした。そのスライドには、攻撃の六日前に送信したメールのスクリーンショットがあり、こう書かれていた。

［二〇一六年六月一一日（土）一七時四二分三七秒　UTCマイナス〇四〇〇　エミン・ギュン・シラー］

やあ、みんな。わたしはTheDAOを空っぽにする方法を知っていると思う。

［二〇一六年六月一二日（日）一三時三四分〇九秒　UTCマイナス〇四〇〇　エミン・ギュ

ン・シラー」
（前略）スプリットＤＡＯに脆弱性があるのではないかと、あいかわらず思っている。引き出しパターンが守られておらず、呼び出し後にbalances［］フィールドがゼロにされていない。したがって、スプリットＤＡＯへ報酬トークンを複数回移動させることが可能かもしれない。DAO.solの６４０行から６６６行（縁起が悪い数字！）で起きている。わたしの解釈は間違っているだろうか？」

これについてステファンはこうツイートした。「@el33th4xor［ギュン］は攻撃方法に気づいていながら、五月三一日に参加したＤＡＯセキュリティーグループで報告しなかった。#theDAO」[12]

ギュンはブロックされていたためこのツイートをじかに見られなかったものの、「この連中［スロック・イット］は失敗を認めず、責任を取る以外のことなら何でもする」と批判した。[13] さらに、「スロック・イットを社会的に隔離すべき」と提案した。[14]

レディットでは、マイイーサウォレットのテイラー・バン・オルデンがハンドルネームinsomniasexxで次のように投稿した。「五歳児みたいな喧嘩はやめて、おとなになって。こんな書き込みは、相手を挑発する〝釣り〟だと思う。あなたは人から尊敬されている教授なのに[15]」

ギュンは反論した。彼がＴｈｅＤＡＯの停止を勧告する論文を発表したあと、プライベートチャンネルでステファンとグリフが、バグを知っていたのに知らせなかったと彼を非難し、さらには彼こそがＴｈｅＤＡＯ攻撃者だとまで言いだした、と述べて、「**わたしが彼らやコミュニティーを助けようと努力したにもかかわらず、それに対する反応は、わたしを犯罪者扱いすることだった**」と訴えた[16]。

グリフ、ファビアン、レフテリスなど、多くの人がこのギュンとステファンの応酬に苛立っていた。ギュンはメディア向けにはすべてを理解している人物のように振る舞っているが、現実にはDAOセキュリティーのスカイプチャンネルで役に立たなかった、と感じている者たちもいた（バグの情報を知らせなかった点について、ギュン本人は、もうひとりの研究者と話し合って「大きな問題ではない」と結論したからだと述べ、早く知らせるべきだったとの批判は「他社に責任を転嫁しようとしているだけ」と語った）。

ファビアンは、スロック・イットのCTOであるクリストフに同情していた。当人は、人様の金を危険に晒してしまったと、世界の終わりであるかのように落胆しているものの、彼はイーサリアムやDAOに多大な労力を費やし、実際にコードを作成した功績者ではないか、と。ファビアンらはとくに、ギュンが脆弱性をニューヨーク・タイムズ紙で公表したことに腹を立てていた。開発グループに内密に警告して、安全なコードへのフォークを促せばよかったのに、世の犯罪者たちに脆弱性を広く知らしめてしまったからだ。

しかし、コミュニティーの大半も含めてさらに多くの人々は、TheDAOの公式の〝顔〟であるステファンにうんざりしていた。ハッキングがあった当日、彼は食事用のフォークの写真を投稿した。フォークをねじ曲げて、中指を立てた《ファック・ユー》手のようなかたちにして、こんな台詞を添えていた。

「泥棒め！　フォーク・ユー！[17]」

誰かがこう返した。「投資家に何百万ドルもの損失を与えておきながらミームを投稿するなんて……暗号通貨界のほかではあり得ない[18]」。皮肉を込めたコメントもあった。「心配するな。うまくいかなかったらフォークすればいい。そのフォークがうまくいかなかったら、またフォークすればいい」「こんなざまなのに、うちのロボット投資プログラムは安全・安心です、なんて世間にアピールする連中がいるんだから、本当に嫌になる」[19]。レディットでは「ステファン・トゥアルは謝罪するつもりあるのか？」[20]と問う投稿に三一五件のコメントが集まった。

ほかのスロック・イットのメンバーたちは、言動を慎めとステファンに忠告した。「電話を置いて、距離を取って、数日休みを取れ」。テイラーはこんなメッセージを送ったという。「ツイッターをやめて、通知をオフにしてちょうだい」。しかしステファンから「どうして？　これ楽しいよ」との返事が届いた。グリフは、あるときステファンが「ツイートするたびにフォロワーが一〇〇人増えて、本当にありがたい」と漏らしたのを聞き、不快に思った。

六月二四日、ペーテル・ジラーギがイーサリアムのブログに新しいバージョンのＧｅｔｈクライアントとＰａｒｉｔｙクライアントへのリンクを投稿した[21]。これらを一定数以上のブロック生成者が使い始めれば、ソフトフォークが成立する。二八日の時点で、ソフトフォークのサポートはすでに閾値を上回っていた。ブロック番号1800000で実装される予定であり、イーサリアムの平均ブロック生成時間が一三秒から一四秒なので、このブロックは六月三〇日にマイニングされる見通しだった。

しかしその日になって、計画は一変した。コーネル大学教授のギュンが、高校生でコーネル大学に進む予定のタイデン・ヘスから、ソフトフォークは安全ではないと考えている旨のメールを受け取った。ソフトフォークがイーサリアムブロックチェーンを「ＤｏＳ（サービス拒否）」攻撃にさらす危険性があるというのだ。ソフトフォークでは、キュレーターのマルチシグとロビンフッドグループのコントラクトによって開始されたものを除き、TheDAOの残高を減らす取引をブロック生成者が阻止しなければならない。そこで、悪意を持つ者は、複雑な取引を大量に送信してブロック生成者のリソースを消耗させ、そのあと残高を減らす取引を送って、検閲をすり抜けようとする可能性がある。その結果、ブロック生成者は膨大な計算能力を無駄にし、何も得られないはめになる（通常なら、ブロック生成者は多くの計算を行なうほど多くの金を稼げる）。さらに厄介なことに、この攻撃はコストがかからない。

タイデン（というハンドルネームで、じつは学部生のリバー・キーファー）とギュンは、六月二八日にこの攻撃ベクトルについてのブログ投稿を公開した。すると、ハッキング以来一三ドルから一四ドルで推移していたETH価格が、突然一二ドルを下回った。例によってギュンは反感を買い、レフテリスはスラックで「最終結論に達する前にシラー教授がこんな投稿をするのは遠慮して欲しかった」とコメントした（ギュンは、分散型コミュニティーにソフトフォークの危険性を知らせるのは正しい行動だったとし、「スロック・イットのチームは都合の良いときに分散化カードを利用し」「決定や権力を自分たちに集中させる」ことを求めていた、と付け加えた）。

ファビアンはツイートで、「ソフトフォークが脆弱であることが判明したいま、残された選択肢は二つ。TheDAOにのみ影響するハードフォークを行なうか、何もしないかだ」と述べた[22]。

スラックメンバーのひとりは、「イーサリアムとDAOの歴史において、またも恥ずべき一日だ」とコメントした。

ソフトフォークかハードフォークかを巡ってさまざまなドラマが展開していたものの、ロビンフッドグループとしては、やはりDAOウォーズをふたたび仕掛け、万が一フォークが実現しなかった場合に備えていくつものミニダークDAOからDAOトークンをすべて回収しておく必要があった。TheDAOから分散したETHがある四つの領域のうち、ミニダークDAOが最も厄介な存在だった。その理由の一つは、ミニダークDAOが六つあり、開始時と終了時がそれぞれ異なっていることだ。最初の救出活動のあと、アブサがレディット投稿でほかの子DAOのキュレーターに名乗り出るよう呼びかけたのは、そのせいだった。

そもそもの攻撃者の「ダークDAO」に加えて、いまでは六つのミニダークDAOが存在していた。手口を模倣してTheDAOから資金を引き出したのだ。ダークDAOが三六〇万ETHを持っていたのに対し、いちばん大きなミニダークDAOは二六万八〇〇〇ETH、次は二万九〇〇〇ETHと、ミニダークDAO全体の価値は当時の換算レートで三〇〇万ドルを超えていた。

模倣犯たちのミニダークDAOから資金を引き出すために、ロビンフッドグループは、続く数週間でまず、無秩序なキュレーターと対峙しなければならなかった。しかし、弁護士と相談した者など数人のキュレーターがあっという間に離散してしまったため、ロビンフッドグループはルールを変更し、六人のキュレーターのうち三人の署名があれば議決できるとした。また、キュレーターに対し、最低定足数を二〇パーセントから一〇パーセントに変更させた。

最低定足数が下がったおかげで、七月初旬から中旬にかけて、大口投資家のトークンを利用して三つの提案を通過させることができた。一つ目は、余剰残高をメインDAOへ移動させるもので、定足数は一〇・三九パーセント、トークン保有者一四〇人全員が賛成だった。[23] これにより、ロビンフッドグループは残りの資金を救出するための元手が手に入った。

イーサリアムコミュニティーがまだハードフォークの是非を議論しており、どう転ぶかわからないため、二つ目の提案は、ロビンフッドグループが最悪のシナリオ——つまり、フォークが実行されない場合——に備える内容だった。もしTheDAOがこのまま存続するのなら、攻撃者が資金を引き出さないようにつねに監視を続けなければならない。そこでロビンフッドグループは、一〇〇〇ダークDAOトークンを購入する提案を出した。これにより、攻撃者がスプリット提案を作成するたびに、ロビンフッドグループも同じスプリットにアクセスし、そこで過半数を確保して、攻撃者の資金引き出しを防ぐことができる[24]（ロビンフッドグループは永久に攻撃者を監視し、スプリットに追随し続けなければならず、当然、「死ぬまで離れない」という覚悟が必要になる）。

三つ目の提案は、ミニダークDAOにイーサを投入して「五一パーセント攻撃」を行ない、投票権の過半数を取得して、そのDAOの資金をロビンフッドグループのホワイトハットDAOへ送るよう強制することだった[25]。

こうしたDAOウォーズのあいだ、グリフは日々取るべき措置をスプレッドシートに詳細に記し、それぞれのミニダークDAOにあるETHに目を光らせた。この時点で、ロビンフッドグループは追加で約二五四〇万DAOトークンを取得しており、それを最大限に活用してほかのDAOを攻撃できた[26]。たとえば、七月六日には丸一日かけて、最低定足数を一〇パーセントに下げ、大口投資家に投票させ、ほかの子DAOの所有権をロビンフッドグループに移した。各ミニダークDAOでトークンを購入すべき時刻や、各DAOが終了する時刻を秒単位で正確に書き出し、悪意を持つ者が資金を盗んだり救出したりする前に行動を起こせるようにした。「七月一四日木曜日、協定世界時三時三四分四八秒　ダークDAO#59終了。このDAOを攻撃せよ!!!」。七月一八日月曜日は、DAOを攻撃し続ける日だった。ダークDAO#85が一三時一一分三六秒に終了、ダークDAO#94

が一四時四二分四一秒に終了、ダークＤＡＯ＃98が一五時二五分一二秒に終了、ホワイトＤＡＯ＃78が一七時四四分二一秒に終了、ダークＤＡＯ＃１０１が一八時四六分二八秒に終了、ホワイトＤＡＯ＃99が二二時一一分三七秒に終了（結果論としては、誰も対抗してこなかったため、秒単位の監視には意味がなかった）。

これらの過程をやり遂げるために、七月四日、レフテリスはレディットに投稿して、ＤＡＯトークン保有者（および大口投資家）に呼びかけ、さまざまなＤＡＯで投票してロビンフッドの攻撃を可能にするよう求めた。[27]作業に専門知識を要するため、動画チュートリアルも公開し、投票するとその投票期間中はトークンを取引できないことを説明した。

反応のコメントのほとんどは支持的だったが、あるレディット利用者は、ハードフォークが実行されない場合に備えてこうした措置が必要だ、とレフテリスが繰り返し述べていることに不安を覚え、こう書き込んだ。

「/u/LefterisJP、きみは〝ハードフォークが実行されない場合に備えて〟という声明を出しただけで、それに対する反応に何のコメントもしてくれないから、こっちは宙ぶらりんの状態だ。ハードフォークではなくこっちの提案に頼らざるを得なくなる可能性はどのくらいあるのか？」[28]

このレディット利用者の質問に対して、ロビンフッドグループからの回答は簡潔だった――「予測不能」。グループのメンバーたちは、ポロニエックスの内部者と定期的に連絡を取っていた。その内部者が、ＴｈｅＤＡＯ攻撃者の特定につながるかもしれない手がかりをいくつか探っていたからだ。攻撃者の知り合いにポロニエックスのアカウント保有者がいて、その保有者が写真付き身分証明書と、それを手に持った自撮り写真を取引所に提出し、身元確認をパスした可能性が高い。あるいは、その保有者が攻撃者自身かもしれない。そもそも、攻撃者がシェイプシフトでBTCをETHに交換したとき、何か問題が起きて返金となるケースに備えて、BTCの返送先アドレスを指定しなければいけなかった。攻撃者が指定したアドレスを調べてみると、(数段階の中間取引を通じて)少額のBTCでポロニエックスのアカウント所有者と関連付けられていた。グリフはポロニエックスの内部者にこう言った。「いずれにせよ、身元確認用の自撮り写真で笑顔を浮かべている人物と、攻撃者とのあいだには何らかのつながりがある。この人物が攻撃者本人かもしれないし、友人かもしれない。そうでないとしても、何らかの事情で本人か友人にBTCアドレスを提供した誰かだろう」

レフテリスがレディットに投稿する数日前の段階で、すでにポロニエックスの内部者は「疑わしい活動あり」と金融犯罪取締ネットワークに報告するのにじゅうぶんな情報を持っていた。その内部者は確信を持っていて、七月一日にはスカイプでグリフ、レフテリス、ステファン、コルムへメッセージを送り、こう伝えた。「新しい証拠が出た。可能ならハードフォークを待ってほしい。攻撃者を見つけた可能性が高いと思う。(中略)個人的には、ハードフォークその他に賛成でも反対でもないが、もし時間をもらえれば、攻撃者を物理的に拘束して資金を確保することができるかもしれない」。七月二日には、さらにこんなふうに書いた。「九九・九パーセント間違いなく、奴を見つけたと思う。共犯者というか、内通者のような人物に関しても手がかりを得られた。ブロックチェーン、IP、行動、物理的な位置、状況証拠、すべて非常に強力だ。一〇〇パーセントの決定的な証拠とはいえないまでも、強い疑いといえる。攻撃はスイスから行なわれた」。七月四日にはレフテリスががレディットにこんな投稿をした。「これは陰謀であり、グループによる犯行だ。（中略）わたしには確信がある。スイスに拠点を置くブロックチェーン会社で計画され、実行された。関与している面々はいずれもETHコミュニティーの著名人だ」。続いて、関与していると思われる人々に関するリンクをいくつか投稿しながらも、当局からの命令がないかぎり、ほとんどの証拠は公開できないと記した。

つまりロビンフッドグループは、DAOウォーズを行ないながらも、攻撃者が逮捕される可能性に現実味があり、そうなればハードフォークの必要がなくなることを認識していた。けれども、その試みが成功するかどうかは不透明だったため、第二の戦略を試みることにした。七月九日、ステファン・チュアルは「DAO窃盗犯が七月一四日にETHを返却する可能性が非常に高い理由」と題したブログ投稿を公開した。ただし、提示した証拠は、いたって推測にもとづくものだった。その日はフランス革命記念日であり、「花火で知られている」からだと述べた。[29]あるレディット利用者は「わかっているだろうが、このうぬぼれた野郎はみんなをもてあそんでいる」とコメントした。[30]

しかし、一見すると無意味で挑発的な彼の投稿の裏には、合理的な理由があった。ようするにロビンフッドグループは、攻撃者に向けて、素直に資金を返してはどうかと提案したわけだ。それが可能になるのは七月一四日以降に限られる。二〇一六年七月一一日月曜日、彼らはダークDAOのキュレーターキーを使って、TheDAOのキュレーターのマルチシグアドレスをダークDAOにホワイトリストとして登録した。これにより、攻撃者がTheDAOから引き出した三一パーセントのETHをキュレーターに分配できるようになった。[31]その前日、スカイプチャットでこの措置を議論していたとき、ステファンは「攻撃者はこの取引（や、それがレディットで引き起こす大騒ぎ）を知るだろうし、自分が選択肢を与えられたことを理解するだろう」と書いた。ところが、攻撃者は彼らのメッセージに気づかなかったのか、引き出した資金を保持し続けた。

攻撃者がダークDAOから資金を移動開始できる瞬間が刻一刻と近づくなか、コミュニティーが「核オプション」を選択した場合に備えて、開発者たちはハードフォークを実行するためのコード作成に取り組んだ。しかし、ハードフォークが世間を騒がせるという点はさておくとしても、TheDAOが非常に複雑化していたため、コード作成は容易ではなかった。

七月七日、クリストフはブログに投稿し、今後実行されるかもしれないハードフォークに関しておもな問題を三つ指摘した。とくに厄介なのは、DAO保有者のなかに一〇〇DAOトークンあたり一ETH以上を支払った人がいるため、それによって生じた余剰残高をどう処理するかだった。タイムリミットが迫っており、支払った金額にもとづいて正確に全員に返金する時間はなかった。彼は三つの問題すべてについていくつかの選択肢を示し、うち一つを推奨した。いつものように、投稿の締めくくりでは、「最終的に、この決定［ハードフォークを行なうかどうか］はわたしやスロック・イットあるいはほかの誰かが決断すべきではなく、イーサリアムコミュニティーに委ねられるべきである」と述べた。[32]

クリストフが提示した問題のうち二つについては、コミュニティーはすぐに意見がまとまり、その後は余剰残高に関しての議論を続けながら、ハードフォークを支持するか否かを模索した。中国のイーサリアム愛好者たちが、ハードフォークの賛否を集計するサイトcarbonvote.comを作成した。ただし、人数ではなくコイン数をカウントする仕組みだったため、大口投資家の意向が色濃く反映される。「賛成」のアドレスまたは「反対」のアドレスに〇《ゼロ》ＥＴＨを送信することで投票でき、投票元のアドレスにあるＥＴＨ数が賛成票または反対票としてカウントされた[33]。

七月一五日、Ｇｏクライアントの責任者であるジェフリー・ウィルケが「フォークか否か」というブログ記事を投稿し、「財団なり、ほかのどこかの組織なりが単独で決定できる事項ではないから、あらためてコミュニティーの意思を確認し、最も適切なプロトコル変更を行ないたい」と述べた[34]。そのうえで、もしブロック1920000でハードフォークを選択した場合、Ｔｈｅ ＤＡＯ、余剰残高、子ＤＡＯのすべてのＥＴＨが「引き出し用ＤＡＯ」へ移動されると説明した。トークン保有者は、自分のＤＡＯトークンを引き出し用コントラクトに提出し、一〇〇ＤＡＯごとに一ＥＴＨを受け取る（八日前、クリストフは投稿を通じ、余剰残高の資金をどう扱いたいかをコミュニティーに尋ねた。一つの選択肢は、それをマルチシグに入れ、ＤＡＯのキュレーターが分配することだった[35]）。ハードフォークを実行するためのクライアントが晴れて完成し、残るはコミュニティーがそれを実行したいかどうかにかかっていた。それに応じて、開発者たちは重要な判断を下さなければいけない――ソフトウエアの新しいバージョンがダウンロードされ、再起動された際、フォークするしないのどちらをデフォルト設定にするか。

ハードフォーク反対派は、二〇一四年初頭にマウントゴックスがハッキングされ、約五億ドル相当のビットコインが盗まれたとき、ビットコインがハードフォークしなかったことを前例として挙げた。しかし、ほかの人々は、状況が異なると感じていた。そちらの事件では、盗まれたビットコインがどこへ行ったのか誰も知らなかったからだ。一方、Ｔｈｅ ＤＡＯの場合、盗まれた資金はどのイーサリアムブロックエクスプローラー（ブロックチェーンに関するデータを閲覧できるウェブサイト）でも見ることができ、七月二一日まではそこから移動できないこともわかっている。イーサリアム財団内でＴｈｅＤＡＯには関与していなかったジェフリーは、ＴｈｅＤＡＯが厳密にはイーサリアム財団の問題ではないと認識していたが、レディットのコメントの数々（および carbonvote.com の途中経過）から、世論がフォークを支持していると知った。さらに、多くの人々が資金を失っており、イーサリアムがまだ立ち上げ一年にも満たず、発展段階にある現在のうちに、ハードフォークを実行しておいたほうがいいと考えた。

ジェフリーはブログ投稿のなかで、carbonvote.com における投票をブロック番号 1894000 の時点で集計し、その結果によってＧｅｔｈクライアントのデフォルト設定を「フォークする」「フォークしない」のどちらにするかを決めると発表した。七月一六日、carbonvote.com の結果は明らかだった。ハードフォークを支持する票が八七パーセントを占めた。すべてのＥＴＨのうちのわずか五パーセントしか投票していないものの、四日後とみられるブロック 1920000 でハードフォークを実行することが決定した。

各地の暗号通貨取引所は、イーサリアムコミュニティーから無視されている気分だった。一部の運営者やスタッフが意見を表明し、チェーン分岐には大きなリスクがあり、全員が納得するようなハードフォークは生まれず、対立的なハードフォークが生じて、競合する二種類のＥＴＨ通貨が並立しかねない、と訴えた。しかし、多くのイーサリアム開発者は、倫理にのっとって窃盗犯と戦う姿勢を見せなければ、厄介な展開になると懸念しているようだった。プロトコルのルールが最優先されると考えるビットコイン愛好者の態度とは非常に異なっていた。いくつかの取引所の運営者の見るかぎり、イーサリアム財団の開発者たちは明白なはずの問題点を理解していないように思えた。すなわち、ハードフォークはチェーン分岐を引き起こすだろうということだ。

一部の取引所にとって、イーサリアム財団とスロック・イットは、暗号通貨トレーダーを理解していないイデオロギー的な開発者、という印象だった。取引所はあらゆる暗号通貨コミュニティーと関わっているだけに、多くのビットコイン「マキシマリスト」――ヴィタリックが造った用語で、ビットコインが唯一のブロックチェーンであるべきだと信じる純粋主義者を指す――が、二番目に大きな暗号通貨ネットワークであるイーサリアムの足を引っ張るためならどんな機会も逃さないことを知っていた。[36]

もう一つの問題は、イーサリアム開発者がもとのイーサリアムチェーンは消滅すると考えていたことや、ハードフォークを実行するための時間が非常に短かったことが原因で、「リプレイ保護」が導入されていなかった点だ。これは、チェーンが二つに分岐したときに生じる脆弱性に関わっている。二つのチェーンは、ある時点まで、同じ取引履歴を共有する。フォーク後に台帳を「分割《スプリット》」する動作（＝リプレイ保護）がないかぎり、同じハッシュで識別されたアドレス両方にＥＴＨと別バージョンのＥＴＨとが共存し、一方のＥＴＨを使って取引を開始すると、もう一方でも取引が発生してしまう。たとえば、片方だけ売却するつもりでも、両方が売却されるわけだ。

ＴｈｅＤＡＯのハードフォークの場合、イーサリアム財団の開発者たちがリプレイ保護は必要ないと考えていたため、安全を期したい取引所はみずから実施する必要があった。取引所にしてみれば、こんな明白なリスクを考慮しないのは、驚くべき手落ちだった。理由の一つは、この場面でイーサリアム財団そのものの資金はリスクにさらされていなかったことかもしれない。チェーンが二つになってコインの価格が下がれば、財団も痛みを感じるのかもしれないが、取引所のほうは危機が目前だった。リプレイ保護が組み込まれていなければ、顧客が入出金を始めた時点でトークンを失うはめになる。

おまけに、ハードフォークの最終決定が予定日からわずか四日前に下されたため、取引所はリプレイ保護を実装する時間がほとんどなかった。ジェフリー・ウィルケからスカイプチャットでハードフォーク決定を伝えられたとき、ビットフィネックスのフィリップ・G・ポッター――DAO攻撃直後にスカイプグループチャットで「くそコインめ」と吐き捨てた人物――は「こんなくそコイン、取り扱いリストに載せなければよかった」と返信した。

TheDAOの件に関して、一部のイーサリアム開発者が規制当局を恐れているように見えるのは無理もなかった。ヴィタリックによると、ハードフォークの前、イーサリアム財団のスイスの顧問法律事務所MMEのルカからヴィタリックとミンに連絡があり、スイスの規制当局FINMAがTheDAOについて話したがっていると伝えられた。そこで七月一三日、ヴィタリックは上海からチューリッヒへ飛んだ。ルカからの連絡のようすだと、深刻な話し合いになりそうな気配だったが、意外にも、規制当局はTheDAOがイーサリアム財団やそのプロトコルとは無関係のアプリケーションであるというヴィタリックたちの説明をすんなり受け入れてくれた。

この時期、スロック・イットのクリストフは、自分の人生そのものが悲劇に見舞われている気分だった。これまで約二年間イーサリアムのために働き、イーサリアムを愛していた。博士号の夢を捨ててまでイーサリアムに取り組んできた。彼のいちばん最初の仕事は、偶発的にチェーン分岐を引き起こすバグがないか探すことだった。なのに、いまや自分が分岐をもたらすかもしれないと思うと、個人的に友人たちを失望させたような心持ちだった。TheDAOに投資したすべての人々に対して申し訳なかった。推定一万五〇〇〇~二万人のDAOトークン保有者のなかでも、とくに初心者の場合、イーサリアムに手を出していきなり大損となったら、どんなにか嫌な思いをするだろう。

クリストフは、この混乱を収拾することに集中し始めた。GethクライアントやParityクライアントにソフトフォークを実装する取り組み――DoS攻撃の可能性が指摘されるまで続いた――はほかの人たちに任せ、彼はひたすらハードフォークのコード作成に励んだ。生後五カ月の赤ん坊を含む五人の子供がいたが、子育てにはいっさい時間を割かなかった。SNSからも姿を消し、実家に滞在した。グリフとサイモンもそこに呼び寄せ、食事の用意は母親に頼んだ。母親は、彼らの作業の邪魔にならないように注意しながら、ジャガイモとニンジンが入ったワンポットのビーフシチューや、店で買ってきたアジアふうヌードルを差し入れてくれた。クリストフがひどいストレスを抱えているのを見かねて、マッサージセラピストだった経験のあるグリフがときどき彼の肩を揉んでやった。クリストフは、訴訟沙汰に巻き込まれる可能性について考えないようにしながら、「神と妻と家族のサポートがあれば、最悪の結果になったとしてもせいぜい全財産を失うくらいだ」と自分を励ましていた。彼は毎日一時間の散歩をし、いままで以上に熱心に祈り、人生のなかで最も神のそばに近寄った。

きわめて難しいことに、この状況を打開するためには、自分には本来まったく命令権限がないのに、おおぜいの人に大きな変更を命じなければならなかった。ハードフォークを行ないたければ、イーサリアムプロトコルを実行している各クライアントの修正が必要だが、彼はもうイーサリアム財団に所属していなかった。じつをいえば、イーサリアムの初期にハードフォークによる調整を行なっていた。[37]しかし、当時は誰ひとり気づかなかったのだ。彼はいま、よけいなコミュニケーションを避けて、ブログへの投稿、レディットへのコメント、財団の開発者たちやミン、ヴィタリックとの会話だけに絞り込んでいた。けれども、財団は決定を下したがらず、あくまでコミュニティーが選択することを望んだ。とはいえ、イーサリアムには正式な統治機関がないため、利用者たちがインターネット上で議論し合う以上の段階には至らなかった。

しかもインターネットは混沌としていた。誰もが思い思いに持論を展開し、コードが法であるかどうかについて意見を述べていた。そうした議論を眺めながら、クリストフは考えた。「ここは自由市場だ。ＴｈｅＤＡＯと流出した資金を抱えるこのブロックチェーンに永遠にとどまりたいなら、勝手にすればいい。決めるのは本人たちだ」。クリストフは、結果がどうなるかわからないまま、ハードフォークのコードを書き続けた。正直なところ、どの選択肢も完璧ではない。ハードフォークが成功すれば、ＴｈｅＤＡＯの問題は解決するが、イーサリアムにダメージが及ぶ。ソフトフォークは有望かに見えたものの、ＤｏＳ攻撃を招くリスクが指摘されて実現不可能になった。ＴｈｅＤＡＯ内のさまざまなプロセスには七日から一四日の厄介な保留期間が定められており、いったんソフトフォークを行なうという時間稼ぎの選択肢が消えたいま、解決策を決めるまでの時間は限られていた。

やがて、クリストフはハードフォークのコードを書き終えた。フォーラムや請願書によると八〇～九〇パーセントがハードフォークを支持していて、carbonvote.com の結果も同様だった。そこでクリストフは、イーサリアム開発者、DAOキュレーター、大口投資家などの影響力のある人々が一五〇人集まるスカイプチャットグループに参加し、コミュニティーはハードフォークを選んだようだと述べて、作成したハードフォークの仕様を明かした。スロック・イットやイーサリアム財団の関係者は誰も彼も、ハードフォークの決定をほかの人に押しつけようとした。あとで規制当局から「あなたが責任者ですね」と名指しされたくなかったのだ。イーサリアム財団はTheDAOに公式には関与したくないので、クリストフはコミュニティー内で代わりに実装してくれる人を探さなければならなかった。Parityクライアントにはギャビンがすぐに実装したものの、このクライアントはノードの小さな割合しか占めておらず、どうしてもGoクライアントに実装する必要があった。ジェフリーは最初の子供が生まれる直前で休職中だったため、クリストフはジェフリーのチームの開発者主任であるペーテル・ジラーギに依頼し、オプションとして実装してもらうことにした。

ようやく、余剰残高などの例外的なケースの取り扱いについても詳細が決まった。ヴィタリックとブラッドを含め、元来のTheDAOのキュレーターである人々が、資金を正当な所有者に配分するためのマルチシグを管理することに合意した。

七月一七日、ヴィタリックはレディットに投稿し、今後の展開をコミュニティーに予告した。「ブロック1920000でハードフォークが行なわれ、実質的に二つのチェーンが存在する状態になる。一つはGeth1・4・10コードに組み込まれた〝不規則な状態変化〟を実行するチェーン、もう一つはそれを実行しないチェーン。この時点以降、どちらかのチェーンが主流とみなされるよう広く期待されている。しかし、もう片方のチェーンは、フェードアウトする可能性があるものの、存在を維持し市場価格を保つ可能性もある」[38]

後日、本人が語ったところによれば、この時点でヴィタリックは、もとのチェーンも生き残ると確信していた。そこで、主流のチェーンを使いたい人々に対し、「ブロック1920000の時点から、ハードフォークが〝定着〟してどちらのチェーンが主流になるかが明確になるときまで、経済的な意味を伴う行動を控えたほうがいい」と勧めた（もっとも、一部の取引所はすでにこの点を考慮し、引き出し機能を一時間オフラインにしていた）。

ヴィタリックがリプレイ保護コントラクトを提供したため、これを活かせば、片方のチェーンにのみコインを送信し、もう一方には送信しないことも可能だったが、あるレディット利用者が指摘したとおり、それはほとんどのユーザーの技術的な能力を超えていた。[39] 不案内なユーザーだと、片方のチェーンのＥＴＨを売却するつもりが、誤って、保持したかったＥＴＨまで失ってしまいかねなかった。

ジェフリーの最側近であるペーテル・ジラーギは、Ｇｏクライアントへのハードフォークの実装を済ませた。もともとのチェーンに留まるか、フォークされた新しいチェーンに移るかを選んで、クライアント利用者がフラグを追加できるようにした。carbonvote.com その他のようすからみて、大多数は新しいチェーンを選ぶだろうと予測されていた。その場合、新しいチェーンを保持するコンピューターが増え、より多くのブロックが生成されて、新しいチェーンのほうが長くなる。この構造では、新しいチェーンが長くなると、もともとのチェーンは生き残れない、とペーテルは気づいた。ノードが自動的に長い台帳に同期するようになるので、フラグを設定しても古いチェーンにアクセスできなくなってしまうからだ。そこでペテルは修正を施し、もとのチェーンを生き残らせたい少数派のブロック生成者がいれば、新しいチェーンが長くなったあとでも使い続けることが可能なかたちにした。

これで、イーサリアム財団は「どちらのチェーンを支持するかは利用者が自主的に選ぶ。財団としては選択を強制していない」と正々堂々と主張できるわけだ。

残る唯一の作業は、引き出し用コントラクトのコード作成だった。元グーグル社員でGeth開発者に転身したニック・ジョンソンがこの作業を買って出た。DAOトークンを送ると、それに応じた量のETHを返すというコントラクトは、たった二一行のコードで済んだ。[40]

七月二〇日水曜日、ニューヨーク州イサカは、いかにも夏らしい清々しい朝を迎えた。午後の最高気温は二七度の見込みだった。[41] この日、コーネル大学の「暗号通貨およびコントラクトのためのイニシアティブ（IC3）」という組織が、夏の「イーサリアム暗号ブートキャンプ&ワークショップ」を開始することになっていた——が、それより先にイーサリアムのハードフォークが実行される予定だった。[42]

東部夏時間の午前九時一五分過ぎ、ヴィタリック、ミンの恋人ケイシー・デトリオ、アブサのほか、インディアナ州のプログラマーであるマーティン・ベッツェなど数人の開発者が、ビル&メリンダ・ゲイツ・ホールにあるカフェのテラス席に座っていた。アクリル製の手すり越しに、アトリウムや野球場が見渡せる席だった。ケイシーは「シラチャ・ホットチリソース」の赤いTシャツを着ていた。ヴィタリックの服は、猫の顔と前足が大きく描かれた紫色の昇華プリントのシャツだった。テーブルの上に、紫色の瞳の黒猫が描かれたノートパソコンカバーがあり、それを挟んでふたりのノートパソコンが置かれていた。その一台には「それはバグじゃなくて機能だ」という文字の入った転写シールが貼られている。

ふたりは背を丸めてノートパソコンの画面に見入り、fork.ethstats.net で進捗状況を追っていた。その脇でアブサも、ヴィタリックのレノボ製ノートパソコンを見つめた。ゆっくりとブロックチェーンが進み、新しいイーサがマイニングされていく。

午前九時二〇分四〇秒、ブロック 1920000 が出現した。

1920000　0x498515ca　0x94365e3a

ヴィタリックの画面上で、かつてブロック 1919996、1919997、1919998、1919999 をつないでいた垂直の線が二つに分かれ、新しい線がハッシュ 0x94354e3a へ向かっていった。つまり、いまや二つのチェーンが存在するのだった。

「よーし！」とアブサが叫んだ。

ヴィタリックは笑いだして、からだを前後に揺らし、緊張と安堵をまとめて放出した。「やった！」と笑い声の合間に短くつぶやいた。

「始まったぞ」とアブサ。

彼はスマートフォンで動画を撮りながら「フォークが進行中なんだよな?」と言い、カメラに笑顔を向けた。その後ろで横顔のヴィタリックがコンピューター画面に大きな笑みを向け、コーヒーの紙コップの蓋を長い指で円く撫でていた。

新しいイーサリアムチェーンはブロック1920005に達し、旧チェーンは1920001で停止していた。

そのあとのIC3ブートキャンプで、ギュンがシャンパンボトルを何本か持ってきた。ボトルに貼られたラベルには、「祝・ハードフォーク成功!」の文字が躍り、フォークのクリップアートが描かれていた。

祝福のため、ギュンの同僚のエレイン・シーはプラスチック製フォークを入れたプラスチックカップを掲げ、ギュンとヴィタリックはそれぞれシャンパンボトルを手にした。ギュンがヴィタリックにコルクを軽く回すようにアドバイスし、「準備はいいか?」と大声で言った。「ワン、ツー、スリー!」。ギュンのコルクがポンッと音を立てた。ヴィタリックのほうは一瞬遅れ、顔をしかめて力を入れた。ポンッ! ボトルから霧が立ちのぼり、ヴィタリックは笑いだした。

遠く離れたドイツ北部のバルト海沿い、コペンハーゲンに近いバーベという砂浜では、広い青空のもと、背の高い草が風に揺れていた。白い砂の上にクリストフが寝そべり、携帯電話の画面をスクロールしている。

七月二〇日の午後三時二〇分だった。彼はフォークを監視していた。成功を確認すると、ようやくリラックスできた。その日、彼は「なんたる偉業!」と題してミディアムに文章を投稿した。[43]

「ＴｈｅＤＡＯのせいでハードフォークをするのが良いか悪いかの議論はさておくとして、イーサリアムコミュニティー（開発者、ブロック生成者、取引所、研究者など）が、個人的な意見の違いを越えて協力し合い、この状況でハードフォークを成功裏に実施したという事実は、じつに驚くべきことだ」と彼は書き、ＴｈｅＤＡＯの資金救出とハードフォークへの協力に対して多くの人々に感謝の意を述べた。そのあと、ＥＴＨは中央集権ではないから証券ではない、というメッセージを証券取引委員会に向けて暗に発信するかのように、こう締めくくった。「『コードが法である』という表現に疑問を抱く人もいるが、わたしは違う。われわれはコミュニティーのなかに最高裁判所を持っているのだと、いま明らかになった！」

コミュニティーは感心していなかった。レディットにおける反応の一例はこうだ。「この連中はたいした神経の持ち主だと言わざるを得ない。この連中の〝偉業〟は、イーサリアム全体を壊滅の瀬戸際まで追い詰めたことだ[44]」

フォークの時点で、引き出し用コントラクトには一億二〇〇〇万ＥＴＨ（約一四八億ドル相当）があった。それから八時間後には六四〇〇万ＥＴＨ（七九億ドル）、数日後には四六〇〇万ＥＴＨ（六六億ドル相当）に減少した。[45] わずか一カ月前にＥＴＨの三分の一が抜き取られたＴｈｅＤＡＯは、いまやＤＡＯトークンでほとんど充填された状態だった。イーサリアムの価格も上昇し、七月二日以来初めて一二ドルを上回った。こうなると、一億四〇〇〇万ドルのクラウドセールや巧妙な攻撃など「デジタル蜃気楼」――クリストフがビーチで寝ころんでいるうちに忘れてしまいそうな夢まぼろし――だったようにさえ思われた。

三日後の中央ヨーロッパ夏時間午前七時一九分、攻撃者の0x969ウォレットにあったDAOトークンが四ステップ離れた新しいウォレットへ移されたあと、おそらく攻撃者本人がさらに一回移動して、0x26Dという新しいウォレットへ送った。[46] 午前七時二五分、攻撃者は二万五八〇五・六一四一四七〇九九九九九九九九DAOトークンを引き出し用DAOへ送り、二五八・〇五六一四一四七〇九九九九九九九九ETHを受け取った。[47]

DAOの価値は、〇・〇一ETHに値を戻した（その前、すでに〇・〇〇五ETHから〇・〇〇九ETHへ上昇ずみだった）。アンドレイ・テルノフスキーは、格安で仕入れた大量のDAOトークンを売り払い、投資したETHの約二倍のETHを手に入れた。

イーサリアムコミュニティーがハードフォークに取り組んでいるあいだ、別の動きも進行していた。七月一〇日、フォークが決定する前に早くも、ある人物がイーサリアムクラシック（ETHC）なる暗号通貨のギットハブページを作成した。これもフォークが行なわれる前、ハンドルネーム jps_ というレディット利用者が、もとのチェーンを維持したい人々のさまざまな理由や動機を概説した。「取引所の場合、きわめて小さなイーサリアムの一部や、人気の低い暗号通貨であっても取り扱う、という姿勢を示せる」。ブロック生成者たちの場合は、チェーンを維持することで金を稼げるという動機がある。ブロックチェーンをクラウド上のグーグルスプレッドシートのようなものと考えてみよう。台帳の状態は、定期的にスナップショットとして保存されている。ハードフォークとは、そのスプレッドシートのうちTheDAOに関連する一連のセルを変更し、複製をつくるのに似ている（コインも複製される）。新しい引き出し用DAOも作成される。ただし、ブロックチェーンはグーグルのような中央集権的な組織が管理しているものではないため、もし一部のブロック生成者がもとのグーグルスプレッドシート（つまりブロックチェーン）も残したいと考えれば、維持することができる。その場合、もとのコインでも取引を続けられる。たとえ、もとのチェーンのブロック生成者が少数しか、いや、ひとりしかいないとしても問題ではなく、あらたにマイニングされたすべてのコインと取引手数料をその生成者が受け取ることになる。もっと人気のあるチェーンは競争が激しく、手数料を獲得するのが難しいので、人気のなさは利点になり得る。ブロック生成者がもとのチェーンを維持するかぎり、そのなかのコインは存在し続ける。取引所が取扱いリストに載せているかぎり、取引が可能だ。ウォレットのおかげで、古いチェーンのコインだろうと、その気になればいつでもほかのコインに交換できる。jps_は「ようするに、イーサリアムには二つの生きた流れが共存している」と締めくくった[48]。

フォークの当日、かつてヴィタリックが発行していた雑誌『ビットコイン・マガジン』が「スピンオフ・プロジェクトの始まり――イーサリアムクラシック」というタイトルの記事を掲載した[49]。筆者のアーロン・バン・ウィルダムは、「イーサリアムクラシックは冗談のようにも見えるだろうが、ある種の主張をする意図が含まれている」と指摘し、こう述べた。

このプロジェクトはレディットやスラックにおいて少人数ながらも成長中のユーザー層を擁しており、分散型取引所のビットスクエアがそのトークン「ＥＴＨＣ」を取引オプションとして提供している。さらに、分裂前からいち早く、〇・五パーセントのハッシュパワーが、特別に設けられたイーサリアムクラシックのマイニングプールに集まり、イーサリアムクラシックチェーンでのブロック生成とプロジェクトの維持を決意している。

この筆者バン・ウィルダムは、イーサリアムクラシックの創設者であるハンドルネームarviccoという人物にインタビューした。この人物は、ロシアの暗号通貨ニュースサイト「ビットノボスティー」の創設者でもある。「われわれの多くは、暗号通貨の分散主義を強力に推進する立場だ」とarviccoは語った。「簡単にいえば、ブロックチェーンシステムはつねに三つの特性、すなわち開放性、中立性、不変性を保つべきだと考えている。これらの特性がなければ、ブロックチェーンはただの飾りたてたデータベースにすぎない。（中略）ＴｈｅＤＡＯの救済は、イーサリアムプラットフォームのこの三つの長期的な価値のうち二つを損なう」

とはいえ、フォークの数時間後の時点で、旧チェーンは事実上死んでいるようすだった。フォークの前日に当たる七月一九日、ネットワーク上のハッシュレート（コンピューターの計算能力の指標）は四・五一ＴＨ／秒だった[50]（ＴＨとはテラハッシュ、すなわち一兆ハッシュ）[51]。フォーク後、旧チェーンのハッシュレートは九九・三パーセント減少して〇・〇三ＴＨ／秒となった[52]。

それでも、jps_の予想どおり、イーサリアムクラシックに興味を持つ者も少なくなかった。フォークの翌日、ビットコイントークで、「ビットコイン愛好家、暗号無政府主義者、サイファーパンク」と称するSeccourというユーザーが「［ＥＴＨＣ］イーサリアムクラシックの展望」と題したスレッドを立ち上げた。このスレッドでは、イーサリアムクラシックの新しいロゴも紹介された。もとのイーサリアムのロゴと似ているが配色が違い、黒い背景に緑色の二重四面体というデザインだった。ほかにもこのスレッド上で、イーサリアムクラシックのブロックエクスプローラやレディット、スラック、Ｗｉｋｉへのリンクが公開された。「このトピックはイーサリアムクラシックのトークンの価格を推測するために使うこと」とSeccourは説明を付けた。[53]

入札が開始された。

ビットスクエアの注文記録によると、イーサリアムクラシック／ビットコイン交換取引の売り手価格の上位三つは、一ＥＴＨＣあたり〇・一〇ドル〜〇・〇七ドルだった。[54]

レディット上のイーサリアムフォーラムで、Mentor77という人物があるスレッドを投稿した。タイトルは「あなたのＥＴＨＣ買います！」。「われわれのように、あなたの（無価値な？）ＥＴＨＣを買いたい人もいる。もしイーサリアムクラシックで取引する予定がなければ、あなたの保有分の売却を検討してほしい」。このスレッドには、リプレイ保護のやりかたについての説明へのリンクも付されていた。

二つのバージョンが併存することで悪い評判やほかのネガティブな影響を呼ぶのではないか、と多くのイーサリアム支持者が心配していた矢先だけに、この投稿に対する反応は冷たかった。支持は四二パーセントにとどまり、「魂胆が見え見え」というコメントもあった。[55]

クリストフとヴィタリックも、見かけ上は機能停止したトークンに需要があることを察知した。さかのぼること六月一七日、ＴｈｅＤＡＯ攻撃のわずか数時間後に、有名なビットコインコア開発者のグレゴリー・マクスウェルからヴィタリック宛に「愚かな貪欲者になるな」という件名のメールが送られてきた。

スマートコントラクトの実行によって失われたコインを回収するために、もしきみがイーサリアムの合意ルールを改変した場合は、このシステムは政治的な気まぐれによって、とくにきみを通じてコントロールされている、ということの証明になってしまう。

システムの制御権を握っているとみなされ、きみが個人的なリスクを負いかねないのはもちろん、それ以上に、暗号通貨のエコシステムの不確実性が増す恐れがある。あれと同様に制御しろ、と当局がほかの開発者たちに圧力をかけるかもしれない。これはまずい方向性だ。

イーサリアムが実際にハードフォークしたあと、グレゴリーからふたたびヴィタリックにメールが送られてきた。フォークの翌日のことだ。件名は「ETHCの購入提案」だった。「久しぶり。イーサリアムクラシックチェーンは楽しそうなテストネットワークらしい。わたしは五〇万ETHCを〇・二BTC［一三三ドル］で購入したいと思う［一ETHCあたり〇・〇〇〇二七ドル］。もし不足なら、そちらから額を提示してほしい」

ヴィタリックはこのメールを無視した。

一方、七月二一日、バーベ海岸にいたクリストフは、取引所クラーケンのトレーダーからメールを受け取った。

スムーズなハードフォーク、おめでとう。ＴｈｅＤＡＯの保有者が全額を返金してもらえる見通しとなって、喜ばしく思う。このたび連絡した理由は、先日、弊社の店頭取引デスクを通じてETHCの大口の買い手が現われたからだ。あなたがたや知人のなかに、ETHCを売却してくれる人がいたら教えてほしい。ETHCは明らかに敗北したほうのチェーンだから、あまり価値がなく、それほど高値では買いたくないが、じゅうぶん安い価格であれば、購入に興味がある。

(店頭取引デスクは、市場の価格を左右するほど大きな取引を手動で行ない、価格変動による利益の減少を防ぐために用いられていた)。クラーケンのトレーダーは、一ETHCあたり〇・〇一ドルで一〇〇万ETHCを売ってくれないかと持ちかけ、クリストフにスカイプで連絡するよう求めてきた。しかし、クリストフは間もなく日本に向かうための準備中で、古いイーサにアクセスできなかった。そもそも彼は一〇〇万ETHC――あるいは、それに相応するETH――を持っていないうえ、リプレイでETHを失う心配もあるので、申し出を断わった。

ハードフォークの前、シェイプシフトやポロニエックスなどの一部の取引所は、フォーク後に二つのイーサリアムチェーンができると予想し、財団の方針に反してリプレイ保護を準備した(ある取引所のオペレーターは、のちにこう述べた。「連中は「九〇パーセント以上のコインが賛成した」と胸を張ってたけど、こっちに言わせれば「あくまで、投票した五パーセントのコインのうちで、だろ?」」。じつに馬鹿げたアンケートだ。五パーセントのうちの九〇パーセントが賛成したからってコンセンサスなのか? 冗談もたいがいにしてくれ」)。取引所の人々は、こんなふうに予測した。暗号通貨コミュニティー全体で見た場合、とくにビットコイン愛好家たちは、ハードフォークを実行したイーサリアムと比べると、ビットコインの重要な特徴――不変性――がいっそう際立つ、と感じるのではないか。さらに、ビットコイン愛好家の多くは、第二位の暗号通貨ネットワークがつねづね嫌いというだけの理由で、イーサリアムクラシックを熱心に支持する可能性が高い。もとのチェーンを存続させれば、イーサリアムは不変性に欠けると世界に知らしめることになる。さらに、フォーク後、ウォレット提供企業の多く――たとえばシェイプシフトと契約し、バックエンドで暗号通貨の交換取引を行なう企業――も、イーサリアムクラシックの売買をしたがっている利用者が多いと取引所に伝えていた。利用者はウォレットにイーサリアムクラシックのコインがあるのを喜んでいた。それまで保有していたイーサリアムから湧いて出た、いわば「無料で手に入れた金」だった。

取引所もこの人気を実感していた。どのみち取引所は、市場価格が上がろうが下がろうが、取引が増えれば儲かる。利用者が「質の高いコイン」を取引しようと、「アルトコイン（ビットコイン以外の暗号通貨）」――蔑称「くそコイン《シットコイン》」――を取引しようと、取引所としては構わない。アルトコインの雄《ゆう》として名高かったのが、トリスタン・ダゴスタが設立した積極果敢な取引所「ポロニエックス」だ。トリスタンは物静かで聡明な人物であり（スペクトラム障害の可能性を示唆する人もいる）、プログラマーであると同時に、映画音楽、コンサート音楽、オペラの作曲家である。暗号通貨界へ参入する前は、楽譜出版社を設立し、らせん綴じの楽譜を売り出して、評判を得た。らせん綴じのおかげで、ピアノソナタやオペラの楽譜を開いたままにしやすく、本の背が傷んでページが抜け落ちてしまう問題も解決できた。[56]

業界では「ポロ」と呼ばれるこのポロニエックスは、イーサリアムネットワークの立ち上げ時にいち早く取扱いを始めた三つの取引所の一つだった。[57] 概してポロはさまざまなアルトコインをすぐさま扱い始める。各ブロックチェーンが異なる動作をするなか、売買の安全を期さなければならないわけで、このように素早く取り扱いを開始するのは容易ではない。トリスタンがみずから、取引所サイトに必要なコードをすべて書き、しかもコードベースのすべての癖を頭に入れて、全体を統合していた。彼がとくに興味を抱くのは、技術的に挑戦的な要素を持つコインだった。利用者は、イーサリアムの立ち上げ当初から、ETHを購入する場所としておもにポロニエックスを選んだ。[58]アルトコイン界の中心的な存在だからというせいもあるだろうし、二〇一五年春からポロニエックスがアルトコイン向けのマージン取引を始めていたせいもあるだろう。二〇一六年の初頭から春、ETHの価格が低迷から脱してイーサリアム財団にゆとりが出てきたころ、それまでポロニエックスは取引高ランキングで一〇位~二〇位あたりだったが、一気に浮上して世界の全取引所のなかで一位となり、暗号通貨データサイト「CoinMarketCap」におけるランキングでも首位に立った。[59]

ETHの主要取引所だけに、ポロニエックスは数多くのETHトレーダー、とくに大口投資家を抱えていた。大口投資家はいまでは旧チェーンのコインETHCも持っているわけだが、旧チェーンが停滞したままだと無価値になってしまう。[60]大口投資家は取引所にとって最も重要な顧客だ。たとえば一〇〇万ドル相当のETHを持つ大口投資家の場合、ポロニエックスを説得してETHCの取り扱いを始めさせることができれば、たちまちETHCにも一〇〇万ドル相当の価値が生まれるかもしれない。値動きしだいではそれ以上になる可能性もある。ポロニエックス側は、もし自分たちがETHCの取り扱いを開始しなければ、ほかの取引所がやるだろうとわかっていた（ライバルであるその取引所が、手数料による儲けを得るわけだ）。ETHCという「無料で手に入れた金」を取引したいとの顧客の要望は非常に強く、受け入れないわけにはいかなかった。さらに、ポロニエックスのある従業員によれば、トリスタン自身も、イーサリアムクラシックの展開を注視したい気持ちがかなり高まっていたらしい。そこで彼は、リプレイ保護を組み込んだ分割スマートコントラクトを作成した。フォークから三日半ほど経った日曜日の未明、東部時間の午前〇時二三分に、ポロニエックスは、イーサリアムクラシックをＥＴＣと略すことに決め、こうツイートした。「ＥＴＣ／ＢＴＣおよびＥＴＣ／ＥＴＨというイーサリアムクラシック市場を追加した[61]」。午前〇時二五分に再度ツイートし、「フォーク時にイーサリアムの残高を持っていた全顧客が、同等のＥＴＣ残高を持つことになる[62]」

こうしてイーサリアムクラシックは死の淵から蘇った。

第8章

最大の危機の結末

二〇一六年七月二四日から二〇一六年一〇月二六日まで

ポロニエックスのETC取引開始の発表に対する反応は、非難、称賛、強欲が入り交じったものだった。「道徳心の欠如に驚いた。（中略）わたしはアカウントを閉鎖する。（中略）犯罪行為（DAOハッキング）を助けた代償として、訴えられる覚悟をしろ」[1]と怒る人もいれば、「元祖こそ最高！純粋なイーサリアムにとって朗報だ！」[2]と喜ぶ人もいた。中国のあるブロック生成者は、自分のコンピューターのハッシュパワーをすべてETCに注ぎ込み、五一パーセント攻撃を仕掛けると宣言した。すなわち、高い計算能力を武器にしてブロックチェーンを乗っ取り、最近の取引を取り消したり、ブロックチェーンの履歴を書き換えたりする計画だった。これに対しETC支持者たちは、ハッキング攻撃のせいでフォークを余儀なくされたというのに、と批判した。[3]

しかし、旧チェーンであるETCの生き残りをかけて奮闘していたブロック生成者たちは、突如、努力が報われた。ハッシュレートはここしばらく〇・〇三〜〇・〇四TH／秒くらいだったのに、ポロニエックスがETCの取り扱いを開始した日、〇・一九まで跳ね上がった。翌日には〇・二四、その次の日には〇・四八、さらにその次の日には〇・六八となった。[4]ブロック生成者たちがマイニングしたETCを売却できるようになったことで、このチェーンの存続は確定した。

イーサリアムチームは虚を突かれた。レフテリスとクリスチャン・ライトビースナーは、ベルリン近くの湖の多い田舎町ブランデンブルクにいて、ETC――レフテリスとグリフは「ETHの死霊」と呼んだ――は間違いだと考えた。数日のうちに消えるはずと思っていた、とレフテリスは振り返る（フォークの前、さまざまなアルトコインの事情に通じているグリフは、ほかのフォークの経験と照らし合わせ、イーサリアムの旧チェーンは死ぬと確信していた）。ハードフォーク以来、ETHの価格は一一ドル前後から一四ドル超へ回復していた。レフテリスは、財団が持つETCの売却を決めたとみんなに伝えた。

それを聞いたクリストフは承諾した。もうTheDAOが死ぬことはないだろうが、ETCの出現は、彼の創造物が永遠に生き残っていくことを意味する。新しいチェーンによってTheDAOを浄化できたとしても、古いチェーンは「影」として存在し続け、どんな事件が起きたかをいつまでも人々に思い知らせるに違いない。彼は、過去を悔やみ続けてはならないという信条を持っているせいもあり、自分はETCについて何もできないし、心配しても仕方ない、と割り切った。

ヴィタリックは、コーネル大学のあるイサカのノースゴージュ北部にいて、宿泊先のエアビーアンドビーでイーサリアムクラシックの復活を知った。ここ数日のIC3ブートキャンプのあいだ、彼は、ドラマに片が付いたことに安堵し、気分がかなり落ち着いていたが、ドラマはまだ終わっていないと判明した。ポロニエックスがETCの取り扱いを開始した日、ETHの価格はふたたび一二ドル台に戻り、一方、ETCは〇・七五ドルで始まって〇・九三ドルで終わった。

「イーサリアム財団（関係者のみ）」という名のスカイプグループ上で、イーサリアム財団の開発者たちはETCについて活発な議論を交わした。ファビアンは、手持ちのETCを売って「いい臨時収入」を得たと自慢した。さらに、共同創設者のジェフリーなら、膨大な量のETCを売って価格をゼロにできるだろうと冗談を言った。ジェフリーは「ハハハ、〇・〇一まで下がったって、売ろうと思えば売れるよ」と応じた。また、ファビアンは、開発者もいなくて「[全ETCの]一二パーセントを持つハッカー」がいるETCにどんな意味があるのか、と皮肉った。あるETC支持者がレディット上に「ETCのほうがより良い決定を下すから、われわれを信用しろ」と書き込んだことを槍玉に挙げる者もいた（暗号通貨コミュニティーはかねてから「信用は不要」を土台に成り立っていた。つまり、ふつうなら他人を信用しなければ行なえない取引を、ブロックチェーン技術を活かし、まるで「金融自動販売機」のように、信用の有無とは無関係に行なえることが、暗号通貨の長所なのだ）。

突然、このスカイプグループの会話のスクリーンショットを誰かがレディットに投稿していることが発覚した。「何者だ?」とファビアンは書いた。「友達がひとりもいないくせに、このチャンネルに潜入しているのは?? 新入りの誰かか?」。かつて「スペースシップ」を設計したイアン・マイクルも「くそっ、裏切りやがって」と憤った。

ジェフリーはこう尋ねた。「ヴィタリック、財団の関係者以外を全部、追い出せないか? ここは従業員と取引先だけの専用チャンネルだぞ」

ファビアンも「ああ、ここはもう身内だけじゃないらしい」と付け加えた。

そのあとすぐ、ミン（ハンドルネームはバンパー・チャン）が割って入った。

[伝達] 念のため繰り返しておく。この内部チャンネルは財団に関わる事項**のみ**に使用するこ

と。以上。

このチャンネルは「財団のビジネスや、イーサリアムプラットフォームの研究開発のサポート、イーサリアムを取り巻く教育だけを扱うためのもので、それと関係のない話題」はふさわしくない、と警告したあと、彼女は以下のように書いた。

［リマインダー］われわれは非営利財団であり、その使命は、オープンソースの分散型ソフトウェア、とくにイーサリアムのプラットフォームおよびその技術のイノベーションを支援することにある。**非営利**財団であるからには、以下のビジネスには**けっして**関与しないし、**これまでもいっさい**関与したことがない。

・証券
・市場形成
・なんらかの営利企業やその製品・サービスの宣伝／マーケティング

その後、彼女は、どのチャンネルにも情報流出の恐れがあると付け加えた。「言葉を慎重に選ぶように心がければ、発言をとやかくされる危険性を九九パーセント排除できる」と彼女は説いた。「わたし自身それを実践していて、実践にはある種の勤勉さが必要になる」[5]

翌日、きわめて影響力のあるビットコイン業界人バリー・シルバートが、ツイートでコメントした。幼い顔立ちの彼は、赤みがかったブロンドの髪を持ち、ウォールストリートの神童だ。昔ながらの金融市場で成功を収めたあと、デジタル・カレンシー・グループ（DCG）を創設し、あらゆる種類のビットコイン企業に投資していた。ツイートの内容はこうだった。

ビットコイン以外のデジタル通貨を初めて買った……イーサリアムクラシック（ETC）。〇・五〇ドルで、リスク／リターンは適切だと思う。それに、運営ポリシーにも共感を覚える。[6]

ヴィタリックは驚いた。去る三月にDCGのオフィスで会ったときには、バリーが、ヴィタリックの力になりたい、アドバイザーになると言ってきた。ところが、そんな申し出とは裏腹に、バリーはいちどもETHを購入したことがなかったうえ、ここに来てイーサリアムクラシックを買ったと判明したからだ。

数時間後、バリーはふたたびツイートした。「質問をくれた人へ。ジェネシス・トレーディングがイーサリアムクラシック（ETC）のOTCブロック取引を仲介している。最小ブロックサイズは二万五〇〇〇ドル」[7]。ジェネシスはDCG傘下の機関投資家向けトレーディング会社で、大口注文のみを扱っていた。誰かが、どういう意味かと尋ねたところ、ツイッターの別ユーザーが口を挟んで、「二万五〇〇〇ドルを捨てたいなら、燃やすより、こっちのほうが面白いかも、という意味だよ」と書き込んだ。[8] その日、ETCは〇・四五ドルまで下落したものの、値を戻して〇・六〇ドルで終えた。ヴィタリックは「なるほど、ETHの二～三パーセントくらいの規模で、カルト的な支持を得るかもしれない」と思った。

しかし翌日、ジェネシスを通じてイーサリアムクラシック（ETC）を取引できることが大口投資家たちの耳に入ったせいもあってか、ETCの価格はあまり下がらず、終値は二・五五ドルだった。また、大手取引所のクラーケンのほか、ビットトレックスという取引所もETCの取引を開始したことが好材料となった。[9] 価格の上昇と取引所の増加がブロック生成者たちの注目を集めた。ニューヨークの朝の時点でETCとETHのハッシュパワー比は六対九四だったが、午後遅くには一七・五対八二・五になった。[10] 午後六時三三分、バリーはこうツイートした。

なんて一日だ。[11]

ヴィタリックは、バリーがすでにETCで大金を稼いだのではないかと気づいた。ヴィタリックにしてみれば、バリーがやったことは、有名な投資家ジョージ・ソロスふうの価格操作のように感じられた。

アブサはこんなふうにツイートした。「クラシックは十代の不良息子みたいに思える。誕生させ、愛情を注ぎ、成長を助けてやったのに、息子の話すことといったら、眠っている親を殺す計画くらいだ[12]」。誰かがこう反応した。「その十代の息子は、家を空けたっきりのアルコール依存症の親と縁を切りたいだけだ。親のほうは五一パーセント攻撃で息子を殺したがっているんだから（笑）」

イーサリアムに敵対的だったのはバリーだけではない。チャールズ・ホスキンソンは、二年前に解雇されて以来、イーサリアムコミュニティーからの扱いに不満を抱いており、こうツイートした。

「自分がこんなことをツイートするとは思わなかった……わたしはイーサリアムに再参入し、クラシックに貢献する。くわしくはのちほど」[13]

ヴィタリックは、「まあ、勝手にしてもらおう。あの男なら当然やりかねないことだ」と感じた。

ヴィタリックは、ビットコインのコア開発者、グレゴリー・マクスウェルからふたたびメールを受け取った。

　複数の証言によると、きみはわたしのメッセージを受け取り、その内容をほかの人たちに明かしたらしい。しかし、わたしは返事をもらっていない。

　ETCがわたしの提案よりもはるかに価値があると思うのだろうか？　希望額があれば提示してくれるように求めたはずだが。いずれにせよ、わたしの提案は引き続き有効だ。

ヴィタリックは、「一メガ・グレッグ」と心のなかで呼ぶこの相手からのメールを無視した。ビットコインの内戦の折、グレゴリーがビットコインの「ブロックサイズ」を一メガバイトに制限し続けるべきだとする意見の側に立ったため、こんなニックネームを付けたのだった。

賭けに出たポロニエックスは、大儲けした。事前にリプレイ保護を導入しておいたおかげで、ETHを引き出す際にETCまで引き出されてしまうことはなく、その逆もなかった。しかし、リプレイ保護を実装しなかったほかの取引所は、リプレイ攻撃を受ける危険にさらされていた。げんに、ポロニエックスがＥＴＣの取引を開始してから三日後、別の取引所であるＢＴＣ‐ｅが、ブログ記事のなかでＥＴＣを「詐欺」と非難した。これは事実というよりも、自分たちのＥＴＣをすべて盗まれたことに対する不満らしかった。このブログ記事には、こう書かれていた。「ＥＴＣ取引開始から二日目、われわれはポロニエックスから、ＥＴＣをＥＴＨウォレットに保管しておくべきだとの通知を受けた。この通知の時点で、ＥＴＣコインのほとんどは、すでに顧客らによってポロニエックスへ送られており、われわれのウォレットにはほとんど残っていなかった」[14]。何が起こったかというと、顧客がＥＴＨをＢＴＣ‐ｅに預け（またはすでに預けてあって）、次にそのＥＴＨを引き出すと、同じ取引でＥＴＣも受け取ることができてしまうため、それをポロニエックスで売却し、おそらくまたＥＴＨと交換してから、ふたたびＢＴＣ‐ｅに預け……と繰り返したわけだ。三日後、ＢＴＣ‐ｅはまだ顧客からＥＴＣを求められていたが、もう残っていなかった。その前の二四時間で、少なくとも五〇万ＥＴＣ（最高値で換算すると一四〇万ドル）が、ＢＴＣ‐ｅの既知のＥＴＣウォレットからポロニエックスへ流れ込んだ。

そのあと数日間、ＥＴＣの価格は二・五五ドルから下落し、一ドルから二ドルのあいだで取引された。ＩＣ３を終えたヴィタリックは、ミン、ケイシー、マーティン・ベクツェといっしょに車で両親の家へ帰り、ＥＴＣ価格の推移を見守った。

バリーがまたも自分の取引を自慢した。

ETCを買ったわたしを馬鹿呼ばわりした人が多かったから、いま本当に気分がいい。二〇一二年に一〇ドル未満でBTCを買い始めたときを思い出す。[15]

翌日、八月一日、ETCはふたたび二ドル台まで上昇。一方でETHの価格は下がり続けた。誰かがヴィタリックに向けてこうツイートした。

@VitalikButerin　あなたがETHを去ってETCチームに協力しているという噂は本当だろうか？　きっぱりと否定してほしい！[16]

ヴィタリックはこたえた。

わたしは一〇〇パーセント、ETHに取り組んでいる。[17]

ミハイ、ジョゼフ、ファビアン、ステファン・トゥアル、そのほか一〇〇人以上が、これをリツイートした。[18]イーサリアムコミュニティーの大半が依然としてヴィタリックから離れずにいることが明らかになった。

とはいえ、八月二日、ETHは八・二〇ドルという安値まで急落し、ETCのほうは三・五三ドルの高値を記録した。ヴィタリックの予想では、ETCの規模はETHの時価総額の二〜三パーセントになる見通しだったが、いまや四三パーセントに達していた。

多くのイーサリアム開発者は、なぜこんな事態が起きているのか理解に苦しんだ。彼らはETCの存在意義を見出せなかった。もう消滅していてもおかしくないのに……。ヴィタリックは、イーサリアムが崩壊する可能性に備えた。バリーをはじめ、不変性を尊重する大口投資家トレーダーたちが影響力に物を言わせて、ETCの価格をETHよりも高くし、イーサリアムクラシックこそが本当のイーサリアムであるという空気をもたらすかもしれないからだ。そうなると、べつにどちらでもいい人たちは、「イーサリアム」の一部にとどまるためにETCへ戻らなければと感じ、現在イーサリアムの名を冠している新しいフォークを去るだろう。トロント空港へ向かう列車のなかで、「もし本当にETCが勝ったら、自分はどうすればいいだろう?」と考えた。そうなったら、イーサリアムからは身を引き、しばらく陰でおとなしくして、イーサリアムに活かすつもりだった技術改良に取り組んで、新しいブロックチェーンを始めようと決めた。

誰かがヴィタリックにツイートを送った。「ETCの価格がETHを上回ったらどうする?」[19]

ヴィタリックはこたえた。「それでもETCを支持しない」[20]

そのころ、暗号通貨界の別の場所では、ビットフィネックス——The DAO攻撃後に「くそコインめ」とETHを罵ったフィリップ・G・ポッターが幹部を務める取引所——が約一二万BTC、当時の価値で約六六〇〇万ドルをハッキングされた。[21]これは、マウントゴックスの事件に次ぐ、暗号通貨史上二番目に大きな取引所ハッキングだった。このニュースが波及して、ビットコインは六〇〇ドル超から五五〇ドル未満へ下落。暗号通貨市場全体の規模は約一二二億ドルから一〇六億ドル強へ沈んだ。トレーダーたちは戦々恐々とし、ETCのような投機的な資産に投資しようとする者はほとんどいなかった。

続く一週間、ETCは約二ドルを維持したが、以後はその水準を下回った。ETHの価格は一〇ドル、一一ドル、一二ドルと回復していった。ヴィタリックは安堵した。時間が経つにつれ、ETHの敗北など杞憂だったと気づいた。価格変動は懸念されるものの、ETHとETCの基本的な立ち位置は何も変わらなかった。一〇月中旬には、ETCの価格は一ドルを下回ることになる。

このころ、グリフ、レフテリス、ジョルディ・バイリーナ（バルセロナ在住のTheDAOコミュニティーの一員で、カウンター攻撃のとき最後の四〇〇万ドルを救うスマートコントラクトを作成した人物）ら数人が協力し合い、救出された六九パーセントのETHから生じたETCを所有者に返還する作業に入った。「ホワイトハットグループ」と名付けられたこのグループは、法的リスクを負っていた。本人の許可なく他人の金を取り、銀行ライセンスなしで保管し、その金の正当な所有者に分配することになるからだ。

フォーク直後、ホワイトハットグループは映画『恋はデジャ・ブ』のように、同じ状況に繰り返しぶつかるはめになった。クリス・ハーボーンという名の大口投資家が、クラウドセールの際、三万八三八三ETHをTheDAOに入れた。ハーボーンは、白髪交じりのイギリス人経営者だった。航空燃料ビジネス企業を所有し、特定の国で税金を払うことを避けるために世界じゅうを移動して暮らしながら、長年、イーサリアム財団のブラド・ザムフィアを支援していた。ブラドにロンドンのアパートメントを提供し、環境にやさしいかたちでイーサリアムを運営するための「プルーフ・オブ・ステーク・アルゴリズム」の研究に取り組む環境を整えてくれた。ハードフォークの当日、ハーボーンは引き出し用コントラクトでDAOトークンをETHに交換しようとした。のちにグリフとレフテリスに語ったところによると、彼がイーサリアムウォレット「ミスト」を開き、取引を実行したところ、ポップアップが表示されたという。そこでOKをクリックした。あらたなポップアップが開き、DAOトークンをETHに交換していいかと確認を求めてきた。二回も確認のポップアップが表示されて驚いたものの、ふたたびOKをクリックした。ところが数時間後、イーサスキャンで確認すると、DAOトークンを引き出し用コントラクトへ送ってETHを受け取ったはずが、三万八三八三ETHをTheDAOへ送ったと記録されていた。[22] その日の為替レートによれば、彼は五〇万ドルをTheDAOへ送ったことになる。脆弱性が発見されて資金を奪われかねないTheDAOへ。内部にある資金を救出するため、イーサリアム開発者たちがみずから乗り出し、主要なブロックチェーンとしては初めて、物議を醸すのもかまわずハードフォークに踏みきらなければならなかったというのに……。まるで、ほかの全員がヘリコプターで一斉救助されたあと、コモド島にひとり置き去りにされ、凶暴なコモドオオトカゲを前にしなければいけなくなったようなものだ。しかも、彼は手ぶらではなく、およそ五〇万ドルを携帯していた。

大量の保有者だったので、ハーボーンは以前からホワイトハットグループと知り合いだった。陥った事態を伝えると、グループは彼を「ファットフィンガー」と名づけた（英語で「ミス入力」の意味）。引き出し用コントラクトにDAOトークンを送ろうとして、誤ってETHを送ったのだろうと考えたからだ。しかし、実際に何が起こったのかを突き止めた結果、そのあだ名は意味をなさなくなった。さかのぼってクラウドセールの際、ハーボーンは意図に相違して、三万八三八三ETHを入れていなかった。なんらかの理由で、取引が未完了だった。そのため、ハードフォークの日に最初のポップアップでOKをクリックしたとき、何カ月も前の取引を確定してしまった。だから、ハードフォーク後には三万八三八三ＥＴＨをＤＡＯへ送る結果になったのだ。ＥＴＨの価格上昇により、送ったＥＴＨの価値はすぐに六〇万ドルになった。

こうしてふたたび、約六〇万ドルがＴｈｅＤＡＯの内部に入り込んだ。再帰呼び出し攻撃をすれば抜き取ることができる。ホワイトハットグループはこの出来事を公表しなかったが、資金は見ようと思えば誰でも見ることができる場所にあった（情報は公開されていたので、グリフはのちに、ほかにも気づいた人がいたが沈黙していたのだろうと推測した。黙っていたほうが真っ先にその金を吸い取れる可能性が高まるからだ）。

ホワイトハットグループは慌ただしく動き出し、「続・ＤＡＯウォーズ」を決行した。スプリットＤＡＯ投票を作成した。幸運にも、彼らが一番乗りだった。七日後に満期を迎えると、悪意を持つ者たちがこのスプリットＤＡＯに攻撃を仕掛けられる状態になる。キュレーターであるホワイトハットグループは、この時点で、再帰呼び出しに使用できるＤＡＯトークンをなんと三三四〇万も持っていた。[23] ハードフォーク前のＤＡＯウォーズの際は二五〇〇万だったが、さらに多く集めたのだ。グリフによると、七日間の投票期間が終了したとき、彼らはさまざまな戦術を駆使したという。まず、最初の攻撃の四日後に行なわれたロビンフッドグループの救出作戦と同じく、再帰呼び出し攻撃コントラクトを実行した。加えて、まず特定の「ガス代」――ブロック生成者に支払う取引手数料――を設定し、意図的に大量の取引を送信した。こうしてネットワークの混雑を引き起こしてから、もっと高いガス代で攻撃取引を送信。ブロック生成者は後者を優先的に処理したがることになる。ほかの攻撃者がドラマの始まりをレディット上で知って参戦してきても、ガス代の差とネットワークの混雑により、後れを余儀なくされる。たとえるなら、ライバルたちの到着を阻むために一般車線で渋滞を引き起こしておき、自分は優先車線を使うのに似ている。

ほかに、「高報酬トークン」という手を使った。DAOトークンはどれも同じではなく、それぞれ関連する報酬が異なる（「報酬」とは、投資家がTheDAOを去ったあとも受け取り続けることができる利益の取り分を指す）。ホワイトハットグループは、ETHを引き出す際に各DAOコントラクトが使うちょっとした計算式を利用した。この計算式は、引き出し時に報酬を差し引く。そこでホワイトハットグループは、少数のDAOトークンの報酬額をきわめて高額に設定し、こうした高報酬トークンを、ハーボーンのコインを取得しようとしている攻撃コントラクトに送信した。これにより、敵が最初の攻撃トランザクションで得られる金額が大幅に減少する。いわば、ライバルの車のタイヤをパンクさせるようなものだ。仕上げとして、ほかの誰も参加できないように、自分たちの子DAOをロックすることもできた。

しかし、三万八三八三ETHがイーサスキャン上で一週間も見えているあいだ、この作戦を維持しなければならないのは厳しかった（イーサスキャンとは、イーサリアムの「ブロックエクスプローラー」、つまり特定のブロックチェーンに関するデータを提供するサイト特定のブロックチェーンやブロックチェーンのデータを提供するサイト）。実際、ハードフォークとホワイトハットグループを批判していた雄弁な人物が、レディット上でこの件に言及した。その人物は、ホワイトハットグループの高報酬トークンコントラクトを見つて、どのように機能して何をするのかを解明しようとしていた。レフテリスはその人物にメッセージを送った。「われわれが使っているコントラクトのデフォルト機能を説明するコメントは削除してもらえないか？　来週になったら、何もかも説明する。ただ、TheDAOを攻撃して金を救出するためのタイムリミットがかなり近づいている。われわれの戦略の一部をほかの人に漏らしたくない」。グリフも同様のメッセージを送った[24]（のちに、このふたりのメッセージはスクリーンショットに撮られ、彼らに不利な証拠として使われるはめになる）。

こういった支障があったものの、七月二八日、子ＤＡＯの投票期間が終了した瞬間、ホワイトハットグループはありったけの戦略を駆使した。いまや彼らは真の「ＤＡＯニンジャ」だった。イーサリアムの最小単位は「Ｗｅｉ《ウェイ》」で、〇・〇〇〇〇〇〇〇〇〇〇〇〇〇〇〇〇〇一ＥＴＨ、つまり一〇の一八乗分の一ＥＴＨに相当する。彼らはファットフィンガーの金を最後のＷｅｉまで一〇〇パーセント回収できた。

一連の作業を完了し、ホワイトハットグループは役割を終えた。それまで一カ月以上にわたって、毎日一四時間から一六時間働き、ふつうの生活から姿を消して、家族をほとんどほったらかしにしていた。ようやく、ふたたび現実の世界に戻れるわけだ。もちろん、ハードフォーク計画を締めくくるため、余剰残高や子ＤＡＯに資金を持つ人々に返金する作業は助けなくてはいけない[25]。しかしその先はもう手を引くつもりだった。

困ったことに、一時は四つのデジタル空間に分散していた金が、現在はまとまって、価値を帯びている。すなわち、イーサリアムクラシックとなった。大口投資家たちは、手持ちのＥＴＣを巨富に変えようと、旧チェーンの復活を促したわけだが、それに成功したいま、こんどはイーサリアムクラシック上のＴｈｅＤＡＯの金も救出するようホワイトハットグループに迫り始めた。とくに熱心なのが、動画配信型ＳＮＳ「チャットルーレット」のＣＥＯアンドレイ・テルノフスキーだった。

ホワイトハットグループとアンドレイが最初につながったのは、グリフが大口投資家たちに連絡を取るよう大々的に呼びかけたときだった。投票を通過させ、ＴｈｅＤＡＯからできるだけ多くの金を救出するために必要な反撃を行なうためだった（大口投資家に協力を仰ぐのが効率的だった。投票のたび何千人もの人々とやりとりをする必要がなく、ほんのひと握りの相手とのやりとりだけで済む）。アンドレイ――スラック上のハンドルネームはＡＺ――が、大口投資家であることを誇りに思いつつ連絡してきた。グリフは当初、彼の正体を知らず、顔写真を見たのは何年もあとだったが、じつのところ、アンドレイは、子供のような団子鼻と、きれいに弧を描いた眉を持ち、冗談好きの男がつねに笑みを浮かべているかのような、いたずらっぽい顔立ちだった。彼は非常に精力的で、投票を通過させる必要からグリフがスカイプで連絡すると、すぐに自分の役割を果たした。たいていの大口投資家は忙しくて通話もままならないため、グリフはアンドレイの素早い対応をとてもありがたく思った。おまけに、アンドレイはユーモアにあふれ、悪口を言ったり、からかったりして、グリフを笑わせた。アンドレイ自身も、ひとこと言うたびに大笑いした。まるで、十代で起業してチャットルーレットで大成功したせいでまだ有頂天であるかのようだった。最盛期には、チャットルーレットの利用者は一日あたり一〇〇万にのぼった。つまり、アンドレイが一日に「ファック」という単語を口にする回数よりも少しだけ多い数字だ。

だからといって、グリフがアンドレイを信用したり尊敬したりしていたわけではない。アンドレイのおもな目的は大儲けであり、たとえ他人を出し抜いてでも稼ぎたがる男だと見抜いていた。アンドレイは、どうやってＤＡＯトークンを買いあさっているかをグリフに話して聞かせた。なかには半値の〇・〇〇五ＥＴＨで買ったものもあるという。彼がいかに貪欲にＤＡＯトークンを買っていたかを知ったグリフは、もしそうでなかったらＤＡＯトークンの価格がどんなにか下がっていただろうと思った（イーサリアムの周辺で価格の推移を見守っていたある人物は、ヴィタリックやジョゼフ・ルビンなどイーサリアム財団関係者と親しい中国の投資会社がDAOトークンを大量に購入しているに違いないと勘違いしていた）。とはいうものの、アンドレイの善意は一〇〇パーセント本物であり、彼の大量のトークンのおかげで必要な投票を通過させることができたのは事実だから、ホワイトハットグループは感謝していた。さんざん買い集めた結果、アンドレイは五二五〇万DAOトークン、すなわち全供給量の約四・五五パーセントを握るに至った。

ハードフォーク後、アンドレイは、最高値で計算すると自分のETCコインが一二〇万ドル以上の価値を持つことに気づき、旧チェーン上のTheDAO、ダークDAO、ミニダークDAOなどの資金回収に向けて必要な手続きをとるよう、ホワイトハットグループに圧力をかけ始めた。グループ側が、ハードフォークの実施により避けられると思っていた複雑で手間のかかる作業すべてを、イーサリアムクラシック上で行なうように要求したわけだ。

彼やほかの大口投資家たちの要求が高まってきたため、ホワイトハットグループは「働いてほしいなら、賃金を払え」と応じた。無料奉仕はもうごめんだった。

ホワイトハットグループと大口投資家たちのあいだのおもな連絡役だったグリフによると、グループ側はアンドレイと取引をしたという。アンドレイが彼らに一〇〇〇ETHを送り、彼らは作業時間を記録した。厄介なのは、ハードフォーク前、TheDAOの攻撃者がダークDAOからのスプリットを提案していたことだった。その時点では、ハードフォークがあるかどうか不明だったため、彼らは余剰残高から一〇〇〇ETHを入手し、攻撃者が作成したスプリットDAO上で継続的にDAOトークンを作成して、この人物が現金化するのを防いだ。しかしこの戦略では、今後もずっと三五日ごとに攻撃者のあとを追い、新しいスプリットDAOに入る必要があった。どうやらハードフォークが成功し、旧チェーンが死に、それとともにTheDAOにまつわるトラブルも消滅するだろうという見通しになった時点で、ホワイトハットグループの少なくともひとりのメンバーは、もはや攻撃者を追跡し続けなくて大丈夫だろうと考えており、中止していた。

ところが、旧チェーンが息を吹き返したため、追跡を続行しなければならなくなった(アンドレイはかねてから追跡続行を求めていた。彼はここでもまた、ほかのTheDAO関係者が持っていない先見の明を持っていたのだ。しかし、ホワイトハットグループはまともに取り合わず、追跡を中止したままだった)。イーサリアムクラシックは「あらたに誕生した」チェーンだったので(実際には元祖だが、コミュニティーの大多数が新しいチェーンへ移行したため、名称を改めざるを得なかった)、チェーン上で何が起きているかを示すイーサスキャンのようなブロックエクスプローラーがなかった。ネットワークの状態を簡単には確認できないため、ホワイトハットグループはイーサリアムクラシック上のダークDAOに投票しようとした。変化がなかったため、投票期間は終了ずみらしかった。攻撃者はダークDAO内のすべてのETCを新しい子DAO、いわば孫DAOへ移動できたわけだ。[26] こうして攻撃者はこのTheDAOの三一パーセントのETCを手に入れた。アンドレイの懸念は正しかった。

ホワイトハットグループは三一パーセントのETCの救出に失敗したものの、残りの六九パーセントをまだコントロールしていた。救出したすべてのETH(現在はETC)に加え、支配下に置いた六つのほかの攻撃DAOのETC、余剰残高のETCだ。ブロックエクスプローラーがないことが幸いして、ほかの模倣ミニDAO攻撃者たちはかなり無力だった。

その点は良かったものの、あらたな難問のもとでもあった。消滅するとみられていたがイーサリアムクラシックとして甦った金を救出したあと、どのように返却すればいいのか？　ETCを扱えるツールは非常に限られて、役立ちそうなものはないに等しかった。また、リプレイ保護がないため、コインを失う危険性も高かった。では、代わりにETHのかたちで返すべきか？　もともとはETHに投資したのだから、ETHで返すべき、と主張する人もいた。

どの方法が適切なのか確信が持てなかったが、たとえ善意にもとづいていようとハッキングは違法なので、ホワイトハットグループの一部は、どんな行動を取るにしても神経質になっていた。

身を守るため、ホワイトハットグループはビティーという会社——スロック・イットがドイツの税務書類向けにVAT番号を要した際、スイスにDAOリンクを設立するうえで協力してくれた会社——に助けを求めた。同社の共同創設者のうちふたり、ジアンとアレクシスが、ホワイトハットグループをスイスのヌーシャテルに招き、解決策を検討することになった。八月五日、グリフとジョルディがジュネーブ空港に到着し、初めてじかに顔を合わせた（ジョルディがグリフに向けて発したあいさつは「わあ、背が高いね！」だった）。翌日、レフテリスもやってきた。彼は滞在中、午後遅くに一日一食だけとり、昼食休憩の時間はランニングにあてた。痩せたこのギリシャ人がこのルーティンを破ったのはたった一回、ジアンに無理やりピザを一切れ食べさせられたときだった。

彼らはビティー本社に寝泊まりした。もとはチョコレート工場だった三三〇平方メートルの建物で、高い天井から床までの大きな窓と、美しいフローリングが特徴だった。長いテーブルがいくつも置かれ、快適な革製オフィスチェアや大型モニターも備え付けられていた。また、食事をつくれるキッチンがあり、いっそうアットホームな雰囲気を醸し出していた。

彼らはLLCに似た法人の傘下に入って活動しようと決めた。そうすれば、特定のイーサリアムアドレスがこの法人の所有であり、その法人の代理人としてアドレスを使って取引しているだけ、と弁明できる。公証人の承認も得た。これで防御の態勢が整った――かに思えたが、ほどなくして、この隠れ蓑では頼りなく感じるはめになる。

八月六日、つまりレフテリスが飛行機で到着した土曜日、ホワイトハットグループとビティーのジアンは、ツークにあるビットコイン・スイスと電話会議を行なった。ビットコイン・スイスは、初期のイーサリアムを支援した暗号通貨取引所だ。しかしレフテリスはその経緯を知らなかった。ビットコイン・スイスについて知っていたのは、ホワイトハットグループのすべてのミニDAOを追いかけて参加した人物からのメッセージをレディットに投稿したことだけだった。

この電話会議は、グループの予想とはかなり異なる展開になった。ホワイトハットグループとジアンは、ビティーの弁護士のオフィスにいた。ボザール様式の古い建物だ。[27] 石畳敷きの庭へ出て通話することにした。摂氏二二度くらいで、暑すぎない八月の夕方。午後八時三〇分を少し過ぎたゴールデンアワーだった。彼らは白いワイヤーチェアに座った。グリフは長髪を後ろで束ね、ピースマークが描かれた布製バッグを足もとに置いていた。レフテリスはミリタリージャケットに黒と蛍光イエローのスニーカーを履いていた。ジョルディが着ているのは青緑色のポロシャツで、襟が紺色、袖口はリブ編みだった。グリフは電話機をスピーカー通話にして、音を増幅するためにフリスビーのなかへ置いた。ポニーテールの海賊のような風貌のニクラス・ニコラジセンがビットコイン・スイスを代表して話した。

その通話の録音によると、ニクラスは、彼が顧客である「AT」など多くの投資家を代弁してしているビットコイン・スイスとホワイトハットグループが協力して「かなりの利益を得る」方法を提案すると切り出した。何回かの形式的なやり取りのあと、彼は咳払いをして、自分たちが考案した計画の概要を説明し始めた。

その説明によると、ハッキングのあと、ホワイトハットグループは結果的に約八〇〇万ETCを手に入れた。「その八〇〇万ETCをどう処理するかは、われわれの問題ではなく、きみたち次第だ。もちろん、決定はきみたちに完全に任せる」。デンマークなまりの英語で、低い声だった。「われわれの見解を言えば、きみたちがポケットに入れてしまおうが、いかなるかたちでも訴追される恐れはない。あるいは、それをさまざまなDAO投資家に返還することもできる。きみたちが望むなら、どうとでもできる。しかし、決定を下す前提として、どんな決定を下そうとも、われわれは――きみたちとわれわれは――歴史的とまで言わないまでも、大規模な市場操作を行なう立場にあるわけだ」

この時点で、グリフは大声で笑った――二回も。アメリカでは市場操作は重罪に当たり、最高一〇〇万ドルの罰金と最長一〇年の懲役に処せられる。

ニクラスは続けた。ビットコイン・スイスは大量のETHを持っており、ホワイトハットグループはさらに多くのETCをコントロールしているから、「ETHのロングポジションとETCのショートポジションをかなり大きくとることができる」と。さらに、すべての利害関係者がコンピューターを持ち寄って「トレーディング・ブートキャンプ」を行ない、全員で計画を段階的に進めて、統率のとれたかたちでETCの価格を大幅に下げることを提案した。標的としては、クラーケンでETCを米ドル（USD）、ビットコイン（BTC）、イーサリアム（ETH）、ユーロ（EUR）と交換する市場、およびポロニエックスでＥＴＣをイーサリアム（ＥＴＨ）、ビットコイン（ＢＴＣ）と交換する市場を勧めた。

まず、すべての市場で同時に大量の売却を行なう。その後、市場が反発したところでふたたび大量の売却を繰り返す。これにより、イーサリアムクラシック側で投資家がパニックに陥るので、パニック市場で安くイーサリアムクラシックを買い戻すことができる。つまり、もしイーサリアムクラシックをＴｈｅＤＡＯの投資家に返したい場合は、このようにして回収可能だ。もし返すつもりがない場合は、戦略が少し変わる。まず、大量のイーサリアムクラシックを統制をとりつつ売却し、できるだけ多くのドルとＢＴＣを確保したあと、残りのイーサリアムクラシックを売って価格を急落させる。

ニクラスはなおも続けて、ビットコイン・スイスなら独力でも重大な役割を果たせると説明した。ビットコイン・スイスの顧客のなかにはＥＴＨやＥＴＣを大量に保有している者がおり、「ロングポジションやショートポジションに使える非常に大きな資本にアクセスできる」からだ。また、取引所の大企業アカウントや銀行ともコネクションがある。「ただし、あなたがたがイーサリアムクラシックで指導的な立場にあり、われわれがイーサリアムで指導的な立場にあることを考えると、協力するのが理にかなっていると思う」とニクラスは言い、彼のグループはこの戦略によってＥＴＣが九〇パーセント減少、ＥＴＨが一五パーセント増加、ＢＴＣが五パーセント増加すると予測していると付け加えた。「この予測が正しければ、七〇〇万ドルから八〇〇万ドル、あるいはそれ以上の資金を投入すると、利益は一〇〇万ドルどころか数百万ドルに達するかもしれない」

スイスでは、暗号通貨の市場操作についての規制がほとんどない、と彼は請け合った。もっとも、市場操作したことが世間に知れたら「おもにスロック・イットが非常に憎まれるだろう。しかし規制がない以上、裁判沙汰に持ち込まれるリスクは皆無だ。相当な恨みを買うのは覚悟しなければいけないけれど、二〇〇〇万ドル儲かるなら、人に嫌われようと構わないのでは？　わたしは構わない」

グリフがさえぎった。「どうだろう――正直なところ、嫌われたくないな」

そのあと、レフテリスがニクラスの誤解を正した。「あなたはスロック・イットの名前を何度も出したが、よく理解してほしい――ロビンフッドグループはスロック・イットとは何の関係もない」（この時点で、彼は正式にスロック・イットを離れていた）。

ニクラスは、ロビンフッドグループの一部のメンバーの名前はすでに世に知られていると指摘した。「これはとくにレフテリスが自分自身で決断しなければならないことだ。億万長者になって、その代わり、あいつは世界一いい奴というわけではなさそうだとインターネット上で噂されるか？それとも、むしろ何百万ドルもの金はあきらめて、この問題とは縁を切るか？」

ビットコイン・スイスの顧問弁護士が、この行為で罪に問われる心配はないと太鼓判を押している、とニクラスは念を押した。「まあ、決めるのはわたしではない。部外者が口を出すのもなんだが、わたしだったら、返還すべきかどうかを真剣に考えるだろう。〝コードが法である〟、だったはず」。そう言って、彼は笑った。

いつの間にか、陽が沈んでいた。ゴールデンアワーが薄闇に変わっている。しかし、話し合いも大詰めとなったこの時点で、思わぬ人物に急に脚光が当たることになる。ひとこと挨拶したほかは発言せず、ここまでの議論をじっと聞いていた人物――それは、ビットコイン・スイス側の大口顧客、アンドレイ・テルノフスキーだった。

ニクラスの説明に耳を傾けながら、グリフは唖然としていた。アメリカなら、株式に関してニクラスの計画を実行すれば、明らかに違法だ。具体的な規制があり、市場操作は禁じられている。ホワイトハットグループのほかのメンバーたちも含めて、「これまでずっと、みんなに金を返すために頑張ってきたのに、いまさら裏切れというのか？」と感じていた。ニクラスとアンドレイは、ホワイトハットグループが何者なのかをまったくわかっていないのではないか。

しかし、この提案に関する最終決定を下す前に、アンドレイとの関係を処理しなければならなかった。この時点で、ホワイトハットグループ、とくにグリフは、アンドレイをよく知っているつもりだった。アンドレイは、あらゆる救出活動に不可欠な存在だったし、ほかの大口投資家たちよりもずっと親密にコミュニケーションに応じてくれた。

しかし、電話での会話中、ジアンはビットコイン・スイスがTheDAOの攻撃者と連絡を取っているのではないかと話題を振った。その人物からのメッセージをビットコイン・スイスがレディットに投稿したからだ。するとレフテリスがさえぎった。「いや、それは別人だ。TheDAOの攻撃者ではない」。ホワイトハットグループのミニ救出DAOを追いかけてすべてに参加してきた人物からのメッセージをビットコイン・スイスがレディット上に投稿したあと、ファビアンがそのメッセージが該当アカウントから発信されたことを確認したものの、だからといって、最初の攻撃者と同一人物と証明できたわけではなかった。しばらくようすを見たあと、本物の攻撃者がそんな行動を追加する理由は思い当たらず、同一人物であることを示す証拠もないから、ふたりは別人だろう、というのがレフテリスとグリフのひとまずの結論になっていた。

ここにいたって、ニクラスがそれを裏付ける事実をジアンに明かした。「それは別人だ。ここにいるうちの顧客、ATことアンドレイ・テルノフスキーだよ。ホワイトハットにも協力した」

ホワイトハットグループのうちただひとり、じかに電話で連絡を取ってアンドレイと知り合いだったグリフでさえ、この新事実には仰天した。

レフテリスはここで初めて、アンドレイがチャットルーレットの創業者だと知り、落ち着きなくビティー本社の二階を歩き始めながら続きを聞いた。アンドレイはすべてを白状した。あらゆるミニDAOに参加したのは、ハードフォークの機運を高めてパニックを煽り、大量に売りに出て値下がりしたDAOトークンを三〇〜六〇パーセント引きで買い漁って、あとで値が戻ってから換金して大量のETHを手に入れるためだった、と。

もっとも、アンドレイが「攻撃コントラクト」を起動することなどあり得なかった。彼としては精いっぱい、TheDAOから資金が流出するのではという不安を煽ったつもりだが、実際に資金を吸い上げるコントラクトのコード作成方法までは知らなかったからだ。

レフテリスはショックを受けた。彼は手持ちの五〇〇ドル相当のDAOトークンを七〇パーセント以下の価格で泣く泣く売却してしまった。DAOトークンに投資したのは失敗だったと彼が臍を噛む一方で、アンドレイはそのDAOトークンで大儲けする算段なのだ（と同時に、イーサリアムをハードフォークに追い込んだ）。

グリフは真相を知って激怒した。アンドレイにはいつも笑わせられていたが、今回は笑い事どころではない。自分がほかのホワイトハットたちとともに救出劇に汗を流しているあいだ、アンドレイは巨富を得ようと、彼らをからかっていたのだ。このロシア人起業家は完全に彼らの時間を無駄にした。

ビットコイン・スイスから提案を受けた翌日の午後、グリフとレフテリスは返事の電話をかけた。今回はアンドレイだけが電話に出た。グリフはできるだけ丁重に、ニクラスの提案を断わると告げた。その決定を聞いたアンドレイはしどろもどろになって、自分は市場操作の計画に賛成ではなかったと懸命に言い訳した。

グリフは途中でさえぎった。「ああ、あくまでニクラスの提案だ」

「そう。繰り返すが、わたしは金に困ってるわけじゃない」とアンドレイは言った。「自分の仕事もある。きみたちがどんな決定をしようと、受け入れる。わたしは、世の人々に向けて価値を創造することが素晴らしいと信じている。手っとり早く稼ごうとは思わない」。そう言うと、音を立てて息を吐き出した。

いま通話に参加しているのはほかに誰かと尋ね、ホワイトハットグループだけだと知ると、アンドレイは付け加えた。「ジアンにはこのことを言わないでくれ。ただ……いやその、きみたちはジアンをどれくらい信用している?」。グリフは、とても信用しているとこたえた。

アンドレイは、ジアンのビティーがビットコイン・スイスの競合相手であることを理解させようとした。「ビットコイン・スイス側の言い分によると、ジアンは顧客のふりをしてビットコイン・スイスのオフィスを訪れ、ビジネスの情報を得て、自分で起業したらしい。だから、もしきみたちの決定がジアンの助言に影響されているのなら、そういう助言は鵜呑みにしないでほしい」(のちにジアンは、二社が競合関係にあるとは思っておらず、ニクラスに会ったのは、ビットコイン・スイスに投資しないかと誘われたとき一回だけだと語った。しかしその時点でジアンはすでにビティーを設立ずみで、法人登記は二〇一三年一二月だった)。

グリフとレフテリスは、ジアンには影響されていない、ニクラスの提案が「クレイジーすぎる」だけだとこたえた。

「それに、アンドレイ」とレフテリスが柔らかいギリシャなまりの英語で口を挟んだ。「[ニクラスの提案は]非常に攻撃的だったように思える。二〇〇〇万ドル儲かるなら、人に嫌われようと構わないのでは、とまで言った。それは……ちょっと……重すぎる」

計画の全責任をニクラスに押し付けたことを後悔するかのように、アンドレイは急に、前日、電話を切ったあとの話をした。ニクラスが、ホワイトハットグループは資金を返還すべきだと思うと言っていた、と。

そのあとアンドレイは、価格を暴落させる力を持つ大口投資家はほかにも数多くいることや、ビットコイン・スイスとその顧客だけがこのアイデアを思いつくわけではないことを持ち出した。まるで、もういちど考え直せないかと確かめるかのようだった。

グリフは、「コミュニティーから多少嫌われる代わりに、数百万ドルを手に入れる」という案を拒否した。ほどなくして、彼らは電話を切った。

この時点で、ホワイトハットグループは、少なくとも一部のメンバーが後悔することになる決定を下した。まず、いま受け取っている問い合わせやビットコイン・スイスとの通話からみて、数多く存在する大口投資家やTheDAO攻撃者が、ETC市場を崩壊させる可能性がある、いや少なくとも、小口のDAOトークン保有者より先にETCを手に入れてより大きな利益を得ようとする可能性があると感じた（アンドレイは一時間おきにレフテリスに電話をかけ、「本当に、本当に熱心に」自分の資金を大量分配に含めず直接送金してくれと求め始めた。熱心すぎて「子供じみて聞こえた」とレフテリスは語る。彼は、この怪しいロシア人が人を雇って自分たちに暴行を働くか何かするのでは、と少し心配になったほどだった。やがてグリフがレフテリスに、アンドレイからの電話にはもう出るなと言った）。そうなると、人々にETCを返却した場合、多くの人が一斉にコインを売り始める可能性があり、どの時間に引き出しを始めるべきかが問題になることに気づいた。時間帯によって有利さが違ってくる。また、イーサリアムクラシックでイーサリアムと同じような引き出しの仕組みをつくってもうまくいかない。DAOクラシック（DAO-C）トークンの引き出しができない取引所もあり、受け取るべき金に全員がアクセスできるとは限らなかったからだ。

一方、ETHは使いやすく、リプレイの問題による損失のリスクが小さい。また簡単には価格が暴落しないから、大口保有者が小口保有者を食い物にする可能性も低い。ホワイトハットグループ自身があらかじめETCをETHに変換しておけば、DAOトークン保有者が受け取る価値を安定化できるうえ、ETCに比べるとDAOトークン保有者がETHをすぐ売却したがる可能性は低いため、価格の下落につながる恐れもあまりない。そこでホワイトハットグループは、保有するETCをETHに交換し、ユーザーに返還することにした（ETC支持者、ビットコイン最崇拝者、不変性の支持者らは、おそらく以上の理屈を薄っぺらな言い訳とみなし、じつのところはETCを不利にし、ETCの供給量の一〇パーセントを使ってETHに有利に傾くよう細工したかったに違いない、と勘ぐるだろうが）。

ETCではなくETHを返還するという決定に対し、少なくともひとりの大口投資家が、ヴィタリックやさまざまなイーサリアム開発者、ホワイトハットグループのメンバー、DAOのキュレーターらに法的措置を匂わせる警告書を複数送りつけた。最初の書面は八月八日、アンドレイの代理人である弁護士アンドリュー・M・ヒンケス（当時はバーガー・シンガーマン法律事務所に所属）から送られてきた。冒頭は「あなたがたに対する訴訟の可能性に鑑み」とあり、TheDAO攻撃にどう対応したかに関するすべての文書を「この件の裁判で使用するために」保管しなければならない、との通達が記されていた。

このような書簡を受け取ったにもかかわらず、ホワイトハットグループの決意は変わらなかった。ビティーは、自社がアカウントを持つすべての取引所で売却を支援することにした。ホワイトハットグループは、パスポートのスキャン画像などの身元確認情報を提出し、マネーロンダリングを試みているのではないことを取引所に納得させた。ビティーの援助を受けながら、ホワイトハットグループはが自動で市場注文を出すボットを作成した。このボットを使って複数の取引所で同時に売却を行なうことで、価格差の発生を防げる。これにより、外部のトレーダーが裁定取引を利用して儲け、DAOトークン保有者の資金を実質的に目減りさせてしまう、といった事態を避けられるわけだ（ETCに損害を与えるのが真意ではないかと批判する人々をからかうため、このボットは「takeadump」と命名された［dumpには「暴落」と「大便」の意味がある］）[28]。たとえば、流動性が最も高いポロニエックスだけで売却すると、そこでだけETCの価格が下落してしまい、ほかのトレーダーがポロニエックスで買ってほかの取引所で高値で売り、利益を得ることができてしまう。

彼らは、資金の出所がわからないようにする関数を使った。そうすれば、ETCの一〇パーセントが売却されようとしていることに世間は気づかないはずだ。[29] これで準備万端となり、いよいよ八月九日火曜日、彼らはETCをポロニエックス、クラーケン、ビットトレックス、ユンビの四カ所に分散させた。[30]三つの取引所で入金が通ったが、ポロニエックスだけは駄目だった。

くそっ！　ポロニエックスは金を取ったのに、アカウントに反映されなかった。ホワイトハットグループとしては、ETCの大部分をポロニエックスに置きたかった。売買注文がいちばん多い取引所だけに、大口の売り注文を入れても価格が変化しにくいからだ（彼らは知らなかったが、じつはアンドレイがいくつかの取引所に法的な警告を送ってあった）。

ビティーはポロニエックスに電話をかけ、なぜ入金されていないのかと問い合わせのメッセージを残した。返事はなかった。しかし数時間後、アカウントがブロック解除されたとの通知を受けた。これでついにETCの売却計画を実行できる。彼らはボットを使ってすべての取引所で同時に売却し、価格の均一化を図った。[31]どの取引所でも価格が下がったものの、ポロニエックスだけは例外だった。またか、くそっ！　ポロニエックスは資金の入金までは許可したが、予告なくふたたびアカウントをブロックしたのだ。

保有者たちに金を返そうとしたにもかかわらず、返すどころか大半を取引所で凍結されてしまった。取引がブロックされた理由をポロニエックスに問い合わせたところ、グリフとジョルディの証言によれば、「取引所の立場では、ホワイトハット（善意を持つハッカー）とブラックハット（悪意を持つハッカー）を区別しようがないから」との回答だった。グリフによると、担当者はその後、「ホワイトハットグループのものではないので」、ポロニエックスが資金を保留すると伝えてきた。[32]ビティーとホワイトハットグループは、ポロニエックスのものでもない、と反論した（やがて、ビティーのアカウントによる取引を許可したクラーケンも、出金はブロックしていたことが判明する）。

同じころ、ビティー社内でホワイトハットグループを支援していたある人物が、信頼に足る情報筋から「FBIがホワイトハットグループの活動について捜査を開始した」との噂を聞きつけた。グループの一部のメンバーは震え上がった。以後二日間、彼らは大画面を見つめ、ポロニエックスのアカウントページを絶え間なく更新して、資金の凍結が解除されたかどうかを確認し続けた。その間《かん》、ほとんど眠らず——資金が凍結されたと気づいた直後は就寝したのが午前八時だった——意識が遠くなると、オフィスのソファーで寝た。大麻とウィスキー瓶があたりに無造作に置かれていたが、ホワイトハットグループは手を出さなかった。

その翌日か翌々日、別の大口投資家クリス・ハーボーン（通称ファットフィンガー）もホワイトハットグループに圧力をかけて、ETHではなくETCで自分の金を返すよう要求し、弁護士に相談するぞと脅してきた。ビティーのメンバーたちはその電話を、最上階のキッチン裏のテラスで受けた。すぐそばには、丘の斜面に沿ってのびる道路があった。メンバーたちによれば、クリスは「もしわたしが金の延べ棒を道で失《な》くしたとして、拾った人がそれを勝手にドルに換えることは許されない」と主張したらしい。イギリスとスイスの法律に精通しているビティー従業員が反論し、「失くした」という前提はおかしい、誰もETCを失くしてはいない、実際にはETHを手放したのだ、と言った。

クリスの脅しに対応するため、ジアンが介入し、「［イギリス人である］あなたは、いままで植民地主義的な態度でいろいろな土地へ船で乗り込んだのかもしれないが、その船ではスイスのわたしのところにはたどり着けない。わたしのところに来るなら、スイスまで足を運ぶしかない」と伝えた。ジアンは、スイスでは法的に自分が有利だと知っていた。

ちょうどこのころ、ＦＢＩの捜査はすぐに打ち切られたという情報が入った。ある人物の回想によると、眠れない日々が続くメンバーたちは、ＦＢＩの件は二度と話題に出さないようにしよう、と決めたという。

しかし、彼らへの圧力はまだ終わっていなかった。翌日、アンドレイの代理人を務めるＭＭＥからふたたび法的な文書が届いた。イーサリアムの弁護士、ルカ・ミュラー＝シュトゥーダーとガブリエラ・ハウザー＝スピューラーから、ホワイトハットグループのそれぞれに宛てられたものだった。「〝ロビンフッドグループ〟からのイーサリアムクラシック（ＥＴＣ）の返金を要求」という見出しの下に、「アンドレイ・テルノフスキーは〝ＴｈｅＤＡＯ〟の自分の持ち分合計が約四・五五パーセント（五二五三万三〇四一ＤＡＯトークン）だったことを文書で証明できる」と記され、さらに、と書かれていた。そして、ロビンフッドグループのカウンター攻撃のあいだに何が起こったかを太字で強調して説明してあった。

ロビンフッドグループまたはその関係者が管理するウォレットから送金されたＥＴＣを受取、譲渡、両替、管理かつ／またはそのほかの方法で制御するすべての個人、取引所かつ／またはそのほかの事業体は、マネーロンダリングの罪に問われる可能性がある。

よって、当方のクライアントは（本通知がＥメールで送達されてから四八時間以内に）ロビンフッドグループかつ／またはその関連会社が保有する**三四万六七一八・〇七〇六ＥＴＣ**を即時送金するよう要求する（クライアントは五二五三万三〇四一ＤＡＯトークンを保有）。以前は一ＥＴＣが三米ドルをゆうに超えており、クライアントの保有分の合計は一二〇万米ドル相当の価値を持っていた（現在の市場価格である一ETCあたり一・七二米ドルで換算すると、五九万六三五五・〇八米ドル相当）。

終盤には、「われわれは、TheDAO投資家への返還以外の目的でETCの転送がなされたとの通知および／または連絡を受けた場合、刑事、民事、行政の手続きおよび通知に取りかかるよう指示されている点に留意されたい」とあった。

レフテリスとグリフがアンドレイのスカイプ経由の要求に応じず、彼のETCをほかの人々より先に直接渡すことを拒否したため、彼の弁護士がこうした脅迫状を送ってきたわけだ。もしホワイトハットグループがこの書面の要求に応じて、ただちにETCをアンドレイへ送金した場合、アンドレイはほかのDAOトークン保有者が自分の分け前を受け取るより先に売却でき、優位に立てる。

レフテリスとコルムは、MMEが彼らの自宅の住所を突き止めたことに驚いた。以後、コルムは音信が途絶え（少なくともこの名前では）事実上、姿を消した。

ポロニエックスが彼らの計画を実行させてくれないことは明らかだった。ホワイトハットグループは開発者の集まりに過ぎなかったため、かつてハードフォークの意思決定プロセスの際、取引所の視点を見落としていた。同様に今回も、取引コミュニティーの仕組みを理解していなかった。ホワイトハットグループがETCのかたちで返還しない理由の一つはETCが「使用」しづらいせいだったが、トレーダーたちは開発者たちが想定するようにETCを「使用」する気はなかった。取引所で資産として取引し、技術的な側面はすべて取引所が管理してくれることを望んでいた。イーサリアムクラシックのブロックエクスプローラが存在しようがしまいが構わなかった。ＥＴＣを金と見なしており、もとの保有から細胞分裂したこの新しい資産が欲しいだけだった。取引所がユーザーフレンドリーにしてくれるだろう。彼らの望みは「無料で手に入る金」だった。取引所間の価格差を利用して儲けたり、どこかのカモに売りつけて利益を得たりするチャンスが欲しかった。

ＥＴＣで資金を返さないかぎり、ポロニエックスは預金の凍結を解除しないことがわかったので、ホワイトハットグループは従うことにした。八月一二日金曜日、中央ヨーロッパ夏時間の午前二時三三分、ジョルディがこれら一連の経緯をまとめてレディットに投稿し、ＥＴＣの分配に関してはあらためて発表すると述べた。[33]

反響が大きかったコメントの一つはこうだった。「ようするに、あなたたちは七〇〇万ドルのＥＴＣを盗んで、それを売ってＥＴＨを買おうとした。完全に合法、だよな！」。ホワイトハットグループを擁護する声もあった。[34]「彼らの努力がなければ、きみたちは何も受け取れなかったはず。無償奉仕で資金を確保する手助けをしてくれた。なのに彼らをけなすとは！」[35]

ここでホワイトハットグループとビティーは、誰がＥＴＣを受け取る資格があるのかという問題に直面した。「ＴｈｅＤＡＯが五月二八日に立ち上げられた時点でＤＡＯトークンを保有していた者」を基準にすべきだと主張する人もいた。「六月一七日に再帰呼び出し攻撃が発生した時点でのＤＡＯトークン保有者」が基準だと考える人もいた。ほかに、ＥＴＣチェーン上の現在のＤＡＯトークン保有者に分配すべきという意見もあれば、七月二〇日のフォーク直前のブロック 1919999 のときＤＡＯトークンを保有していた人に渡すべきという意見もあった。

最後の意見は、主要な大口投資家たち（アンドレイ、クリス・ハーボーンことファットフィンガー、ネオペッツ創業者のアダム・パウエルら）の要望と合致していた（言うまでもなく、ハードフォーク時点のアンドレイは、立ち上げ時や攻撃時よりもはるかに多くのＤＡＯトークンを持っていた）。ホワイトハットグループが最終的にこの基準を採用することにした（以後、アンドレイは法的な手段をちらつかせるのをやめた）。

ビティーのアレクシスがＥＴＣ払い戻しのステータスに関するブログ投稿を行なった数日後、WhalePanda というハンドルネームを持つビットコイン至上主義者が「イーサリアム：嘘つきと泥棒の連なり《チェーン》」というタイトルのブログ記事を公開した。そこでは、ホワイトハットグループがさまざまな取引所で行おうとした取引の詳細を説明し、「ようするに、**違法に取得したＥＴＣを市場に大量売却してＥＴＣを暴落／消滅させようとしたものの失敗。いまは、差し押さえられた資金を取り戻したくてたまらない。反省中**」とまとめた。

さらに、ＤＡＯリンク（スロック・イットからふたり、ビティーからふたりの計四人の幹部／顧問が参加）を通じて、ビティーとスロック・イットがどれほど密接につながっているかを指摘し、「法的トラブルから身を守るため彼らが行動をともにしていると考えるのが妥当だろう」と述べた。また、当人たちのブログ投稿を「でたらめと嘘」と呼び、ロビンフッドグループとホワイトハットグループのメンバーがイーサリアム財団やスロック・イットとどう関係していたかを検証し始め、彼らが送ったプライベートメッセージのスクリーンショットも公開した。たとえば、ファットフィンガーの資金救出前、高報酬トークンについて投稿したレディット利用者へ送ったメッセージなどだ。ヴイタリックが「イーサリアム財団とロビンフッドグループは同一ではない」と表明したスクリーンショットも含まれていた。「ロビンフッドグループのメンバーたちと同じチャット内にいたこの慈悲深き独裁者が、グループの一連の動きを知らなかった、などと信じられるだろうか？」とWhalePanda は疑問を投げかけた。その下には、フォトショップで加工作成したイラストが添えられていた。ソビエトの旗がたなびく、中国共産党のプロパガンダふうのポスターで、左隅には、遠くでイーサリアムのロゴの下を行進している中国のプロレタリアたちの姿があり、それに覆いかぶさるように毛沢東の上半身が大きく描かれていて、毛沢東の禿げた頭部にヴィタリックの顔が貼り付けられていた。[36]

ＴｈｅＤＡＯに関わったほとんど全員が批判を受けたが、ＴｈｅＤＡＯを大々的に宣伝したステファン・トゥアルがとくに厳しく糾弾された。しまいにはクリストフから、コミュニティーに対して謝罪文を書くべきだ、とまで言われた。ステファンは「余計なお世話だ」と返しかけたが、思いとどまった。彼はいちどクリストフの家に行ったことがある。その際、クリストフが子供たちとてもいい関係を築いており、自分の家よりはるかにうまくいっていると感じた。そのことで彼はクリストフを心から尊敬していた。そこで、WhalePanda による非難の二日後、ステファンは「ステファン・トゥアルからの個人的な声明」というタイトルの短いブログ記事を公開した。そこには、「わたしはＴｈｅＤＡＯプロジェクトに心血を注ぐあまり、あとから考えると不適切なツイートや投稿をしてしまった。ここでお詫びしたい。また、ＴｈｅＤＡＯが直接的または間接的に引き起こしたすべての問題についても謝罪したいと思う」と書かれていた。[37]

コメントのなかには同情的なものもあった。「私見では、あなたの唯一の間違いは、ハッキングのあと、ツイッターで批判者に対して防御的／傲慢になりすぎたことだと思う」[38]。しかし、辛辣なコメントも多かった。ある人物は「LOL［「笑」の意味］」とだけ書き、「DAOの資金は危険にさらされていない」とするステファンの過去のブログ投稿へのリンクを貼った。別の人物はこうコメントした。「暗号コミュニティーの九〇パーセントが、あなたに対する尊敬の気持ちを失った。あなたの自己中心的で傲慢な態度は、文字どおりTheDAOにフォークを突き刺し、イーサリアムの評判を台無しにした」。さらに別の人物は「役立たずめ。ファック・ユー、トゥアル。そんな〝謝罪〟は、何週間も前なら意味があったかもしれない。なのに、そのころはふざけたミーム画像を投稿して、いけ好かない態度を取っていた」と非難した[39]。

各取引所との話し合いやETC引き出し用コントラクトをつくる新しい計画をブログ記事で説明してから一週間後、ビティーのアレクシスは、そのETC引き出し用コントラクトのソースコードをレディットに投稿し、意見を求めた[40]。ある利用者は「ゼロになる前にETCをDAO保有者に渡そう」と書き込んだ[41]（当時ETCはせいぜい一ドル七五セントだった）。別の利用者はこう書いた。

「無料のお金！」第二部
前回よりずっと少ない金額だけど[42]。

「ブロック1919999の時点でのDAOトークン所有者が払い戻しの資格を持つ」としたホワイトハットグループの判断にも、反対の声のほうが目立った。そのため、グループのメンバーたちは二つの面で苦しむことになった。一つは苦情の多さ、もう一つは自分たちが決めた策の実施の難しさだ。四月の立ち上げから七月二〇日のフォークまでのＤＡＯトークンのすべての移動を再調査して、1919999の時点でトークンを持つアドレスのリストを作成し、それをスクリプトを使って分析しなければならなかった。しかし、ブロック1919999の時点で各アドレスにどれだけのＤＡＯトークンがあったかをリスト化できさえすれば、投資者たちはＴｈｅＤＡＯの残高に応じて換算レートおよそ〇・七のＥＴＣを取り戻せる。操作を簡単にするため、グループのメンバーたちはマイイーサウォレットに専用のウェブサイトをつくってもらい、余剰残高、引き出し用ＤＡＯ、ＥＴＣ引き出し用コントラクトに残っている資金をワンクリックで取り戻せるようにした。

八月二六日、彼らはビティーのブログ上でＥＴＣ引き出し用コントラクトの修正版を公開し、ホワイトハットグループの活動に寄付ができる方法も用意したうえで、八月三〇日からコントラクトの導入を開始すると発表した。[43]

同日、アレクシスはポロニエックスのＣＥＯトリスタン・ダゴスタへ個人的にメールを送った。それまで何度も送信したが返事がなく、またあらためて送信したのだ。彼は、ポロニエックスがなぜビティーのアカウントを凍結したのか、なぜ理由を問い合わせても返答しないのか、ビティーにはさっぱり理解できないと説明し、ＴｈｅＤＡＯ攻撃者の身元特定について以前やりとりしたことのあるポロニエックス従業員を通じて連絡しようとも試みたのだが、と伝えた。続いて、その従業員が発見した驚くべき新情報に言及した。

さかのぼること七月五日、レフテリス、グリフ、コルムとスカイプチャットをしている最中、そのポロニエックス従業員はこう発言した。「ついさっき、あらたなＢＴＣアドレスを見つけた。これにより、［あるスイス企業の］またあらたな関係者が確認できた。数分以内に同じＩＰから複数のログインがあり、さらに裏付けが取れた」。そして付け加えた。「その人物はビティーと関わりがある」。最初の容疑者はそのスイス企業のＣＥＯであり、攻撃者が使ったアドレスとやりとりした形跡のあるアドレスを所有していた。ポロニエックス従業員がとくに不審に感じたのは、攻撃の三日前の六月一四日、あるアドレスがポロニエックスからＢＴＣを引き出し、シェイプシフトを介してＥＴＨに交換していたことだった。これは攻撃者と同じ行動だ。ポロニエックスが世界で最も流動性の高いＥＴＨ交換所なのに、なぜポロニエックス上で直接交換しなかったのか？　ビティーとの関係については、事情に詳しい情報筋によれば、攻撃の前日、そのスイス企業ＣＥＯと、ビティーを最近退職したある元従業員とが、同じＩＰから数分以内にポロニエックスにログインしていたという。その元従業員は約六万五〇〇〇ドル相当のＥＴＨを売却した。ＩＰが同一だったからには、同じ建物内か、もしそうでなくても地理的に非常に近い場所にいたことになる。ところが、ビティーの本社はヌーシャテルにあり、同じ国内とはいえそのスイス企業は電車や車で二時間かかる距離にあった。さらに、攻撃の朝、そのビティーの元従業員は、ＥＴＨの価格がハッキングによって暴落する前に先手を打ってＥＴＨを売却しており、攻撃開始から三時間半後、スイス企業ＣＥＯがポロニエックスから引き出すとき使ったアドレスへ一〇五四ＥＴＨ（イーサスキャンによれば約一万六三〇〇ドル相当）をアドレスに送信した。そのアドレスがスイス企業ＣＥＯ自身のものだとすると、ＣＥＯがビティーの元従業員に事前に攻撃の情報を伝え、見返りとしてチップを受け取ったのではあるまいか？

その時点でアレクシスは、ポロニエックス従業員がビティーの元従業員の関与をほのめかしたことに驚いていた。そこで、ビティーはすでに独自の調査を済ませており、ポロニエックスが望むなら協力する用意がある、と書いたうえで、「もっとも、ポロニエックス従業員のひとりがビティーを中傷しようとしただけでないことを祈りたい」と付け加えた。「このほのめかしで、イーサリアムコミュニティーにおいてわれわれのイメージにはすでに傷が付いた。いまのところ、この憶測は立証された事実ではない」。彼は続けて、おそらくこの憶測のせいでビティーが預けたETCがポロニエックスで凍結されたのだろうと述べたが、ポロニエックスが沈黙を保っている理由はいまだに不明だった。次に彼は、ポロニエックスに向けて二つの選択肢を用意した。ビティーの預けたETCを保持し続けるか、それとも、ビティーが準備中のETC引き出し用コントラクトへ転送するか。ポロニエックスに選択を求めたものの、またしても返答はなかった。

八月二九日、アレクシスはビティーのブログに投稿し、翌日にETC引き出し用コントラクトを展開し、DAO-Cトークンに関連する合計一一五三万八一六五ETCのうち四一七万一六一五ETCを投入すると発表した。[44] ETC全量ではなかった理由の一つは、二八〇万四ETCがポロニエックスで、四九万九四〇二ETCがクラーケンで凍結されたままだったからだ。「これらの資金に関して両取引所に連絡を試みたが、回答は得られなかった」とアレクシスは述べた。

八月三〇日の中央ヨーロッパ夏時間午後五時、ホワイトハットグループはETC/DAO引き出し用コントラクトを展開したが、すぐにバグに気づいた。[45] 機能するまで数回、展開し直さなければならなかった。

アメリカ東部時間八月三一日午前一時三一分(スイス時間午前七時三一分)、ポロニエックスがついに沈黙を破ってツイートした。「引き出し用コントラクトの準備完了。法執行機関から許可が下りるのを待っている」[46]

法執行機関――これで、八月二九日にレディットでクラーケンのCEOのジェシー・パウエルが発した謎めいたコメントの意味が少し明らかになった。ある利用者が「これらの取引所は本当に最悪だ。返金用のコントラクトがもうすぐ展開されるのに、まだ資金を握りしめ続けるつもりか?」と書いたのに対し、ジェシーはこう返答した。「われわれが最悪だというのは、きみがたの資金を使って説明のつかない怪しげな活動をしていたいくつかのアカウントを凍結したせいだろうか?申し訳ない。しかし残念ながら、〝ホワイトハット〟を名乗るグループの奇妙な行動に関してさらなる精査が必要だと考えたのは、われわれだけではない。現在、資金を引き出し用コントラクトへ送っていいかどうか、ほかの利害関係者の許可を求めている段階だ」

マイイーサウォレットのテイラー・バン・オーデンが議論に加わり、ジェシーに「クラーケンはひどすぎで、〝インサイダー取引〟をしている」と非難を浴びせた。最初のうち、テイラーが苛立っているのは、前日ジェシーからマイイーサウォレットの利用者を標的にしたフィッシングサイトについて個人的に警告メッセージを受け取ったせいではないかとも思われた。ジェシーはこう反論した。「〝インサイダー取引〟の疑惑は事実無根。われわれはこんな災難が降りかかってくるのを望みなどしなかった。個人的には、いっさい関わりたくない気分だ。いつか次に、白馬の騎士がマネーロンダリングと疑われかねない行為をする場合は、法執行機関への露出度が低い取引所を使うように願いたい」

別のコメントで、ジェシーはこう書いた。「何が起こっているのかをわれわれが言えないとき、実際のところ何が起こっているのか、みなさんにはだいたいの想像がつくだろう。こちらからもっと情報を公開できるといいのだが……。われわれの目標は、コインを正当な所有者に返すことだ。先だってのホワイトハットの奇行は、多くの注目を集め、事態をきわめて複雑にした」[47]

ついに、中央ヨーロッパ夏時間の八月三一日金曜日午後一〇時二五分、ポロニエックスは司法省の担当機関から許可を受け、「数時間以内にホワイトハットのETCを引き出し用コントラクトへ送れるように準備している」[48]とツイートした。二分後、クラーケンもツイートした。「数時間以内に、ホワイトハットグループの引き出し用コントラクトへ四九万九四〇二・八八七三七ETCを送金する」[49]

最大の危機の結末

ニクラスの「提案」に従い、ホワイトハットグループは一〇〇〇ETHをアンドレイに返還することに決めた。これでついに、無償でほとんど二四時間休みなしに行なっていたホワイトハットグループの一連の作業が完了した。TheDAOの攻撃が始まった直後から、レフテリスはほかのメンバーたちとともに夜明けから日没後までオンラインで作業を続けていた。コンピューターの世界に興味のない妻から、家族といっしょに時間を過ごしてほしいと何度も頼まれたが、「重大なことが起こっているのをきみは理解していない」と断わった。そのうえ彼は、ロビンフッドやホワイトハットの作業を手伝ってもなんら報酬を得ておらず、貯金を切り崩して生活していた。ホワイトハットグループに寄せられた寄付金は、一カ月ぶんの費用すらまかなえない額だった。

一方、グリフはスロック・イットからの報酬を受け取らなかった。彼が暗号通貨以外はもらいたくなかったのに対し、スロック・イットは法定通貨でしか支払えなかったからだ。しかし、グリフは気にしなかった。もともとボランティア志向の人間だった。ただ、念のために、DAOトークンを数年間保持した。いつかまたTheDAOへのハッキングを迎え撃たなければいけなくなるかもしれない。

九月六日、ホワイトハットの引き出し用コントラクトのためのETCがすべて預け入れ完了となった。足りなかったぶんの資金は、子DAOの一つと、ホワイトハットグループが最初にクラーケン、ビットトレックス、ユンビでETH、BTC、ユーロに換えてあったものを活かして補った。ふたたびETCに交換したところ、差益が生じ、DAOトークン保有者に返還できる額が一八万六五一六・六三ETC（約二七万四〇〇〇ドル）増えた。こうして必要量のETCが確保された結果、DAOトークン保有者が自分たちに支払われるべき残りのETCを受け取れる状態になった。

同日、TheDAO攻撃者が引き出しを開始した。七月二三日のハードフォーク直後、ETCがポロニエックスで取引開始される前に、攻撃者はダークDAOにあったETCを孫DAOへ、一〇回の取引により三六万四二四〇ETCずつ、合計三六四万二四〇八ETCを送金した。[50]九月六日のスイス時間午前〇時三分には、その孫DAOからすべてのETC（約五三〇万ドル）を別のウォレット0xc362に引き出し、数分後の中央ヨーロッパ夏時間午前〇時六分三三秒、その資金を自分のメインアカウントである0x5e8fへ戻した。[51]

攻撃者がその資金で最初に行なったのは、中央ヨーロッパ夏時間の午前〇時三四分一三秒、一〇〇〇ETC（約一四六〇ドル相当）をイーサリアムクラシック開発者の寄付アドレスへ送金することだった。[52]

同じ日の中央ヨーロッパ夏時間午後二時三三分二五秒、攻撃者のウォレットが〇・六九三一ET

C（約一ドル相当）を受け取った。[53] 送金元はいわゆる「バニティーアドレス」だった。バニティーアドレスはビットコインから始まった趣向だ。ほとんどの仮想通貨アドレスが 0x5e8f や 0x969 のような無作為な数字と文字の羅列であるのに対し、仮想通貨マニアは、もっと覚えやすい個性的なアドレス――たとえば、ゼロの連続で始まるアドレスや、人名のつづりが入ったアドレスなど――を好み、大量の計算を伴う「総当たり」によって手に入れようとする。TheDAO攻撃者へ〇・六九三一ETCを送ったのは、一一個のaで始まるアドレス（0xaaaaaaaaaaaf7376faade1dcd50b104e8b70f3f2）だった。

このようなアドレスを作成するには、自分のコンピューターに平均八兆八〇〇〇億回の計算を実行させる必要がある。[54] そう考えると、このアドレスの所有者はきわめて処理能力の高いコンピューターあるいはGPU（グラフィック処理ユニット）を持っているに違いなかった。GPUは通常のコンピューターチップよりも強力で、当時イーサリアムのマイニングによく使用されていた。おそらく、この 0xaaaaaaaaaaa アドレスからの取引は、攻撃者本人からの揶揄のメッセージだったのかもしれない。

攻撃者はバニティーアドレスの愛好家だったらしい。イーサリアムクラシックとイーサリアムの両チェーンにおいて、九月六日の午前八時三分四一秒と八時三分四二秒（ともに中央ヨーロッパ夏時間）にそれぞれ、0x22222222222fc20 アドレスは 0x22222222222fc20 で始まるバニティーアドレスから資金を受け取っていた。そのアドレスは、ハードフォーク前に 0xdeadbeefb880 で始まるバニティーアドレス――「死んだ牛肉」を意味する文字列「deadbeef」はプログラマーのあいだで有名――から資金を受け取っており、さらにそのアドレスは 0x0000000008b4c9 で始まるアドレスから資金を受け取っていた。そして、そのアドレスは0xdeadbeefb880に加えて、ほかにも四つのバニティアドレス――0x666666660bfe3、0x11111111b41fad、0x000000000015b、0xffffffff3984f569b4――から資金を受け取った[55]。

バニティーアドレスから0x5e8fアカウントへ入金取引があったあと、しばらく何も起こらなかったが、一〇月二五日、攻撃者は一一〇〇、五〇〇〇、一万、二万五〇〇〇などの切りのいい数字で資金をいくつものウォレットへ分配し始め、一部のウォレットには複数回の分配を行なった。たとえば0x085accアドレスへは七回。そこから、攻撃者はさらに小さな額を送金し始めた。いずれも二三一〇～二三四〇ETCくらいだった。

この時点で、オーストラリアのシドニーにいるDAOプロジェクト支援者のボク・コー――オンラインではBokkyPooBahの名で知られていた人物――が、TheDAO攻撃者が現金化するのを防ぐ方法があるかもしれないと気づいた。BokkyPooBahは保険数理士だが、保険料や資金管理の仕事に飽きてきていた。「スタックエクスチェンジ」（コンピュータープログラミングの質問に対して不特定多数がこたえる「知恵袋」のようなサイト）でさまざまな質問に回答するうち、イーサリアムとTheDAOの誕生を知った。TheDAO攻撃のあと、彼はユーザーが返金を受け取る方法について詳細な説明を書き、実際の引き出しの代行まで引き受けた。たいていはシドニー時間の午後一一時、四人の子供たちが寝たあとにそうした作業を行なっていた。

一〇月二六日、DAOのスラック上でひとりのユーザーが、攻撃者の獲得物が移動し始めていることに気づいた。BokkyPooBahが確認したところ、すべての取引が約二三三三ETC以下、つまり一回の送金につき約二五〇〇ドルだった。彼は、これらの金額がシェイプシフトの取引制限内であることに気づいた。同社は顧客識別情報を取得しない。そこで彼は最初、攻撃者がETCをモネロなどの「プライバシーコイン」と交換しようとしていると推測した。プライバシーコインは資金の移動が外部から見えず、現金化しやすい。ところが意外にも、攻撃者はどうやらETCを追跡可能なビットコインに変えようとし始めた。

ところが当時、ビットコインネットワークは混雑期にあった。そのため、ビットコインブロックチェーンのブロックが何メガバイトのデータを持つべきかについて論争が起きていた。取引量が増加するにつれ、任意の時点での取引数が現在の上限である一メガバイトに達してしまい、一部のブロックが満杯になって、空きのあるブロックが見つかるまで取引が遅延するケースが目立っていた。The DAO攻撃者が現金化しようとしたとき、混雑はここ四カ月で最もひどく、攻撃者の取引は半日以上遅延していた。BokkyPooBahはシェイプシフトに連絡を試みたがうまくいかず、代わりにグリフに連絡を取ってもらった。しかし、シェイプシフトが対応を検討しているうちにビットコインネットワークの待ち行列が解消されてしまった。そのため、攻撃者は二日間にわたって一回につき端数から三・六BTC強までの範囲で計五〇回近くの取引を実行し、合計約一四六BTC（約九万六〇〇〇ドル）を得ることに成功した（ただし、その秋、シェイプシフトは攻撃者のアドレスと関連アドレスからの一〇件の取引、合計一万四五六六ETCをブロックした）。

最高の結果とまではいかなかったが、ハードフォークのおかげで、攻撃者が手に入れたものは、ETHのままだった場合の約一〇分の一の価値しかなかった。ハードフォークによって厄介な双子のイーサリアムが生まれてしまったものの、ひとりが全コインの五パーセントを握る事態が避けられた意義は大きかった。イーサリアムは最終的に、コインの保有量によってネットワークの支配権が決まる新しいマイニングシステムに移行する予定だったからだ。

こうしてイーサリアムは、まだ短い歴史のなかで直面した最大の危機をどうやら乗り越えたらしかった。一連の騒動で時価総額が七億ドル（四一パーセント）減少したとはいえ、コミュニティーの大多数の支持をイーサリアムクラシックに奪われるようなことはなかった。スロック・イットで働き続けたステファン・トゥアルは広く嫌われたが、クリストフは少なくともほかの開発者たちからは好意的に扱われた。ただし、スマートコントラクトのセキュリティーに関するプレゼンテーションのたびに必ずＴｈｅＤＡＯが言及されるという十字架を、彼は一生背負わなければならなかった。スロック・イットにはグリフとレフテリスに報酬を払う余裕がなかったものの、双方は良好な関係のまま別れた。レフテリスは、ブロックチェーン技術の仕事を続けるべきかどうか迷った。自分に対してみんなが敵意を、ことによると殺意を抱いているのではないかと思ったからだ。ヴィタリックに関していえば、あるイーサリアム開発者は、この経験で彼は良い方向に変わった、と語る。以前は、幸運に恵まれて夢を売る少年だったが、現実的になり、過大な約束をしないことを学んで、言葉に重みが増したという。

第9章 恐怖、不確実性、疑念

二〇一六年九月一三日から二〇一六年秋まで

九月一三日、グリフはブログに投稿し、余剰残高引き出し用コントラクトがイーサリアム（クラシックではない）上で九月一五日にようやく資金提供されると述べた。[1] そのコントラクトを作成するため、BokkyPooBah のほか三人の開発者が、中立の立場で余剰残高の貢献者のリストを作成し、クロスチェックして、不一致を正した。余剰残高を取得する方法の説明はグリフが用意した。ブロックチェーンとは何であるかを知らず、金持ちになりたい一心でDAOトークンを購入した初心者を助けるために、一二枚のスクリーンショットを添え、赤い丸、四角、矢印で印をつけて、手順をわかりやすくした。数日後、BokkyPooBah がレディット上に投稿し、ETHやETCを保有している可能性のあるすべてのアカウントをリストアップした。そこには、引き出し用コントラクトのETHや、余剰残高のETH、手動で正直にスプリットDAOを行なった場合のETH、DAO攻撃後に救出された七三・一五パーセントのETC（ホワイトハットグループがトークンをETHとBTCに交換したものの、やむを得ずふたたびETCに戻した際、差益が生じて、もとの六九パーセントから増加した）が含まれていた。[2] また、リプレイ攻撃を避ける方法も書かれていた。彼は、多くの人々が利用できるようにこの情報をレディットに公開したと述べ、「近々、上海で開催されるデヴコン２をみんなで楽しもう」と締めくくった。

「デヴコン２」は三日後に始まる予定だった。会場は上海のハイアット・オン・ザ・バンド。川沿いにあり、「東洋のパリ」と呼ばれる美しい夜景や近代的な高層ビル群を見渡すことができる。

それに向けて、ミンはみずから精力的に準備を進めていた。手伝ったのは、ハドソン・ジェイムソン、その妻でありすでに雇用されているローラ・ペンロッド、ミンのミシガン大学時代の友人であるジェイミー・ピッツの三人だけだった。チケットは完売で、約一〇〇〇人が参加する見通しだった。

ハドソンは、赤みがかった髪とふさふさした髭が特徴の二四歳。二〇一一年にノーステキサス大学でコンピューター科学を専攻しているときにビットコインと出合い、そのマイニングをやり始めて、ひとりの教授まで夢中にさせ、イーサリアムのクラウドセールに参加し、やがてブロックチェーンアーキテクトとしてＵＳＡＡ銀行に雇用された。その後、Ｓｏｌｉｄｉｔｙのチャットチャンネルも手伝い、二〇一五年秋の「デヴコン１」にはボランティアとして参加し、オンラインで交流のある人たちと対面した。人生が変わるほどの体験だった。

興奮冷めやらぬハドソンは、デヴコン１の感想を書いてミンへメールした。彼によると、ミンはひどく心を動かされたらしく、「財団はあなたのようなコミュニケーション能力と開発経験を持つ人材を必要としている」と言い、ＵＳＡＡ銀行を辞めるよう電話で彼を説得したという。財団はちょうど、有害な人（つまりギャビン）を切り捨てたところだから、と。

その結果、ハドソンはＤＡＯ攻撃の大騒動の最中に雇用された。ハドソンの最初の仕事は、ソフトウェア開発とIT運用——すなわち、サーバーの設定、電子メールシステムの管理など——に加え、妻のローラと力を合わせてデヴコンの準備に取り組むことだった。

彼は、新しい上司のミンが好きだったし、尊敬もしていた。ミンが財団の財政をうまく切り盛りしたことに感銘を受けたからだ。支出を削減し、財団が何年にもわたって活動し続けられるだけの資金を確保した。また、彼女はヴィタリックや開発者たちを非常に気にかけているようすだった。たとえば、新入社員の面接や研修をみずから行なっていた。

ハドソンによれば、ミンも彼のことを本当に気に入っているようだったという。ほどなくして、彼女から週に数回電話がかかってくるようになり、一回につき二〜四時間もしゃべった。彼女自身の私生活についても話し、財団の初期に見つけた問題点なども打ち明けた。たとえば、ギャビンの資金管理は適切ではなく、自分の報酬額を多くしすぎたほか、さまざまな人物が財団から不正に金を得る事態を招いていたらしい。ほかにもいろいろな情報を明かしてくれ、ハドソンは彼女に信頼されていると感じた。もっとも、妻からは、上司がそんなことまで部下に話すのは不適切だし、少なくとも、そんな言いかたで伝えるのは一線を越えている、と批判されたが、大学を出たての彼はこれがふつうなのだろうと思った。ミンは財団のスタッフに週末は働くなと命じていたくせに、ハドソンによると、土曜日の夜にスカイプチャットで、なぜわたしのメッセージにすぐ返信しないのかと文句を言った。彼の妻はひどい強要だと感じたようだが、彼は、ミンが週末に働いているなら自分もそうしようと考えた。ミンとイーサリアムにすっかり夢中で、ミンとは長電話をするせいで、妻と過ごす時間よりもミンと接する時間のほうが長いときもあった。

ミンの長電話好きは、すでに有名だった。スタッフのほとんど全員に電話をかけ、何時間も話し込んだ。一時間、二時間、四時間……。一部の開発者は我慢してそれに付き合った。たとえばクリスチャン・ライトビースナーは、ミンとの電話会議のたびに最低一時間は確保した。ギャビンのもとにいるあいだは闇のなかに置かれていたのに対し、こうして財団で何が起こっているのかを教えてもらえるだけましだと思った。しかし、友好的な電話とはいえ、話にとりとめがなさ過ぎると感じる開発者もいた。ミンは、わたしには時間がない、三日間ほとんど寝ていない、家族とクリスマスを過ごさなければいけなかったし、飼い犬が死にかけている、クリスマスは夜通し書類作成に追われた、などと言い始めたかと思えば、急に中国の歴史を語りだし、両親が中国でどう豊かに暮らしていたか、しかし文化大革命の影響で国を離れ、一家でスイスにたどり着いた、といった話をした。聞き手の開発者は、面白い話だと感じたものの、途中からさすがに、電話を切る口実を考え始めるのがつねだった。それほど我慢強くない者もいた。「電話をミュートにして、三〇分後に解除し、「うん、へえ、なるほど」とときどき相づちを打って済ませた」と、ある開発者は回想している。

ミンの独白の内容は、必ずしもプロフェッショナルではなかった。一時間以上、人の悪口を言うときもあった。電話口で泣きだすことも多かった。何もかもどんなにストレスが溜まって大変か、財団の運営方法や財政状態がどれほどひどいかを語り、規制当局について異常なほど心配し、あの人やらこの人やらがすべてを滅茶苦茶にしたとこぼした。さらに、わたしの仕事は特別に難しい、なのに誰もわたしを評価してくれない、仲間たちがわたしの価値をもっと認めてくれないなら、辞任して、わたしがどれほど財団を救ったかを思い知らせるしかない、などと口にした。彼女がたえず不平不満をぶちまけるため、スタッフたちは、長電話はミンにとってセラピーの一種であり、スタッフ側としては耐えるのが仕事だと感じた。ある人物が、ミンのボーイフレンドのケイシーに、彼女はずいぶんほかの人について愚痴をこぼすタイプだ、と指摘した。すると驚いたことに、ケイシーも、たしかに彼女はひどく感情的になるし、いったんそうなるとなかなか抜け出せない、と認めた。その人物は「それでいて、彼女とセックスしているわけか」と心のなかでつぶやいた（開発者のケイシーはイーサリアムに取り組んでいたものの、無給か、せいぜい年間一ドルといった名目上の金額しか受け取っていなかった）。全般において、ミンは個人的なことと仕事上のことを切り分けられず、スタッフたちが純粋に仕事上の立場で何かを伝えたくても、機嫌が悪かったり、誰かにひどいことをされて傷ついていたりといった個人的な問題に気を取られすぎて、まともに聞く耳を持たないときが多かった。けれども上司だから、スタッフたちは彼女の振る舞いに目をつぶるしかなかった。あるC＋＋開発者は、彼女を「いままで見たなかで最もプロ意識に欠ける人」と表現した。

開発者以外でミンと付き合う必要のあるビジネス関係者や管理職者は、成果を挙げるのに苦労した。彼女と一時間以上も電話しても、なんら実を結ばないことがよくあった。ある管理職者は彼女との電話を避け、あらゆるやりとりを書面やメールにした。彼女がほとんど全員と長電話をしていることが明らかになるにつれ、財団のメンバーたちは彼女の生産性を疑問視し始めた。

ツークで一緒に暮らしていたメンバーのひとりは、ミンが一日じゅう電話ばかりしていたと証言する。おもて向き働いているとき（つまり、電話に出ていないとき）でさえ、なかなか決断を下そうとしなかった。「CESに出展すべきか？」といった簡単な課題すら、簡単に決めようとしなかった（CESとは、ラスベガスで開かれるテクノロジー業界展示会の一つで、毎年一五万人以上が参加する）。たいがいの人なら決断は容易であり、たとえば「露出度は高いが、参加者がうちのターゲット層と異なるうえ、エントリーは無料だとしても、ブースの設営にかなりのコストがかかる」というふうにすぐ分析して、結論を出せる。ところがミンの場合、感情の問題が絡むのだった。「あら。じゃあ、わたしが時間を注ぎ込んだこのアイデアが気に入らないわけね？」

彼女は些細な事柄にこだわった。あるとき、レディット利用者たちが、イーサリアム開発者向けのサブレディットを作成し、「ETHデヴ」と名付けた。ギャビンがベルリンに設立した財団子会社とたまたま同じ名称だ。この名称を付けた人たちは、そんな同名の企業が存在することさえ知らず、ましてや、それが（ギャビンと関わっているせいで）財団にとって特別な意味を持つことなどつゆ知らなかった。ところがミンは、そのサブレディットの進行役のひとりに電話をかけ、その名称がどれだけ目障りかを延々と話した。

ほかにも、イーサリアムのエコシステム上のごく基本的な事実が、ミンの感情に火を付けかねなかった。たとえば、ジョゼフ。ジョゼフが率いるコンセンシスは、イーサリアムに特化した大手企業の一つであり、多くの開発者が取引をしていた。しかし、ジョゼフやコンセンシスの名前は、ミンがいるところでは禁句だった。うっかり口に出すと、ミンを落ち着かせるのにひと苦労する。場合によってはケイシーの助けを借りなければいけなかった。

ジョゼフとの軋轢の始まりは、前年にさかのぼる。ジョゼフが、ロンドンで開催される「デヴコン1」の費用を負担すると申し出たため、財団は安心してイベントの計画を始め、各種の前金や、必要な物品の費用を支払い始めた。ところが、あるメンバーの証言によると、いざ実際に資金を送る段階になると、ジョゼフは渋った（ジョゼフ本人は、価値あるものには喜んで出資するし、なんの見返りがなくても構わないと語る）。結局、ジョゼフの側近のひとり、アンドリュー・キースが、自身の個人的なクレジットカードを使って三万五〇〇〇ドルを立て替えなければならなかった。ジョゼフからの出資の遅れは、財団にとって大きなストレスだった。当時の財団には数カ月ぶんの資金しかなかったからだ。なかなか金が届かないせいで、イーサリアム財団（基本的にはヴィタリックとミンのふたり）は資金繰りに苦しんだ。

ミンがジョゼフを信用しなくなった理由として、もう一つの金銭的な問題があった。二〇一五年三月、暗号経済の研究機関「暗号通貨研究グループ（CCRG）」が設立される予定になり、財団は一〇〇万ドルのビットコインを寄付した。ジョゼフの息子キーレン・ジェームズ・ルビンがディレクターに就くはずだった。しかし、この計画は実現しなかった。そこで代わりに、財団は、同じく暗号経済を研究する「IC3」――コーネル大学の研究機関で、ハードフォークの時期にヴィタリックが参加したワークショップの主宰者であるギュンが率いている――にその資金を寄付しようと決めた。[3] しかし、資金を移転しようとしたところ、ジョゼフの手元にあり、ジョゼフがそもそもCCRGに資金を渡していなかったことが発覚した。ビットコインはまだジョゼフの手元にあり、まるで、財団は彼に一〇〇万ドルを寄付したも同然だった。コンセンシスに単独で出資している彼に金をやるなど論外だ。ミンは、彼がその金を持ち続けていた点に不信感を抱いた（ジョゼフ本人の釈明によると、ヴィタリックからの最初の返還要求をうっかり見落としており、二回目の要求に応じたのだという）。

（ミンとの関係について、ジョゼフは「彼女は健全な人間ではなかった」と語る。デヴコン1で、彼はミンのことを「とんでもなくクレイジーだ」とやや大きな声で非難し、彼女に近い人物がそれを聞いてしまった。「その人物が彼女に告げ口したのだろう。直後から彼女はわたしを〝悪魔の親玉〟扱いし始めた」）。

ある人は、ミンを「閉鎖的」であり、あらゆる協力に「反発」していると感じた。二〇一六年春、ギャビンの解雇後にC＋＋チームに雇用されたイギリス出身のカナダ人ボブ・サマーウィルが、ハイパーレジャーのエグゼクティブディレクターであるブライアン・ベーレンドルフと会談した。ハイパーレジャーとは、リナックス財団のプロジェクトであり、おもに大企業向けのブロックチェーンソフトウェアツールの作成を目指し、数十の銀行、新興企業、IBMなどのIT大手が支援している。[4]ボブは、C＋＋クライアントの再ライセンス取得が良いアイデアだと考えた。それにより、企業向けのイーサリアムバージョンをハイパーレジャーで利用できる。ブライアンもまた、ボブがハイパーレジャーに力を貸してくれれば、イーサリアムを他のブロックチェーンと連携するのに役立つと考えた。当時、ボブはイーサリアム財団と契約し、週六〇時間働いていたが、四〇時間ぶんの給与しか支払われていなかった。そこで、財団のために無給で働く二〇時間を、ハイパーレジャーのための仕事に回そうと思い立った。ボブ、ミン、ブライアンの三人で電話による協議に入ったところ、ミンがブライアンに対して疑わしげに、ハイパーレジャーはイーサリアムを乗っ取ろうとしているのかと尋ねた。彼女はしまいにはブライアンを激しく非難し、「うちの人材を奪おうとするとは！　ボブの五〇パーセントが欲しいなら、一〇〇パーセントあげるわよ」と言った。

同様の出来事がIBMとのあいだでも起こり、ダメージはどうやらさらに深刻だった。二〇一五年の「デヴコン1」で、[5]マイクロソフトはイーサリアムの許可制バージョン（参加者を管理可能）を提供すると明らかにした。同じころ、コンセンシスのアンドリュー・キースが、IBMと同様の契約を結ぶことを望んでいた。彼の考えによれば、このような契約は、インターネット黎明期に大企業がパブリックインターネットへ移行する前、まずプライベートイントラネットを採用したのと似ていた。[6]IBM側は興味を示したものの、そのような取引を可能にするライセンスのバージョンがまだなかった。

　アンドリューによると、彼は、ＩＢＭのブロックチェーン技術担当副社長ジェリー・クオモを始めとする上級幹部たちとミンとの電話会議を三回セッティングしたという[7]。ところがミンは三回ともすっぽかした（ボブが彼女のために手配したＩＢＭとの電話会議でも同じことが起こった）。アンドリューは毎回、顔に泥を塗られた気分になった。なぜすっぽかしたのかと理由を尋ねると、ミンは、仕事が立て込んでおり、デヴコン２の開催などほかの優先事項があるとこたえた。アンドリューの目から見ると、ＩＢＭのような大企業にイーサリアムを採用してもらうことのほうが、デヴコン２の一〇倍も重要だった。彼はあきらめ、その後、ＩＢＭの主要なブロックチェーンコードベースにはイーサリアムではなく競合技術が採用された。彼は、ミンのすっぽかしが原因だと思った。

　デヴコン２までに、イーサリアムのメンバーたちはミンに対してこうした印象を抱いていたが、ヴィタリックがどう感じているかを知っている人は少なかった。


　デヴコン２の前、ＩＢＭとの関係構築でイーサリアムの足を引っ張ったのは、ミンだけではなかった。アンドリュー・キースとボブ・サマーウィルは、イーサリアムのクライアントをハイパーレジャーに組み込む方法を探り始めた。アンドリューはＩＢＭのジェリー・クオモなどの上級幹部と会議も行ない、ボブとのチャットでこう報告した。「先方はＥＴＨのプレゼンテーションを称賛し、端的にいえば、みずからがハイパーレジャーに寄付したコードは捨てて、イーサリアムをハイパーレジャーファブリックの中核に据えるよう推進するとの話だった」。問題は、すべてのイーサリアムのコードベースには「修正を加えた個人や組織は必ず、修正版をオープンソースプロジェクトに提供し、ほかの人々も使えるようにしなければならない」というライセンス条項が定められていたことだ。[8] もっと許容的なライセンスに変更すれば、オープンソースコードに手を加えてプライベートバージョンを作成しても、共有の必要はなくなる。[9] いわば、自社の「秘伝のタレのレシピ」を明かさなくてもいいわけで、それなら喜んでオープンソースソフトウェアを使用したいと考える企業ユーザーが多い。

アンドリューは、イーサリアムをハイパーレジャーに組み込むには、許容的なライセンスのコードベースが必要だと考えた。また、ボブは、企業に適した高性能クライアントとして、放置状態にあったC++イーサリアムを選んだ。実際のところ、ギャビンがこの可能性を以前に検討したことがあった。ボブとアンドリューは、C++コードベースに貢献した九九人の開発者と連絡を取り、許容的なライセンスを許諾する書類にサインをもらわなければいけなかった。五カ月にわたって開発者たちを追いまわし、いっしょに散歩をしたり、ビリヤードをしたり、寿司をごちそうしたりしてご機嫌を取った。

五月にボブがこのプロジェクトに着手した際、ギャビンはチャットで「ライセンス変更を求める流れがあるなら、こころよく検討する」と言っていた。ところが八月、デヴコン2の一カ月前、ギャビンはライセンス文書に関するボブの最新のメッセージに対し、チャットで次のように返信した。「これはライセンスの変更に関する話か？　わたしに検討してほしいと？」。そして「イーサリアム財団がわれわれの業務を支持も支援もしようとしないからには」パリティーの従業員をイーサリアム財団の取り組みに関与させないでほしいと求め、不満やわだかまりを並べたてた（この時点で、彼は自社の名称をエスコアからパリティーに変更していた。最初のイーサリアムクライアントにちなんでいる）。

結局、ボブはギャビン自身から最終的な回答を得られなかった。ハイパーレジャーのブライアン・ベーレンドルフがパリティーと電話で話をした結果、同社はライセンス変更に同意しないと告げられた。[10]ボブにはギャビンが意地悪でそう決めたのだろうと感じた。それと同時に、パリティーに潜在的な競争相手が生まれるのを嫌ったのかもしれなかった。ギャビン本人の説明によれば、パリティーのライセンス戦略を担当する弁護士が反対を決めたのだという。パリティーは、企業向けのイーサリアム実装を売り込むことで一部のベンチャー資本を得ていたため、もしC++コードベースが許容的なライセンスになれば、パリティーの将来の製品と競合する恐れがあった。

イーサリアムの開発者から見ると、これはパリティーが仕事に取り組む姿勢を象徴していた。協調的ではなく、競争的だった。たとえば、イーサリアムのエコシステムは一つのプロトコルで会話していたが、パリティーはParityノードのためだけの専用プロトコルをつくった。[11]このような事例が複数回あったあと、ペーテル・ジラーギは、パリティーに連絡を取り、なぜエコシステム全体に利益をもたらす協力的な選択をせず、イーサリアムやGethに敵対するような技術を選択しているのかと尋ねた。[12]ペーテルによると、当時のパリティーのCTOだったフレドリック・ハリソンは、クライアントの切り替えを難しくして競争上の優位性を築くためだと回答したという。複数のクライアントを持つ協調的なエコシステムというビジョンだったはずなのに、パリティーは、各当事者が互いに出し抜こうとする殺伐とした戦いに変えてしまった、とペーテルは感想を漏らしている。当のフレドリックは、ペーテルから直接連絡を受けた覚えはなく、ペーテルがパリティーの誰かに連絡したかどうかもわからないと語る。フレドリックによれば、パリティーはより良い同期戦略を提案したが、悪意のある者がつけ込む脆弱性になる恐れがあるとして、ペーテルが実装を拒否したらしい。「ワープ同期」と呼ばれるこの機能をのちにParityに実装して成功したところ、「ペーテルは非常に腹を立てた」とフレドリックは話す。「この機能のおかげで、われわれのクライアントが一般ユーザーにとってさらに便利になり、大きな市場シェアを獲得したからだ」。パリティーとしてはGethもこの同期戦略を採用することを望んでいたが、フレドリックによれば、Gethチームは「わたしが知るかぎり、純粋な頑固さのせいで」見送った。パリティー側は「競争があってこそクライアントは進化する」と考えており、同社はつねに協力の姿勢を取っていて、その証拠に、コア開発者会議に出席している、と彼は言う。

実情はどうであれ、結果として、ギャビンといっしょに仕事をしたことのないイーサリアム開発者さえ、「ギャビンは、自分やパリティーに都合がよければ、コミュニティーにとっては悪いことでも平気でやる」との印象を持つようになった。そのため、イーサリアムがデヴコン2で槍玉に挙げる「悪役」を探していたとき、真っ先に思い浮かんだ存在はギャビンだった。

ミンの欠点——細かすぎるマネジメント、恨みを抱きがちな気質、感情の不安定さ——は、年にいちどコミュニティー全体が一堂に会するイベント「デヴコン」でも表面化した。その夏、イーサリアムに特化したポッドキャストを配信しているアーサー・フォールズが、デヴコン2に関する動画を制作しようと思い、ミンに連絡を取った。彼によると、初めミンは非常に乗り気だったが、彼がコンセンシスと提携を結んでいることを知ったとたん、態度を豹変させたという。次に電話したときには、ミンは敵意をむき出しにした。仕事上でそのときほど好戦的な態度を取られたことはない、と彼は語る。さらにミンは、ジョゼフ・ルビンが財団を支配しようと押し入ってくるのは迷惑だ、と辛辣なメッセージを彼へ送った。

　ミンは財団に何のコストもかからない小さなことにまでこだわった。たとえば、ジェイミー・ピッツが「うちの妻は中国語と英語のバイリンガルだから、上海における通訳には妻がふさわしいのではないか」と推薦した。顔合わせのとき、ジェイミーの妻は「ミズ・ピッツ」ではなく「ドクター・ピッツ」と呼んでほしい、とミンに告げた。博士号を持っているからだ。するとミンは激怒した。その場にいたジェイミーが仲裁に入ったものの、ミンは譲らなかった。もっとも、ここで物別れに終わって、かえってよかったかもしれない。ジェイミーの妻は、ミンが時間かまわず夫に電話をかけてくることに腹を立てていた。ミンがいるツークの昼間は、ジェイミーが暮らすサンフランシスコでは夜中なのだ。

　デヴコン2の開催にあたり、ミンは、スタッフがメールを送信する場合、原則として事前にミンの承認を受けなければならない、というルールを設けた。ただし、ミンにとって「事前の承認」とは、彼女自身がメールを書き直すことを意味した。自腹で立て替えた金を会社に請求するメールにすら、目くじらを立てた。あるとき、ひとりのスタッフが別のスタッフにメールを送信し、ミンにコピーを送ったところ、ミンからその送信者に電話があり、メールの内容が間違いだらけだと大声で叱責された。しばらくおとなしく聞いたあと、その送信者は、文面を書いたのがミン自身であることを指摘した。

　全般に、ミンは部下に権限移譲することができないたちなのだった。ミンがすべて自分でやろうとしたせいで、デヴコンの時期が来たとき、本来ならスタッフが処理すべき細かな準備が、行なわれていなかったり不十分だったりした。たとえば、音響・映像の担当チームをミンが選定し雇用したものの、デヴコンでの運営責任者はハドソンだった。彼がいざ現場に到着してみると、チームメンバーのほとんどが英語を話せないことが判明した。イーサリアムコミュニティーのうち中国語と英語を操れる数人が、ハドソンのためにブースで通訳をしなければならなかった。参加者用のバッジも滅茶苦茶だった。あまりにひどかったため、ミンは最初のパネルに出席した際に謝罪した。[13] 加えて、ミンの感情的な不安定さも露呈した。彼女はイベント全体の司会を務め、舞台袖に立ってそれぞれのプレゼンターを紹介することになっていた。ある時点で、ジョゼフ・ルビンに何か言われて腹を立て、席にすわったまま口をつぐんでしまった。そのとき進行中だったプレゼンテーションが終わっても、彼女はまったく動かず、次のプレゼンターを紹介しようとしなかった。あるいは、できなかったのかもしれない。彼女が気を取り戻すまで、ハドソンが代わりにマイクを握り、続く数人のプレゼンターを紹介するはめになった。

しかし、こうしてミンがいろいろな問題を引き起こしたものの、それはデヴコン2の最大のドラマではなかった。

九月一九日月曜日、すなわちデヴコン2の初日の午前五時一五分、グランド・ハイアット・オン・ザ・バンドの一室で眠っていたヴィタリックは、部屋の電話で起こされた。かけてきたのはハドソンだった。

「重大な問題が発生した」と彼は言った。「すぐに降りてきてほしい」

ヴィタリックはノートブックパソコンをつかんで、階段を駆け下りた。グーグルの元エンジニアで、ハードフォークの際に引き出し用コントラクトを作成したニュージーランド人のニック・ジョンソンも、少し前にハドソンに起こされていた。彼は人名リストを持ってホテルのフロントへ行き、このリストに載っている全員に電話してほしい、と頼んだ。本当に、本当に重要な件なので、相手が電話に出るまでかけ続けてくれ、と。続いて、開発者たちが仕事をするための会議室を探したが、朝早いせいですべて閉まっていた。仕方なく、二階の会議室の外にあった椅子をロビーに集めた。

ブロックチェーンがＤｏＳ（サービス拒否）攻撃を受けているのだった。すなわち、大量のデータや要求を送りつけて過剰な負荷をかけ、サービスを使用不能にするハッキングだ。かつて、高校生のテイデン・ヘスがギュンにメールを送り、ＤＡＯのソフトフォークはＤｏＳ攻撃を受けかねない、と指摘したことがあった。

一同は肘掛け椅子に座って、めいめい背を丸め、膝の上や低いコーヒーテーブルに載せたノートブックパソコンで作業した。カーペットには、蜂の巣のような八角形が連なる模様が描かれていた。最初の一時間くらいは静かだった。一同は、攻撃がどう機能しているのかを理解しようとした。やがて、「イーサリアム仮想マシンは、値を読み書きするたび、あとですぐ参照できるようにその値をメモリに保存する」という点を悪用されていることがわかった。攻撃は、一つのコントラクトのメモリ容量割り当ての大半を占有し、自身の値を繰り返し呼び出していた。一回の操作でひとまとまりのキャッシュデータ全体（一〇〇〇個の値）をコピーし、自身を一〇〇〇回呼び出す。すなわち、一〇〇〇個の値を一〇〇〇回コピーする。そのため、通常であれば各ブロックの処理は一二～一五秒で済むのに、一分以上かかる事態に陥っていた。[14] 攻撃者がＮ回ぶんのガス代を支払ってＮ回の操作を実行すると、Ｎの二乗回ぶんのメモリを消費することになる。ＲＡＭが三二ギガバイトに満たないノードはネットワークから脱落した。結果として、およそ九〇パーセントがクラッシュし、そのすべてがＧｅｔｈだった。

ひとりのメンバーが、攻撃によって使用されている記憶領域のデータは全部を保持しておく必要がないと気づいた。そこで、三〇分かけてパッチを作成し、さらに一時間をかけてそれを展開してテストし、チェーンを適切に処理できることを確認したうえで、最終的に午前九時三〇分ごろ、「From Shanghai, with Love（上海から愛をこめて）」と名付けてリリースした。[15]

午前九時二五分、ヴィタリックはほぼ定刻にプレゼンテーションの舞台に上がった。参加者バッジの問題のせいで登録が遅れていたため、遅めの登場だった。アブサはこうツイートした。「修正完了。攻撃による被害は、デヴコン2のプレゼンテーションが三〇分ずれ込んだことだけらしい」[16]

組織上の問題を除けば、デヴコン2はスムーズに進行し、ＴｈｅＤＡＯ関係者たちも安心して過ごすことができた。レフテリスは夏のあいだ、みんなが自分に対して訴訟の意思あるいは殺意を抱いているのではないかといと不安に怯えていたが、デヴコン2の会場に来てみると、意外にもおおぜいの人から励ましを受けた。ＴｈｅＤＡＯのアイデアが気に入っているとの声も多かった。レフテリスは暗号通貨の業界に留まることを決意し、のちに仕事のオファーを受けたとき、「いいとも――ただし、ＤＡＯだけはご免だ」とこたえた。

デヴコン2の会場で、レフテリスは、二度と忘れられない人物に出会った。ビジネスランチの席上、長身痩軀でとてもいい感じの男と知り合ったのだ。会話しながら、レフテリスは、この人の名前をどこかで聞いた覚えがあるのだが、と考え続けていた。やがてその人のランチ仲間がＴｈｅＤＡＯの話題を持ち出した。食事が終わったあと、レフテリスはホテルの部屋に駆け戻り、攻撃者の正体を調査していたポロニエックス従業員がまとめたリストを見直した。お気楽な学生のような雰囲気をまとっていた先ほどの男は、容疑者のひとりだった。

レフテリスは翌日、屋上にあるバー「バー・ルージュ」へ行った。店の隅に、酔っぱらいの面倒をみるための警備員が立っていた。その店内で、レフテリスはふたたび同じ男に出くわして、会話を始めた。レフテリスはTheDAOが自分の人生を滅茶苦茶にした件を打ち明けた。陽気なその男は「でも、もう大丈夫なんだろう？　乗り越えたんだから」といった言葉を口にした。続いてこう付け加えた。「そのハッカーだって、後味が悪いのかもしれない」。レフテリスは胸のなかでつぶやいた。「なんてことだ。この男は本気でそんな視点の持ち主なのか?!」

その男はなおも、攻撃者は自分のしたことを後悔しているのではないか、と推測を重ねた。いったん攻撃を始めたら、あとへ引けなくなってしまったのでは、と。レフテリスは考えた。「無関係の人間が、ハッカー側の立場を釈明しようとすることなどあるだろうか？」

男はさらに話し続けた。レフテリスの脳内では「ひょっとすると???」という思いが駆けめぐっていた。

いまや誰もがETHとETCのほとんどを取り戻せたわけだし、その男はとても好感が持てて優しかった。だからレフテリスは、証拠もなしに相手を非難したくなく、その男のキャリアや人生に影響を与えるようなかたちで個人情報を公開するつもりもなかった。だからその男を問い詰めることはしなかった。しかし、それから五年後になってもなお、自身が「人生最悪の一年」と呼ぶ事件を引き起こした真犯人は誰なのか、どうしても知りたいと思い続けることになる。

TheDAOの地獄から這い出したクリストフは、スマートコントラクトのセキュリティーについて講演した。「わたしはイーサリアムで二年以上働いてきた。じつをいえば、わたしの仕事はハードフォークを防ぐことだった」。彼はそんなふうに始め、やがてこう締めくくった。「みなさんに、個人的な感謝の言葉を述べたいと思う。この数カ月間――」。ここで会場全体が拍手と歓声に沸き立ち、彼が言葉を継ぐまで三〇秒近く続いた。[17]「いま集まってくれているみなさんのおかげで」と彼は感極まった声で言った。「イーサリアムコミュニティーのおかげで、わたしはきょう、ここに立ち、このプレゼンテーションをすることができた。本当にありがとう」。大きな喝采に包まれつつ、彼はステージを下りた。

デヴコン2の最終日の夜、人々がイベントを振り返って和やかな雰囲気になったまさにそのとき、さらに深刻なDoS攻撃が始まった。ふたたびイーサリアムのガス代の設定がおかしくなって、Gethが支払われたガス代よりはるかに多くのリソースを消費させられていた。高額のガス代を要求する関数をブロックごとに約五万回読み込まされ、各ブロックの処理に二〇~六〇秒かかっていた。[18] すぐにパッチを作成するのは無理だったが、ブロック生成者にガス代を変更させ、とりあえずチェーンを機能させることはできた。彼らはブロック生成者にParityクライアントに切り替えるよう促した。[19]

最初の攻撃でGethノードしか落ちず、ギャビンがデヴコン2に参加しなかったので、こんな声が出た。「ギャビンのしわざじゃないのか？　あるいはパリティーの連中か？」[20]。Parityクライアントをよく見せるために攻撃を仕組んだのではないか、という疑惑だった。それを裏付けるかのごとく、一〇月六日にギャビンはブログ投稿で「Parityだけのネットワークなら、現在のイーサリアムネットワークの許容量に比べ、ガス代の制約を大幅に緩和できるだろう」と発言する。[21]

そのあと一カ月間、攻撃者は新しい戦術を編み出し続けた。いずれも、特定の計算に必要なガス代が低すぎるという脆弱性を突いたもので、無料もしくは安価でブロックチェーンを妨害していた。いわば、製造コストよりも安くマフィンを何千個も何万個も買って、パン屋を倒産させる作戦に似ていた。やがて、ギャビン犯人説は成り立たなくなった。攻撃はＰａｒｉｔｙも標的にし始めたからだ。しかし、開発者たちはモグラ叩きよろしく、攻撃のたびに修正を行なった。Ｇｅｔｈウォレットのアップデートには、「イントゥ・ザ・ウッズ（森のなかへ）」「ほかに何を書き直せばいい？」「カム・アット・ミー・ブロ（かかって来い）」といった名前が付けられた。[22]

やがて攻撃者は、クライアントではなくイーサリアム自体の脆弱性を発見した。たとえるなら、ＣｈｒｏｍｅやＦｉｒｅｆｏｘといったブラウザの欠陥ではなく、ウェブ閲覧を可能にする規格であるｈｔｔｐそのものの欠陥を見つけたようなものだ。この攻撃は「自殺」命令に関わるもので、コントラクトが自分自身を削除する。「コントラクト内の任意のＥＴＨを別のあらたなアカウントへ送金したあと自分自身を削除する」という命令だが、ＥＴＨがもはや残っていなくても、あらたなアカウントを作成し、システムに負荷をかけてしまう。この命令にはコストがかからないだけに、攻撃者はこれを繰り返し実行した。攻撃開始時にはストレージに七〇万個だったオブジェクトが二〇〇〇万個に膨れ上がった。あまりに急激な肥大化なので、対策を取るのが難しく、イーサリアム全体の機能停止につながる危険性が高まった。

このあいだ、ヴィタリック当人は上海やシンガポールにいたが、つねにオンライン状態を保ち、ひと晩じゅう起きていた。最終的に、イーサリアムは二回の緊急ハードフォークを行なわなければならなかった。「タンジェリンホイッスル」と名付けられた最初のハードフォークは一〇月一八日に行なわれ、ネットワークが生き残るために必要な修正がなされた。[23]その後、攻撃者があらたなＤ ｏＳ攻撃を仕掛けてきた。イーサリアムのアカウントツリーに七〇万個のオブジェクトしかない時点ならたいした問題ではなかったが、いまや二〇〇〇万個あった。しかも、イーサリアムはこれまで存在したすべてのアカウントの巨大なリストであり、頻繁に必要とされるアカウントをメインメモリーでアクセスできるように設計されていた。しかし、この攻撃ではランダムなアカウントが取引に使われたため、イーサリアムの効率化戦略が有効ではなくなっていた。

二回目の「スプリアスドラゴン」ハードフォークが一一月二二日に実施され、これにより、空《から》のアカウントは存在できないようになった。空のアカウントが作成されても、自動的に削除される。[24]また、自殺命令がアカウントを作成した場合、トランザクション料金が課されるようになった。さらに、既存の空のアカウントであっても、なんらかの取引に関わった場合、自動的に見つけ出して削除できる。スプリアスドラゴンの実施後、ヴィタリックは、空のアカウントを一掃するスクリプトを実行しようと考えた。

二回目のハードフォーク中、ＧｅｔｈとＰａｒｉｔｙの両クライアントにバグが見つかり、チームがそれらを修正した。二日後の午後一〇時、ヴィタリックが自身のスクリプトを実行しようとしたとき、別のバグが引き起こされ、チェーンが分裂した。彼は意図せずにイーサリアム史上初めての合意形成バグによるフォークを引き起こしてしまった。他の人々と協力しながら、彼は一晩中起きて作業を続けて、午前七時に修正をプッシュし、そのあと二時間眠った。

空のアカウントを発見して削除するというヴィタリックの単調なスクリプトは、作業完了まで一週間を要し、計算の実行に必要なガス代として財団が四〇万ドルを負担した。ただ、二回にわたるハードフォークを通じて、開発者たちはデータを構造化する方法について理解を深め、取引がランダムなアカウントを呼び出してもブロックチェーンが停滞しないように改善できた。従来はアカウントがそれほど多くなかったので、この問題に気づかなかったのだ。今回の修正により、イーサリアムはより大きく成長できるようになった。

DoS攻撃はついに終わった。攻撃の期間中はストレスが大きかったものの、このサイバー戦争を戦い抜き、勝利を収めたことで、ヴィタリックはある意味、愉快な気分になった。攻撃者の動機はいっこうに不明だった。イーサリアム全体をダウンさせかねない攻撃だったが、明らかな金銭的な利益につながったとは思えなかった（二カ月間の攻撃のあいだにETH価格は約一三ドルから一〇ドル以下に下落）。それどころか、攻撃者は一連の攻撃に一〇〇〇ETH（約一二〇〇〇ドル）を費やしたし、調査や実行にかかった時間もばかにならないはずだ。にもかかわらず攻撃に意欲を燃やすのはビットコイン至上主義者だけではないか、と多くの人が考えた。いずれにせよ、イーサリアムはより強力になり、高負荷の取引を処理する能力が向上した。今後の発展を考えると有益な成熟だった。

TheDAOとハードフォークをめぐるこの数カ月のあいだ、イーサリアムでは別の私的なドラマが、ヴィタリックらの主要人物があずかり知らないところでひそやかに展開していた。Gethの責任者であるジェフリー・ウィルケは、九月に第一子が生まれる予定だった。しかし、つねづね心配性の彼は、TheDAO攻撃があった六月、自分はもうすぐ死ぬかもしれないと思い始めた。そこで、死ぬ前にやりたい事柄のリストをつくり始めた。その事柄の一つは、九月まで生きて息子に会うことだった。けれども、その夏の夜の多くは、きょうが最後の日だったかもしれない、急に心臓発作に襲われるかも、いや、がんになる恐れもある、と不安に駆られながら眠りについた。

ジェフリーはまだ三二歳だったし、家族のなかで心臓発作やがんで亡くなった者は誰もいなかったが、にもかかわらず心配をやめられなかった。ときどき、理不尽な怒りがこみ上げてきた。たとえば公園に足を踏み入れたとき、なぜか腹の底から怒りが湧き上がった。過呼吸になって目まいがすることも増え、脳腫瘍ではないかと思い悩んだ。オンラインで脳腫瘍について調べ、視力障害につながるケースもあると知り、頭蓋骨の内側で腫瘍が膨らみつつあるのだと確信した。自分が正気を失い始めているとも感じた。

TheDAOのハードフォークが無事に終わったころ、息子が誕生し、そのあとDoS攻撃も乗り越えた。けれども、二〇一七年初頭のある夜、ベッドに横たわっていたジェフリーは、胸の鼓動が妙に速いのを感じとった。激しいというほどではなかったが、正常より速かった。彼は恋人に告げた。「何か変だ。鼓動がひどい」。そのあと大声になって「心臓発作だったらどうしよう?」と叫んだ。恐怖に怯えている彼を見て、恋人は「すぐに救急車を呼ばなきゃ」と言った。するとジェフリーは、自分はたしかにいま心臓発作を起こしていると思い、その日死ぬことになると悟った。

恋人の母親に付き添われて、ジェフリーは病院へ行った。血圧が高めだと気づいた医師が、彼のからだに電子センサーを取り付け、数回にわたる血液検査をした。数時間後、看護師がやって来て、血液検査の結果、心臓発作を起こしていた可能性がある、と告げた。彼はその場で横たわり、やはり本当にからだに異変が起きていたのだという事実を嚙みしめた。五〇分後、看護師がふたたび現われ、深く謝罪した。同じ年齢のほかの患者と彼を混同していたのだった。じつは何の異状もなかったとわかり、彼は帰宅した。

しかし二週間後、よく似た状況に陥った。心拍数が毎分二〇〇回に達した。前回、心臓が血液を送り出しやすいように血管を広げるスプレーを病院からもらってあったので、ジェフリーはそれを使って、舌の下にスプレーした。からだが火照ってきたが、症状がよくなるようすはなく、彼はもういちどスプレーを使い、救急車を呼んだ。四階のアパートメントの窓から、鳴り響くサイレンが聞こえ、ランプの点滅が見えた。自分はどうなってしまったのだろう。このまま死ぬのではないか。恋人が泣きながら家を飛び出し、彼もあとを追ったが、玄関を出たところで倒れた。救急隊員のひとりが彼を抱き上げ、救急車内へ運んで検査した。下された診断はこうだった。「心臓に問題はありません。パニック発作です」

ジェフリーはセラピストのもとへ通い始めた。一一歳のころ、両親とキャンプ旅行しているとき、真夜中にキャンプ敷地内でひとりの女性が脳卒中を起こしたことを思い出した。彼女は一命を取り留めたが、同様の発作が自分の身にも起こりかねない。そういえば、生後二日で死亡した弟は、心臓の何かが原因だったはず……。しかし何より、仕事の重圧が原因なのだ、と彼は気づいた。一つのミスがおおぜいに数十億ドルの損害を与えかねない仕事。よい父親であり、よいボーイフレンドでありたいという焦りと相まって、プレッシャーは耐えられないほどになっていた。イーサリアムと関わり始めてからこの三年間、イーサリアムとともに目覚め、イーサリアムとともに眠りに就く日々が続いていた。週末や休日でさえ、ギャビンやらほかの出来事やらのせいでドラマが起こった。加えて、仕事そのものが、やれどもやれども終わらなかった。二〇一五年七月にローンチしたＧｅｔｈは最初のバージョンにすぎず、継続的な改良が必要だった。ほかのプロジェクトにも取り組まなければならなかった。チームは人数が少なく、かといって、増やそうにも容易ではなかった。安定した仕事を辞めて、まだ誰も聞いたことのない暗号通貨に取り組もうとする優秀な人材など、そうめったにいるものではない。とくに、ビットコインや暗号通貨が「犯罪者の金」と同義語とみなされていた時期だけに、世間からは胡散臭い目を向けられていた。財団の給与の低さもネックだった。ペーテル・ジラーギという本当に優れた人材を獲得できたのは、運がよかったとしか言いようがない。ペーテルがイーサリアムを非常に気に入ったからにすぎず、本来なら、はるかに高給の仕事に就けたはずの男だ。

頼りになるペーテルがいてくれて、ありがたい。ジェフリーはパニック発作のことをチームのメンバーたちに打ち明け、ペーテルにリーダーの役割を任せた。もともとジェフリーは給料をもらっておらず、オランダの子会社は請負業者として機能しているにすぎなかったから、彼はただ請求書を送るのをやめただけだった。ヴィタリックを除けばイーサリアム財団に残っていた最後の共同設立者が、こうして去って行った。

二〇一六年一〇月二五日、DoS攻撃に対抗するための最初のハードフォークの一週間後、シンガポールに新しいイーサリアムの法人「イーサリアム・アジア・パシフィック（EAPL）」が設立された。[25]長い準備期間を経ての実現だった。最初は親密だったミンとヴィタリックだが、ミンが着任してから一年以上経ったいま、ふたりのあいだには距離が生まれていた。初めのうち、ミンは喜びに満ち、はしゃぐようなようすだった。人類のためにこの技術を推進していきたいという思いで、ふたりの波長は一致していた。しかし、しばらくすると、ミンがしょっちゅう叫んだり怒ったりして、つねにストレスを感じていることにヴィタリックは気づいた。そのせいで、ヴィタリックの心の平穏や生産性も損なわれた。また、ミンは週に八〇〜一〇〇時間も働いていると不平を言うものの、その成果がまったく見合っていなかった。ミンは何十回となくヴィタリックに「わたしはMITのA+卒業生で、完璧主義者」と自己アピールしていたが、そうは感じられない。二〇一六年五月、TheDAOが史上最大のクラウドファンディングプロジェクトになろうとしていた時期に、ミンと三時間も協議するはめになり、非常に苦痛を感じたため、ヴィタリックは彼女の解任を考えた。けれども当時、数多くの法的および官僚的な手続きが進行中だった。イーサリアムのクラウドセール後にはギャビン、ジェフ、ステファン、そしてヴィタリック自身が設立した法人を再構築しなければならず、CCRGに寄付した一〇〇万ドルをジョゼフから取り戻す必要もあった。ミンを解任すると、こうした課題の解決が数カ月遅れかねなかった。しかも、ミンは権限移譲が下手だけに、これらの課題について詳しく知っているのは彼女だけだった。また、以前のように公募すると彼女に気づかれてしまうので、後任のエグゼクティブディレクターをどう探せばいいのかもわからなかった。

しかし、ミンの振る舞いがヴィタリックの神経に障るケースが積み重なっていった。TheDAOハードフォークの際にヴィタリックがIC3ブートキャンプに参加したあと、ミン、ケイシー、ヴィタリック、マーティン・ベッツェは一台のレンタカーをシェアしてそれぞれの自宅へ向かった。まずトロント南部でヴィタリックだけが降りて、そこからバスに乗り、残る三人はそのまま車でミシガン州とインディアナ州を目指すことになった。ところが、ハンドルを握るミンが、誰も自分を評価しない、と愚痴をこぼし始めた。さらに、イベントでスーツを着るべきだとヴィタリックに強要しようとした。彼は拒否した。その場を知る者の証言によると、降車地点に到着したとたん、ヴィタリックが礼も言わずすぐに去ったため、ミンは腹を立て、ヴィタリックから自分に感謝のメッセージが届くまで車を出さないと言いだした。彼からそのような内容のメッセージが来て、三人は出発したが、そのあとミンとケイシーが口論になり、ミンは、アメリカに入国する際、国境警備隊に訴えてやると恫喝した。

ヴィタリックがミンに幻滅する前に、イーサリアムのほかの多くの人たちはとっくに幻滅していた。二〇一五年秋の初めごろから、ふたりの関係を奇妙に感じる人が相次いだ。ミンは複数の人に、自分には息子がいないけれどヴィタリックは息子のように感じる、あるいは、悪から守ってやらなくてはいけない子供のように思う、と語った。また、彼が好きな、ユニコーンがデザインされたサイケデリックなTシャツをプレゼントしたり、何かと彼の真似をしたりした（彼が愛用している、ふざけた猫のイラストのバッグをお揃いで買うなど）。ふだん、有能なビジネスウーマンやCEOのように振る舞おうとしているのとは対照的だった。まわりの人たちは、ヴィタリックに友情を示したいのか、上司に媚びているのか、それとも彼を操ろうとしているのかと判断に苦しんだ（ヴィタリックは、ミンは感情を重んじる人だから自分を喜ばせようとしているのだと受け取り、策を弄する女性とは思わない、と語る）。二〇一五年の後半にヴィタリックといっしょにいるミンを見ていた周囲の人々は、ミンがヴィタリックに対して過剰に友好的で、思いどおりに操り、彼女に報いなければ悪いという気分を植え付けようとしていると感じた。なのに、ヴィタリックは世慣れしていないから気づかないのだろう、と。あるメンバーは、ミンが殉教者を演じ、ヴィタリックを遠回しに困らせている場面に居合わせたという。「わたしがこんなに悲しい気持ちなのに、どうしてそこに突っ立って、わたしを放っておけるの？　おたがい絆で結ばれていると思っていたのに。わたしはあなたを守り、あなたに地位を与え、あなたの話を聞いているのに。ほかの人たちがこぞってあなたを操っているなかで、わたしはただひとりの支えとなっているのに」。見ていたそのメンバーは「いやあ……あなたこそ、いままさに彼を操っているじゃないか」と思った。

財団内の人々はおおかた、ミンを過保護だとみなしていた。彼女とヴィタリックとの関係を「マイクロマネージャー」と表現したり、ヴィタリックを「子守り」していると揶揄したりした。「ヴィタリックの上に座っている母鳥」と呼ぶ人もいた。たとえば、IC3に参加するためコーネル大学にいるとき、彼女はヴィタリックがきちんと食事をとっているかを確認し、まるで彼の付き人か、アスリートを気遣うコーチのように、彼のあとをついて回った。

ミンはヴィタリックに対して、自分がすべてを仕切って財団を救っているという印象を与えたいらしかった。最終的に、彼女はヴィタリックがまったく関心を示さない運営業務を引き受けた。経費を大幅に削減し、生産性の低いフリーランサーを切り捨て、イーサリアム財団をスペースシップから移転し、ギャビンを解雇した（ヴィタリックとギャビンの関係はそこまで悪化していないと感じる人が多かったにもかかわらず）。また、規制当局に対する印象を取りつくろい、前年に取締役会メンバーたちから異議を申し立てられたあともヴィタリックが三票の議決権を持っていたのを利用して、ヴィタリックのもとに権力を集約した。財団の下級開発者たちは、彼女が状況を整理したことに感心した。ギャビンを厄介者と感じていた一部の人たちも、彼女の功績を好意的に受け止め、親切で母性本能にあふれ、メールにも迅速に対応する女性と評価した。

しかし、彼女の強みが裏目に出るケースもあった。たとえば、財団が財政的に安定したあとも、採用候補者を安く雇おうとした。グーグルの従業員が応募してきて希望する給与額を提示したところ、彼女は「うちにはそんな高給取りはいない」として、ヴィタリックや自分の給与ももっと低いかのような発言をした（当時、グーグルでは初級エンジニアの給与ですらミンの給与よりも高く、おまけに貴重な株式が得られた。上級エンジニアともなると、株式を含む報酬が一〇〇万ドルに達する場合もあった）。財団に入った元グーグル社員の少なくともひとりは、以前と比べて収入が半減したうえ、契約社員として雇われたため、有休や福利厚生もなかった。別のグーグル出身のある応募者は、イーサリアム財団に入るのを見送った。

ミンが状況をコントロールするために用いた方法のいくつかは、眉をひそめたくなるようなものだった。たとえば、彼女は自分の妹を法務顧問として迎え入れ、利益相反の疑いを生じさせた。また、会議に出席するだけで高い給料をもらっている人を解雇したのはいい判断だったが、その後、従業員たちの前でその人物の名前を挙げ、財団の人はみんな、あの男といっしょに働きたくなかった、と話した。さらに、げんにギャビンを追い出した前例があるにもかかわらず、ジェフリーが自分を信頼しないことに苛立って愚痴をこぼした。関係者用のスカイプチャンネルには、ＴｈｅＤＡＯとイーサリアム財団が別物であることを明確にした彼女の功績を認める声があったものの、二つを結び付けた荒らし行為やＦＵＤ（恐怖、不確実性、疑念）が後を絶たない点や、実際のところＴｈｅＤＡＯに関わった人の大部分が現在または以前に財団と関係していたという基本的な事実を指摘する声もあった。

時間が経つにつれて、ミンの悪い面が良い面を上回り始めた。まず、仕事をするうえで守らなければならない初歩的なルールが守れていなかった。Ｇｅｔｈチームを率いるジェフリーは、最も主要な人物のひとりであり、エグゼクティブディレクターと定期的に連絡を取り合うはずの立場だった。しかし、ミンの長話が止まらないことに辟易して、接触を避けようとあらゆる手を尽くすよう

恐怖、不確実性、疑念

になった。やむを得ず電話で話すとき、彼は、ミンが自分の問題について嘆くばかりに思え、だったら権限移譲して部下に任せるべきだと忠告しても、明らかにミンには権限移譲のやりかたがわかっておらず、エグゼクティブディレクターとしては感情の安定性が欠けていた。そのうえ、ミンは支配欲が強く、彼女を「マフィアボス」と呼ぶ人もいた。グループのスカイプチャットで誰かが気に入らないことを言うと、彼女はすぐにその相手とプライベートチャットや電話を始め、「なぜこの問題を提起したのか？　わたしに直接持ち込むべきだった」と責め立てた。彼女は、自分の指示や考えを文字にするのを恐れているふうだった。だから電話ばかりしていた。部下を事細かに管理するので、開発者たちは彼女を「ミン皇帝」「ミン・ザ・デストロイヤー」などとも呼んでいた。

どうやらミンは対立を楽しんでいるらしかった。財団の法務顧問に起用した妹のトゥンを毎日、ときには一日に何度も呼び出しては、しょっちゅう口論していた。ケイシーやミンといっしょにツークのアパートメントに住んでいた人たちは、このカップルが口喧嘩に明け暮れるようすを聞かされた。一日一〇回くらい喧嘩していた。ケイシーがミンのために買ってきたテイクアウトの食事の辛さについてさえ言い争っていた。夜になっても、彼らの部屋から怒声が響きわたった。

ミンの攻撃的な態度はスタッフの扱いにも表われた。長電話の最中、話している相手に向かって怒りをぶつけることも珍しくなかった。何年もあと、彼女の友人でもあったある人物はそれを「ある種の虐待行為」と振り返りながら、こう付け加えた。「冷静に考えると、当時はやむを得なかったのかもしれない。暗号通貨の世界では、そのくらいの姿勢でないとうまくいかない。ときには、石を動かすために、死に物狂いで力を振り絞る必要がある。でも、それはあくまで心理分析であって、彼女の虐待行為を正当化するものではないと思う」。この友人でさえ、時が経つにつれミンの行動が不適切になったと認めている。

突発的な怒り、大声での暴言、感情の波の激しさを踏まえると、ミンは心の問題を抱えているのではないか、と考える人たちも多かった。ある人は、双極性障害かもしれないと推測した。別の人は、ミンは明らかに精神を病んでいたと考えており、彼女自身ときどき鬱病だと口にすることがあったが、専門医による診断なのかどうかは不明だと話す。あるスタッフは、ミンの問題行動が「父親に起因する」と断じ、ひとりの友人も、彼女は親に虐待されたか、少なくとも大きなプレッシャーのなかで育ったのだろうとみる。ミンは、ETHデヴのあるメンバーに、父親ではなく彼氏から暴力を振るわれていた過去があると話したが、一方で、両親が妹のトゥンばかり可愛がっていた、ともこぼした（財団に所属する前、トゥンはハワイ州の証券監査官を務めていた）。心理療法の背景を持つ人物は、ミンが人格障害を持っている可能性が高いと分析し、根拠として、「受け取った情報を事実として認識し、的確に反応する能力がまったくない」ことを挙げた。問題の根源が何であれ、人々は彼女の現実認識を「妄想的」「歪んでいる」「正気ではない」と批判した。あるメンバーはこう語った。「ミンはやや妄想的だとの声も一部にあった。わたしはそこまでは言わないが、確かに、彼女の見方にはあまり客観的でない側面があった」

エグゼクティブディレクターにまったく適していないようにみえるミンがなぜ地位を保っていられるのか、と理解できない人たちは、ヴィタリックが中国語を学ぶために彼女を雇ったのだろうと推測したり、実際そんな噂を聞いたりしていた。けれども、それはあり得ない。ヴィタリックがその噂を否定しているだけでなく、ミンは中国語が彼よりも下手だった。ヴィタリックはアジア人の女性が好きだからでは、との憶測も流れた。彼のアジア人女性好きについては、ミン自身もからかいの種にしていたらしい。イーサリアム内部には、ヴィタリックが彼女に向ける感情は必ずしもプラトニックではない、と感じる人たちもいた。ある開発者は、ふたりのやり取りを見ていて、ときどき、「ちょっと待てよ。ふたりは友達なのか、それとも付き合っているのか？」という疑念が頭をよぎったという。ミンはヴィタリックを息子のように扱っていたものの、その開発者はこう語る。「［ヴィタリックは］母親と息子の関係とは違うニュアンスで彼女に興味を持っていた。（中略）ミンにはケイシーというボーイフレンドがいると知っていながら、家族的でロマンチックな関係を望んでいた」。その人物の推測によると、おそらくヴィタリックにはアジア人女性と交際した経験があり、それが関係しているのではないかという（ヴィタリックは、そういったかたちで彼女に興味を持ってはいない、と話している）。

「ミンがエグゼクティブディレクターにとどまることができた唯一の論理的な説明は、ヴィタリックのアジア人女性への興味だろう」と感じた別の人物は、この説について「わたしの〝スパイダーマン並みの直感〟がそう言っている」と述べ、自分自身、二一歳のころ不器用な男だったから気持ちがよくわかる、と付け加えた。彼はそのころ、自分より二〇歳以上も年上の女性の上司と非常に仲良くなり、それがロマンチックな関係の代わりになっていたとして、こんなふうに説明した。

もし自分がヴィタリックの立場だったら、と想像してもらいたい。自分で上司を選べるとしたら、多くの時間をともに過ごす相手を選べるとしたら……。性的な側面は含まない関係だから、トラブルの心配はない。選んだ相手が、母親のように接し、虚しい感情を埋めてくれて、そういう意味で深い感情的な結びつきが生まれていく……ごくふつうの流れだろう。もしあなたが二一歳で巨大な財団を運営し、余裕のない日々を送り、時間をともにするのは仕事仲間だけで、独裁的な支配権を握っているとすれば、ふつうどころか、ほぼ避けがたい。

メッセージングアプリでこの件についてヴィタリックへ質問を送ったところ、彼の返事はこうだった。「はあ?」

しかし、しばらくすると、当初はヴィタリックに明るく接し、さかんに冗談を言っていたミンが、刺々しい態度を示すようになった。ヴィタリックに向かって頻繁に長時間、怒鳴り声を浴びせた。怒りの対象は、不特定多数のときもあれば、特定の他人のときもあったが、たいがいはヴィタリックだった。時を経るうち、ミンの執拗な怒りの爆発のせいで、彼はトラウマを感じ始めた。母親のような気持ちだから、つい叱りたくなるのだろうとわかっていても、もっと自主性を尊重してほしかった。ミンの支配から逃れるため、シンガポールに法人を設立するというアイデアを思いついた。ミンには内緒のはずだったが、デヴコン2のときヴィタリックの父親のドミトリーが、財団の拠点はスイスからシンガポールへ移転するらしいね、とうっかり口を滑らせた（ドミトリーはこの会話を覚えておらず、EAPLとは何であるかさえ知らないと語る）。ミンはショックを受けた。やがて「イーサリアム・アジア・パシフィック（EAPL）」と命名されるその新しい組織に権力を奪われ、すでにアジアで長い時間を過ごし始めているヴィタリックは自分から離れていくのだと感じた。設立の手伝いを渋ったが、最終的には、財団の資金の一部をその設立に充てることに同意した。ヴィタリックは自分自身の給料をそこからもらい始め、カリフォルニア工科大学の博士号を持つ友人のバージル・グリフィスを研究員として採用した。かつてヴィタリックがイーサリアムのホワイトペーパーの最初の草稿を送った相手だ。新組織を設立したおかげで、ヴィタリックはいちいちミンの承諾を得なくても研究チームに人材を入れられるようになった。ささやかな自由ではあったが、ヴィタリックは、ミンなしでイーサリアムを運営するのがどんな気分かを味わった。

しかし、ミンは少し前、自身に有利な材料を得ていた。「プロフェッショナル」な取締役会メンバーのラーズ、ウェイン、バディムはとっくに辞任したものの、スイス登記簿にはそのあと一年にわたってイーサリアム財団の取締役として名前が残っていたが、ここに来てようやく変更されたのだ。あらたに登録された取締役は、ヴィタリック、ツーク在住の弁護士パトリック・ストルヒネッガー、そしてミンだった。[26]

第10章

マイイーサウォレット

二〇一六年秋から二〇一七年七月一九日まで

イーサリアム開発者たちがＴｈｅＤＡＯ攻撃およびＤｏＳ攻撃と戦い、プロトコルの弱点を思い知らされているころ、暗号通貨の世界をより広く見渡すと、暗号通貨全般、とくにイーサリアムの可能性についてあらたな認識が生まれていた。

その年の早い時期、すなわち二〇一六年五月、ＴｈｅＤＡＯの歴史的なクラウドセールが近づいていたとき、アメリカの暗号資産取引所コインベースの共同創設者であるフレッド・アーサムが「イーサリアムはデジタル通貨の最前線」と題したブログ記事を公開した。[1]そのなかで彼は、ビットコインを土台に構築されたものがなぜいままでウォレットと取引所だけなのか、と疑問を投げかけた（これに対し、インターネット技術はグーグル、アマゾン、フェイスブック、ネットフリックスなど、幅広い用途を生み出していた）。「わたしが思うに、ビットコインのスクリプト言語――ビットコインの各取引のうち、小さなソフトウェアプログラムを実行できる部分――に制約がありすぎるのだ」と彼は述べた。「そこでイーサリアムの出番となる。イーサリアムは、ビットコインが備えている四則演算電卓レベルのプログラミング言語を、本格的なコンピューターに変えた」。げんに、生後九カ月のイーサリアムが、七歳のビットコインよりも多くのアプリ（ｄａｐｐすなわち分散型アプリケーション）の開発を促している、と彼は指摘した。

八月、「ブロックチェーントークンと分散型ビジネスモデルの夜明け」という別の投稿で、フレッドは、これまでベンチャー投資家たちはデジタル通貨に焦点を当てた従来型のスタートアップ企業に一〇億ドル以上を投資してきたが、過去四カ月間を見ると、ブロックチェーンベースの分散型プロジェクト（ＣＥＯを持つスタートアップ企業とは対照的な存在）が二億五〇〇〇万ドル以上を調達したことを指摘した。ベンチャー投資家からは一セントももらわず、それほどの額を集めたのだ。[2]「いったい何が起こっているのか？」と彼は問いかけた。「それはブロックチェーントークンだ」

ＴｈｅＤＡＯと同様、多くのプロジェクトが、そのネットワーク専用のトークンを作成して資金調達をしていた。フレッドは、これらのトークンがイニシャル・コイン・オファリング（ＩＣＯ）発行者の懐《ふところ》にＥＴＨを詰め込むためだけに使われているのではなく、実際にｄａｐｐのなかで使用されていると述べた。ネットワークにサービスを提供する人々は、そのトークンで支払いを受け、それをほかの通貨と交換できる。こうしたプロジェクトの際立った特徴は、ある会社を中心に据えてアップデートをプッシュしたりビジネス取引をしたりする従来のアプリとは違い、「分散型ソフトウェアプロトコル」だったことだ。歴史上、そのようなプロトコルはこれまで利益を生まなかった。たとえば、電子メールに用いる簡易メール転送プロトコル（ＳＭＴＰ）を開発した人々は、なんら儲けを得ていない。ＳＭＴＰを活かした「アウトルック」「ホットメール」「Ｇメール」などのアプリケーションが儲けを生んだのだ。しかし、いまやトークンによってプロトコル構築者がみずから報酬を得ることが可能になった。トークンはネットワークで作成でき、一部はスタートアップの持分として保持し、一部はプロトコルの継続的な作業のために割り当てることができる。

トークンのおかげで、もう一つのビジネス上の問題も解決した。ネットワークをどのように成長させるかという問題だ。「ツイッターの始まりを考えてみよう」と彼は説明した。「最初は数人しか利用者がおらず、価値が低かった。コンテンツが乏しいからだ。何百万人もツイッターを利用している現在でこそ、大きな価値を持つ」。ところがトークンなら、「ニワトリが先か、卵が先か」の問題は解決する。ネットワークが小さいうちにいち早く参加したくなるよう促すことができるからだ。すなわち、購入者に部分的な所有権を与え、早く参加するほど大きな報酬が得られる仕組みになっている。たとえるなら、スタートアップ企業の新規株式を他人に先駆けて所有するのに似ている。所有権はどのような形態か?――トークンだ。

数日後、ETHがETCとの争いで優位に立ち、アンドレイ・テルノフスキーがホワイトハットグループに法的措置をちらつかせていたころ、当時ベンチャーキャピタル企業「ユニオン・スクエア・ベンチャーズ」のアナリストだったジョエル・モネグロが、「ファットプロトコル」と題するブログ記事を公開し、フレッドが述べた概念を簡単なモノクロ図解で明快にした。[3] インターネットはプロトコル層の価値が薄く、アプリケーション層の価値が巨大なのに対し、「ビットコインは一〇〇億ドルの時価総額を誇るが、それを土台に構築された企業は最大でも数億ドルの価値しかない」と彼は書いた。「同様に、イーサリアムは、それを利用した本当に革新的なアプリケーションがまだ登場しておらず、一般公開からわずか一年しか経っていないのに、一〇億ドルもの時価総額に達した」。図がわかりやすかったせいもあって、この解説は反響を呼び、暗号通貨コミュニティーで「ファットプロトコル理論」と呼ばれるようになった。

突然、誰もが次の大物のプロトコルトークンを探し始め、新しいトークンをごく簡単につくれるイーサリアムが注目された。前の秋、ロビンフッドグループのファビアン・フォーゲルシュテラーが、ヴィタリックがかねてから論じていたアイデアについて広く意見を求めた。すなわち、新しいトークンを作成するためのスマートコントラクトを標準化してはどうか、と。ファビアンは、プロトコルの改良について議論するための掲示板「イーサリアム・リクエスト・フォー・コメント」で、これを二〇番目の課題として提起した。三六二件のコメントが寄せられ、結果として、「ERC‐20トークン」と呼ばれる標準規格が定まった。特定の規格に準拠したスマートコントラクトによって作成されたトークンなので、取引所やウォレットなどに容易に組み込むことが可能になった。[4]

これで新しいトークンの作成がいっそう容易になったうえ、TheDAOの推移――ハッカー攻撃の一件ではなく、一般の人々から一億四〇〇〇万ドル近くを調達した点――もあって、多くの開発者たちがイーサリアムに大きな関心を寄せた。しかもイーサリアムは一八〇〇万ドルを調達し、いまや一〇億ドルの価値に膨れ上がっていた。TheDAOのための提案作業に取り組んでいた者たちの一部も、路線を変更し、トークンを作成して売ることに決めた。八月は、このかたちによる調達金額は一三〇〇万ドルにとどまったものの、九月にはイニシャル・コイン・オファリング（ICO）を通じて二三二〇万ドルが集まった。一〇月のICO総額は一三四〇万ドル、一一月は二〇〇〇万ドルだった。

ICOがさかんに発行されたこの時期は、一九九〇年代後半から株式市場が全般に縮小し、新興企業が新規株式公開をしばらく見合わせるケースが多いころだった。[5] やがて上場に踏み切っても、一般投資家にとってみれば魅力が薄かった。たとえば、ヤフーは一九九四年に設立されて一九九六年に上場したが、二〇〇九年に設立されたウーバーは二〇一六年の秋の時点でもまだ株式非公開だった。そのため、金融業界は投資の機会を渇望していた。ただ、暗号通貨に手を出したいと思っても、大きな壁が立ちはだかっていた。アクセスの難しさだ。ゲートコインやビットレックスなどの一部の取引所がプラットフォームから直接、ＴｈｅＤＡＯへの投資を受け入れていたものの、ほかのＩＣＯに関してはほとんどの取引所が扱っていなかった。ＩＣＯでトークンを購入する唯一の方法は、イーサリアムウォレットを使用してユーザーがみずから秘密鍵を管理することだった（一方、もし取引所を利用できれば、コインの安全な保管は取引所に任せられる）。

自分で管理する最も簡単な方法は、テイラー・モナハン（旧姓名テイラー・バン・オーデン）が共同設立したウェブサイト「マイイーサウォレット」を使うことだ。テイラーはＴｈｅＤＡＯの熱烈な支持者で、当時の婚約者ケビンにコインフリップをさせ、ＴｈｅＤＡＯとなるコントラクトを選んだ（ふたりはＤｏＳ攻撃に対抗する「タンジェリンホイッスル」ハードフォークの直後に結婚した。ケビンがＥＴＣで稼いだ金のおかげで、結婚式で客たちが選べる酒をバドワイザー、バドライト、クアーズ、クアーズライトという基本セットではなくブルームーン、サミエルアダムス、ワインを含むプレミアセットへアップグレードできた）。

マイイーサウォレットの旗揚げは二〇一四年にさかのぼる。共同創設者のテイラーとコサラ・ヘマチャンドラは、親友であり長年の同僚でもあり、やがてビットコインと出合った。ロサンゼルスで生まれ、かつてニューヨーク大学フィルムスクールに通っていたテイラーは、小柄で引き締まった体型のブルネットで、聡明そうな表情からいたずらっぽい表情へ瞬時に切り替わる。しょっちゅう面白い話をしては、大口を開けて声を出さずに笑い、「信じられる？」という表情を浮かべる。

コサラはスリランカで育ち、一七歳でアメリカへ移住してコンピューティングの学位を取得した。彼はいつもコンピューターに夢中で、内向的なタイプだった。ふたりが知り合ったのは、コカ・コーラ、ピュリナ、ターゲット、マイクロソフトなどの多国籍企業のウェブサイトやマーケティング資料を作成する会社だった。二〇一四年、ふたりそろってビットコインに夢中になった。イーサリアムのプリセールが行なわれたとき、ともにビットコインを投入した。コサラの場合、人生で貯めた金の大半を注ぎ込んだ。

二〇一五年七月、イーサリアムがローンチした当初、利用者はコマンドラインインターフェース——黒地に緑の文字が光っているたぐいの画面——を通じてしかトークンを扱えなかった。コンピューターが専門ではないテイラーには無理だった。彼女は、プリセールの参加者全員が同じ悩みを持っているのか、それとも自分だけがコマンド入力のターミナルを使えないずぶの素人なのかと疑問に思った。コサラに「ＥＴＨを移動するには？」とグーグル検索すれば説明が見つかるだろうかと相談したところ、いままでそんな質問をした人はいないから見つからないだろうとの返事だった。彼女はひどく驚いた。そこでコサラが、誰でもイーサリアムウォレットにアクセスできるようなウェブサイトをつくろうと決意した。彼はそれをオープンソース化して、おおぜいにコードをチェックしてもらった。フィッシング詐欺を働いたりＥＴＨを盗んだりする仕掛けが入っていないことを証明するためだ。

コサラは、「ペーパーウォレット」——ふつうの紙に秘密鍵のリストを記載したもの——のデジタル版といえるウェブサイトを作成した。そこには、秘密鍵を暗号化するためのパスワードの入力フィールドと、「アドレス」を生成するためのボタンが用意されていた[6]（暗号通貨のアドレス、つまり公開鍵とは、郵便ボックスの投入口のようなもので、他人は入金しかできない。送金するためには秘密鍵が必要となる）。このサイトは、利用者の秘密鍵の暗号化版と非暗号化版の両方を出力できるほか、アドレスと秘密鍵のQRコードも出力できた。マイイーサウォレット側は利用者のコインそのものは保持せず、パスワードも記憶しない——それらを安全に保管するのは利用者本人だ。もし本人がパスワードを失くした場合、その金は永遠に失われる。自分の能力の限界を知っているコサラは、サイトのデザインについてはテイラーに頼んだ。

四日後、テイラーは誕生日を祝うためカタリナ島近くの船上にいて、コサラはロサンゼルスにいた。ふたりは、ドメイン名の登録サービス「ゴーダディー」でいろいろな名称を試してみたが、一部は二〇〇ドルくらいと非常に高価だった。「マイイーサウォレット（MyEtherWallet）」なら一一ドル九九セント。そこで、そのドメイン名に決めた。[7]

ふたりがマイイーサウォレットを立ち上げたのとちょうど同じ時期、未来を予測し、その正確性にもとづいて報酬を得られる分散型予測市場プラットフォーム「オーガー（REP）」のプリセールが行われていた。このセールに参加しようとしたテイラーは、ふたたび入金方法の技術的な難しさに苦しんだ。そこで、ワンクリックで済むボタンをつくってほしい、とコサラに頼んだ。彼は要望どおりに作成し、自分たちのサイトに「オーガークラウドセール」タブを追加した。[8] 一〇月一日に終了するセールの終盤、オーガーのニュースレターが、マイイーサウォレットに便利なボタンが用意されていることを称賛した。テイラーとコサラは「おお、やった、やった」と喜びに満ちたチャットを交わした。ふたりは、コミュニティーのほかの人々から注目を浴びたことに興奮した。

翌日、ボタンを利用したひとりから、感謝のしるしとして寄付を受け取ったほどだった。

二〇一六年二月、ふたりは「クローム」ブラウザの拡張機能を作成し、マイイーサウォレットのウェブサイトにアクセスしなくてもETHを扱えるようにした。[9] また、TheDAOのためにDAOトークンを購入しやすくし、ハードフォークが実施されたあとは、余剰残高、DAO引き出し用コントラクト、ETC引き出し用コントラクトから簡単に資金を取り出せるボタンを用意した。[10] この期間を通じて、テイラーは、自身の最も古くてカルマ（コミュニティーにどれだけ貢献したかを表わす指標）が高いレディットアカウント「u/insomniasexx」を使ってレディットに頻繁にログインし、さまざまな質問にこたえた。また、サポートチケットのメールにも返信した。彼女によると、TheDAOの前はメールが週二件だったが、資金調達の期間中は一日に一〇〜二〇件になったという。そのほかにレディット、スタックエクスチェンジ、TheDAOスラックでも多くの質問が飛び交った。彼女は実生活でそうした質問者たちに会ったことはなかったが、TheDAO／イーサリアムコミュニティーの常連になると、数少ない女性のひとりなので「TheDAOの母」というニックネームを付けられた。マイイーサウォレットは略してMEWと呼ばれた。

この時期も、テイラーはまだフリーランスで週に一〇〜一五時間、時給五〇〜六〇ドルでウェブデザインの仕事を請け負っていた。残りの時間はマイイーサウォレットに費やしたが、マイイーサウォレットのほうはまったく金を生まなかった。家賃を払うために、彼女とケビンは一〇ドル未満の価格でETHを売った。

その夏、マイイーサウォレットを本格的な会社にする必要があるとわかってきて、テイラーとコサラは、コミュニティーメンバーの勧めに従い、ビティーの助けを借りてスイスに会社を設立することを検討した。テイラーは、ＴｈｅＤＡＯを通じて交流を始める前にグリフとほんの短時間会っただけで、そのほかのイーサリアムコミュニティーのメンバーは誰ひとり面識がなかった。しかし、スイス旅行の準備をしながら、プロフェッショナルらしく見せなければと思い、ジャケットとブラウスを詰め込んだ。彼女の夫ケビンは、少しハイになったほうがうまくいくと感じていて、大麻を持っていけないいなら旅先で入手できるだろうかと心配していた。彼女は夫に釘を刺した。「自分でなんとかして。仕事上の関係者に大麻の入手先なんて訊かないでね」。テイラー、コサラ、ケビンがビティーのオフィスの中庭に足を踏み入れると、四人が座ってマリファナを巻いていた。テイラーは夫に言った。「見て。ご所望の品よ」。おっと、こいつはクールだ、と夫は思った。テイラーは大麻を吸わなかったが、やはり暗号通貨の世界はふつうの企業社会とは違うのだとあらためて認識した。企業社会に身を置いているころ、出張でコカ・コーラ本社を訪れるたび、場違いな気分を味わった。それとは違い、暗号通貨の世界には夜や週末を楽しむ文化があり、関係者たちは午前四時にオンラインになり、権威に疑問を持ち、リスクに対する許容度が高かった。ようするに、彼女に合っていた。

その秋、マイイーサウォレットは、新しい暗号通貨プラットフォーム「ゴーレム」が近々、二〇一六年一一月一一日に行なうＩＣＯに簡単に参加できる方法を追加した。ゴーレムは「コンピューターのための〝エアビーアンドビー〟」、すなわち、ゴーレムネットワークトークンを使って、コンピューターの眠っている（つまり、余っている）処理能力をほかの人に貸し出すブロックチェーンだ。[11] ポーランドを拠点とするゴーレム開発チームは、ＴｈｅＤＡＯ崩壊後にヴィタリックが推奨した上限一〇〇〇万ドルの範囲に収まるように、八二万ＥＴＨを調達することを目指していた。

ゴーレムのICOは二〇分で上限（その日の為替レートで換算すると約八六〇万ドル）に達した。[12] ETHで比べても米ドルで比べても、TheDAOが最初の二四時間で集めた額より多い。この人気の影響で、マイイーサウォレットのイーサリアムノードがダウンした。しかし、利用者はそうとは気づかなかった。マイイーサウォレットは、利用者がイーサリアムブロックチェーンとやり取りするための窓口にすぎず、ノードを通じて利用者の指示を送信するだけで、マイイーサウォレットじたいが利用者に対して何かを実行することはない。ゴーレムのICO中、利用者はセールに参加するための手順を踏み、送信ボタンをクリックしたものの、サイトはフリーズしていたので無反応だった。過大な負荷がかかってフリーズするのはこれが初めてだったため、エラーメッセージも用意されておらず、利用者は一〇秒経っても何も起こらないことに苛立って、ページを再読み込みし、そのせいでさらなる過負荷を引き起こした。ゴーレムICOの購入希望者からの苦情がマイイーサウォレットに殺到し、テイラーは内心、こう思った。セールに参加したいなら自分でイーサリアムノードを運営してちょうだい！　とはいえ、コサラがバックエンドを再構築し、負荷が急に大きくなった場合は自動的に新しいノードが起動するようにした。DoS攻撃に対処しながら修正を繰り返したイーサリアムと同じように、これでマイイーサウォレットも万全の態勢が整った。

「デヴコン2」の際、ボブとアンドリューは、企業ユーザーを説得してイーサリアムの採用を促すことをまだ諦めていなかった。ハイパーレジャーを経由する手はうまくいかないと判明したため、ジョゼフはUBSイノベーションラボ、BNYメロン、サンタンデール、ドイツ銀行にいるイーサリアム愛好者らと協議を始めた。銀行家たちは、コミュニティーが意見の異なる二つの陣営にきれいに分かれてTheDAO騒動を賢明なかたちで処理したと感じ、テクノロジーの力だけで解決できたことに驚いていた。ただ、イーサリアムに興味を持ちつつも、イーサリアムは「暗号アナーキスト」たちの溜まり場にとどまっているのではなく、企業などのエンティティーが集う場所に出るべきだと考えた。そこで、非営利組織を設立し、イーサリアムのエンタープライズバージョンを管理する計画を立てた。

二〇一七年一月二三日、アンドリューはミンに「エンタープライズ・イーサリアム」について「同期を取る」(つまり、意見を交換する)よう求めるメールを書いた。すると彼女からこんな返信が届いた。「コンセンシスのニュースレターでこのイーサリアム・エンタープライズの取り組みを知り、その筆者が、財団からも歓迎されている、と述べているのを読んで驚いた。そんな取り組みについて、わたしはほとんど何も聞いていないのだから」

新しい組織はエンタープライズ・イーサリアム財団という名称になる予定だったが、それを聞いたミンは激怒した。二つの情報源によると、彼女は、イーサリアム財団にとても似た名前を意図的に、悪意を持って付けたと考えたらしい(ジョゼフは「言いがかりも甚だしい。最初から悪意を前提にしている」と反論する)。結局、「エンタープライズ・イーサリアム・アライアンス(EEA)」の名称に落ち着いた。一月二五日、イーサリアム財団(すなわちミン)が「エンタープライズ・イーサリアム」と「エンタープライズ・イーサリアム・アライアンス」の商標登録を申請した。[13] ミンはEEAに、何か論じる際には財団が指定した用語を使うことを約束させ、商標登録ずみの「イーサリアム」や「エンタープライズ・イーサリアム」を用いる場合は使用料を支払うよう求めた。

二月中旬、ミンはまだ腹の虫が治まらないらしく、スカイプチャットでこう書いた。「わたししたちは商標の不正使用をめぐって（コンセンシスとの問題にかぎらず）あらゆるケースに対処しているが、最近、コンセンシスのエンタープライズ・アライアンスをめぐって、コミュニティー内の困惑した人々から多くの問い合わせを受けている」

そのあと、みずから訂正した。「正しくはエンタープライズ・イーサリアム・アライアンス」

彼女は続けて、「ジョゼフは財団に対して露骨な嘘をつき、すべての約束を破った」と非難し、「署名入りの合意書が整うまで使わないと約束したはずの、誤解を招く不適切な名称を使用」したうえ、「誤情報を広めた」と述べた。さらに、彼の行動を「不名誉」と呼び、人々が「ジョゼフの新しい〝イーサリアム〟団体に金を寄付する」可能性について言及した。また、さまざまな個人や企業からの苦情の多さに驚いたと述べた。苦情の中身は、コンセンシスのせいで誤解させられたり混乱させられたりした、イーサリアム財団やヴィタリックも支持していると思い込んでエンタープライズ組織に参加する契約をしてしまった、などだったと説明した。

数日後、ミンは財団のスカイプチャットに次のように記した。

〔商標侵害に関する告知――内部資料〕

エンタープライズ・アライアンスの指名代表であるジョゼフ・ルビンおよびアンドリュー・キーズは、予定どおり二〇一七年一月二五日に財団と公式電話会議を行ない、エンタープライズ取締役会の（将来の）主要メンバー一名とわれわれの法務チームも同席のうえで、財団と使用許諾契約を締結するまでは、エンタープライズグループのプロジェクトや団体の名称に「イーサリアム」という商標を用いないと約束した。

ここで長文を書く価値はないので、軽率なコメントは慎んでもらいたい。
今回の問題については対応中であり、順調にいけば近々解決されると思う。

内部でアブサとファビアンが異議を唱えたものの、ミンの意見が通った。二〇一七年二月二七日、エンタープライズ・イーサリアム・アライアンス（EEA）の設立が発表され、JPモルガン、マイクロソフト、ウィプロ、バンコ・サンタンデール、アクセンチュア、インテル、BNYメロン、CMEグループが創設メンバーとなり、BP、UBS、クレディ・スイス、ING、トムソン・ロイターなどが非取締役創設メンバーとなった。(14)商標の使用料として、初年度、イーサリアム財団に二五〇〇ドルを支払うことが決まった。

ミンは、自分が無用者とみなす人物を財団から排除しようと努力を続けた。かつてチャールズに関する疑惑を文書にまとめた、スペースシップのITマネージャー、テイラー・ゲーリングは、クラウドセールのころはジェフリーのチームで働いていたが、その終了後、ヴィタリックがやりたがらないイーサリアムに関する講演を世界各地で行なうようになった。テイラーによれば、ミンと電話で話す場合、ふつうで一時間半は彼女の不満を延々と聞かされるはめになった。テイラーが仕事の件を論じようとしても、彼女は自身の個人的な問題に話題を戻してしまう。テイラーが「プロフェッショナルになってください」と諌めると、彼女は怒りだすのだった。二〇一六年の終わりごろ、テイラーは、契約上、教育活動を続けても大丈夫かとミンにメールで問い合わせたが、返事はなかった。

EEAの設立発表と同じ日、テイラーはミンの義弟（トゥンの夫）であるJ・P・シュミットから、Gメールアカウントで発信されたこんなメールを受け取った。

イーサリアム財団を代表して、以下を通知する。あなたが提供するサービスに関してニーズを慎重に検討した結果、財団はあなたのサービスを必要としないと判断した。したがって、現時点も予見可能な将来にも、あなたとの契約は更新しない。

エグゼクティブディレクターの親族（かつ法務顧問の夫）が所有するGメールアカウントからのメールで、はたして従業員の雇用状況についての通告が正式に成立するのかどうか、テイラーには定かではなかったものの、彼の契約はいずれにしろ失効していたので、とくに深追いしなかった。チャールズ、アミール、ギャビン、ジェフリー、ジョゼフ、アンソニー、ステファン、ミハイ、そして今回テイラーがいなくなり、ヴィタリックを除くとイーサリアムの初期のリーダーシップチーム全員が姿を消した。

マイイーサウォレット

二〇一七年初頭から春にかけて、ヴィタリックは頻繁に旅行をしていた。とくにアジア内での旅行が多かった。一方、ETHは上昇傾向にあった。前年秋のほとんどの期間は一〇ドルから一三ドルの範囲で取引されていたが、一一月中旬には一〇ドルを下回り、クリスマスシーズン中には約七ドルまで落ちた。しかし二月になると、価格は一〇ドルに跳ね返り、じわじわと上昇して、EEA設立の発表日には一五ドルを超えた。人々は暗号資産データサイト「コインマーケットキャップ」

にアクセスし、暗号通貨市場全体に占める各コインの割合を示すチャートをチェックし始めた。暗号通貨の歴史のほぼ全期間、ビットコインの占有率は八〇パーセント以上だった。ところが二〇一七年三月に落ち始め、まず八〇パーセントを下回った。ここまでは過去にも二回あったのだが、三月中旬に初めて七〇パーセントになった。一方、ＥＴＨは数日で八パーセントから一七パーセントへ急上昇した。これはおもに価格の急騰による人気で、三月二四日に初めて五〇ドルを超えた。一五ドルに達してからまだ一カ月も経っていなかった。三月二六日、ビットコインの占有率は六七パーセントまで低下し、時価総額が一五七億ドルだったのに対し、イーサリアムは二〇パーセント弱で、時価総額は四六億ドルだった。「フリッペニング」――イーサリアムの時価総額がビットコインを上回る瞬間――が巷の話題にのぼるようになった。[15]

この時期、世界全体の暗号資産取引の総量も膨れ上がった（一月に中国の取引所が手数料を導入したあと、しばらく横ばいだったのだが）。一月下旬の週間取引量が約一〇億ドルだったのに対し、三月には三〇億ドル以上に急増した。イーサリアムが勢いを増すとともに、イーサリアムを取引したいという需要が強まった。この流れはとくに特定の一つの暗号資産取引所に大きな恩恵をもたらした。ＥＴＨ取引の最大手取引所であるポロニエックスだ。イーサリアムクラシックの存続にとって重要な役割を果たしたこの取引所は、単独ですべての暗号通貨の世界取引量の半分を占めており、イーサリアムとマージン取引への関心の高まりが大きな牽引力になっていた。世界じゅうの暗号資産取引所のチャートでしばしば首位に立っていながら、ベンチャー資本の支援をいっさい受けていないという点でも異色であり、外から見ると、謎の存在だった。ほとんどの取引所のオーナーたちは互いを知っていたが、ポロニエックスやそのオーナーについてはほとんど知られていなかった。たとえば、彼らがどこを拠点にしているかも不明だった。この時点のポロニエックスは、穏やかな顔をした創設者トリスタンのほか、ふたりの共同オーナー――ウェーブのかかった長い髪を持つ、可愛らしい「大柄」あるいは「ぽっちゃり」体型のアジア人女性のジュールズ・キムと、ひげ面で小汚い、ロックバンドのTシャツを着たマイク・デモポウロス――が統括していた。元ポロニエックスのスタッフによると、共同オーナーになったふたりは未婚のカップルで、以前は、RDVOというマーケティングおよびユーザー体験コンサルティングの会社のオーナーであり、地元ボストンのいくつかの大手組織を支えていたという。ジュールズは最初、トロールボックス――ポロニエックスのチャットルームのうち、暗号通貨取引に関するミーム、くだらない話題、トロール（挑発的な発言）が飛び交うルーム――の常連だった。トリスタンがポロニエックスのマーケティングに興味を示したとき、ジュールズは手伝いを申し出た。彼らが共同オーナーとして署名したことは公式発表されなかったので、長年の従業員たちですら気づかず、一年以上あとの二〇一六年一〇月になって知った。

三人はじつに異色のトリオだった。誰もが天才と認めるトリスタンは、三〇代でありながら、ポケモンやゼルダなどの任天堂ゲームのプレイ体験をオンライン上で面白おかしく語り、自分のスコアを自慢した。しかし、実際に会ってみると、彼は「信じられないほど存在感が薄い」人物で、社交面も不器用だった（トリスタンとヴィタリックの両方に会ったことがある人は、トリスタンのほうがはるかに重度のスペクトラム症に思える、と語った）。オンライン通話のときは、トリスタンはカメラをオフにし、かろうじて聞こえるくらいのささやき声で「うん、そう思う」程度の発言しかしなかった。ポロニエックスの人たちとじかに会った際も、相手とはほとんど目を合わせなかったらしい。

ジュールズとマイクがポロニエックスに加わる前、トリスタンは顧客を最優先したがった。顧客がハッキング被害に遭った場合、ポロニエックスが資金を回収できそうなら、たとえ作業に三時間かかろうと、回収せよとスタッフに指示した。初期の従業員によると、まだ資金が乏しかった二〇一四年初頭、ポロニエックスは二回ハッキングされ、二二七・六BTC（約一〇万ドル）を失った。トリスタンはすべてのユーザーに返済することを使命とし、ポロニエックスの利益をすべてなげうった。完済まで一年かかった。暗号資産は二四時間三六五日休まないので、カスタマーサービスは一日も休みなしで働いた。トリスタンやほかの初期の従業員は、毎月何時間働いたかをチャットで自慢し合った。そういった従業員たちは、株式オプションをもらえなくても、早期に参加した自分たちはポロニエックスで金持ちになれるはず、と信じていた（最終的には二〇一七年冬、初期の従業員たちに株式オプションが提供され、一月に署名した。が、取締役会が四月に承認したあと一年後に最初の部分が権利確定すると告げられた）。

ふたりめは、マイク。気さくなナイスガイだ。ウェブデザイナーで、「みんなの友達」タイプだった。まったく無関係な二名が、彼を同じ表現で評した。「ただの道連れ」「同乗しているだけの人」。

三人のなかで、ジュールズがいちばんの切れ者だった。彼女といっしょに働いた経験のない人たちは、彼女とマイクを「とても素敵な」カップルと表現した。いっしょに働いた経験がある人たちは、彼女には、友好的で優しい人格のほかにもう一つ、狡猾、秘密主義、偏執的、冷酷、「策略家」「意地悪」「仕切りたがり屋《コントロールフリーク》」の人格があると漏らした（げんに彼女のツイッターのハンドルネームは@cointrolfreak《コイントロールフリーク》だった）[16]。彼女が誰かを解雇したいときは、「あの人をクビにして。でないと、あなたをクビにする」と脅して、ほかの者にやらせた。怒鳴りつければ、人がより速く、よりよく働くと信じ込んでいるふしがあった。あとから思うとずいぶん口汚い女性だった、とスタッフたちは振り返った。誰かを騙す機会があるたびに騙していた、との印象も持った。顧客に問題が発生した場合、カスタマーサービスチームはできるかぎり解決を試みるのがふつうだったが、彼女は「法的にみて、わたしたちが助けてやる義務はない。騙してしまえばいい」と言うのだった。全般に、自分の望みのものが思いどおりに手に入らないと、機嫌を損ねた。

　早い段階で、彼女は友人のリサを雇い入れた。リサはオフィスの責任者となり、すぐにみんなに好かれた。リサはキッチンに軽食——チップス、ナッツ、グラノーラバー、果物など——を常備して、みんなが食べられるようにした。しばらくして、ジュールズが、そのオフィスでは働いていない初期のスタッフとの電話中、リサを解雇すると言った。「ひどいオフィスマネージャーだとわかったから。軽食のこと、聞いた?」。このスタッフの証言によると、そのあとジュールズは、リサがみんなのために軽食を買ったことをめぐって「完璧なヒステリー発作」を起こしたらしい。以後、軽食は全員めいめいで買わなければいけなくなり、また、四時間働くまでは休憩を許されないルールになった。

　ジュールズとマイクが共同オーナーとして加わったあと、ある時点で突然、トリスタンがチャットから姿を消した。ジュールズとマイクを通じてしか連絡が取れなくなってしまった。「ジュールズとマイクは明らかに、トリスタンをわたしたちから遠ざけた」と、ある従業員は回想する。しかし二〇一六年中盤か終盤ごろ、トリスタンは、反抗的とも思える最後の行動を起こした。まるで、他人の承認なしに何かができる最後の機会であるかのように……。カスタマーサービスの責任者であるジョニー・ガルシアに、ジュールズから「渡さなければいけないものがある」と連絡が入った。それはビットコインでのボーナスだった。当時の換算レートで約二万四〇〇〇ドルに相当した。それはトリスタンから――および彼女とマイクから――のものだ、と彼女は説明し、「いま忙しいから、じゃあこれで」と電話を切った。ボーナスを渡すのが愉快ではなさそうだった。ジョニーは、以前チャットで仲良くしていたトリスタンが感謝のしるしをくれたのだろうと解釈した。

二〇一六年、取引量が増加するにつれて、取引所のオーナーたちは大きな利益を挙げ始めた。三人のオーナーはビジネス情報をできるかぎり秘密にしていたが、従業員たちは収益を推測した。取引手数料が一取引あたり〇・二パーセント、マージンが〇・二五パーセント、加えて、プラットフォーム上のローンから得られる利息の一五パーセントを取引所が徴収しているから、取引所の収益は一日の取引量の〇・二五パーセントくらいだろう、と。それが正しければ、二〇一六年の平均的な日には、間違いなく五桁のドル額に達していた。[17] ポロニエックスの帳簿に詳しいふたりの人物によると、従業員たちの推測は正しく、一日の収益が一〇万ドルに達する日もあったという。

この期間中、オーナーたちの決定の一部に疑問を呈する声もあった。たとえば、二〇一六年後半、ジュールズとマイクが、顧客の大規模なハッキング被害を防ぐための基本的なセキュリティー機能の導入に反対した。「二段階認証」と呼ばれるこの機能は、顧客がログインしようとすると、電話に認証コードが送信される。しかしマイクは、使い勝手が悪くなると主張した。一方、カスタマーサービスは、二段階認証をオプションとして提供すれば、アカウントがハッキングされた場合に要する膨大な時間を節約できると訴えた。ポロニエックスにはカスタマーサービスの担当者が五人しかおらず、追加雇用の予定もなかったため、この機能を導入するだけで、はるかにおおぜいの顧客に対応できるようになるはずだった。オーナーたちの説得に数週間かかったものの、最終的には無事、導入が決まった。

そのころ、取引所はあらたな問題に直面していた。アメリカ国家の制裁措置に伴い、イラン人の利用をブロックしなければならなかった。ところが、ポロニエックスには、利用者の身元を確認するための堅牢なシステムがなく、現状では不可能だった。二〇一五年に導入した顧客確認システムは、初期の従業員によると「ひどく基本的」で「ごくごく簡単に回避できる」ものだった。三つのレベルに分かれており、より高いレベルの認証を済ませると、取引できる幅が広がる。このような簡易的な身元確認にとどめた理由は、ジュールズとマイクが、利用者の登録や資金預け入れのハードルをなるべく下げたいと考えたからだった。身元確認をもっと厳格にすべきとの議論が二〇一六年末から二〇一七年前半まで続き、結局、ジュールズとマイクは譲歩した。

イニシャル・コイン・オファリング（ICO）は引き続き増加していた。一二月の調達額は合計一一七〇万ドルだったが、一月には約六七〇〇万ドル、二月には七三〇〇万ドルと膨れ上がった。三月はいったん二二〇〇万ドルまで落ち込んだものの、四月には一三件のICOが合計およそ八六〇〇万ドルを集めた。

一一月のゴーレムをさらに上回るICOもあり、その一つが「グノーシス（GNO）」だった。オーガーと同様、分散型予測市場のプラットフォームを目指していた。ベルリン拠点のチームが開発し、スイスやシンガポールと同じくらい暗号通貨に対する規制が緩やかなジブラルタルでICOを開催した。目標は一億二五〇〇万ドルで、あらたな方式を試した。先着順ではなく、ダッチオークション（競り下げ式オークション）を採用したのだ。開始価格が三〇ドルで、これが上限であり、徐々に価格が下がって、二週間後には五ドルになる。購入希望者は、高すぎる支払いを避け、最も妥当と思える価格で入札できるわけだ。開発チーム側は、販売のために一〇〇〇万トークンを確保した。ICOの一カ月前の予想では販売期間は一〜三週間続くとみていたが、蓋を開けてみると、乗り遅れまいとする機運が高まり、初日の四月二四日、その日に設定された最大調達額がわずか一分で埋まった。しかし、確保した一〇〇〇万トークンのうちわずか四・二パーセントしか販売されず、終値はGNOあたり二九・八五ドルだった[18]。八日後、取引所に上場したとき、事前の購入者たちが持つコインは一枚あたり九二ドルに跳ね上がった。さらに、二カ月後のGNOの価格は三六一ドルに達した。その時点でプロジェクトはまだ正式にスタートしておらず、おもにホワイトペーパーとあらたに公開されたギットハブリポジトリくらいしか存在しなかったが、すでに市場価値は九五億ドルだった。

コンセンシスの開発者によると、ICOの詳細なビジュアル分析を行なった結果、セール参加者の一部はスマートコントラクトを活用していたという[19]。たとえば、上海に住むある買い手は、午前一時に始まるクラウドセールより前に、あらかじめ「プログラマティック・ビッティング・リング」と呼ばれるスマートコントラクトで入札を予約しておいた。買い手が眠っているあいだにETHを用意し、セール開始時に代理で入札を行ない、GNOを返送する仕組みだった。買い手は、法的義務のあるCEOがいる企業に頼る必要がなく、ただコードを信頼すればよかった。

こうしたクラウドセールで博打を打つ――いや、失礼――クラウドセールに投資するため、多くの人々がETHを購入したせいで、ETH価格が上がった。四月末には一ETHあたり七九ドルで取引されていたが、数日後の終値は九七ドルだった。ＩＣＯの分野では、五月は四月をはるかに凌駕する勢いだった。二二件のＩＣＯが二億二九〇〇万ドルを調達した。また、ふたりの親友が立ち上げた小さなサイドプロジェクトのはずのマイイーサウォレットのトラフィックが、わずか五カ月で一〇倍に増加した。一月に一〇万アクセスだったのに、五月には一〇〇万になった。

ＩＣＯが盛り上がったその冬、コミュニティーとの連携役を務めるテイラーは、さまざまなトークンをマイイーサウォレットに追加するよう、共同創設者のコサラに頻繁に依頼した。しかし、マイイーサウォレットのさらなる開発目標も追求しなければならないコサラは、作業が追いつかなくなった。そこでふたりは「カスタムトークンサポート」という機能を作成した。誰でも簡単に、任意のＥＲＣ-20トークンをマイイーサウォレットに追加できる。テイラーとコサラは自分たちの作業を楽にするためにこの機能を用意したわけだが、結果的に、ＩＣＯプロジェクト側としても、新しいトークンをサポートしてくれとマイイーサウォレットに申請する必要がなくなり、みずからの手で追加できるようになった。いわば、上場手続きをしなくても、企業側が自社株をニューヨーク証券取引所で売買できるようなものだ。

五月一七日、「誰にも規制されない組織」の構築を支援することを目指す「アラゴン（ＡＮＴ）」が、たった二五分で二四八〇万ドルを調達した。ガス代や取引手数料の不足により、三万ＥＴＨ以上（約二七〇万ドル相当）の六五一件が取引不成立だったにもかかわらず、これほどの額が集まったのだ。[20] 五月一九日、ＥＴＨの価格は一三〇ドル弱で取引を終えた。その二日後の終値は、一五八ドルの数セント下だった。五月二二日、すなわち、ニューヨーク市で最大のブロックチェーンコンファレンスである「コンセンサス」の初日には、ＥＴＨの価格は一七四ドルに達した。[21] 二四日の最終日には二二八ドルを超える高値となった。二五日には、トークンに特化したフォローアップ会議「トークンサミット」が開催された。そのイベント中、「キク」という既存のチャットアプリ会社が、暗号通貨業界に属さない組織としては初のＩＣＯを行なうと発表した。同日、二つのＩＣＯが合計八三〇〇万ドルを調達した。一方は、「おもに暗号通貨を利用する初のモバイルゲームプラットフォーム」と謳うモバイルゴーで、調達額は五三〇〇万ドル。もう一方は、「分散型のドロップボックス」を目指すストージで、調達額は三〇〇〇万ドルだった。[22] トークンサミットそのものもチケットが完売し、雨のなか、世界各国から集まった数十人が入場を断られた。翌週の火曜日、五月三〇日には、イーサリアムの二四時間取引高が初めてビットコインを上回り、一二億ドル相当のＥＴＨが取引された。価格は二〇パーセント近く急騰し、その日の最高値は二三四ドル近くになった。この時点で、ビットコインの占有率は五〇パーセントを割り、イーサリアムのほうは二〇パーセントを超えて、時価総額が一月一日の一六〇億ドルから三五六億ドルへと二倍以上に膨らんだ。

　ゴーレムのＩＣＯによってマイイーサウォレットのイーサリアムノードがダウンしたとき、テイラーは、大衆のトークンに対する需要の高まりに仰天したが、その驚きは大きくなる一方だった。四月六日に二つのＩＣＯがあり、マイイーサウォレットは初めて一時間に二二五万件のリクエストを受けた。五月二日の「トークンカード」のＩＣＯの際は、あるレディット利用者が、ＩＣＯ開始時にマイイーサウォレットが取引の送信か完了で不具合を起こした、と報告した。この人によれば、一見すると正常に動作しているようなのだが、五回目の試行でようやくイーサリアムブロックチェーン上で取引が実行されたという。[23] ところが別の利用者は、それはブロックチェーン側の問題ではないかと述べ、ブロックチェーンは毎秒一五件の取引しか処理できないことを指摘した。[24] これにテイラーが反応した。「びっくり。あなたの言うとおりかもしれない。わたしは、システムがダウンする原因を突き止めようと、テストを繰り返しているけれど、こちら側には何の問題もない。エラーメッセージも出ていないし、待ち行列も発生していない。トランザクションの処理漏れもない。じかにトランザクションを送信してもマイニングされない現象が起きているから、やはりブロックチェーン側の問題に思える……。まったくもう、トークンセールなんてくそ食らえ」[25]。ICOへの需要は非常に大きく、マイイーサウォレットのノードを圧迫するだけでなく、イーサリアムそのものに過負荷にかけていたのだ。テイラーはマイイーサウォレットのアカウントからツイッターに投稿し、レディットのスレッドの中身を引用したあと、こう書いた。「さあみんな、もうおしまい。〝ほかの人に後れを取るな〟の焦りが限界量に到達。ICOさん、お帰りを」

しかし、「ほかの人に後れを取るな」はまだまだ限界量に達していなかった。ICOは増殖し続け、彼女は「取引プールの混雑度」という独自の基準で評価し始めた。トークンカードの評価は七、アラゴンは六、ストージは〇(「すごい！　開始後一〇でも参加できた！」と彼女はグラフに記入した)、五月後半のミステリアムは九だった。

その後、五月三一日には「ベーシックアテンショントークン(BAT)」のICOが行なわれた。三〇日間、または上限の一五万六二五〇ETHに達するまで続く予定だった。始まってみると、わずか二一〇人の購入者から二四秒で三六〇〇万ドル近くが集まった。ひとりあたり平均一七万一〇〇〇ドルを超える。約四七〇万ドル相当のトークンを購入した人もいれば、購入が確実に処理されるように約六三七五ドルの取引手数料を支払った人もいた。[26]試みられた取引のうち、成功したのはわずか一・八九パーセントだった。セールに参加したい人々からの取引手数料は六万七〇〇〇ドルにのぼった。[27] ＥＴＨはその日、二三七ドル近くになり、過去最高値を更新した。テイラーはマイイーサウォレットのアカウントからこうツイートした。

ブロックチェーンの混乱レベルは極大。なんでまだ送っているの?! ?! ?! 二四秒で終わったのよ! たった三ブロックで!!! #batshitcrazy《クレイジーすぎ》

取引所オペレーター向けのチャットグループで、シェイプシフトのある従業員は、ＢＡＴのＩＣＯによる混雑のせいで、ブロックチェーンに何かを登録できるようになるまで七、八時間かかりそうだ、と推定した。同じころテイラーのもとには、ブロックチェーンとデータベースの違いもわからないまま金儲けの早道を求める完全な初心者からのサポートチケットや問い合わせが、怒濤のごとく押し寄せていた。「こんにちは。僕は先月、myetherwallet.com でアカウントをつくって、Ｐａｒｉｔｙを使っていて……」「そちらのウォレットはどのアルトコインをサポートしていますか?」「取引所から引き出してウォレットに入金できたんですが、それを送金するにはどうすれば……」

テイラーは毎朝、目を覚ますとさっそくサポートチケットに回答し、自分がこたえられない場合はコサラにスクリーンショットを送った。ビティーとの橋渡しも彼女の仕事だった。マイイーサウォレットの利用者は、ビティーでたとえばＢＴＣをＥＴＨに交換する。彼女はほかにも、さまざまなスラックチャンネルに飛び込んで質問にこたえたり、マイイーサウォレットのツイッターアカウントでダイレクトメッセージに返信したりした。トークンセールがある日は、午前三時か四時まで寝ずに働き、そのあと正午まで眠った。五月に一〇〇万人の訪問者があって多忙だと感じていたが、六月には二七〇万人の訪問者を迎えることになる。

ＩＣＯが爆発的に増加するなか、ミンはますます細部にこだわり始めた。従来なら、開発者たちは自分の作業時間を請求書に記して提出すれば報酬を受け取れたが、いまでは、少なくとも一部の開発者に対して四半期ごとの作業報告も義務づけていた。あらゆる情報を記載しているにもかかわらず、ミンから「詳細さが欠けている」というコメントを受け取る開発者もいた。また、ミン自身は開発者ではないのに、開発チームリーダーが何を優先すべきかに口を挟んだ。一部のチームリーダーは、彼女を満足させるための最小限の作業をひとまず済ませたあと、本来の作業に取りかかるようになった。

かつてＥＴＨ引き出し用コントラクトを書いたニック・ジョンソンは、ここ最近、イーサリアムベースのドメイン名システム（「イーサリアムネームサービス」と呼ばれ、ＵＲＬアドレスが.ethで終わる）の開発に取り組んでいた。彼は四月、そのシステムのローンチを手助けしてくれるボランティアをひとり見つけた。しかしミンは、この人物がイーサリアム財団の一員を名乗ることを懸念した。過去、財団のボランティアであることを看板にして何らかの利益を得ようと企む人たちがいたからだ。今回のボランティアは、ニックから与えられた役割をもとに「ローンチマネージャー」と自称していた。そこでミンはニックにこう書き送った。

彼の言動はリスクに思える。何か手を打たなくてはいけない。
厄介事が起きそうな気配を察知するわたしのレーダーは、とても敏感になっている。いま、二〇一四年と二〇一五年に発生した厄介事を片付けている最中で、わたしたちは結局、高い代償を払うはめになった。

五月にイーサリアムドメイン名の入札が始まったとき、ミンは、エンタープライズ・イーサリアム・アライアンス（ＥＥＡ）が欲しがりそうなドメイン名にあえて入札したいと考えた。イーサリアム財団としても「エンタープライズ・イーサリアム」の商標を所有しているわけだから、けっして理不尽ではない。しかしニックが「ＥＥＡとの不和をここでおおっぴらにするのは賢明だろうか？」

バンパー・チャン：べつに不和ではない
バンパー・チャン：うちには商標権がある
ニック・ジョンソン：たしかにそう
ニック・ジョンソン：でも、そのあたりを知らない人々の目にどう映るか心配だ
バンパー・チャン：向こうは名称の使用許諾契約に縛られている
バンパー・チャン：こちらは商標の正式な所有者
バンパー・チャン：自分たちの知的財産を保護するのは当然
バンパー・チャン：すでにジョゼフは、わたしやうちの弁護士に対して、明らかに契約を軽視する発言を繰り返している
バンパー・チャン：コンセンシスが「イーサリアム」の名称を自由に使えるようになることを

目指す、とまで言明した

ニック・ジョンソン：しかし、財団の外の人たちはそういった背景を知らない

バンパー・チャン：彼が信頼できず、善良な人物ではないことは一〇〇〇回も証明ずみ

ニック・ジョンソン：向こうは、ＥＥＡと関連のあるドメイン名を横取りしようとしていると思うだろう。

のちに彼女は、財団の外の人たちは背景を知らないというニックのコメントに触れ、「皮肉な話ね。わたしは世界じゅうに伝えたい。なのに、ジョゼフ／コンセンシス／ＥＥＡが伏せたがっているから、こっちも気を遣って表沙汰にしないとは」と返信した。

また、彼女は、すでに行なったか、まもなく行なうつもりの経営上の措置についてほのめかした。着任した二〇一五年からの業績を振り返りつつ、こう書いた。「わたしはたくさんの問題を引き継いだけれど、約二一カ月のあいだに、とくに大きな二〇個の問題のうち一七個ほどを排除または解決した。もうすぐ、あらたにもう一つにけりが付くと思う。この問題だけでも、最終決着までにはまだ数カ月の作業が必要だが、これで本当にすっきりする」。少し経って、ＥＥＡ関連のドメイン名やジョゼフが信頼できない点についてやりとりしたあと、彼女はこう追記した。「目下、悪質な第三者に対処するよりもはるかに重要な再構築の課題に取り組んでいる」。その二〇分後、次のように続けた。

信じられない!!

マイイーサウォレット

まだ詳しく明かせないものの、ジョゼフ／コンセンシスに関して最高かつ最悪のニュースが入った。驚くべき不誠実さにより、この業界きっての金食い虫で問題児のふたりが結託したのだ！　しかも、その確固たる証拠をみずから露わにした。

スイスの取締役と法務チームがこの問題の解決に尽力してくれるはず。わたしが昨年秋から取り組んできたほかのあらゆる組織改善にもいい影響が及ぶと思う。いまはうれしくてたまらないけれど、この瞬間がいつまでも続くわけではない。もちろん、まだやるべき仕事がある。それでも、さんざん苦労した甲斐があった——全体として、財団やうちの開発者たちにとってプラスの結果になるだろう。
＊＊以上はすべて真実。
真実こそが最良の防御。

どうか、わたしをいじめないで……。

わたしの「激しさ」に惑わされないでほしい。声（大きすぎ）や文章（長すぎ）が玉に瑕だけれど、問題の解決力と論理的な思考力のおかげで、わたしはこれまでの人生で、手がけた事柄をほとんどすべて「成功」させてきた。この分野に関して、わたしには不安や欠如感はない。

これは、わたしが尽くしてきた相手／いっしょに働いてきた仲間すべてにとっていいことだ。本来なら、課題を解決し終われば、わたしの任務は完了。円滑になったシステムをほかの人に引き継げるはず。ところがほとんどの人は、こんな困難で不愉快な仕事を（当然ながら）やりたがらないか、スキル不足で対処できない。わたしのような有能な人材はほかにもいるけれど、そういう人はたいがい、ストレスを抱え、手いっぱいで、神経が張り詰めている。

まだ続きがあって、財団の「最後の大きな障害」を取り除く件について書いたあと、「わたしは、本来より長く暗号通貨の業界に留まらざるを得ないかもしれない。知的な刺激や挑戦しがいのある課題がまだまだ尽きないからだ。けれども、チームの支援がないなら、居残るつもりはない。合理性に欠ける」と声明し、最初の話題に戻って締めくくった。「やらなければいけない不愉快な再構築作業がスピードアップする見通しになったことには、いまだ興奮している」

同じころ、ミンは「デヴコン3」の準備を始め、トヤ・ブドゥングドゥという女性を新しい助手に雇った。トヤは、上海で開催されたデヴコン2のときボランティアを務め、イーサリアムを扱う中国のオンラインコミュニティー「イースファンズ」で働いていた。当初はデヴコン3を手伝うために雇われたのだが、わたしの個人的なアシスタントとしての仕事をメインにしてほしい、とミンから伝えられた。ふたりは、ケイシーとともに、ツークにあるイーサリアム財団のアパートメントに住み込んだ。ここには、居間と仕事部屋が一つずつ、私室が二つあった。電気工学とコンピューター科学の学位を持つトヤは、ミンの食料品の買い出しや料理も受け持った。

仕事の初日、トヤは、イーサリアム関連の会合に出席するケイシーのためにベルリン行きの飛行機とホテルの予約を任された。しかし、会場がまだ決まっておらず、会場の近くのホテルにするようにとミンから命じられていたので、まだ予約できなかった。トヤによると、会合にふさわしそうな場所のレンタル料は八〇〇ユーロで、一〇ＥＴＨにも満たない額なのに、ミンは「高すぎる」として、会合の主催者と数時間にわたって争った。

また、トヤが働き始めた初日、コンセンシスがデヴコン3のチケットを一〇〇枚以上購入した。するとミンは、ハドソンとジェイミーにスカイプで連絡し、涙まじりに抗議した。本来、一つの組織が購入できるチケット数には制限が設けられているはずで、コンセンシスはチケットを買い占めてデヴコン3を妨害するつもりに違いない、とミンは考えたのだった。結局、ジェイミーはチケットをいったん全部キャンセルするはめになった。コンセンシスはハブ・アンド・スポーク型のモデルを採用しており、傘下にあるプロジェクトのスタッフの給与をジョゼフが支払うシステムだった。おかげで、それぞれのプロジェクトが新興企業としてみずから資金集めなどに苦労する必要はなかった。今回のデヴコン3のチケットにしても、コンセンシスがまとめて購入したあと、開発者がめいめいイーサリアム財団に開発者割引を申請する予定だった。ミンはトヤに、コンセンシスの関係者から申請があった場合はことさら慎重に検討するようにと指示した。おもて向きの理由は、コンセンシスの関係者ばかりが参加するのではデヴコンの多様性が低くなるので、イーサリアム財団としてはほかの人たちにチケットを回したい、というものだった（これについてジョゼフは「ミンの不合理な態度に対処するのにもう慣れていた」と語る）。

しかしトヤによると、ミンが抗議したのは、ジョゼフに対する不満がおもな理由だったという。たとえばミンは、ジョゼフがイーサリアムの共同創設者と自称するのを嫌がっていた。彼は初期の投資家にすぎない、と。また、彼は自己中心的で、イーサリアムへの関心が純粋でなく、富と名声への欲望に駆られているとみていた（ジョゼフ本人は、金が目的で行動を起こしたことなど人生でいちどもなく、ひっそり暮らすのが性に合っていると語る）。トヤの印象では、ミンはジョゼフを嫌な奴と決めつけ、嫌う理由をさらに探しているふうだった。

このころ、ジョゼフといっしょに働いていたビデオグラファーのアーサー・フォールズは、ジョゼフ、アンドリュー、コンセンシスのほかの人々、さらにイーサリアムコミュニティーの数人にメールを送り、ヴィタリック宛ての公開書簡でミンの解任を求めようと呼びかけた。ETH価格が一五〇ドルから四〇〇ドルのあいだを推移し、イーサリアム財団は資金の数年ぶんの余裕があるというのに、彼をはじめとするコミュニティーの開発者や財団内部の開発者は、多くのプロジェクトに関して助成金を受け取れないうえ、金満の財団からの報酬が非常に低いことにフラストレーションを感じていた（一方、続々と誕生するICOはETHで資金を調達するため、あらたなトークンチームの多くが高額の報酬パッケージで開発者を他社から引き抜いていた）。しかも、アーサーは、ミンから直接の嫌がらせを受けた。彼が手がけるイーサリアム愛好者向けポッドキャストの一環として、ミンやそのほかのイーサリアム財団スタッフにインタビューしようとしたところ、ミンが妨害してきたのだ。彼女に不信感を抱かせるにじゅうぶんだった。アーサーが公開書簡を作成する呼びかけをしたのに対し、何人もの人からストップがかけられた。というのも、同様の書面をつくる計画がすでに始まっており、五〇人のコミュニティーメンバーが署名を予定していたからだ。

こうした動向をヴィタリックはまったく知らなかった。ミンを交代させようかと彼が初めて考えてから、かれこれ一年が経っていた。いまでは彼は、シンガポールに設立したイーサリアム・アジア・パシフィックを通じて、ミン抜きでイーサリアムに取り組むことに自由と喜びを感じ、彼とミンとはいっそう疎遠になっていた。ツークにいるミンは、助手のトヤに「わたしたちはもう協力し合っていない」などと言った。彼がツークでも北米でもなく、シンガポールやアジアにいることについて、たびたび動揺し、泣いた。もっとも、彼がそばにいない事実に加え、自分の影響力が弱まった点を悲しんでいるのではないか、とトヤは感じた。ミンが財団で権力を振るえたのは、ヴィタリックの後ろ盾があったからこそだ。ヴィタリックは争いを嫌い、頼まれるとノーとは言えない性格なので、彼のそばにいる人たちが大きな力を持ちやすく、いまでは、ミンが何かを決定しても、ヴィタリックに近い人たちが彼に不平を訴えると、決定が覆されることが多かった。

それればかりか、ヴィタリックは二〇一六年、イーサリアムイベント起業家である中国人女性のパンディア・ジャンと交際を始めた。両方と知り合いだったトヤによると、すでに二〇一七年五月には、ミンとパンディアは互いを忌み嫌う関係になっていた。ミンは、パンディアがヴィタリックに対して愛情以外のものを抱いている、たとえば金銭的な利益や自身の職業的な向上を狙っているのではないか、と疑い、「ヴィタリックは悪い連中に囲まれている」などとコメントした。トヤは「連中」とはパンディアを指すのだろうと受け取った。パンディアがイベント主催者であり、デヴコンがその時点で――トヤの表現を借りれば――「財団の唯一の目に見える製品」であったことも、状況を複雑にしていた。ミンは、パンディアが開くコンファレンスのせいでデヴコンへの注目度が下がるのではないかと懸念した。彼らの関係は去る九月のデヴコン2では、パンディアが講演を行なうなど、ふたりの関係は良好だったが、パンディアが開催した最初のイベント――二月にパリで開かれた「エドコン」――の企画段階で、ミンは、エドコンが「公式イベント」であるかのような立ち位置を取っていると感じ始めた。ミンは「スイスにおける法的な地位を守るには、うちの財団としては、名称とブランドを保護するための積極的な措置を取らざるを得ないかもしれない」と口にし、エドコンの告訴を匂わせた。デヴコン3の企画が始まるころには、ミンとパンディアの確執が作業の障害になっていた。デヴコン3のスポンサー希望者がパンディアに連絡を取ってきた場合、パンディアはトヤに紹介したものの、トヤはその後、パンディア経由で話が来たという事実を秘密にしなければならなかった。「もしばれたら、たとえどんな重要な相手だろうと、ミンはスポンサー契約を結ぼうとしなかったと思う」とトヤは説明した（ミンがパンディアに対して敵対的な態度を取り始めたあと、パンディアもミンを嫌悪するようになった。トヤによれば、ふたりのあいだの溝は一一月のデヴコン3の時点でかなり大きくなっていたという。そのイベントの際、ヴィタリック、パンディア、ヴィタリックの友人たちが、予約してあったエアビーアンドビーに到着したとき、ホテルに宿泊するはずのミンがたまたま訪れていたため、顔を合わせたくなかったパンディアはヴィタリックの親友といっしょにいちど立ち去り、ミンがいなくなるのを待たなければいけなかった）。ふたりの険悪な関係について、ヴィタリックは、話を裏付けるようなことになると困るからと、コメントを拒否した。

ヴィタリックによると、デヴコン3の期間中の長電話で、ミンは彼に対して、わたしを評価していない、わたしにひどいことをした、などと不満を並べたてたらしい。彼女はプロフェッショナルな態度を保つことができず、何もかも個人的な問題としてとらえた。

彼女はしょっちゅう泣いた。逆にヴィタリックを泣かせもした。彼女の不平には正当な根拠がないとヴィタリックが気づいたのは、ずいぶん時間が経ってからだった。

トヤがミンのもとで働き始める前、ベルリンのオフィスマネージャーのクリスチャン・フェエメル——髪が薄く白くなり始め、鼈甲の眼鏡をかけた中年男性——は、ミンが、ベルリンオフィスの閉鎖または移転を計画しつつも、クリスチャンには内緒にしておくようにと、一部の開発者に口止めしたのを知っていた。COO／ディレクターのケリー・ベッカーがまだ産休中だったため、公式書類についてはケリーと相談のうえクリスチャンが署名する権限を与えられていた。ミンが隠し事をしているような状態では、ドイツ法人の運営は困難だった。

クリスチャンは二月に昇給を受けたものの、三月以降、ミンからのコミュニケーションが急激に減り、四月にはミンがまったく口を利かなくなった。オフィスが閉鎖または再編されるという噂を聞いていたうえ、財団のスカイプチャンネルから自分が削除されたのを知り、ふたりの子供を抱えるクリスチャンは、自分の雇用状況についてミンにメールで問い合わせた。彼女は、一年間彼から連絡がなかったこと、彼がETHデヴのCFOフリチョフ・バイナートの指示にだけ従って働いていること、財団での手伝いを求めたのに彼が断わったことなどを挙げ連ねたのち、ベルリンの法人(ETHデヴ)は営利企業であり、イーサリアム財団と明確に分離する必要がある、と返信してきた。

ETHデヴは財団と契約を結んでおり、月ごとに給与、経費、ドイツの税金支払いに必要な金を財団がETHデヴへ送ることになっていた。どの支払いの期限も、月末の二六日か二七日ごろだったが、二〇一七年初め以降、財団からETHデヴへの送金が遅れがちになった。五月、支払い期限の二日前になっても、ETHデヴのアカウントにまだ金が入っていなかった。社会保険料を納付しないと、ディレクターであるケリーが個人的に責任を負うはめになる。それればかりか、ドイツの法律により、今後三カ月間に流動性の問題があると会社側が認識している場合、破産手続きを開始する手続きを踏まなければならない。さもないと、ディレクターは刑事犯罪に問われる。[28]

さらに財団は、なんの相談もないまま、本来の合意金額よりも少ない額しかETHデヴへ送金しなくなった。ETHデヴがコード作成スタッフや請負業者の大半を抱えているにもかかわらず、ミンと財団は、契約を変更せずにETHデヴへの支払額を減らすことを決定していた(財団の取締役であるパトリック・ストルヒネッガーは、のちに、この減額措置や支払いの遅延を否定した）。当時の二つの文書によると、フリチョフとケリーは、どうなっているのか何が起こっているのかとミンとパトリックに問い合わせたが、ミンたちは会話するのを拒否した。もし方針の変更がなければ、ＥＴＨデヴは閉鎖を余儀なくされるとケリーにはわかっていた。

ケリーは六月中旬にふたりめの子供を出産する予定だったので、ＥＴＨデヴの社会保険を個人的に負担したり、刑事告発のリスクに直面したりするとなったら最悪のタイミングだった。からだの無理を押して、出産の三日前にパトリックや財団の弁護士との会議をスケジューリングした。パトリックにディレクターの権限を委譲するためだ。いざ会議に臨んだところ、驚いたことにミンも出席していた。

会議が始まると、ミンとパトリックは、ケリーが財団に簿記情報を隠していたと非難した（パトリック本人はこの点を否定している）。確かに契約では、財団から要求があった場合、ＥＴＨデヴは簿記情報を早急に提供しなければいけないという決まりだったが、文書の記録を見るかぎり、財団はいちどもそんな要求をしていなかった。ケリーは、財団から要求があれば送っていた、とこたえた。最終的に、パトリックがディレクターの座を引き継ぐことで一同は合意した。

ミンは口に出さなかったものの、じつは、ＥＴＨデヴの財務状況を精査するうち、ＣＦＯのフリチョフが最大一〇万ドルを横領しているとの確信に至り、ケリーとクリスチャンについても関与を疑っていたのだった。ケリーによると、フリチョフは従業員になることを拒否したため、独立した請負業者として働いていたという（フリチョフ本人は、最初から請負業者としての契約を提示されたと話している）。彼は、オランダの事業体を除くすべてのイーサリアム事業体の財務の責任を部分的に負っていたほか、長期にわたって適切な簿記や行政・税務管理が行なわれていなかったことが判明したぶんについて、整理する任務を与えられた。横領の疑惑が正しいかどうか、結局、ヴィタリックは追及しなかった。また、パトリックの後日の説明によれば、明確な証拠はなかったものの、財団にさらなる透明性と、より適正な書類作成が必要だったのは間違いないという。フリチョフが資金を横領したと思うかとの質問に対し、パトリックは、虚偽の告発になるといけないのでコメントできない、とこたえた。フリチョフは、後日、こう述べている。「わたしたちは二回ほど外部監査を受け、パスした。法定GAAP、税金、給与税社会保障などについて、完全にクリーンであるとの判断を得た」。ミンは、横領疑惑に関してみずからクリスチャン、ケリー、フリチョフを問いただすことはしなかった。また、疑惑の解明に役立つ情報を彼らに要求したこともない。フリチョフは言う。「そんな話はいちども議論されなかったし、わずかな言及すらされなかった」。にもかかわらず、ミンはそのあと数カ月間、助手のトヤや財団の開発者たちとの長電話の途中、上級幹部が財団から金を盗んだと話すことになる。

このケリー、ミン、パトリック、弁護士陣が開いた会議の直後、クリスチャンとケリーは辞職した(クリスチャンによると、彼が辞意を伝えたところ、ミンからスカイプメッセージが届き、残留を勧められたという)。パトリックとミンはフリチョフと協議し、透明性を高める必要があり、フリチョフがこのまま職務を続けるのは無理に思える、と告げた。すると彼は辞任に同意した。退職届を出さずにいきなり辞めたクリスチャンは、代わりにケリーに書類への署名を頼んだ。その署名が、ETHデヴのディレクターとしてのケリーの最後の仕事となった。

イーサリアム財団に入った当初、ミンは、別の人に送信するつもりのメッセージを誤って当時の取締役会メンバーのラーズ・クラビッターへ送ってしまった。そこにはこんなふうに書かれていた。「わたしのアドバイザーを選ぶ権利はわたしにある（ケリーに助言されるなんて嫌）」「わたしはヴィタリックとともに支配権を握った」。いまや、そのとおりになった。

二〇一七年、ポロニエックスの取引量は前年一二月に比べて五〇倍〜七五倍に増加した。[29] 顧客が増え、取引量が増え、処理プロセスが増えて、同取引所は作業量の山に埋もれた。

約二〇人のスタッフで五〇〇万近くのアカウントを管理する一方、アカウント所有者たちはポロニエックスに対してなんの投資も行なわなかった。たいがいの企業は、顧客の本人確認の際、サードパーティーの会社に依頼して、提出された証明書類と自撮り写真が一致しているか、住所がたとえばネバダ州のショッピングセンターなど、不正なものになっていないかなどをチェックするのだが、ポロニエックスの場合、従業員たちがみずから一つずつ確認作業を行なわなければいけなかった。サポートもまだ最低限しかできなかった。当時のマネージャーによると、五人で一〇万件以上のサポートチケットを処理していたという。その年の前半、カスタマーサービスの責任者ジョニー・ガルシアは、トロールボックスのモデレーターを数人引き抜いて、サポート担当チームをようやく八人にすることができた。ジョニーによると、共同オーナーのジュールズ・キムは、従業員がオフィスへ入る際に携帯電話を保管場所に置かせ、仕事中に音楽を聴くことも禁止した。また、セキュリティー上の理由もあるかもしれないが、各従業員のコンピューターをインターネットから遮断し、割り当てられた仕事をこなす以外は何もできないようにした。さらに、ほかの人の会話を偶然聞いてしまうことがないよう、ヘッドフォンの着用を義務づけ、オフィス内のようすはカメラで録画するとともに、従業員同士のコミュニケーションはチャットのみと規定した（のちにジュールズは、ダイレクトメッセージを含むすべてのスタッフチャットを監視していたと認めた）。

共同オーナーの三人が低コストで一日一〇億ドルの取引量を享受する日も多かった。ポロニエックスの内情に詳しい人物によると、純利益率はなんと九〇パーセントだったという。一日の利益が一〇〇万ドルを超えることも珍しくなかった。たとえば、六月一二日で終わる週には、取引量は約五〇億ドルで、平均して一日一六〇万ドルの純利益を挙げていた。三〇〇万ドルも稼ぎ出す日さえあった。流れ込んでくる金の行き先について、従業員たちはいっさい知らされていなかったが、一部の者は、オーナーのひとりのマイク・デモポウロスがカーレースを楽しみ、BMWを何台も所有しているのを察していた。金融規制を遵守するために堅牢な本人確認システムの導入が検討されていた際、ジュールズとマイクは数カ月にわたって強硬に反対していたが、突然、態度を変え始め、既存のマネーロンダリング防止システムの見直しを優先事項にするようスタッフに指示し、制裁対象国の個人やテロリストにサービスを提供していないかどうか念入りに確認し始めた。八月下旬、ジュールズたちは完全に折れ、「ジュミオ」という本人確認システムの専門会社と契約し、九月には新システムのプラットフォームへの統合に取りかかった。

その年の春ごろにはもう、トリスタンと同様、ジュールズとマイクも従業員たちの前からほとんど姿を消した。その代わり、あらたにルビー・シューという女性を雇い、現場へ送り込んだ。なんの告知もなしに現われた彼女が、急にいろいろな要求を出したため、一部の従業員が、この人物はいったい誰なのかとジュールズに問い合わせた。するとジュールズは、自分はいま弁護士や規制当局への対応に追われているため、ルビーに代役を務めてもらっている、ルビーがトリスタン、ジュールズ、マイクの三人の総意を代弁していると思ってもらいたい、とこたえた。従業員たちは、オーナーたちがみずからスタッフに意地悪をする手間を省くため、ルビーが特別に雇われたのだろうと解釈した。

一方、イニシャル・コイン・オファリング（ICO）は急増していた。六月一二日、すなわちベーシックアテンショントークン（BAT）のICOが二四秒間で三六〇〇万ドルを調達した一三日後、バンコール（BNT）のICOが行なわれた。テルアビブを拠点とするバンコール開発チームは分散型流動性プロトコルを構築しており、セールの朝、有名なシリコンバレーのベンチャー資本家ティム・ドレイパーからの支援を受けたことを発表した。ドレイパーは過去にも、ホットメール、バイドゥ、スカイプ、テスラなど多数の企業に投資していた。開発チームは当初、アメリカの証券法に抵触しないようアメリカ人の参加をブロックする予定だったが、最終的には許可することに決めた[30]（バンコールはアメリカ証券取引委員会を非常に警戒しており、ICOを「トークン《T》配布《D》イベント《E》」と称した。「イニシャル・コイン・オファリング」などという言いかたは、あえて証券取引委員会の気を惹くようなものだと心配するメンバーたちがいたからだ。呼称の代替案として「トークン生成イベント」も有力候補だった）。また、この開発チームは、いままでのトークンセールの失敗から教訓を得ようとした。ICOがネットワークを育てるための「種まき」だとすれば、BATがセールに上限を設け、たった二一〇人の大口投資家にしか売らなかったのは、賢明な策ではなかった。バンコールは、暗号資産の精神に則って広く平等なアクセスを実現したいと考え、セールを最低でも一時間は持続すると決めた。このくらい時間の余裕があれば、希望者は誰でも参加できるはずだ。一時間が経過した時点で、上限（二五万ETH）を非公表で設定し、集まったETHが限度額の八〇パーセントに達した場合のみ、上限の存在を明らかにする。もし最初の一時間のうちに上限を超えたときは、一時間が経過した直後にセールを終了するという予定だった。[31]

ところが現実には、セール中にイーサリアムのブロックチェーンが混雑し、一部のユーザーの取引は数時間も遅延した。ある時点では、三〇〇〇件以上の取引が未処理のまま滞っていた。[32] 調達額が上限に達するのは確実となり、開発チームはスマートコントラクトに二五万ETHの制限をハードコードするためのコントラクトを送信したものの、ほかの大量の取引の後ろに引っかかってしまった。その結果、バンコールの調達額は予定よりも一五万ETH（五一〇〇万ドル）多くなり、自分の持ち分の割合が期待を下回った投資家たちは腹を立てた。[33] とはいえ、バンコールは一万八八七件のアドレスに向けて販売することに成功した。そして何よりも、約一億五三〇〇万ドルを調達し、TheDAOを上回った。しかもTheDAOのセールは一カ月続いたが、バンコールはわずか三時間だった。イーサリアムの価格はあらたな史上最高値――約四一五ドル――を記録し、時価総額は三七一億ドルに達した。

マイイーサウォレットサーバーは「sendRaw 毎時トランザクション数」と呼ぶアクティビティーを記録していた。利用者たちが意図的な行動（送金など）を一時間あたり何回行なったかという数値だ。マイイーサウォレットの sendRaw 毎時トランザクション数は、ICOがないときだと平均一〇〇〇未満だが、二週間前のBATのICO中には九〇〇〇まで跳ね上がり、テイラーは仰天した。しかし、バンコールのICOではそれどころではなく、およそ三万に達した。ゴーレムのICO後にコサラが施した修正のおかげで、マイイーサウォレットのイーサリアムノードは全期間を通じて機能し続けた。技術的にみて素晴らしい成果だった。テイラーは当時、オンラインニュースメディア「クオーツ」にこう語った。「こうしたICOでは、サービスの容量を一分未満のあいだに一〇パーセントから一〇〇〇パーセントへ拡大することを求められるといっても過言ではない。なにしろ全員が同時に送信ボタンを押す」[34]

ICOの人気ぶりに伴い、イーサリアムに対しても強い関心が集まった。六月一八日、ETHがその日の高値である約三九一ドルを維持し、ビットコインの市場シェアを上回る「フリッペニング」の瞬間も目前かと思われた。ビットコインのシェアはなんと三七・八四パーセントまで急落し、イーサリアムは三一・一七パーセントだった。[35]ビットコインの時価総額は四一八億ドル、一方のイーサリアムは約三四四億ドルとなった。

二日後には、また別の大きなICOが予定されていた。今回はセールをさらに民主化するため、あらたなアイデアが用意された。オーストラリアのパースの出身のジャラッド・ホープ――ポーカー用の人工知能プログラムで成功したインターネットマーケター――と、長年のビジネスパートナーであるカール・ベネッツは、オープンソースのメッセージングプラットフォームとウェブ3・0ブラウザを兼ねたプログラム「ステータス」を開発していた。ベンチャー投資家たちに出資を断わられたため、ふたりは一般の人々に目を向けた。彼らのスラックには当初、三〇〇〇人以上のファンが集まっていたが、ICOを行なうと発表したところ、一万五〇〇〇人以上が群がった。新規登録者のほとんどは、フィッシングその他もろもろを手がける詐欺師か、ビットコインがいつ「月へ行く」か――つまり価格が急騰するか――にしか興味のない人々だった。ようするに、いまやコミユニティーの周辺にはサメが泳ぎまわり、不用意に落とされた秘密鍵を奪い取おうと狙っているのだった。

ＩＣＯの直前のある日、ジャラッドとカールがデジタルノマドとしてシンガポールに滞在していたとき、ジャラッドが「秘密鍵を他人に渡さないように。要求してくる人は全員、フィッシング詐欺師である」と人々に警告するメッセージを書いている最中、突然、画面に「¯_(ツ)_/¯」という表示がポップアップし、と同時にファイアウォールアプリが「外部から誰かがアクセスしようとしている」旨の警告を何度となく発し始めた。彼はあわててノートブックパソコンを閉じ、カールが泊まっている部屋めざして駆け上がりながら、自分のコンピューターが何者かに侵入されたと叫んだ。カールはパジャマ姿のまま急いで下りてきた。ふたりはその日一日、ステータスのアカウント、自分たちのビジネス用アカウント、個人用アカウントを安全に保つための対策に取り組んだ。

ふたりは、一方では詐欺師たちに狙われ、他方では証券取引委員会などの規制当局からの問い合わせを受けていた（証券取引委員会はコメントを避けている）。ふたりはハウィーテストを研究し、証券法に違反しないようにステータス・ネットワーク・トークン（ＳＮＴ）を構築し、さらに、ＩＰアドレスにもとづいてアメリカからの参加者をブロックした。

ジャラッドは、巨大な岩が出口をふさぐ寸前に洞窟を脱出するインディアナ・ジョーンズのような気分だった。時間を最大限に活かすため、食事は完全栄養ドリンク「ジョイレント」だけで済ませ、一日一四時間以上働いた。

彼らが解決しようとしていた大きな問題の一つは、大口投資家たちがアンバランスな量のトークンを買い占めてしまうことだった。ジャラッドの良き友人で、ホワイトハットグループのメンバーでもあったジョルディは、動的な上限設定、つまり、さまざまな時点で密かに上限を発動するアイデアを持っていた。たとえば、一二〇〇万スイスフランに達したときにまず上限が公表され、その後、セールは二四時間、または非公表の上限到達のどちらか早いほうで終了する。加えて、しだいに低くなる非公表の上限が設定されており、一定数のブロックに達すると規制が発動する。ホワイトペーパーによると、この仕組みは「大金持ちの大口投資家たちがSNTの配分を独占することを思いとどまらせる試み」だった。[36] 投資家の送金額が大きすぎると、一部は受け入れられるが、残りは返金される。

シンガポール時間の午前四時にセールが始まった直後、ジャラッドは沈痛な心持ちになった。金がいっこうに流れ込んでこない。しかしじつは、巨額を送りつけてくる投資家が多いせいで、コントラクトが取引を拒否していることに気づいた。開始からわずか数分で、一万一〇〇〇件近い未処理取引があり、取引額は四五〇万四八一ETH（一億六一七〇万ドル相当）にのぼっていた。[37] 拒否された人々が取引の再送信を繰り返したため、本来の取引数を大幅に上回る取引が飛び交い、ネットワークは大混雑に陥った。[38] イーサリアム上では、ほかの取引がまず不可能になった。ネットワーク全体の処理が滞り、イーサリアムドメイン名オークションも一部の入札が失敗した。あらゆるタイムゾーンが参加できるように、ステータスのICOは少なくとも二四時間続く設定になっていたから、最終的な調達額は一億ドルを超えた（あるコミュニティーメンバーは、「ステッカーと広告まみれのチャット機能を提供するだけのくせに、ステータスはずいぶんな金額を集めたものだ」と揶揄した）。[39] もっとも、コントラクトが受け入れた額よりも拒否して返金した額のほうが多かったから、非公表の上限がなければ、二億ドル以上を集めていただろう。「ただ残念ながら」とジャラッドは言う。「策を弄してみたものの、大口投資家を抑止する効果はなかった。彼らは、上限内でトークンを購入したうえで、取引手数料をたくさん払わされたと、あとから苦情を言ってきた」

マイイーサウォレットのテイラーにとって、ステータスのICOはまるで大津波だった。BATのICO中にsendRaw毎時トランザクション数が九〇〇〇に増えて驚き、バンコールのときは三万にもなってさらに驚かされたが、ステータスのICOに際しては、じつに一〇万に達した。なお、同じ週にICOが相次いだ。ステータスのICOが終了した翌日、アイデンティティー検証プロジェクトの「シビック」が三三〇〇万ドルを調達し、その数日後、分散型取引所と暗号通貨デビットカードを組み合わせた「テンエックス」が八三〇〇万ドルを調達した。そのまた翌日の金曜日には、タイの決済会社Ｏｍｉｓｅがサポートする金融サービスプラットフォーム「オミセゴー」が、ビットコイン・スイスを通じて全参加者の身元を確認したうえでICOを行ない、二六三〇万ドルを調達した。のちになって、マイイーサウォレットのウェブ訪問者数のグラフを眺めると、この週が突出したピークになっている。

その日曜日、４ｃｈａｎ――レディットに似ているが、もっとダークでアナーキーな、匿名の掲示板サイト――に「ヴィタリック・ブテリンの死亡が確認された。内部関係者たちがETHを売却中」という投稿があった。続けて「死因は自動車事故。これでこたえが出た。彼が接着剤として全体を統合していたのだ」と書かれていた。ETHの価格は三一五ドルから二八八ドルへ、八・六パーセント下落し、イーサリアムの時価総額から四〇億ドルが消えた。[40] ヴィタリックはすぐに、その噂を打ち消すため、ツイッターに自撮り写真をアップした。写真のなかの彼は、こんな文字が書かれた紙を持っていた。

ブロック3,930,000

＝

0xe2f1fc56da

これは、ほんの直前のイーサリアムブロックチェーンのブロック番号と、そのハッシュだった。キャプションいわく「あらたな一日。ブロックチェーンのあらたな使用例[41]」。身をもって健在を証明したにもかかわらず、イーサリアムの市場シェアは二六・七パーセントに低下し、ビットコインは四〇・三パーセントに上昇した[42]。

次の日、ブロックチェーンプラットフォーム「ＥＯＳ」が、およそ一年間にわたるＩＣＯを開始した。ＥＯＳはイーサリアムのライバルであり、より高速な（しかしより中央集権化された）システムだった。ＥＯＳは前月、暗号通貨に特化した年次コンファレンスである「コンセンサス」の開催中に、その会場に近いタイムズスクエアの巨大な看板でセールを宣伝した。このコンファレンスの参加者は二七〇〇人だった。ＥＯＳのＩＣＯがアメリカのＩＰアドレスをブロックしたことを考えると、タイムズスクエアに広告を出したとは皮肉だ。ＩＣＯが始まった週、ＥＴＨ価格は三三〇ドル台の高値と二〇〇ドル台の安値のあいだを揺れ動いた。

人々の狂乱ぶりに愕然としたテイラーは、マイイーサウォレットの公式アカウントからツイートし、「ちょっとちょっと、みんな、先週の騒動から何も学んでいないの?! 欲にまみれた考えは捨

マイイーサウォレット

てて、よくまわりを見て（自分だけ取り残されないか心配でたまらない投資家のみなさんも！）」とEOSのICOについて述べ、「落ち着いて座って――みなさんに伝えたい事実がある。素晴らしい製品をつくることは、トークンなしでも、大量の資金なしでもできる」と呼びかけた。また、上半身裸のプロレスラーのジョン・シナが驚きのあまり大口を開けている姿のクロースアップのGIF画像も添えた。[43] 六月、ICOは約六億二〇〇〇万ドルを調達した。さらに七月一日には、最大級の注目が集まるなか「テゾス」のICOが開始された。やはりティム・ドレイパーから投資を受けており、イーサリアムの競合相手になる可能性があるプロジェクトだった。テゾスには、イーサリアムをしのぐ二つの改良点があった。フォーマル検証（スマートコントラクトが開発者の意図通りに動作することを数学的に証明する方法で、DAO攻撃のような状況を防げる）と、ブロックチェーン上に直接組み込まれたガバナンス（The DAO攻撃後のハードフォークの可否のような、重大な決断を管理できる）だ。結果として、テゾスは二億三二〇〇万ドルという記録的な資金を調達した。

ジャラッドと同様、このころテイラーも多くのセキュリティー問題に気づき始めた。たとえば、ステータスのウェブサイト（status.im）を模した偽サイト（statusim.info や statustoken.im）が現われた。この偽サイトにアクセスするとフィッシング詐欺サイトへ誘導され、「あなたのイーサリアムウォレットに無料のSNTを配布します」という触れ込みの「エアドロップ」なるものの宣伝が表示されて、無料のSNTを受け取るために秘密鍵を入力するよう促された（秘密鍵は、アカウントからほかへ送金する際に用いられる。それを他人に教えるのは、銀行口座の暗証番号を教えるも同然だ）。

フィッシング詐欺師たちは、テイラーとコサラが生み出したサービスにも目を付け、myethewallet.net、myelherwallet.com、myeltherwallet.com などといった偽サイトを作成した。フィッシング詐欺のなかでも「コインホーダー詐欺」と呼ばれるもので、詐欺師たちは、正規のURLである myetherwallet.com やその関連語について「グーグル・アドワーズ」を購入し、URLが微妙に異なる偽サイトが検索結果の上位に表示されるように仕組んだ。利用者がそこからリンクを開き、本物そっくりの見かけに騙されてパスワードを入力してしまうと、詐欺師たちにパスワードを盗まれ、ウォレットを乗っ取られてしまう。(44)

ヴィタリックさえも詐欺に引っかかった。誰かがジェフリーのスカイプアカウントをハッキングし、「やあヴィタリック、うちが請求した九二五ETHがまだ振り込まれていないので、送金を待っている」というメッセージを送って、送金先のアドレスを指定したのだ。ヴィタリックは、送金を済ませた、とジェフリーに伝えた。するとジェフリーから、それは自分のイーサリアムアドレスではないとの返事が届いた。ヴィタリックは二五万ドル相当を知らない誰かへ送ってしまったわけだ。

五月にICOのせいで生活リズムを崩されたテイラーは、こんどは詐欺対策に追われるはめになった。午後一〇時に目覚め、午前五時か六時まで作業して、午前七時か八時まで仮眠を取った。運営スタッフとして雇ったひとりの男性にサポートチケットの状況を知らせ、ハッキングその他のセキュリティートラブルに目を光らせるよう指示すると、気を失うかのようにまた眠りに落ち、正午か午後一時に起き、パニックが何も起こっていなければ、口に食べ物を詰め込み、シャワーを浴び、服を着た。しかし、セキュリティートラブルが発生していた場合は、ベッドから転がり出て、午後六時まで働き、ふと、自分がまだ一日をスタートさせていないことに気づくのだった。

マイイーサウォレット

七月一七日、コインダッシュによるあらたなICOが行なわれたが、じつはセールの開始前にウェブサイトがハッキングされ、送金先アドレスが勝手に変更されていた。ハッカー側は四万三五〇〇ETH（その日の高値で換算すると約八五〇〇万ドル）を手に入れた。暗号セキュリティーの関係者たちが警告をツイートしたにもかかわらず、そのあと一時間もしないうちにさらに一〇〇〇万ドルが送金された。テイラーはもはや限界に追い込まれ、マイイーサウォレットのアカウントからこうツイートした。

1／くそトークンの作成者たちよ、よく聞け。わたしは完全に我慢の限界を超えた。午前一〇時、まだ寝られない……。

4／あなたたちは馬鹿げた金の鉱脈を追いかけるばかりで、イーサリアムが本来なるべき姿になる手助けをしていない。いろいろなメリットや利益を約束しておきながら、資金の損失を招くだけで終わっている。

5／偽アドレス、詐欺目的の自動ソフトウェア《ボット》、フィッシング、システムの脆弱性への攻撃、ドメインの乗っ取り、電話の不正制御などなどが、第一日から発生しているのに、あなたたちはいまだに騙される……。

8／純粋な投資目的のみなさん、だからといって免罪符は与えられない。責任の一端はあなたたちにもある。

9／「ナイジェリアの王子が投資家を募集中で、云々」みたいな偽メールで引っかけて金を何度も巻き上げるような陳腐な詐欺を知りもしないかのように、どんなアドレスだろうと送金し、確認もせずクリックする。それも問題だ。

10／レベルアップしなさい。わずか二時間で二〇〇〇ものユニークアドレスが、何年も前から存在する手口の詐欺に引っかかった。いいかげんに、おとなにならないと。[45]

翌朝、テイラーが目を覚ますと、雇った運営担当者とケビンがさかんに議論している声が聞こえた。彼女は階下に降りた。ケビンが「イーサリアム財団のマルチシグがハッキングされた」と言った。テイラーはまだ眠気に包まれたまま、「そんなわけないでしょ」とこたえて、また階段をのぼった。もしハッキングされていたら、わたしの携帯電話が鳴り続けるはず、と。ところが、ふと見ると、携帯電話の充電が切れていた。

第11章

「ミンは去るべし」

二〇一七年七月一九日から二〇一七年一一月四日まで

分散型商取引プラットフォーム「スワーム・シティー」のバーンド・ラップ社長が、スカイプのグループにこう投稿した。「パニックにはなりたくないが、わが社のマルチシグがハッキングされた模様だ。少なくとも、中身が空っぽになっている。四万四〇〇〇ETH（当時約一〇〇〇万ドル相当）が消えた」

事態を探るべく、テイラーのチームの数人がマルチシグのスマートコントラクトのコードを調べた。冒頭には以下のように書かれていた。

// このマルチシグネチャー・ウォレットは、ギャビン・ウッドが作成したウォレット・コントラクトをベースにしている。

……

// @作成者：

// ギャビン・ウッド〈g@ethdev.com〉

ギャビンの名前があったせいか、あるいはマルチシグネチャー（略してマルチシグ）だったせいか、ケビンとマイイーサウォレットの運営担当者は、このマルチシグ・ウォレットがイーサリアム財団のものだと思い込んだ。そのため、本当はスワーム・シティーのマルチシグがハッキングされたのに、伝言ゲームのように「イーサリアム財団のマルチシグがハッキングされた」という知らせがテイラーにまで届いたのだった。由々しい事態ではあることには変わりないが、イーサリアム財団のマルチシグがハッキングされるより深刻さははるかに低い。

事実関係が明らかになったあとも、疑問は残った。マルチシグがどうやってハッキングされたのか？　財団が所有するものも含め、マルチシグ・ウォレットは、取引を行なう際に複数の人物の署名が必要になる。つまり、ハッキングするためには、複数の関係者が共謀して秘密鍵を漏らすか、それぞれのデバイスを一気にハッキングするしかない。

かたやバルセロナでは、グリフとジョルディ、そしてグリフがあらたに立ち上げた会社のチームメンバーたちが、開発者向けシェアスペースのポーチに集まり、サグラダ・ファミリア教会を眺めながらワインを飲んでいた。すると、ワッツアップのアプリを通じてグリフに電話がかかってきた。スワーム・シティーのキング・フラーケルが、ハッキングについて知らせてきたのだった。グリフは最初、キングの勘違いだろうと思った。ところが調べてみると、一つの署名だけで大金が動かされた取引が見つかった。本来なら、登録された五つの署名のうち三つが集まらなければ取引を実行できないはずなのに……。

グリフやジョルディをはじめとするホワイトハットたちは、スワーム・シティーのウォレットがパリティー製であることに気づいた。となると、パリティー製のマルチシグ・ウォレットはどれでもハッキング可能である恐れが大きい。パリティー製のウォレットを使っている組織がいったいいくつあるのか、見当も付かなかった。

彼らは、ミンの助手のハドソンに電話をかけた。ハドソンはちょうどそのとき、ヴィタリックやアブサ、ミン、ケイシー、マーティン・ベッツェらといっしょに、コーネル大学のＩＣ３イーサリアム・ブートキャンプに参加していた。またしてもここで誤解が生じ、ハドソンは、アブサやミンとともにコンテストの審査中だった部屋へ走って戻るなり、「緊急事態！　イーサリアム財団のマルチシグがハッキングされた！」と叫んだ。それだけ言うと扉を乱暴に閉め、廊下を走ってヴィタリックのもとへ向かった。しかし結局、イーサリアム財団のマルチシグには異常がないとわかって、みんなようやく落ち着きを取り戻した。

しかし、なんと合計で一五万三〇三七ＥＴＨ、当時の価格で約三六〇〇万ドル相当（ハッキングのニュースが広まって値下がりしたあとは二九三〇万ドル相当）が、スワーム・シティー、エッジレス・カジノ、エタニティーから盗み出されていた。皮肉にも、この三つのプロジェクトのロゴにはいずれも、永遠を表わすシンボル「∞」が使われていた。

一方、トカゲが棲み、シダが生い茂るイビサ島では、パリティーの開発チームとその仲間たちが、しゃれた素焼きタイル造りの家に集まって、一週間の合宿の締めくくりをしていた。かつて映画『飛べないアヒル』に子役として出演し、その後、暗号資産のベンチャー投資家へ転身したブロック・ピアースが借りた家だった。室内のあちこちにエキゾチックな植物が飾られていた。合宿の参加者のなかには、ときおりアルコールと薬物に溺れて意識がもうろうとする者もいた。去る日曜日、一同はクラブ「アムネジア」のVIPルームで浮かれ騒いだ。

合宿の最終日は水曜だった。ハッピーアワーの時間帯に、誰かが「パリティーの開発者は全員、二階に来い！」と叫んだ。全員が階段を駆け上がり、Wi-Fiの電波がいちばんよく届くプールエリアに集まった。ハッキングの発生を告げられた彼らは、プールやジャグジーのまわりにある長椅子に腰掛け、めいめいのノートブックパソコンの画面を覗き込んだ。画面の光を浴び、一同の顔が青白く照らされた。DoS攻撃のときと同じように、とりあえず全員が同じ場所に揃っていた。しかし、資金がすでに消えてしまった以上、いまさらパリティーにできることはほとんどなかった。人々からの質問にこたえ、アップデートを行なうことくらいだった。

事態の収拾はグリフらのホワイトハットグループに委ねられた。彼らは、ハッキングがどのように実行されたのかを突き止めたが、ジレンマに直面した。[1] もしこの脆弱性を公表すれば、パリティー製のマルチシグ・ウォレットを誰でもハッキングできるようになってしまう。そこで、TheDAOのときと同じように、彼ら自身がすべての資金を盗み出し、正当な所有者に返還するしかなかった。IC3の参加者たちにブロックチェーンの分析を依頼し、バイトコードパターンを調べて、パリティー製マルチシグの利用者を割り出すよう頼んだ。バイトコードパターンとは、一種の指紋のようなものだ。ところが、ギャビンは分析に失敗した。中央ヨーロッパ時間の午後八時三二分、彼は、パリティーが使っているチャットツール「ギッター」に次のように書き送った。

「ミンは去るべし」

重要：セキュリティー警告

・重要度：きわめて深刻……
・説明：パリティー製ウォレットの「マルチシグ」機能で作成されたウォレットには重大な脆弱性がある。そこに入っている資金は目下、盗難のリスクにさらされている。
・対処方法：すべての資金をただちに別のウォレットへ移動せよ。

これは訓練ではない。[2]

八分後、ビットコインびいきの大口投資家WhalePanda――前年、イーサリアム財団、スロック・イット、ＴｈｅＤＡＯは深く関わり合っていると長文ブログ記事で指摘した人物――がこれを知り、スクリーンショットに撮ってツイッターで広めた。「イーサリアムのパリティー製ウォレットに重大なセキュリティー警告。それをマルチシグに使っている人は要注意」[3]

ある人は「イーサリアムベリークラシックが誕生かな？」とツイートした。[4] 別の人は「じゃあ、三二〇〇万ドルを取り戻すためにハードフォークするのか？　それとも、その連中は財団とつながりが薄いから放置？」と反応した[5]（ハードフォークの実行には数週間の計画と開発が必要であり、今回のハッカーはすぐにでも換金できる立場だったから、ハードフォークしても何の意味もない。実際、ハッカーは翌日に約五〇ＥＴＨ、すなわち約一万一三〇〇ドル相当を現金化した[6]）。

ニュースが広まると（中央ヨーロッパ時間の午後八時五六分にはパリティーがブログ記事を公開し、ツイートもした[7]）、時間との勝負が始まった。攻撃の仕組みを理解した者なら誰でも、無数のアカウントから資金を奪い取ることができてしまうからだ。午後一一時一四分、パリティーはウォレットのコードをアップデートし、これ以降に作成されるマルチシグは安全だとブログ記事で説明した。[8]

ホワイトハットグループは、パリティー製マルチシグによって制御されているとみられるアドレスの一覧表を入手し、それらのアドレスへ向けてジョルディのアドレスから取引を送信できるスクリプトをつくった。これを使えば、ジョルディがそのマルチシグを制御し、資金を取り出すことができる。

スクリプトの実行後、ジョルディ（正確には彼のアドレス）は、三七万七一六ETH（当時約八八六〇万ドル相当）のほか、三〇〇〇万ドル相当のBAT、二七〇〇万ドル相当のイコノミ、一七九〇万ドル相当のコファンド・イット、一四〇万ドル相当のEOSのほか、一六九・六九FUCKトークンその他を回収した。[9] 合計で二億八〇〇万ドル相当の暗号資産だった。[10] 二億ドルあったら、軍隊をまるごと一つ雇っても、まだ一億ドル残るだろう、とジョルディは思った。これほど巨額の資金へのアクセス権を握ったまま自宅にいると、自分や家族が危険にさらされるのではないかと心配になり、ジョルディをはじめホワイトハットグループの面々は、どこかほかの場所で眠りたいと思った。グリフの新しい事業「ギブス」のオフィスは住所が公表されていないから、そこに寝泊まりしよう、とジョルディは妻を説得したが、駄目だった。結局、ジョルディとグリフは、野球のバットをかたわらに置き、ドアを塞ぐかたちにマットレスを敷いて眠った。

翌日、彼らはジョルディが急いで借りたアパートメントへ移動し、作業を進めた。そのアパートメントの存在を知っている人はほとんどいなかった。ＴｈｅＤＡＯとＥＴＣの悲劇を教訓に、彼らは迅速かつ安全に資金を返還することにし、手を加える箇所は最小限にとどめた。ジョルディはパリティー製よりグノーシス製のマルチシグのほうが使い慣れていて好みだったが、ウォレットをグノーシス製に切り替えるのはやめて、修正パッチを当てたコードでパリティー製のマルチシグを作成した。続いて、それぞれの元のアカウントを新しいマルチシグにマッピングし、所有者たちが自分の資金がどこにあるのかを把握できるようにした。四日後、いざ送金しようとしたところ、コミュニティーから、ろくに監査を受けていない新しいコードに数億ドル相当のトークンを預けていいのかという声が上がった。[11] そこで、マルチシグの所有者がめいめいどこで資金を受け取りたいかを申告できるスマートコントラクトを作成し、念のためホワイトハットグループが直接電話をかけて確認してから送金することにした。まだ一〇〇〇万ドルが残っていたので、できるだけ多くの開発者に連絡を取り、コードをチェックしてもらった。一週間以上テストを行なったが重大なバグは見つからず、残りをマルチシグに送金した。[12]

九月になると、オンラインメディアの「ミディアム」に「マッチングアプリのティンダーで悲惨な目に遭ったあと、一五万三〇三七ETHを奪った方法」という架空の話が掲載された。[13] パリティー製ウォレットのハッカーを主人公にした物語で、六七〇〇の「いいね」が寄せられた。ハイライトはこんなくだりだった。「まあ、つまりは、監査も受けていない二五〇行のコードのなかに三〇〇〇万ドルも預けたなら、自業自得ということだ」

テゾスが二億三二〇〇万ドルを調達し、EOSが一年間にわたるICOを開始したばかりで、過去最多となる四〇件ものICOが予定されている七月は、世界的な暗号資産ブームが最高潮を迎える見通しとなった。インターネットマネーの魔法にかかった人々は、LSDを飲み、コカインを吸い、MDMAに酔いしれた。金色の紙吹雪のように、空からコインが降ってきた。一方、その横で傍観者たちは時計を見ながら落ち着かず、警察は何をぐずぐずしているのかと苛立っていた。

このころ、多くの弁護士やビットコイン愛好家、そのほか暗号資産に関わる法律や事業の経験を持つ人々は、証券取引委員会（SEC）に注目していた。SECは暗号通貨に関して散発的に取り締まりを行なったものの、ビットコイン詐欺に関連では二〇一六年に一件、二〇一七年も一件のみにとどまっていた[14]。しかし、SECはいつ動きだしてもおかしくない気配を示していた。たとえば五月のコンセンサス・コンファレンスで、SECの分散型台帳技術ワーキンググループの責任者であるバレリー・シュチェパニクは、個人の見解であるとしながらも、関係者全般に向けて次のように述べた。「SECによる規制の有無にかかわらず、あなたがたには投資家に対する受託者責任がある。この業界の発展を望むなら、投資家の保護を最優先に考えるべきだ[15]」

当初、この業界の関係者のなかには、イノベーションを妨げないよう規制当局は慎重なアプローチを取っているのだろうと楽観視する声もあったが、この時点ではすでに事態は手に負えなくなりつつあった。二〇一六年から二〇一七年初頭にかけてのICOは、たいがい、ブロックチェーンをまっとうに活用しようとする開発者たちが実施したが、その後は、暗号資産の経験が乏しいグループが暗号資産についてほとんど理解していない一般人から資金を集めようとする例が続出していた。たとえば、トークンサミットの翌日の五月二六日、「ベリタシアム（VERI）」なるもののICOが行なわれた。ソースコードを公開しておらず、ホワイトペーパーも出していなかった。マーケティング資料にざっと目を通しただけでも、これが分散化されたネットワークではなく、米ドル決済を簡単に受け付けるための中央集権型の企業だということは明らかだった。暗号資産全体でハッキングが横行しているにもかかわらず、安全なウェブサイトを用意するという基本的な対策さえ怠っていた。それでも、一一〇〇万ドルを調達した。ＶＥＲＩトークンは早くも時価総額で一〇位にランクインした。七月二二日の流通量ベースの時価総額は四億五八〇〇万ドルだった。ただし、ベリタシアムが発行済みトークンのわずか二パーセントしか販売していなかった点を考慮すると、総流通量ベースの時価総額は二二九億ドルにものぼっていた。この数字で比較した場合、設立からわずか一カ月のこの会社の価値は、平均的なナスダック上場企業の何倍にもなったわけだ。その日のイーサリアムの時価総額二一五億ドルすら上回っている。ＶＥＲＩの残り九八パーセントを握っていたのは――創設者だった。

その創設者は七月二三日、ビットコイントークに投稿し、ハッキング被害に遭ったことを明らかにした。[16] ベリタシアム自身が管理するアドレスから三万七〇〇〇近くのＶＥＲＩトークンを盗まれたという。[17] すぐさまレディット利用者たちが反応した。「へえ……〝ハッキング〟ねえ。怪しすぎる」「そもそもベリタシアムはインチキだから、インチキの内部でインチキが起こったというわけだな」。このハッキングの最も奇妙な点は、「ハッカー」が一億ＶＥＲＩを保有するアカウントにアクセスできたにもかかわらず、わずか三万六六八六・九ＶＥＲＩ、すなわち〇・〇三七％しか盗み取らなかったことだ。当時の価値で二四七億ドル相当のトークンをウォレットに残したままだった。

二〇一七年の五月、六月、七月は、胡散臭いＩＣＯが相次ぐ時期だった。胡散臭さは二種類に分かれていた。一つは、悪意はないのだろうが、正規な手続きを踏まずに証券を新規発行しているも同然と思われるケース。もう一つは、技術に精通した者から素人の模倣者まで、さまざまな詐欺師たちが、ブロックチェーンを悪用して一攫千金をもくろむケースだった（七月に、皮肉屋の誰かがこんな架空の広告を出した。「世界初の一〇〇パーセント正直なイーサリアムＩＣＯをここにお知らせいたします。

（中略）正直なところ、誰もがＩＣＯにうんざりです。何週間にもわたる誇大宣伝、何日も続くイーサリアムネットワークの渋滞、コインベースのしばらくの取引中止……挙げ句のはてに、〝投資家〟たちは、手に入れた新しいトークンの〝価値〟がおおかた消滅していくのを眺めて呆然。けれども、われわれのＩＣＯは違います。「ユースレス《U》・イーサリアム《E》・トークン《T》」のＩＣＯは透明性が高く、投資家にいっさいの価値を提供しないことを堅くお約束します。したがって、期待できる利益はゼロであると断言できます[18]」）。こうした状況のもと、ＳＥＣはついに、「ブロックチェーンは合法でも違法でもない《アリーガル》」と主張する勢力に対し、宣戦を布告した。

七月二五日、ＳＥＣはＤＡＯトークンに関する調査報告書を公表し、それらが証券であると結論した。報告書には「分散型台帳やブロックチェーン技術をベースとした証券の発行者は、適用除外に該当しないかぎり、当該証券の募集・販売を登録しなければならない」と書かれていた（つまり、ＩＣＯは証券の募集であり、ＳＥＣによると「企業には、自社についての情報、提供する証券、募集の内容を記載した登録届出書を提出する義務がある」ということだ。ただし、ＩＣＯが適用除外を主張できる場合は除く）。さらに「未登録の募集に参加した者も、証券法違反の責任を問われる可能性がある」（すなわち、買い手も証券法違反の恐れあり）とも記されていた。続いて最後には「これらの証券の取引を提供する証券取引所は、適用除外に該当しないかぎり、登録しなければならない」（これらのトークンを上場する暗号資産取引所も、正当な例外でなければ、ＳＥＣに登録しなければならない）とあった。

ＴｈｅＤＡＯという具体例に関して、ＳＥＣは、ＴｈｅＤＡＯがみずからを「クラウドファンディングコントラクト」と称していたものの、類似の名称を持つ適用除外項目「レギュレーションクラウドファンディング」の資格を満たしていない、と断じた。それでも、スロックやその共同創業者、TheDAOのキュレーターたちは安堵の溜め息をつくことができた。報告書の次の文に「SECは、現時点で知り得たTheDAOの行為および活動にもとづき、本件について法執行措置を取らないことを決定した」と述べられていたからだ。ただし、報告書はそのあと一八ページにわたってTheDAOの足跡をたどり、キュレーターの影響力をこんなふうに強調していた。

ホワイトペーパーによると、DAOエンティティーのキュレーターには「かなりの権限」があるとされている。キュレーターは重要なセキュリティー機能を果たし、どの提案をTheDAOに提出し、DAOトークン保有者による投票にかけ、資金提供するかについて最終的な支配権を持っていた。(中略)TheDAOのキュレーターは、提案をDAOトークン保有者の投票にかけるか否かについて最終的な裁量を持ち、また、提案の順番や頻度を決定し、提案がホワイトリストに載せられるべきか否かの主観的な基準を課すこともできた。TheDAOグループのあるメンバーは、キュレーターには「ホワイトリストに関する完全な支配権がある。何をいつホワイトリストに載せるか、どのくらいの期間載せるか、いつホワイトリストから外すか。提案の順番と頻度を明確にコントロールできる」と公言し、「キュレーターは非常に大きな権力を持つ」と述べた。別のキュレーターが、提案をホワイトリストに載せるべきか否かを判断する際の主観的な基準を明らかにしたものの、そのなかには自身の倫理観も含まれていた。

さらに、「DAOトークンは証券である」と題したセクションには、ハウィーテストの四つの要件があらためて記され、四番目の要件が最も問題視されていた。すなわち、DAOトークンは

（1）金銭の投資であり、（2）共同事業に対するものであり、（3）利益を得ることが合理的に期待でき、（4）他者の努力に依存していた。ここでSECは、他者とは「具体的にはスロック・イットとその共同創設者、TheDAOのキュレーターたち」であるとしたうえで、スロック・イットがTheDAOのウェブサイトを作成し、オンラインフォーラムを維持し、最初の提案を提出する予定だったことを詳述した。「スロック・イットとその共同創設者は、みずからの行動とマーケティング資料を通じ、TheDAOを成功させるために必要な多大なる経営努力を提供できる、と投資家筋に信じ込ませた」とこの報告書は指摘した。また、スロック・イットがキュレーターを選定して、そのキュレーターがコントラクト作成者を精査し、「提案を投票にかけるかどうか、いつ投票にかけるか」を判断し、提案に関するそのほかの機能を果たした、という仕組みを明確化した。セクションの最後には「攻撃者がコードの弱点を突いて投資家の資金を奪ったとき、スロック・イットとその共同創設者が事態の解決に乗り出した」と書かれていた[19]（実際には、共同創設者のクリストフとサイモンは加わらなかったが、従業員のグリフとレフテリスは手伝った）。

この文書は有罪を示唆し、暗号通貨業界に警告を与えるものだったが、完全に正確ではなかった（SECはこの件に関してコメントを拒否したものの、スロック・イットから直接の聞き取りは行なわず、判明しているかぎりでは、ひとりのアメリカ人キュレーターに連絡を取った程度らしい。情報公開法にもとづく請求により二〇二〇年一〇月に資料が開示されたものの、TheDAOを誰が展開したかに関して議論を行なった形跡は見つからなかった）。スロック・イットはDAOハブフォーラムを設置していないし（ただし、スラックは設置した）、DAOスマートコントラクトを展開したのもスロック・イットではない（DAOコミュニティーの未知のメンバーが八つのスマートコントラクトを作成し、テイラーの当時の婚約者ケビンがどのDAOを使用するかを決めるためにコイントスをした）。また、スロック・イットの従業員の一部がロビンフッドグループやホワイトハットグループを手伝ったとはいえ、あくまで個人的な時間を割いて問題解決を支援したにすぎない。いずれにしろ、SECはこの文書を予備的なものとみなしており、SECの立場としてはこの分野をどのように見ているかを示すのが意図だった。弁護士たちの推測によれば、The DAOがもはや存在せず、投資者たちも金銭を失わなかったため、SECは「21a報告書」というかたちを選んだのだろうという。すなわち、今後同様の行為があれば法執行措置を取る可能性が高い、と通知する目的の報告書だったわけだ。[20]

　問題は、これがイーサリアムそのものにとってどんな意味を持つのかだった。ICOという用語が生まれる前の話だが、イーサリアムもICOを行ない、アメリカ国内でトークンを販売した。イーサリアムのプリセールの購入者たちは、共同事業に金を投資し、他者の努力によって利益を得ることを期待していたといえる。では、SECは、ヴィタリックをはじめとする共同創設者やイーサリアム財団に対して法執行措置を取るのか？

　パリティーのハッキング問題は解決したものの、暗号資産コミュニティーは詐欺、ハッキング、フィッシングの嵐に見舞われていた。月曜日はコインダッシュ、水曜日はパリティー、そして八日後はジーバーが被害に遭った。ジーバーの場合は「イ《I》ニシャル・コ《C》イン・オ《O》ファリング」ならぬ「イニシャル・コイン・テイキング」と呼ぶのがふさわしいかもしれない。ジーバーの開発チームがICOを始めたところ、そのコントラクトが「自殺」、つまり削除され、ウェブサイト上の入金用アドレスが、スマートコントラクトではない通常のイーサリアムアドレスに変更されてしまった。

二四時間のあいだ、購入者たちはＥＴＨを変更先の秘密鍵を持つハッカーの懐へ送り込み、何も返ってこなかった[21]。

　フィッシング詐欺も増加しており、大規模なハッキングがなくても暗号資産がじわじわと流出していくありさまだった。マイイーサウォレットは、自社サイトの利用者を狙ったフィッシング詐欺のスクリーンショットをツイッターに繰り返し投稿して、注意を呼びかけた。たとえば、パリティーのハッキングの翌日には、マイイーサウォレットの管理者を装ったフィッシング詐欺師がこんなメールをばらまいた。「弊社がハッキングを受けたことをお知らせします。あなたのアカウントのセキュリティーが破られた可能性があります」。続いて、いまはもうサイトが安全になっているから、ウォレットへの侵入があったかどうかを確認するため、ＥＴＨ残高をチェックしてほしい、と求めていた。本物のマイイーサウォレットは、このメールのスクリーンショットをツイートし、次のように書いた。

一、わたしたちはハッキングされていない
二、わたしたちはあなたがたのメールアドレスを持っていない！
三、あなたがたの秘密鍵も持っていないので、ハッキングの心配はない[22]

　ハッカー攻撃は、当時の暗号資産コミュニティーのプラットフォームだったスラックでとくにひどかった。フィッシング詐欺師たちがスラックボットと呼ばれるツールを悪用した。本来、スラックボットは、たとえばＴｈｅＤＡＯのスラックで「プリセール」という言葉を入力すると、あらかじめプログラムされたこたえを返す機能だ。ところがいままでは、フィッシング詐欺師がスラックボットを操って、人々をパニックに陥れ、セキュリティー手順を忘れさせ、秘密鍵を渡させようとしていた。たとえば、あるフィッシング詐欺師はアラゴンのスラックにこう書き込んだ。

＊＊ICOセキュリティーチームからの重要なお知らせ＊＊

弊社のイーサリアムベースのトークン・スマートコントラクトに問題が発生いたしました。

この問題を解決する最善の策は、スマートコントラクトをフォークすることだと判断しました。（以下略）

https://myetherwallet.co.uk/#view-wallet-info にアクセスして、あなたのウォレットのロックを解除し、当ウェブサイト上の指示に従ってください。

この作業を怠った場合、トークンを失う恐れがあります。

言うまでもなく、この偽サイトの指示に従うことこそが、トークンを失う結果に繋がるわけだ。ほかにも、「フィッシング詐欺の増加に伴い、サイトのセキュリティーを強化いたしました。より高いセキュリティー機能を利用するため、再ログインしてください」というフィッシング詐欺もあった。さらには、トークンセールの開始が前倒しになったと告知する手口も使われた。「サンティメント・チームからの公式発表です。サンティメント・トークンのラストセールがたった今、いま開始されました！」。もちろん、トークンは「特別価格」で提供されるのだった。無料プレゼント（たいがい、無料のトークン）の偽広告により、フィッシング詐欺サイトへのリンクをクリックさせようとする者もいた。暗号資産に手を染めたばかりの人たちは、もっと儲けたい、資産を守りたいという一心で、こうしたリンクを軽率にクリックし、自分の暗号資産の秘密鍵を奪われた。スラックが任意の表示名を選べる仕組みである点も、問題を助長した。そこにつけ込んで、コミュニティーの新規メンバーがコイン作成者の名前を騙ることもできた[23]。

イーサリアムのブロックチェーンエクスプローラーである「イーサスキャン」で検索すると、フィッシング詐欺師のアドレスにこんなふうに泣きつくコメントが付いていることもあった。

わたしの一四ＥＴＨを［コメント投稿者のイーサリアムアドレス］に返してください。どうか憐れみを。

ここにいる人たちはみんな、盗人ども（つまり、銀行家たち）から逃れるために来たのです。あなたは間違った相手から金を盗んでいます。わたしの財産はゼロになってしまいました。

大量の暗号資産スラックグループへスパムを送ったため、一時的メールアドレス作成サービス「メイリネーター」の詐欺師たちのアカウントには、さまざまなＩＣＯのスラックからの登録確認メールがあふれていた。「ＡＩコインへようこそ！」「ＬＡトークン・オン・スラックより。新規アカウントの詳細」「シンジケーター・コミュニティーにおけるあなたのアカウント[24]」……。ある暗号資産セキュリティー企業によると、このような詐欺の被害者は九月中旬までに一万七〇〇〇人弱にのぼった。トークン・チームも標的にされ、たとえばイニグマのＩＣＯ直前にウェブサイトがハッキングされ、「特別プリセール」が発表されて、入金はすべてハッカーのウォレットに納まった。

ハッカー（たち）は五〇万ドル相当のETHをたやすく手に入れた。[25]

ハッカーたちはとりわけマイイーサウォレットを標的にした。取引所に資産を置いているユーザーは、取引所が何らかの詐欺対策を講じているので、あるていど安心できる（取引所からコインが盗み出された例もあるにはあるが）。しかし、マイイーサウォレットの場合、入力したパスワードが利用者のウォレットを直接ロック解除する仕組みだから、マイイーサウォレットの管理者側が利用者のウォレットの中身を見ることも、不審なアクティビティーについて警告メールを出すこともできなかった。しかも、マイイーサウォレットを利用するのはおもに、専門知識なしにICOに参加したい人々だから、そういう暗号資産の初心者だと詐欺に引っかかりやすい。時期的にもうってつけだった。マイイーサウォレットの月間訪問者は二〇一七年の初めには一〇万人だったが、八月には三五〇万人に達していた。

こうして、二〇一六年の初めあるいは半ば以降、暗号通貨ユーザーを標的にした事件が相次いだ。そんななか、二〇一七年の秋、ハッカーたちはマイイーサウォレットのテイラーの携帯電話番号を入手した。[26]ハッカーたちは、たとえばTモバイルのコールセンターに電話をかけ、被害者（たとえばテイラー）になりすまして、携帯電話の回線をたとえばスプリントからTモバイルへ換えたいと告げる。するとハッカーは、スプリントと契約していたテイラーが受けるはずの電話やテキストメッセージをすべてのTモバイルの自分の携帯電話へ転送させることができる。さらに、テイラーのさまざまなアカウントにログインを試み、「パスワードを忘れました」をクリックして、彼女の電話番号にパスワード再設定用のコードを送信させる。これまたハッカーの携帯電話へ転送されるから、片っ端からパスワードを変更してアカウントを乗っ取り、本人をすべてから締め出せる（実際の事件では、被害者が数分以内に何十ものアカウントから締め出されるケースが多いため、犯人は複数人のチームである可能性が高い）。暗号通貨取引が不可逆的である点も、ハッカーたちにとっては魅力だった。被害者が自分の電話番号を取り戻せたとしても、コインは元の持ち主に返らない。ハッカーたちは、このような電話乗っ取りを通じて莫大な金を手に入れていた。ひとりの被害者から数百万ドルを巻き上げたこともある。テイラーの場合、彼女の電話番号を入手したハッカーたちは、まずマイイーサウォレットのサポートシステムを提供している会社をハッキングし、マイイーサウォレットを麻痺させた。テイラーたったひとりの情報からでも、さまざまなアカウントや顧客情報をたどっていけば、攻撃の糸口がいくらでも見つかる。加えて、暗号通貨を取引しようとして大量の人々がサイトを訪れるのだから、詐欺師たちにしてみれば、デジタル掏摸《すり》の天国だった。

八月一〇日、ＥＴＨが二九六ドルで取引を終えたこの日、ヴィタリックとミンのほか、ツークでイーサリアムの初期メンバーの世話役を務めたハーバート・ステルキが、スイスのある弁護士から手紙を受け取った。冒頭には「取締役の方々、わたしはアンソニー・ディ・イオリオ氏から依頼を受けた者です。彼に支払われるべき五二万五〇〇〇ＥＴＨ（その日の価格で約一億五五〇〇万ドル相当）を要求いたします」とあった。続いて、「ご存じのとおり、ディ・イオリオ氏は二〇一四年三月一四日、イーサリアム・スイスＧｍｂＨから五二万五〇〇〇ＥＴＨ（約一億五五〇〇万ドル相当）を購入しました」。しかし彼はそのＥＴＨを受け取っていない、と書かれていた。この弁護士がメールのやりとりを確認したところ、Ｊ・Ｐ・シュミット（ミンの義理の弟で、自身のＧメールアカウントからテイラー・ゲーリングへ契約を更新しない旨を通知した人物）はアンソニーに渡すべき金ならすべて渡し終わったと主張しているものの、アンソニーがイーサリアムの組織に提供した融資その他に対して法定通貨による支払いがあったのみだという。「ディ・イオリオ氏のように目が高い投資家が、購入した五二万五〇〇〇ＥＴＨの代わりに法定通貨を受け取るなどとは、とうてい信じられない」とその弁護士はコメントしていた。

さらに、焦点となっている五二万五〇〇〇ＥＴＨに関して資料を確認中、アンソニーがほかの問題点についても気づいたと書かれていた。「ディ・イオリオ氏は、イーサリアム・スイスＧｍｂＨやスイス・シュティフトゥングの取締役としてあなたがたが取った疑わしい行為を思い出したり、発見したりしました。そうした行為をわたしが精査した結果、スイスでは刑事告発に値する重大な問題であると判明しました」。アンソニーは、ヴィタリックたちからの回答を待つあいだ、「選択肢を検討中」だが、なんらかのかたちで刑事上の捜査を促すのは「気が進まない」うえ、「イーサリアムに害を与えたくない」気持ちと「明らかに矛盾する」ため、慎重に考慮しているとのことだった。

その弁護士は、アンソニーが疑問に思った行為をリストアップしていた。一つめは、彼やほかの創設メンバーたちが「偽りの口実によって、スイスにおける会議に招集された」ときに関してだった。ＧｍｂＨを設立するための書類に署名するのだろうと思って集まったのだが、実際には「ゲーム・オブ・スローンズの日」が展開した。その会議で「ある複数の人物が、ソースコードをフォークしてプロジェクトを乗っ取る、と脅した」という。二つめは、「クラウドセールで集めた資金を他国（ドイツ、イギリス、オランダ）の組織へ移動させる際に不審な状況が生じ、ある複数の個人が利益を得たとみられる」ことだった（ベルリンのＥＴＨデヴなどの営利組織へ資金を移すときのいざこざを指すらしい）。三つめは、こうした「資金の不適切な管理はスイスの法令に反する」ことだった。最後の二つについては、「一部の取締役が会計上の不正行為を働いており、なかには詐欺に相当しかねない行為も含まれている」うえ、「スイスで働いていた一部のスタッフはスイスの移民法に違反していた」という。

この手紙には、アンソニーはじゅうぶんな証拠を持っており、各人とイーサリアムに対してスイスで民事訴訟を起こし、刑事告発の要請も行なうことが可能だと書かれ、該当するスイス刑法の条項まで引用してあった（うち一つには、最高一〇年の懲役刑が定められていた）[27]。文面は、もしヴィタリックたちが五日以内に五二万五〇〇〇ＥＴＨを送金しなければ、「必然的に、以上に挙げた懸念事項やその他を文書、電子メール、チャット、音声などの記録とともに公表しなければならない」と締めくくられ、ＥＴＨのアドレスが記載されていた[28]。

ＩＣＯブームに沸いていたこの時期、アンソニーはあまりよくない意味で有名になっていた。さまざまなＩＣＯにアドバイザーとして名を連ね、報酬としてトークンを受け取っていたのだ。シビック、ブロックメイソン、イーサパーティー、エンジンコイン、ワールドワイドアセットエクスチェンジ、スクランブルネットワーク、シンディケーター、ポリマス、アイオン、ペイパイ、ストーム、ユニクロン、ワックス、ポエット、ベリブロック[29]……。シビック、ポリマス、ワックス、ユニクロンは世間に多少知られていたが、ほかのプロジェクトは無名だった。また、彼は二つの中国プロジェクト、ビーチェーンとクアンタムにも投資していた。情報に疎い暗号通貨投資家は「イーサリアムの共同創設者がアドバイザーのひとりなら、まっとうなＩＣＯに違いない」と考えたが、いくぶんか事情を知っている者たちなら、アンソニーは名前を貸しただけだと感じただろう（のちにアンソニー自身が語ったところでは、戦略、ＩＣＯの仕組み、コインの経済力などについてアドバイスしていたのは事実だが、いくつかのプロジェクトで名前を利用されているだけだと感じたため、コインのアドバイザーはやめたという）。彼はディセントラルの経営者であり、会合のあといっしょに飲みに行く取り巻きたちもいた。しかし、近しい人物は、そういった連中はべつに彼の友達ではないと語る。また、彼はウォレットアプリ「ジャックス」の会社も経営しており、職場にダブルロボティクス製のロボットを導入した。セグウェイに乗って動きまわる遠隔操作のビデオ会議ロボットだ。彼はオフィスの外でロボットを起動し、従業員たちが働く姿を背後から撮影して、仕事に無関係なことをしている人を見つけては、注意を与えた。二〇一六年にはトロント証券取引所の最高デジタル責任者に就任したが、わずか八カ月後、ディセントラルに専念するとして辞任した。

アンソニーは、チャールズとミハイが署名した文書を持っており、彼が一ＢＴＣ貸し出すごとに三〇〇ＥＴＨを受け取る約束になっていると主張したが、その文書を提示することは拒否した。ヴィタリックは「ＢＴＣはすべてＢＴＣのまま返済、という明確な決定があった」と述べている。イーサリアム財団は、アンソニーに支払うべきものはすべてビットコインで支払い済みという証拠を持っていたので、多少の言い争いのあと、アンソニーは引き下がった。

その後、アンソニーとヴィタリックはほとんど接触していない。

経営力を疑問視されたイーサリアム共同創設者はアンソニーだけではなかった。その年の早い時期の二月、ジョゼフがコンセンシスの従業員数人から厳しい報告書を受け取った。

報告書は冒頭で、この会社はいくつか小さな成功を収めたものの、「コストが膨れ上がり、従業員間の争いが増え、事業の市場投入までの時間が期待外れである」と指摘していた。また、コンセンシスを「実質的にはベンチャー投資ファンド」と呼び、「〝ベンチャー・プロダクション・スタジオ〟［コンセンシスの自己定義］の運用モデルを監視し制御するため、投資収益率、重要業績評価指標、進捗報告書などをモデル化する」ことを推奨した。しかし、「人件費負担が非常に大きい」という事実から生じる厳しい現実にも直面しなければならないと述べた。

高い人件費負担という課題を抱えているせいで、コンセンシスAGファンドは投資対象として魅力に乏しい。（中略）現実的な財務予測や損益計算書モデルがなく、平均投資収益率の見通しが立たないため、二〇一七年全体にわたり、A16z（有名なベンチャー投資会社であるアンドリーセンホロウィッツの略称）のようなスマートマネー投資家を見つけるのに苦労するだろう。

コンセンシスが抱え込んでいる派生プロジェクト、いわば「スポーク」のなかには、いまだ軌道に乗っていないものがいくつもあるのに、コンセンシスが給与を負担しているせいで、淘汰されて当然のものまでが生き延びていた。「過保護の派生プロジェクトを実際に市場へ投入してみれば、〝生き残るか死ぬか〟の厳しい現実にさらされ、これまで先送りされてきた難しい決断を下さざるを得なくなるはずだ（ここで思考実験――コンセンシス内にいる〝創業者の卵〟たちのうち、コスト削減のためにカップラーメンだけで何カ月も食いつないだ者は何人いるだろうか？）」

ジョゼフはこの報告書の存在を知らないと語っている。その真偽はともかく、報告書は続いて「初期の採用プロセスは、高い採用基準を重視していなかった」とし、次のように論じた。

この組織の現行の経営幹部たちは、自分の最高責任者としての能力を過大評価している。財務から戦略にいたるまで、この組織で「最高責任者」の肩書きを持つ人々は、職務もその遂行も、端的に言って不十分である。（中略）コンセンシスには、批判的で率直なフィードバックやアドバイスを提供できる、真の諮問委員会と取締役会が必要だ。（中略）この組織内には、自己を過大評価するあまり、優秀な従業員のやる気を損ない、持ってもいないスキルを誇示して、会社の評判や信頼を損ねている人物が多すぎる。

（ジョゼフは、このような意見を「口の達者な少数派」から聞いたと話している）。

現従業員や元従業員の多くは、もっとはるかに厳しい意見を持っているかもしれない。なかには、基本的な問題点を指摘する者もいる。たとえば、創業当初の一年以上のあいだ、コンセンシスは新規発行されたビットコインで大半の従業員に給与を支払い、税務関連の書類を発行していなかった。従業員のほとんどは契約社員だから、源泉徴収票を受け取る必要がある。これに対してジョゼフは「該当する場合、源泉徴収票を受け取った人もいる」と釈明している（初期のイーサリアムのある従業員は、人物を描写する際、当人の発言のなかから特徴的なひとことを選ぶ。彼がジョゼフを象徴する発言として選んだのはこんな言葉だった。「わたしは、払いたいぶんだけ税金を払う」。ただし、ジョゼフ自身は「わたしがそんな馬鹿なことを言うはずがない」と否定した）。米ドルでの支払いを選択した従業員もいたが、正式な給与計算にもとづいて支払ってはいなかった。ジョゼフあるいは特定の専任スタッフが、ローカルビットコインズで売り手を見つけ、その売り手がジョゼフのアドレスからビットコインを受け取って、現実世界の銀行支店へ行き、該当する従業員の銀行口座に現金を入金した。米ドルでの支払いを選択した初期のある従業員によれば、そのような支払いは三〇〇〇ドルを超えることはなかったという。マネーロンダリングを防止する銀行秘密法の規定により、三〇〇〇ドルを超える支払いでは、ローカルビットコインズの売り手が取引記録を保管する必要が出てくる。もっともジョゼフは、コンセンシスは三〇〇〇ドルを超える給与支払いを何度も行なった、と述べている。

また、複数の女性従業員からハラスメントの加害者として名指しされたひとりの幹部を、ジョゼフが庇っていると感じる人たちもいた。ある求職者は、その幹部が在籍していると聞いたとたん、応募を取り下げた。以前、同じ職場で働いた経験があったのだ。別のある従業員はこの幹部を「ジョゼフにとって最大の足かせ」と呼んだ。スタッフたちが全社会議の場を活かして、この幹部のハラスメント行為や、この幹部が率いる部署が規模のわりに収益を挙げていないことを指摘しても、ジョゼフは質問をかわしたり、不機嫌になったりするだけだった（当のジョゼフは、誰かを特別扱いしたことはないし、彼の会社はデリケートな問題をつねに徹底的に調査し、適切な対応を取っていると語った）。

従業員たちは口を揃えて、業績の指標、目標、責任が欠けていると訴えた。原因の一つは、ひとりずつに特定の肩書き、職務、または職務記述書を与えられていなかったことで、めいめいが自分で肩書きを付けて名乗っていた（そのうえ、「わが社のシャーマン」とも呼ばれる個性的な人物、ヤリラ・エスピノザがいた。正式な従業員でもないのに、バリへの従業員旅行に参加し、コンセンシス主催のイーサリアル・コンファレンスでは音浴を指導した。彼女は当時の最高戦略責任者サム・キャサットの友人だった。サムは会社に「シャーマン」がいたことを否定するが、二〇一八年にニューヨークで開かれた開発者技術イベントの際、彼女は所属先を「コンセンシス」と登録していた。やがて二〇一九年六月、彼女はステージ4のがんと診断され、二〇二〇年三月に亡くなった)。ジョゼフや上級幹部たちは階層を避け、代わりに分散型のホラクラシーを推進し、従業員が効率的に「自己組織化」することを促した(ホラクラシーの「ホラ」とは「統一の取れた全体」を意味するが、コンセンシス内では、実態はごちゃごちゃに絡み合った「〝メッシュ〟クラシー」だと揶揄されていた)[30]。あるスタッフは、ようするに無政府状態の婉曲表現だろう、と解釈していた。別のあるチームリーダーは、人事部から部下たちを評価するよう求められたが、渡されたリストのうち半数は二年も前に退社した人たちだった、と振り返る。社に明確な方針がなく、楽に給料を稼げるとあって、従業員の大部分はただぶらぶらしているだけだった。最初は素晴らしい働きぶりだった人も、ほかの従業員たちがバリでリモート勤務している姿を見て、自分も四分の一の力で働けば済むと気づいた。ある元従業員は「いい仕事をしても、相応の見返りがあるわけではない」と語った。別のひとりはこう証言する。「おおぜいが大麻を吸ってくつろいでいるだけ。それがオフィスの通常の一日だった」

何でもありの享楽的な社風だったから、コンファレンスのときも浪費三昧だった。二〇一七年にはすでに世界じゅうで暗号通貨のコンファレンスが絶え間なく開かれており、しばしばコンセンシスからは数十人も参加することが多かった。仕事もせず、毎晩パーティーを楽しんでいた。全員のディナー代として毎日一万ドルから一万五〇〇〇ドルの予算が用意された。グーグル、フェイスブック、ツイッターのような企業の文化に慣れている従業員でさえ、このような贅沢は見たことがなかった(ジョゼフは「ディナーに関するそのコメントは馬鹿げている」と言い、設立当初の二年間に働いていた人の談話だろうと推測した。しかし、そうではない)。

異常な企業文化はほかのかたちでも現われていた。従業員旅行の行き先はバリなどの観光地だった。少なくともバリ旅行のあと、「わが社のシャーマン」が、ジョゼフ、サム、最高マーケティング責任者のアマンダ・ガッターマンほか数人と、私的に「アヤワスカの儀式」を執り行なった（ジョゼフとサムはこれを否定している。サムは彼女がバリの従業員旅行でみんなに瞑想を教えただけだと言い、ジョゼフは全員でバリの噴水セレモニーを見学したと話している）。一部の男性従業員の行動が問題視され、バリ旅行では女性だけの相談会が開かれた。参加者によると、セクハラ被害に遭って泣いている女性従業員が何人もいたという。複数の証言によると、ETHが特定の価格に達したあと、サムはオフィスに来なくなったらしい（サムは、リモートで仕事ができたので、「ドバイで数カ月にわたるビジネス開発」を行なったほか、自社の「IPO準備プロセス」を主導し、「世界各国のほぼすべての会社がブロックチェーン戦略を必要としていた」ため、飛行機のなかでコンサルティングしていたと説明している）。ジョゼフが恒例のバーニングマン・フェスティバルに出かけて連絡不能の時期に入社した従業員のひとりは、会社がETHを換金する必要があったせいで給与支払いが二週間遅れたと語る（ジョゼフはこれを覚えていないと言い、長期間連絡が取れなくなったり、財務部門を悪い状況に置いたりしたことはないと述べた。彼は例年、水曜日か木曜日にバーニングマンの会場に到着し、日曜日か月曜日にはニューヨークに戻っていたという）。ある元従業員は次のように描写した。「コンセンシスの全体的な状況は正直、奇妙だった。〝幹部〟たちは、本物の企業を確立することよりも、パーティーをすることや、資格のない友人を雇うことが興味の主軸らしかった。彼らはみんな、イーサリアムやブロックチェーンの可能性を理解していたようだが、収益を挙げる本物の会社になるために必要な仕事の概念がなかった」。コンセンシスのダボスでのイベントに参加したことのある別の企業の幹部が、コンセンシスは分散化について語るものの具体的な成果を示せない「見せかけだけの会社」のように感じられると、この元従業員に語ったという（ジョゼフはこの発言を「おおむね間違っている」と退け、誰が言ったのか知らないが、コンセンシスで成功しなかった人か、遠くから見ただけでコンセンシスを理解していない人の言葉に違いない、と述べた）。別の元従業員はこう語った。「コンセンシス全体が、何かが起こっているように見せかけるための張りぼてみたいに思えた。なぜそう思えたのかを筋道だてて説明するのは非常に難しい。成果が出ないのは、無能だからか、誰かが意図的に妨げているからか、そのどちらかだろう」。コンセンシスの弁護士マット・コルバは「地球上で最も広く利用されているブロックチェーンにおいて、われわれが提供しているツール、インフラ、ウォレットが最も広く利用されており、何百万人もの利用者を持ち、投資は雪だるま式に利益を生んでいる。成功していることは、おのずから明らかだ」とコメントした。

ほかの会社、とくにシリコンバレーで実績を積んだ従業員たちは、コンセンシスが起業家精神の基本について無知で素人っぽいことに困惑した。コンセンシスは従業員を、分散型プロジェクト（スポーク）で働く、マーケティング、エンタープライズ、法務など、どのdappチームにも応用の利くハブ運営に携わる者、「フローター」と呼ばれる者、三つのグループに分けていた。フローターの定義は非常に曖昧で、四人の従業員に尋ねたところ四人とも異なる定義をしたが、ジョゼフによれば、「プロジェクト間を結びつける係」だという。コンセンシスには、フローターたちから成るリソース配分委員会（RAC）があり、この委員会に対して各プロジェクトが翌四半期のニーズを売り込む。ベンチャー投資の経験を持つある従業員は、このRACを「『シャーク・タンク』（日本の『マネーの虎』をモデルにしたテレビ番組）をまとまりなく、間抜けにしたようなもの」と酷評した。プレゼンテーションしてプロジェクトを売り込む側には成果物も牽引力もなく、予算配分を決める側もベンチャー投資の経験がない人々だった。いずれにせよ、RACの判断は重要ではなかった。本当に重要なのは、プロジェクトチームがジョゼフと良好な関係を持っているかどうかであり、持っていれば望むものを得られるし、そうでなければ得られない（ジョゼフはこの指摘を「一〇〇パーセント間違っている」と否定した）。

ジョゼフにきわめて大きな不満を抱いているスタッフメンバーたちによると、ジョゼフは口頭で何かを約束しても、それをなかなか書面にせず、ようやく書面になったときには、ジョゼフに有利なように条件が変更されていたという（当のジョゼフは、「このような漠然としたくだらない発言にコメントする価値はない。一般に、取引には複数の当事者が関与し、相互の合意が必要だ。そうでなければ取引は成立しない」と語った）。ジョゼフに騙されたと感じているある人物は、コンセンシスのおおまかな実態についてこう述べた。ジョゼフの昔ながらの権力欲にまみれた支配的かつ破壊的なやりかたを「分散化と相互エンパワーメントによる愛と光の物語」で覆い隠しており、理念やビジョンは口先だけだ、と。別のある元従業員も同じ感想を持ったらしく、ほかでは味わったことがない「ビジョンとかけ離れた冷淡さ」を感じたと話している（マットは、このような見解は「極端な例外」であり、コンセンシスは「つねに分散化、相互エンパワーメント、尊敬の心に根ざしている」と語った）。従業員の多くは、分散型プロジェクトに取り組みながら、いずれこれがスピンアウトされ、自分たちは株式を持つ共同創設者になれるのだと思っていたが、やがてジョゼフがそのプロジェクトを内部にとどめると決定し、メンバーたちはいつまでも従業員の立場から脱することができないのだった（株主になれるとはかぎらない点が、労働意欲を失わせる原因のさらなる一つだった）。こうした理由から、コンセンシスの上級スタッフのあいだでは、新しいトークンプロジェクトに割り込んで、アンソニー・デイ・イオリオと同じように「トークンの分け前をもらうものの、事実上、名前を貸すだけ」の「アドバイザー」になるという傾向が強まっていった（ジョゼフは、「すべての従業員は、利益相反の恐れが生じる場合は法務部に申告するよう求められているため、社内の意思決定にはけっして偏りがない」と主張している）。

複数の社員の証言によると、ジョゼフには人を好き嫌いで判断する傾向があったうえ、コンセンシスには階層も評価基準も欠けていたため、ジョゼフのご機嫌取りが評価や昇進に直結し、社内はもはや人気コンテストと化した。そのせいで、内部で果てしなく権力闘争が繰り広げられた。にもかかわらず、ジョゼフは周囲の政治的な争いや、それを煽っている自分の立場に気づいていないようすだったため、彼のファンのひとりは、ジョゼフはスペクトラム症ではないかと思った（ジョゼフ本人は、そんなことを誰かに言われた経験はない、と語った）。こうしてジョゼフが個人の好みで支配した結果、当人の経験とまったく見合わないおおげさな肩書きを持つスタッフが数多く現われた。みずから勝手な肩書きを名乗り、ジョゼフに承認してもらったのだ。大学を卒業してまだ三年のアマンダが「最高マーケティング責任者」を名乗ったときには、さすがに異論の声が噴出した。しかしジョゼフが「コンセンシスでは肩書きは重要ではない」と述べたため、彼女の肩書きはそのまま固まった（ジョゼフは「わたしは昔もいまも、周囲の人間関係や相互作用に気づいていないわけではない」と語る）。また、ある従業員の話によると、何かをやり遂げたいときは、同僚にメールで依頼し、CC《カーボンコピー》欄にジョゼフのメールアドレスを入れておけば済むという。「ときどき、父親が経営する会社に勤めているような気分になる。父親をCC欄に含めておくだけで、その目を気にして、相手がこっちの代わりに何でもやってくれる」（ジョゼフは、これは効果的な戦略ではないとコメントした）。このころには、ＥＴＨデヴの元ＣＦＯであるフリチョフ（ミンが証拠もなく、イーサリアム財団から資金を横領したと陰で非難していた人物）が、コンセンシスのＣＦＯに就任していた。従業員たちのあいだで、「わたしのアカウントに五〇〇万ドル振り込んでください、とフリチョフにメールを送ると、誰でも送ってもらえる」との冗談が流れた。ＣＣ欄にジョゼフを入れてさえおけば、フリチョフは実行するに違いない、というわけだ（フリチョフは「コンセンシスでは、職務の分離、意思決定のダブルチェック、内部統制、リスク管理など、完全なコンプライアンスとガバナンスを確保すべく広範な措置が講じられている」と述べた）。

ジョゼフには熱心なファンがいて、その多くが彼のことを「ビジョナリー」「革命家」「理想主義者」「利他主義者」「切れ者」「寛大な人」などと呼び、愛情を表現した（もっとも、彼を愛している人々のなかにも、彼はビジネスパーソンになるべきではなく、ましてや最高経営責任者には向いていない、と認める人もいた）。たとえばある人は、社の組織化されていない自由な雰囲気が気に入っていて、ジョゼフは従業員たちが幸せで、権限を持ち、自立するのを望んでいた、と語った。この人によると、ジョゼフは従業員に刺激を与え、互いの交流を促進し、ひとりひとりが知識を深めていく環境を整えたいと考えていたという。他社の担当者たちがジョゼフとの話し合いにやってくると、「うちに入りたい人はいないか？」と気さくに誘った。しかし、彼のそういうくだけた態度が、従業員の「おふざけ」を招いた。たとえば、従業員は自分で自分の肩書きを付けることができたため、ある人は「最高アナーキー責任者」と名乗り、昇給の交渉に役立つとして、グーグルドキュメントで各自の給与を開示するよう呼びかける「要求書」をほかの人たちへ送った。[31] マットによれば、この人物は「給与の透明化をめぐり、賛成と反対の両方についていろいろなリンクを用意していた」（当時は給与に上限があり、コンセンシスで働くために収入減を受け入れる者が多かったという背景がある。誰もが同じ立場だから仕方ないと諦めていたところ、じつは人によって条件が違うと判明した。この人物としては、従業員全体の給料アップを目指そうとしたわけだ）。この人物によると、公開文書を削除しなければ解雇すると申し渡されたという。人事部側の理由付けは、従業員のプライバシー、とくに欧州の一般データ保護規則（ＧＤＰＲ）の規則を鑑みた場合、このような機密性の高い従業員情報を社内システム上に置きたくない、というものだった。その人物は、自分が受け取った「脅迫」を社内全体へ転送した。ジョゼフが口にする分散化のユートピアとは裏腹に、コンセンシスはトークンの取得にかなり貪欲だった。複数の従業員の証言によれば、トークンを扱う分散型プロジェクトに関して、会社側の取り分はふつう五〇パーセントで、ときには七〇パーセントの場合もあったという（マットは、トークンの標準的な取り分は決めていなかったと話す）。しかし、すでにコンセンシスは、よそのプロジェクトを模倣することでも知られるようになった。西海岸の分散型プロジェクトのトークンチームがコンセンシスに売り込みをかけたものの、出資を断わられ、それでいながら、しばらくするとコンセンシスが類似のプロジェクトを発表した、という事例が二〇一六年にも二〇一七年にもあったらしい。同様のケースはそれ以前にも起きており、分散型予測市場のオーガー（その設立後しばらくしてコンセンシスがグノーシスを設立）、分散型取引所プロトコルのゼロエックス（その設立後コンセンシスがエアスワップを設立）といった例がある（コンセンシスのひとりの幹部は、他社がプレゼンテーションしたプロジェクトを真似たことなどないと否定し、ジョゼフは「コンセンシスにはゼロエックスへ投資する機会がなかった」と述べた。しかし複数の文書記録によると、ジョゼフが先にゼロエックスに連絡を取り、彼やコンセンシスのメンバーたち（エアスワップの創設者を含む）とゼロエックスチームが会合を二回開いている。コンセンシスが正式なクラウドセールの前に出資を打診されていたことは明らかといえるだろう。エアスワップの設立の発表後、ゼロエックスのある投資家がチームに「コンセンシス＝イーサリアム界のロケットインターネット」という件名のメールを送った。ニューヨーク・タイムズ紙がドイツ企業「ロケットインターネット」についての記事を発表し、同社の事業モデルが「すでに成功しているいろいろなインターネット企業を模倣したもの」であると指摘したことにちなんでいる）。しかし、この時点でコンセンシスはさらに悪い評判を抱えていた。世間はICO狂騒曲のさなかで、イーサリアムはついに成功を確実にし、コンセンシスはいくつかの良いイーサリアム基盤ツールを構築していたが、本格的な暗号通貨関係者が熱意を向けている分散型アプリケーションのなかにコンセンシスのプロジェクトは一つもなかった（グノーシスはICOの前にコンセンシスからスピンオフした）。ICOブームの絶頂期でさえ、コンセンシスのトークンは上位一〇〇位以内に二、三個しかなかった。ある元従業員は「ああいう状況からは、いいトークンプロジェクトは出てこない」とコメントした。

外部のあるイーサリアム開発者は、コンセンシスの提示する条件は悪すぎて、賢い開発者なら契約を結ばないだろうと述べた。しかしジョゼフは、双方が条件に納得しないかぎり取引が成立しないのは、どこの分野でも同じだ、と反論している。

多くの従業員は、ジョゼフがコンセンシスの成功のみに集中してはいないと感じていた（本人は、もちろんコンセンシスが高収益を挙げられればうれしかっただろうが、スタートアップがそんなに業績好調なのは稀だ、と述べている）。暗号通貨業界のコンファレンスは大幅な黒字になることが多いのに、コンセンシスの年次コンファレンス「イーサリアル」がいちども黒字だったためしがないのを、ジョゼフはまるで気づいていないかのようだった（当人は、従業員たちが誤った推測をしていると語った）。

イーサリアル2017のTシャツにはマイクロソフトのロゴが入っていたが、コンセンシスはマイクロソフトから現金でスポンサー料をもらっていなかった。ある従業員によると、ジョゼフはその事実を数カ月後になって初めて知り、驚いていたという（当人は、初期のイーサリアルは収益を期待していなかったし、スポンサー料の件は覚えていない、とコメントした）。

ジョゼフは会社の利益をあまり気にせず、自分が所有するETHやBTCを貸し付けるというかたちでコンセンシスに資金提供していた。従業員たちはこのやりかたに困惑し、なぜジョゼフが利益を追求しないのかについて一つの仮説を思いついた。自社に貸し付けておけば、大幅に値上がりしたETHをみずから法定通貨に換金する必要がなく、換金に伴う課税を逃れられるからではないか、と。彼はおそらく大量の暗号資産を所有しているだろうから、節税額は相当な額にのぼるはずだ。コンセンシスそのものは赤字決算なので、ほとんど（あるいはまったく）税金を収めていなかった。それどころか、ジョゼフには外国人投資家として税控除の資格があり、その点でも、コンセンシスが赤字ならますます有利だ。ある株主は「最初から、利益を上げないほうがジョゼフは得するようにできている」と述べた。ジョゼフ側は「そんなことはない。税金の損失で相殺できる税金などあるだろうか？」と反論している。ある初期の従業員は、「会社設立から二年後の二〇一六年の一〇月まで株式発行に関する正式な書類が作成されなかったのは、ジョゼフがコンセンシスにETHやBTCの貸付というかたちで出資している事実を開示したくなかったからではないか」と推測した。株券を早く発行してしまうと、早い段階で株主たちに発言権が生まれ、ジョゼフの出資形態に異議を唱える人が出てくる恐れがあった。しかし、株主が株券を受け取るころには、ジョゼフはすでに二年間、コンセンシスに暗号資産の貸付を行なっていた（ジョゼフ本人は、株式の文書化を意図的に遅らせたことを否定している)。

ETH価格が上昇するにつれて、コンセンシスがジョゼフに返済しなければならないドル建ての金額は、ジョゼフが貸し付けた当時での換算額よりも天文学的に高くなり、いずれ清算時には問題になりかねなかった(株主にとってみれば、将来的に大きな問題を抱える恐れがあった)。元株主の従業員はこう説明する。「従業員への給与額はすべてETHで払うことになっていた。たとえば、一ETHあたり二〇ドルのときに給与額が規定されたとすると、ETHの高騰につれて、会社の給与支払いは毎月、何倍にも膨れ上がっていく。たとえば一ETHあたり二〇〇ドル、その月のバーンレートが一〇〇〇万ドルだったとすると、実際の支払額はその一カ月だけで二億ドルにものぼってしまう」(この発言の時点で、現実には一ETHあたり二〇〇〇ドル強だった)。これに対しマットは「断じて真実ではないし、資金調達にしろ、そのような手法ではなかった」と述べている。

コンセンシスの収益性にどうやら無関心だったばかりか、ジョゼフはビジネスの場における暗黙のルールにも無頓着だった。たとえば、コンセンシスで働く数十歳年下のユーザーエクスペリエンス(UX)デザイナー、ユンユン・チェンと交際し始めた[32](彼女は、ジョゼフとサムが否定しているバリ旅行後の「アヤワスカの儀式」に参加を許された数少ないうちのひとりだった)。ダボスで、彼は彼女を連れてさまざまな会議に出席した。インドやフランスへの出張時にも連れていき、上級官僚や政府関係者との会合にも同行させた。従業員と交際するのは不適切であることや、内密にしておくべきであること、彼女を連れて会議に出ると周囲のスタッフが気まずい思いをすることなどに気づいていないようすだった。ときには滑稽でもあった。たとえば、契約がらみのハイレベルな会議にコンセンシスの従業員が数人だけ参加した際、そのひとりがユンユンだった。あまりにも馬鹿げていて、理屈が通らない。なぜプロジェクトに直接かかわっている人たちが不在で、UXデザイナーがいるのか？　ジョゼフは、従業員との個別ミーティングにさえユンユンを同席させることがあった。そんな体験をしたひとりである元従業員は、諦めていたという。「わたしとしては、四〇分のミーティングを最大限に活用する責任があった。文句を言うつもりはなかった。彼のガールフレンドだし、彼の会社だし、彼の問題だ。プロフェッショナルな態度かといえば、違う。しかし彼がやりそうなことかといえば、イエスだ」（ジョゼフは、ふたりの関係には不適切なところは何もなく、私生活と職業生活は明確に区別していたし、ディナーにはほかの重要人物たちも招いた、と話す。だが、スタッフの証言では、ディナーのみならず、政府高官との会合にユンユンが同席していたという）。

コンセンシスに何らかの存在価値があるのかと問われれば、ETH価格を押し上げるのに役立っているという理屈でどうとでも正当化できるのだろう、と従業員たちは考えた。イーサリアムやETH価格への固執は二〇一七年二月の報告書で批判の的となり、ジョゼフの目標がコンセンシスを成功させることなのか、イーサリアムを成功させることなのか定かではないと指摘していた。また、コンセンシスがETH価格を「誇大宣伝」していることも取り上げ、特定の暗号通貨を支持するリスクを負えないコンサルティング顧客とのあいだで利益相反の問題が生じるとした（ジョゼフはこの報告書を知らなかったと言い、報告書の勧告には従わなかった）。

コンセンシスの幹部たちは、このあたりにも、ジョゼフがコンセンシスの収益性を重視していなかった理由があるのではないかと推察した。つまり、コンセンシスはETH価格を吊り上げるための手段だということだ。もしジョゼフが五〇〇万ETH持っていて、そのうちの一〇〇万を活かせば残り四〇〇万の価値が上がるのなら、やるのが当然だろう。ジョゼフの場合、もしETHのクラウドセールが始まった日にBTCを購入してETHに換えたと仮定すると――これは控えめな見積もりで、実際にはもっと早い時期に、少なくとも一〇倍安い価格でBTCを取得したか、あるいはマイニングした可能性が高く、そうするとETHを入手するコストはさらに低く済んだに違いないが――ETHの価値は、彼が費やしたと思われる最低見積もり額の一〇〇〇倍以上になっているだろう。しかも、コンセンシスはイーサリアム開発者が使うインフラツールを提供しているから、たとえその開発者がコンセンシスの直接の分散型プロジェクトではなくても、ETHの需要を生み出すアプリケーションを支援していることになる。もしもそれがジョゼフの戦略だったとすれば、成功したといえる（ジョゼフは、この時期にETH価格が上がったのは「けっして戦略ではない」と述べ、コンセンシスはETH価格について言及すること、ましてやおおやけに誇大宣伝することには慎重だったとしている）。

ジョゼフがコンセンシスを創設したにもかかわらずその収益性を追求しなかった動機が何であれ、ほとんどの従業員は、少なくともETH価格が上がっているかぎり、自分の職は安泰だと感じていた。ジョゼフは世界トップのETH保有者ではないにしろ、それに近いひとりだろう、と彼らは推測していた。[33] 二〇一七年の秋、ETH価格は間違いなく上昇していた。年明けは一ETHあたり約八ドルだったのに、三一〇〇ドルから八一〇〇ドルのあいだで推移していたのだ。

しかし、ジョゼフは資金力こそあったものの、イーサリアムの最重要人物であるヴィタリックと険悪な仲だった。ヴィタリックは基本的にジョゼフと口をきかず、コンセンシスの新入従業員の少なくともひとりに対して、ジョゼフとの合意事項は必ず書面にせよ、でないと反故にされかねないと助言した。また、ヴィタリックと不仲だっただけに、ジョゼフはミンに対して影響力を及ぼせなかった。

その秋、ポロニエックスの支配力が落ち始めた。六月には週に五〇億ドルの取引量を記録することもあったが、秋の初めにはピークでも四〇億ドル前後だった。下がったとはいえ、相変わらず驚異的な利益を挙げていたが、取引減の理由の一つは、ライバル他社がアップグレードに投資していたのに対し、ポロニエックスは最小限の改良しかしなかったことだ。競合のクラーケンが新機能の数々を披露するのを見て、ポロニエックスの従業員たちは「なぜわれわれは同様の新機能を実現しないのか？　どうして指をくわえてライバルたちにシェアを奪われているのか？」と疑問に思った。一例を挙げると、クラーケンは、利用者自身の手で二要素認証を無効にできる、効率的なセルフサービス機能を立ち上げた。ポロニエックスのカスタマーサービス部門は、同様の機能を導入すれば、未処理のサポートチケットの三分の一を解消できると訴えたが、トリスタンがその機能を実現しようにも、共同オーナーのジュールズとマイクが不賛成だった（ほとんどの人の認識として、ポロニエックスのコードのほぼすべての機能をトリスタンひとりが制御していた。毎週数十億ドル相当の暗号通貨を取引している交換所なのに、その複雑なコードの仕組みをトリスタン以外のメンバーはまともに理解していなかった）。事情に詳しい人物によると、このころポロニエックスには未処理のサポートチケットが約五〇万件も山積みになっていた。ジョニーが、トロールボックスのモデレーターをさらに引き抜いて、カスタマーサービス担当者を増員し、年末には合計一二人になった。二〇一七年の秋、未処理のサポートチケットがたまに一〇万件まで減ると、それだけでもジョニーは深く安堵した。ジュールズとマイクから、数人のフリーランサーを雇う許可が下りたため、ジョニーは、カスタマーサポートの責任者として彼らをトレーニングし、滞っている身元確認の作業を手伝わせた。優秀なメンバー揃いだったので、すぐに全員を正式に雇用すべきと提案したものの、ジュールズとマイクから「いや、長期的には誰も雇わない。在籍するスタッフで頑張ってくれ」という趣旨の返事が来た。

同じころポロニエックスは、カスタマーサポート以外のために二名ほど新規採用した。ふたりとも従来型の金融サービス出身だった。片方はサンタンデール銀行の上級副社長だった人物、もう片方はフィデリティーに在籍していたタイラー・フレデリックという若いトレーダーだった。フィデリティーは、従来型の金融サービスのなかで唯一、暗号通貨への関心を公言し、正当性を認めている企業だった。[34] タイラーは、二〇一七年九月一一日という忌まわしい日にポロニエックスで働き始めた。彼の採用面接は、やや奇妙なことに、電話と電子メールだけで進行した。実際にオフィスを見てみたいと彼が頼んだところ、ジュールズとマイクから、何か不安でもあるのかと質問された。職場環境を見学したいと告げると、追って返事すると言われ、やがてボストン近郊のとあるオフィスに招かれた。素敵な空間だったが、無人だった。きみが働き始めるころにはここへ移転しているから、と告げられた。

ところが初日、別のオフィスへ出勤するように伝えられた。そこに入ってみると、おおぜいのアルバイト従業員が折りたたみ式のテーブルで作業していた。テーブルのあいだに仕切り板すらなかった。Wi-Fiはセキュリティーに難ありとみなされていたため、いたるところにケーブルが走っていた(最終的には、ポロニエックスは別のオフィスへ移転した)。四カ月もしないうちに、彼は別の仕事を探し始めた。明らかに、オーナーたちにはポロニエックスへ資金を注ぎ込む気がなさそうだったからだ。取引量が急増するなか、持ちこたえられなくなるのは時間の問題に思えた。

ジュールズの直属の部下だったにもかかわらず、タイラーは入社後、彼女やマイクとほとんど顔を合わせなかった。ふたりはオフィスに姿を見せないのだ。それでいて、タイラーがオフィスを見たいと希望した際には、ふたり揃って現われた。その点が困惑の種だった。なぜ自分はあれほど厚くもてなされたのか？　だが、株式による報酬を要求したときには、不可能と突っぱねられた。タイラーは一流金融サービス企業のフィデリティーで働いていたものの、スタートアップでは株式報酬が一般的だと知らなかったため、断られても異常なことだとは気づかなかった。

ジュールズ、マイク、トリスタンはポロニエックスを売却するつもりではないか、と怪しむ従員が現われ始めた。その兆候はあった。オーナーたちが事業の改善にちっとも投資しないこと、彼らが当初は反対していた身元確認が急に優先事項になったこと、新しい仲介者ルビーが登場したこと……。

ルビーは、コンプライアンス責任者や、カスタマーサポート責任者のジョニーなど、特定の従業員同士が直接会うのを禁じた。ぜひ協力が必要な場合でも駄目だった。もっとも、その理由の一部は、ふたりぶんの宿泊費をいちどに支払いたくないことだったのかもしれない。その証拠に、どうしてもコンプライアンス責任者に会いたいと、ブラジルに住むジョニーがわざわざボストンへ出向いた際、ジュールズたちは彼のホテルの予約をキャンセルし、ルビーのホテルの部屋のソファーで寝かせた。ジョニーが文句を言うと、ジュールズは、気に入らなければ自分でチケットを予約して帰ってくれて結構、と告げられた。また、その出張中、ジョニーはオフィスを訪れており、スタッフやフリーランサーたちとじかに話せるチャンスだったのに、ルビーに禁じられた。彼女が会話を監視できるようにチャットで話せと言うのだった。

ジョニーの直属の部下のなかには、ポロニエックスの売却を計画しているのかを面と向かって尋ねた者もいた。それはカスタマーサポート担当者のひとりだった。未処理チケットが大量にあるのにほとんどサポートを得られず、カスタマーサポートのスタッフは、ジュールズ、マイク、トリスタンがもはや会社に関心を失っているように感じていた。まるで、従業員たちがただの見せかけで働いているかのようだった。そこでその担当者は勇気を振り絞り、ルビーが休憩中に近づいたとき、しっかりと目を合わせ、「うちは身売りするのか?」と真剣に尋ねた。

ルビーは視線を伏せて背を向け、その場を一歩離れる前に軽く振り返って彼の目を見ると、「もちろん、そんなはずはない」と言った。

しかしその表情から、彼は嘘だと直感した。

二〇一七年一一月一日にメキシコのカンクンで開催される「デヴコン3」の準備段階で、ミンはますます不安定で感情的になった。ごく日常的なスカイプチャットの最中でさえ、急に個人的な話題に逸れることもあった。ある人が、デヴコン3へ向かう際の航空券をエコノミークラスではなくプレミアムエコノミークラスで予約しても運賃は大差なかっただろうに、と失望のコメントを書き込んだところ、ミンは「きょうはわたしを困らせるようなことを言わないで」と返事したあと、「とてもつらい。一六年間いっしょに暮らしてきた愛犬が亡くなったの」と続けた。彼女は情緒不安定であることを認め、こんなふうに投稿した。「このチャンネルに新しく参加した人へ。三〇時間、四〇時間、あるいは五〇時間も寝ていないとき、わたしは本来、社内チャンネルに投稿すべきではない。〝削除済み〟の投稿を見かけたら、わたしが寝不足だと(なのに、投稿したい衝動を抑えられなかったと）解釈してほしい」

一方、イーサリアム陣営内では不満が高まり、ミンの追放を望む人が増えつつあった。ヴィタリック自身も、そう決断すべきだという気持ちへ大きく傾き始めた。ETH価格の高騰により、財団には多額の資金があったにもかかわらず、ミンのせいで各プロジェクトはひどい資金不足に陥っていた。対照的にヴィタリックは、財団がすべての価値ある団体へ資金を惜しみなく投入すべきだと考えていた。もしミンが引き続きボトルネックのままなら、資金の出し惜しみが永遠に続く恐れがあった。しかし、のろのろしているわけにはいかなかった。競合するいくつものスマートコントラクトブロックチェーンが立ち上げの準備を進めていたからだ。[35] このころにはもう、ヴィタリックは、ミンがいなくても財団は崩壊しないだろうと感じていた。その夏、パリティーのマルチシグ・ウォレットがハッキングされたとき、ヴィタリックはIC3で初めて「ミンを解任したい」とハドソンに漏らした。事情をよく知らないハドソンは、ミンはいい仕事をしている、とこたえた。とはいえ、ヴィタリックの印象では、ハドソンもミンをそう強く支持しているのではなさそうだった。

ヴィタリックは、イーサリアム財団の多くの人が彼女を支配的すぎると感じていることを知らなかった。しかしメンバーたちはもはや自分の意見を自由に言うことができず、二〇一五年の秋にETHが一ドル以下だったころとミンの態度は変わっていない、現在のETHは三〇〇ドル前後なのに、と不満を募らせていた。ミンが何もかも複雑にしているため、開発者をひとり雇うことすら難しく、ましてや、さまざまなプロジェクトに助成金を割り当ててほしいなど、無理に近かった。しかも、財団内部が非常に無秩序になっている気がした。

ここまで来ると、ミンと電話で話すことを考えるだけでストレスを覚える開発者も出てきた。なぜなら、電話が（もちろん、彼女の話の脱線はあるにしろ）ビジネスライクに進むのか、それとも全面的な意見の対立になるのか、予測が付かなかったからだ。なかには、エグゼクティブディレクターのミンに対処してもらうのが最適とわかっていても、問題をほかの方法で解決しようとする者もいた。数名は、ミンとの口論に辟易して、財団を去った。

ヴィタリックの新しい友人でさえ、ミンをめぐって空気がぴりついているのに気づいた。まだ部外者のころは、イーサリアムを統制の取れた集団だと思っていたが、ヴィタリックと親しくなって深く関与し始めるうち、研究者、開発チーム、財団（実質的にはミン）の三つのグループに分かれていることがつかめてきた。ほかにも、ヴィタリックを通じてここ最近イーサリアムを知った人たちは、この分散型プロジェクトからカジュアルな印象を受けたが、ミンだけは違った。彼女は相も変わらず、旧来の財団の専務理事のようなおおげさなスピーチをしていた。もはや彼女はイーサリアムの世界にそぐわないようだった。彼女と密接に仕事をしたある人物によれば、彼女はブロックチェーン技術に対する関心を口にしながらも、じつはそれほど興味がないふうだったという。ヴィタリックがシンガポールへ拠点を移し、イーサリアム財団とは別の組織を設立したことを、関係者たちは奇妙に思い、分裂を恐れた。

ミンをめぐる緊迫感とは対照的に、二〇一七年一一月一日水曜日にカンクンで始まったデヴコン3では、暗号通貨界の人々がおおいに盛り上がった。

年初に約八ドル、時価総額七億一五〇〇万ドルだったETHは、いまや三〇〇ドル、時価総額二八〇億ドルにまで膨れ上がっていた。ビットコインも急上昇しており、一月には一〇〇〇ドル弱、時価総額一六〇億ドルだったのが、六四〇〇ドルを超え、時価総額一一三〇億ドルになった。暗号通貨市場全体でみると、二〇一七年初めは約一八〇億ドルだったが、この日の終値の合計は一八四〇億ドルを超えた。ビットコインは、アメリカの主要経済メディア「CNBC」に定期的に登場するようになっており、番組中、ある解説者は「ビットコインが五年後に金《きん》の市場価値の五パーセントを占めるとしたら、一BTCが二万五〇〇〇ドルにもなる。現時点では三三〇〇ドルだ」と予測した。さらに、イーサリアム、コンセンシス、そのほか関連するトークンプロジェクトにも放送時間を割いた。[36] 暗号通貨に熱い注目が集まるなか、ヴィタリックの個人資産は数億ドルに達しており、デヴコン3は治安の悪いメキシコでの開催だったことから、ヴィタリックは、友人の名前を借りて会場とは別のホテルに予約を入れた。デヴコンの参加者は、前年の八〇〇人から、およそ二〇〇〇人へ急増した。

このような大規模なイベントを開催する組織は、ふつう、制作会社を雇うものだが、イーサリアム財団の場合、会場側が提供する基本的なサポートと、一社の音響映像会社のほかには、ミンしかいなかった。デヴコン2のときと同様、彼女はすべてを細かく管理しようとした。しかし、今回も部下たちには権限移譲せず、それでいて規模は大きくなっていたから、彼女は不眠不休で働き続けるはめになり、精神的にも肉体的にも疲弊した。前夜、ハドソンとローラは、偶然、ボランティアグループを見かけた。バッジの分類ミスとストラップの欠陥に対処するため集められたものの、何をすればいいのか戸惑っているようすだった。少し前にその場所でミンがいちおう指示を出したらしいのだが、すでに姿を消しており、かといって、許可なく現場の判断で事を進めたら、あとで彼女は激怒するに違いなかった。ハドソンは捜しまわったすえ、彼女の宿泊部屋にいるのを見つけたが、奇妙なほどボランティアグループには無関心で、何かを印刷する作業に夢中だった。業を煮やしたボランティアたちから催促のメッセージが入り、ハドソンは彼女に何度か頼んでようやく、彼の指示のもと翌朝までにストラップとバッジの問題を解決するという許可を得た。

前年と同じく、ミンが権限移譲しなかったせいで、些細な点が大きな問題に発展した。ハドソンは、Tシャツやライブ配信に関する不備を解決しなければならなかった（たとえば、配信用の機材一式を大至急、翌日配達で送ってもらう必要があった）。当日の朝は、音響照明ブースでほとんどの時間を過ごしつつ、ときどきステージに上がって司会もこなすはめになった。あちこちのトラブルの火消しに数日間駆けずりまわり、ようやくひと息つけたとき、彼は思わず涙を流した。

一部の部外者は失望した。参加登録の受付が滞って長い列ができていた。並んでいるほとんどは若い男で、受付デスクへ苛立ちの視線を向けながら、ミネラルウォーターくらい配布できないのかと不満を募らせた。訪れた企業幹部たちは、秩序のなさに呆れ、とんでもない混乱に巻き込まれてしまったものだと眉をひそめた。スポンサー料を二万五〇〇〇ドル出した銀行は、交渉にほぼ六週間を費やし、スポンサー料よりも弁護士費用のほうが高くついた。銀行にとっても、イーサリアム財団にとっても馬鹿げた話だった。なにしろ財団はこの時点で数億ドル相当のETHを持っていたのだから。デヴコン3のスポンサーになろうかと思い、ミンに初めて電話をしたある担当者は、「コンセンシスがイーサリアム財団を牛耳ろうとしている」という愚痴を彼女から延々と聞かされて面食らったという。

参加者のなかには、各ドアに複数の警備員がいたと証言する人もいるが、ヴィタリック自身は、セキュリティーの貧弱さに愕然とした。会場には「ETHにわか成り金」たちがおおぜい詰めかけており、暗号通貨に金が溢れていることはますます世間に知れわたっていた（デヴコン3の初日には

「デンタコイン（DCN）」という歯科医向けの暗号通貨が約二〇〇万ドルを調達し、一カ月にわたるICOのオンパレードを締めくくった）。その一方、メキシコではこの年、暴力事件が横行中だった（結果的に、メキシコ史上最悪の死亡者数を記録することになる）。したがって、セキュリティーは万全を期す必要があった。[37] ところが、ヴィタリックとその友人ひとりが、人目を避けたいうえにセキュリティーを試したい意図もあって、チケットなしで裏口から潜入を試みたところ、あっけなく成功してしまった。[38] 同様に、コンセンシスがスポンサーになるのをミンが阻止したにもかかわらず、同社の開発者たちが個別におおぜいやってきた。

全体として、ヴィタリックは、このコンファレンスはうまくいかなかったと考えた。食事がひどかったうえ、食事以外は朝の紅茶とコーヒーしか用意されていなかった。そのため、昼食時になると、みんなが会場外へ散らばってしまい、コミュニティーらしい一体感が生まれなかった。さらに、ハドソンをはじめとするスタッフが異常な忙しさに追われていることに気づいた。ミンはデヴコンの準備に時間を取られすぎ、彼女の下で働く主要スタッフはこき使われて疲労困憊し、そのわりに成果や質は標準以下で、運営プロセスがどうやら非効率的らしかった。しかも、IC3で初めて「ミンを解雇したい」とハドソンに話したあと数カ月ようすを見た結果、彼女が財団スタッフの仕事能力の妨げになっていると思えてきた。

デヴコンは、ふだん世界各地に分散している財団スタッフが、珍しく一堂に会して直接、意見を交換できる機会だった。今回、そうした会話を通じて、スタッフメンバーたちは互いに、ミンに対していかに不満を抱いているかをあらためて認識した。一〇人あまりが、チャットグループを通じて、ミンを解任するための作戦を練り始めた。彼女が上司であることを考えると、危険な賭けだった。しかし、彼女が財団に貢献してきた点には感謝しながらも、現在の財団には、彼女では対処できないニーズがあるらしかった。助手のトヤの記憶によれば、そのグループのあいだで、ミンが実際は何をしているのか誰にもわからないことについて話し合われたという。ミンはたびたび会計上の問題や法的問題について言及し、自分がいなくなったら財団全体が崩壊すると匂わせていた。メンバーたちはその主張に懐疑的だったが、スイスのコンプライアンスや会計規則の知識がないため、彼女を解任したらひょっとすると本当に財団が崩壊するかも、というのが最大の懸念材料だった。

トヤはミンのかたわらで毎日働いていたため、このグループのなかではほとんど「スパイ」のような立場だった。ミンが誰と話し、毎日何をしているかを知っていたので、ミンが本当に重要な仕事をしているかどうか、もっぱらトヤがグループメンバーたちに説明した。トヤが受けた印象では、ミンは解雇を避けるために、状況を悪い方向に誇張して恐怖心を煽り、自分の存在意義をアピールしているらしかった。

じつは、デヴコンが始まる数日前、トヤとヴィタリックの私的な会話でも、このことが話題にのぼった。トヤは当初、ケイシーやミンといっしょに滞在する予定だったが、別のホテルになった。おかげで、ヴィタリックとトヤは少なくとも二時間ふたりきりで話す機会に恵まれ、ヴィタリックはトヤに、ミンが残留すべきと思うかどうかを尋ねた。

並行して、一見すると無関係な変化もあった。その秋、いままでにないかたちでヴィタリックが社会生活を築き始めたのだ。少数の友人グループをつくり、いっしょに旅行し、質素なエアビーアンドビーやホテルに滞在し、部屋で何時間もインターネットに浸って、フォーラムに書き込んだり、動画を見たり、ツイッターに投稿したり、研究やコード作成に精を出したりした。画面以外のおもな共通の興味は、プーアル茶を飲み、長い散歩をすることだった。友人の多くは財団や開発チームとはほとんど無関係な研究者であり、そのうち少なくとも何人かは、ミンを解任する方法についてヴィタリックと個人的に話し合った（イーサリアム・アジア・パシフィックから給料をもらっている者も交じっていたが、ミンといっしょに仕事をする必要がないので、彼女との軋轢についてはほとんど知らなかった）。

デヴコン3に際して、これらの親しい仲間の何人かが、ミンを解任するしかないとヴィタリックに助言した。そのうちのひとりが、ヴィタリックもあるていど面識のある人物を新しいエグゼクティブディレクターとして推薦した。当時、クラーケン・ジャパンのマネージングディレクターを退任したあと、たまたまデヴコン3に参加していた、アヤ・ミヤグチ（宮口あや）だった。ヴィタリックがアヤと最初に出会ったのは二〇一三年、クラーケンの一部の従業員が使用するオフィスでヴィタリックがイーサリアムのホワイトペーパーを書いていたときだった。つい最近も、韓国で仲間たちといっしょに遊んだが、本格的に会話するのはこのデヴコン3が初めてだった。このころにはさすがのヴィタリックも、ミンの「ひどく頻繁でひどく長い罵倒」や、あなたはわたしに感謝していない、というしつこい非難が、ある種のハラスメントだと感じ始めていた。ほかの多くのスタッフも彼女に不満を持っていることを知り、自分がおかしいのではないと悟った。タイミングをみて、彼はハドソンを脇へ連れ出し、「ミンを追い出すのを手伝ってほしい」と頼んだ。しかし、ハドソンは二六歳、ヴィタリックは二三歳で、ふたりとも方法が思いつかなかった。なにしろ、ミンは簡単には辞めそうにない。デヴコンの二日目、ヴィタリックはトヤにウィチャットでメッセージを送り、ミンの後任が見つかるまで、暫定的にエグゼクティブディレクターを務められるかと尋ねた。

返事はイエスだった。

　こうして布石が進むのをよそに、暗号通貨はついに世界を席巻し、アメリカだけでなくアジアでも人気を博し、韓国ではＥＴＨの価格が世界のほかの地域よりも三〇～五〇パーセント高くなるほどの熱狂的なブーム（「キムチ・プレミアム」として知られる現象）となっていて、デヴコン３の参加者たちはみんな、カンクンの海辺であらたな富を楽しんでいた。[39] それまでの純資産など吹き飛ぶほどの巨利を得て、資産をどう多様化するかを互いに話し合った。あなたは現金化するつもり？　不動産に投資する？　それとも金《きん》？　海沿いのバンガローではパーティーが開かれた。シェイプシフトはクルーズを開催し、ネオンカラーのストロボライトが点滅するなか、人々はキャプテン・アメリカに扮したりワンジーを着たりして踊った。シェイプシフトのキツネのロゴのマスクを頭からすっぽりかぶっている者もいた。創設一年目だが有名な暗号ヘッジファンド、ポリチェーン・キャピタル――創設者はフォーブス誌の表紙を飾ったことがあり、マレットヘアで表紙に載ったおそらく唯一の人物だろう――は、海辺に隣接する、広い裏庭のある別荘でプールパーティーを開いた。アルコール飲み放題で、参加者たちはテキーラショットを飲みながらうろつき、ファイアーダンサーたちが竹馬に乗って炎の輪を描いた。

　しかし、コンファレンスの最終日、焦点はふたたび目前の最も緊急な課題に戻った。一一月四日の土曜日、コンセンシスの従業員のひとりが短いグループメールを送った。

　　ミンは去るべし。

第12章

バブル、仮想猫、追放

二〇一七年一一月四日から二〇一八年一月二〇日

コンセンシスのアンドリュー・キーズは「わたしもそれを望んでいるけれど、ヴィタリックがミンを解雇するとは思えない。イーサリアム財団内におとなの数を増やして、彼女の影響力を薄めるしかないと思う」と返信した。ミンに最も悩まされていたジョゼフは、「加担する全員にとって地獄のような道になりそうだ。こういう役割を果たすには、無限の忍耐力を持ち、高度な悟りを開いた戦士が必要だと思う」とこたえた。新しい研究開発組織を設立するという案に対して、シンガポールのイーサリアム・アジア・パシフィックの存在を知らなかったのか、彼は、うまくいく可能性もあるけれど「イーサリアムの研究に力を入れるだけでも財団/ヴィタリックと重複するし、もしイーサリアムの開発を推進したら、共謀して財団に敵対しようとしているとみなされるだろう」と意見を述べた。また、ジョゼフは、ギャビンとの確執が二〇一七年後半もいまだ衰えていないことを示すかのように、「パリティーがイーサリアムを捨ててポルカドットへ乗り換える場合に備えて」、コンセンシスが独自のイーサリアムクライアントを構築中だと明かした。というのも、去る二〇一六年一一月、ギャビンがポルカドットという新しいプロジェクトのホワイトペーパーを公開したのだ（実際に発行されたホワイトペーパーは、ホワイトではなくピンク色で、白の水玉模様《ポルカドット》が入っていた）。イーサリアムと直接競合するプロジェクトではないが、脅威となる可能性があった。一〇月二七日にはICOを完了し、一億四五〇〇万ドル以上を調達していた。

　ミンからの権力を奪うため、この新しい研究開発組織へゆっくりと資源を流出させてはどうかという案が出たところ、ジョゼフは「そんなやりかたが見過ごされる、あるいは受け入れられるとは思えない。ミン王朝への直接の攻撃と見なされるだろう」と異を唱えた。あるひとりが「もし彼女の後任になる有力な候補者がいるなら、ヴィタリックを正しい決断へ導けるのでは？」と発言した。後任候補としてハイパーレジャーのブライアン・ベーレンドルフを推す声も出た。ジョゼフはこれにも難色を示した。「効果は抜群だろうが、ヴィタリックが心変わりしたような印象を世間に与えるのはよくない。緩やかな統合／協調の動きとして見せるべきだ」。彼の主力スタッフであるジェレミー・ミラーは、ミンにとっては悪夢のようなコメントをした。「もしヴィタリックが解任を決断したら、われわれのエンタープライズ・イーサリアム・アライアンス（EEA）とイーサリアム財団の統合を真剣に検討できる。一石二鳥だ。ヴィタリックが両方を管理できる」。イーサリアムの大口投資家エンジェル・メータは、問題の中核から着手すべきだと述べた。「一、ミンが（控えめに表現すると）〝異議を唱える〟ことが予想される変更点について、ヴィタリックを説得すること。二、財団内で誰が敵、すなわちミン支持派なのかを把握すること」。さらに彼は、ジョゼフと近しいアーサー・フォールズが以前「ヴィタリック宛ての公開書簡でミンの解任を求めよう」と呼びかけ、それを受けてイーサリアムとコンセンシスの内部関係者が準備を進めた件に言及し、「もしわれわれがその公開書簡を執筆するのなら、ミンを追放する根拠となる出来事や理由をきちんとリストアップしないといけない」と付け加えた。

ここで財団のC++開発者ボブ・サマーウィルが会話に加わった。「みんなに伝えたいことがたくさんあるけれど、いちばん重要なのはこれだ。複数の情報筋によると、ヴィタリックはミンに対して行動を起こす覚悟ができているらしい。あとは、有望な後任候補を何人か提示してやればいい」。候補者はべつに財団内の有名なメンバーである必要はない、と彼は続けた。「財団の〝顔〟はヴィタリックでじゅうぶんだ。彼は世界各地を飛びまわって普及活動をしているし、スピーチもこなせる」。「ミンの後任者に必要なスキルは、財団を適切に組織化し、運営がスムーズにいくようにする能力だけだろう。（中略）となると何よりも、ヴィタリックが信頼を置ける人物でなければいけない」。次に彼は、ジョゼフはヴィタリックから信頼されているだろうかと疑問を呈した。「信頼されていないとしたら、ミンが邪魔したのではないか？　どうやら彼女は、自分が多少とも敵と感じる人について、ヴィタリックに悪感情を吹き込む能力があるらしい。（中略）わたしとしては、ミンがいなくなってほしい。彼女が消えれば、われわれは来年、一気にいろいろなことを達成でき、当然の勝利を妨げている最後の足かせを取り除くことができる」。そのうえで、候補者として、彼自身、ハドソン、ジェイミー・ピッツ（デヴコンにもたびたび貢献した人物）、テイラー・ゲーリングなどの名前を挙げ、「ほかにもいるかもしれないが」と締めくくった。ついに一一月六日月曜日の未明、ヴィタリックの父親がこのグループにこう書き送った。「まだ他言無用だが、まもなく大きな改革が断行されると思う。ヴィタリックにできるかぎりの支援をお願いしたい」

デヴコン3が終わったあとの日曜日、パリティー、Ｗｅｂ3財団（パリティーのポルカドットの開発を指導)、ポリチェーン・キャピタル、同社が投資しているスタートアップ数社は、一三〇キロ南のトゥルムへ移動した。ギャビンをはじめとする人々が、サンペドロ(サボテンから抽出されるメスカリンの一種)を使ったサイケデリックな儀式を計画していたのだ。参加希望者は、少なくとも四八時間前から、酒、ドラッグ、肉を摂取してはいけないと申し渡されていた。一般に、サンペドロは洞察や癒やしの感情をもたらすことが多く、ほとんどの人が楽しんだが、ギャビンは部屋の隅で汗をかき、ひどい気分を味わった。鼻水を流しながら、誰かに抱えられて上階のベッドに入った。

ひどい体験だったが、まもなく彼にはもっとひどいことが待っていた。一一月六日月曜日の中央ヨーロッパ時間(CET)午後四時五四分、パリティーのクルーのほとんどが前日のサンペドロの儀式のあとまだ眠っている時間に、「ghost」というハンドルネームの開発者がギットハブに「誰もがやりかねない#6995コントラクトの削除」というタイトルの投稿をした。[1] 文中には「うっかり削除しちゃった」と書かれていた。ghostはその後、イーサスキャンのアドレスへのリンクを投稿した。午後五時三三分(CET)、devops199という人物がパリティーのチャットツール「ギッター」にissue#6995へのリンクを投稿し、「これって深刻な問題かなあ?」と質問した。[2] しばらく誰も反応せず、翌朝七時二七分(CET)に誰かがこう書いた。

おい、みんな
自分たちのマルチシグがハッキングされたの知ってるか?
なぜ誰も反応しない?
削除されたライブラリを参照するマルチシグ・ウォレットで、何百万ドルもの資金が凍結されている。

つまり、マルチシグコントラクトが機能しなくて、ＥＴＨを引き出せない[3]。

利用者たちの反応は鈍かったものの、五八七個のウォレットに入っていた五〇万ＥＴＨ（当時一億五〇〇〇万ドル相当）が凍結され、永遠にロックされてしまった。事態を引き起こしたghost（devops199も同一人物の可能性あり）は、誤ってやってしまった、と主張していた。問題のコードは、最初のＰａｒｉｔｙハッキングのときにパッチを当てるため、イビサ島における一週間のどんちゃん騒ぎの最後の夜、開発チームが急いで書き上げた新しいマルチシグ・ウォレットのコードだった。このコードには、じつは、二つも致命的な欠陥があった。平たく言うと、パリティーは銀行をつくって、その金庫に金を預けても安全だと世間に伝え、人々はそれを信用して数億ドル相当のＥＴＨをそこに保管していた。ところが、この銀行にはオーナーがいないことが判明したので、devops199が自分をオーナーにして、銀行のドアに鍵をかけたうえ、鍵を消滅させて、銀行内の金を永遠に封印してしまったのだ。悪意のある行為だと疑う人もいたが、たんなるミスと素直に受け取る人もいた。「ライブラリを削除した人が犯したミスは、理解できる。わたしも同じようなミスをしてしまうことが容易に想像できる。自分が作成していないコントラクトを削除できるとは思いもしなかった[4]」。devops199がコントラクトを削除したのは、銀行の所有権を放棄するつもりではないか、と推測する者もいた。

中央ヨーロッパ時間午後二時二九分、devops199がチャットに参加し、最初はただこれだけ書き込んだ。

:(［5］

そのあと、「ひょっとして僕、逮捕されるのかな？:(」と書いた。［6］ Tienusという人物が、「トランザクション」をTxと短縮して、「きみが削除Txを実行した張本人？:」と尋ねた。devops199はこうこたえた。

うん

僕はETH初心者で……勉強中

qx133という別の利用者が「きみは有名になったね、ハハハ」とコメントした。

肝心のギャビンは、メキシコから飛行機に乗ってチューリッヒで降りるまで、この騒動を知らなかった。空港に降り立つころには高熱が出ていた。

パリティーが犯した二つのミスは、まず、公共インフラの一部に関して所有者を指定可能にしてしまったこと、しかも、その所有者がコントラクトを削除したり自殺させたりできるようにしてしまったことだ。devops199はまさにそれを実行し、大量のウォレットに影響を与えた。被害を受けた五八七個のウォレットのなかに、ICO発行者のウォレットがいくつか含まれており、クラウドファンディングで集めたETHが詰め込まれていた。「アイコノミ」が三四〇〇万ドル、「ミュージッコノミ」が四八〇万ドルを凍結された。［7］

しかし、圧倒的に大部分の資金はパリティー自身のものだった。そのウォレットには三〇万六二七六ETH（約九二〇〇万ドル）が含まれており、凍結されてしまったETHの六〇パーセントを占めていた。[8] いわば、銀行をつくって自分の金を保管していたのに、通りすがりの人がドアを施錠し、その鍵を捨ててしまったようなものだ。

レディット上では、パリティーのマルチシグ・ウォレットが――またも――ハッキングされたことや、しかも、前回のハックの「修正コード」のバグが原因だったことに対して、不信感が高まった。ある利用者は「なぜパリティーはマルチシグ・ウォレットをこんなに雑に扱っていたのか？（中略）こういう状況では、パリティーへの全額返金は支持しない」と書き込んだ。[9]

火にますます油を注いだのは、パリティーが八月にこの問題について警告を受けていたという事実だ。ギットハブの投稿者がパリティーにウォレットの「初期化」（銀行のオーナーの名札を付けておく行為に相当）を勧めていたのだ。のちにパリティーは事後報告書のなかでこの提言を取り上げ、「当時は、利便性を高めるための措置だと解釈し、将来どこかの時点で定期アップデートに含める予定だった」と述べている。[10] しかし、あるレディット利用者は、この提言に従ったとしても、第一の問題点しか解決しないと指摘した。「たとえ初期化しても、第三者がライブラリを削除できる点に変わりはない。もし、会社に不満を持つ従業員が、辞めるついでに滅茶苦茶にしてやれと決意したとしても、ほとんど同じ状況になるだろう」。[11] コードを調べた開発者たちは、自分を所有者にする機能とコントラクトを削除する機能がすぐ隣にあることにショックを受けた。

すぐに、凍結されたETHにアクセスするにはどんな手があるかという議論が始まり、当然、ハードフォークも候補にのぼった。ベルリン時間で水曜日の朝、ヴィタリックが遠慮がちにこうツイートした。「ウォレット問題についてコメントすることは意図的に控えている。ただ、よりシンプルで安全なウォレットコントラクトを書いたり、既存のウォレットのセキュリティーを監査したり、正式な検証をしたりすることに熱心に取り組んでいる人たちを強く支持したいと思う[12]」

しかしその前年、ヴィタリックはイーサリアム改善提案（EIP）の一五六番として、「一般的なクラスの凍結アカウントにあるETHの回収」という提案をまとめた。この提案の目的は「一般的なクラスの凍結アカウントにあるETHその他の資産を持つ者が、自分の資産を引き出せるようにする」ことだった。コードが存在しないコントラクトが誤って作成された場合の凍結や、ETCを含むリプレイ攻撃による凍結、欠陥のあるイーサリアムJavaScriptライブラリのバグによる凍結といったケースを網羅しており、「これらのケースではいずれも、正当な所有者が明白であり、数学的に証明可能であり、どの利用者も資産を奪われる恐れはない」。彼は、この提案が「技術的な改善」というより「救済」に近い点を認め、これを承認してほしいわけではなく、議論してほしいと思っていると述べた。このEIP一五六番の発表は二〇一六年一〇月一四日だが、二〇一七年八月一七日の時点でもまだ議論が継続中だった[13]。

パリティーがハッキングされたとの情報が広まるなか、一一月七日、この提案に対するコメントがふたたび活発になった。ところが、あるユーザーが、パリティーのウォレットはアドレスにコードが存在するため、提案のとおりでは凍結を解除できない、と指摘した[14]。

ヴィタリックはそもそも意見を表明するつもりがなかったものの、ギャビンから「中立を保ち、パリティーが資金を取り戻すことに積極的に反対しないでくれ」という趣旨の圧力を再三かけられていた（ギャビン自身は、どんな場面でも他人に圧力をかけた覚えはないと語る）。ヴィタリックは態度を表明しなかったが、内心では「フォークには反対」だった。ＴｈｅＤＡＯ事件の際とは異なる措置をとり、ＴｈｅＤＡＯのハッキングのあとフォークが実施されたからといって、どんなケースでも簡単にフォークが実施されるわけではない、とコミュニティーに示す必要があると感じていた。前年にＥＩＰ一五六番を提案した当時とは状況が違う。あのころ凍結されていた資金は、今回の一億五〇〇〇万ドルとは比べものにならないほど少額だったし、イーサリアムの歴史の初期段階で失われたものだった。それに、ヴィタリックはパリティーには同情していなかった。パリティーウォレットのハッキングはもう二回目。しかも、凍結された一億五〇〇〇万ドルの大半はパリティーの資金だ。全体にみて、ほんのひと握りのＩＣＯがほとんどを占めており、パリティー、アイコノミ、ミュージッコノミだけで合計八五パーセントにのぼる。[15] 残りのマルチシグ・ウォレットの多くに入っているのは、多くて数百ＥＴＨ、少ないものは一ＥＴＨにも満たない。そのうえ、パリティーは、Ｇｅｔｈチームよりもはるかにプロフェッショナルであるとさんざん自慢してきた経緯がある。ヴィタリックは自分が見解を表明するまでもないと思った。コミュニティーが救済を拒否するだろう、と。

彼は正しかった。すでにコミュニティーは、ＴｈｅＤＡＯのときとは異なる感情を抱いていた。ＴｈｅＤＡＯ事件当時は、ＴｈｅＤＡＯとイーサリアムが同義であるように思われた。ところが、ＩＣＯブームにより、ゴーレムからＢＡＴ、バンカー、ステータスまで（さらにはベリタセウムやデンタコインなど、合法かどうか怪しいベンチャーも含めて）じつにさまざまな暗号通貨が誕生した。コインマーケットキャップに登録されている暗号通貨の種類は、ＴｈｅＤＡＯ事件当時は六一四だったが、いまや一二〇五まで増加しており、それでいながら、暗号通貨のエコシステム全体のなかで損失を出しているのはほんの数社らしかった。[16] また、今回の騒ぎで凍結された資産をドルに換算すると、ＴｈｅＤＡＯ事件の規模を上回るが、それはおもにＥＴＨ価格が上昇したせいだった。凍結されたコインの数は五一万三七七四で、ＥＴＨの流通量の〇・五パーセントにすぎない。一方、ＴｈｅＤＡＯ攻撃者が吸い上げた三六四万ＥＴＨは、絶対数では少ないものの、比率でみると、当時の流通量の四・五パーセントに相当した。

しかし何よりも、ＴｈｅＤＡＯ事件のときは状況が違っていた。当時は、イーサリアムがそれまでに何度もフォークをしていたので、コミュニティーはここでまたフォークをしても何の影響もないと思っていた。むしろ、フォークをしないことが脅威だった。ところが、ＴｈｅＤＡＯ事件を経て、ハードフォークがあらたに別種のイーサリアムを生み出す可能性もあることを知った。こんどはそっちのほうが脅威となった。ＴｈｅＤＡＯ事件とのもう一つの違い、時間的なプレッシャーがないことだ。資金は凍結されており、何の決定も下さなければ、永遠に凍結されたままだ。だがＴｈｅＤＡＯの場合は救出にタイムリミットがあり、それが人々を行動に駆り立てた。さらに、イーサリアム上に非常に多くの新しいトークンが構築されたため、対立するハードフォークが発生すると、あらたなチェーン上にさまざまな種類の重複資産——たとえば、グノーシス・ベリー・クラシック、ＢＡＴベリー・クラシック、ステータス・ベリー・クラシックなど——が生まれる恐れがあった。

ギャビンがイーサリアムコミュニティーの多くの人々と関係をこじらせてしまったことも、パリティーに対する逆風の一因だった。意図的に操作した指標を使ってＧｅｔｈを批判するブログを投稿したこと、イエローペーパーの「核心《カーネル》」についてヴィタリックのみに謝意を表したこと、Ｃ＋＋

コードの使用許可ライセンスを得るためにおおぜいが数カ月も努力しているのを妨害し続けたこと、パリティーのユーザーにのみ利益をもたらす変更を行なったこと……ギャビンのそういった行為の結果、パリティーに雇用されている人を除けば、彼に味方してともに戦おうとする者はほとんどいなかった。八月にも、こんな出来事があった。ヴィタリックが、その昔ギャビンから受け取った初めてのメールのスクリーンショットをツイートし、イーサリアムへのギャビンの貢献に感謝したところ、ギャビンはこうこたえた。

こちらこそ、@VitalikButerin（ヴィタリック）に感謝する。きみがいなければ、わたしは #Ethereum（イーサリアム）を構築できなかっただろう。:-)[17]

すると、ペーテル・ジラーギがこうツイートした。

そうとも、ありがとう、@gavofyork（ギャビン）。きみは #Ethereum（イーサリアム）をたったひとりで構築してくれた！　われわれ――きみ以外の三〇人以上のプログラマーたち――は、きみの仕事ぶりを眺めて本当に楽しかった！[18]

続いて、コミュニティーの少なくとも一部は、ポルカドットのプロジェクトが幾分なりとも困難に直面するのを楽しむことになる。

凍結されたパリティー資金をめぐって最初の騒動が収まったあと、コンセンシス、ボブ、その他の関係者のあいだで、ふたたびミンに関するメールスレッドが始まった。後継者選びについて「一流のふさわしいエグゼクティブサーチ会社に依頼して正当なやりかたで経営幹部職者を探し、適切な方法で候補者を評価する」ことを提唱する声がある半面、「最初のときのような間違いは繰り返したくないものだ。「うん、書類を見るかぎり、このミンという人物がよさそうだ。うまくいくだろう」といった調子で決めてしまった」と警告する声もあった。

一方、デヴコンを終えたミンは、どっと疲れに見舞われていた。イーサリアム財団のスタッフのなかには、メキシコに留まって数日間の休暇を楽しむことに決め、ミンを招待した人もいた。彼女は仕事を理由に断わって、部屋に閉じこもった。みずから予約を入れたスパにも、姿を現わさなかった。

一一月七日、ハドソンは、ヴィタリックの指示によりスカイプグループを作成した。メンバーには、ヴィタリックとハドソンのほか、ジェイミー・ピッツ、トヤ、アブサ、ファビアン、クリスチャン・ライトビースナー、ペーテル・ジラーギ、そのほかの財団スタッフが含まれており、議論のテーマは——ハドソンの表現を借りると——「イーサリアム財団のリーダーシップ変革」だった。チャンネルの冒頭でハドソンはまず、今回の決定については、自分とヴィタリックがツークまで行きミンに直接伝える予定だ、と言明した。そこでメンバーたちは、彼女にどうやって解雇の件を切り出すかに関して作戦を練った。一方、ヴィタリックはシンガポールへ飛んだ。デヴコンでアヤとミンの話をしたとき、アヤこそイーサリアム財団に必要な穏やかな存在だと感じていた。彼は財団のチームリーダー数人に電話し、ミンを解雇するつもりだと通告した。

一一月一四日、ヴィタリックはシンガポールから、ミシガンにいるミンに電話をかけた（ツークへの出張を計画すると、何かあるのではと彼女に感づかれるだろう、と思い直したのだ）。例によって、ミンとの会話は二時間も続いた。彼は突然、切り出した――あなたに出て行ってもらうことになった、と。理由として「性格上の諸問題」を挙げた。感情が激しすぎ、ストレスを抱え込みすぎていて、何もないところから厄介事をつくり出し、ほかの人たちの仕事の邪魔をしている、などなど。簡単にいえば、いっしょに仕事をするのは難しい、と告げたわけだ。また、デヴコン3が失敗に終わった理由も説明したが、ミンのほうは自分の最高の手柄だと認識しており、自分の業績は「A＋」評価に値すると言い張った。

しかし、動揺しつつも、ミンは最終的には辞任を受け入れた。イーサリアムとヴィタリックを愛していた彼女にとって、彼が自分のことを望んでいないのなら、残留する意味はない。

筆者であるわたし（ローラ・シン）は、そのころフォーブス誌で暗号通貨を担当するシニアエディターを務めており、ミンが解雇されたというニュースをほぼ即座につかんだ。「緊急：フォーブス：ミンがイーサリアム財団から解雇された？」という件名で、ETHデヴのボブ・サマーウィルにメールを送った。

彼は、そのわたしのメールに「ジャジャーン」と幕開けを知らせる擬音だけ足して、ジョゼフへ転送した。その後、わたしがヴィタリックと連絡を取り、結果をボブに伝えたところ、ボブはふたたびジョゼフにこんなメールを送った。

ヴィタリックからメールが来て、それは事実ではないと否定された。今回は空振りだったけれ

ど、追及したのは有意義だったと思う。――ローラ

ローラがこんなふうに知らせてきたものの、ヴィタリックは嘘をついていて、やはり実行に踏み切ったのではないかと思う。ニック・ジョンソンから聞いた話では、もうすぐ実行だとケイシーが言っていたそうだ。

ジョゼフの返事は「興味深い。が、きみの推察が当たっているかどうか、わたしは知り得る立場にない」だった。ボブは、さらに続報を送った。

やはり実行されたようだが、発表はまだらしい。

わたしは当分、ヴィタリックの相談役になるつもりだ。あらゆる面で助けを申し出たい。いままでも、ヴィタリックはわたしの助言や意見を歓迎してくれたから。

ニック・ジョンソンがわたしに（オフレコで）すでに鉄槌が下されたこと、ヴィタリックはローラに嘘をついたこと（おそらく内部のごたごたを片付ける時間を稼ぐため）を認めてくれた。ヴィタリックも、わたしへの返信で暗に認めていた。

（複数の情報源に話を聞いたものの、裏付けが取れず、わたしは記事にするのを見送った）。

ミンが解雇されたかどうかを尋ねるメールをわたしが送った翌日、ミンはイーサリアム財団の内部スカイプチャットにこんな投稿をした。「重要：私は当面のところ、どこにも行かないので、噂

い、否定してほしい。あらぬ噂は、財団やスタッフ全員にさまざまなレベルで害を及ぼす。わたしはまだ現在のエグゼクティブディレクターであり、採用面接、取締役会、会議に出席し、大学プログラムと連携し、ヴィタリックをはじめ財団の全チームと協力して、正しい方向へ進めるよう二〇一八年めざして努力している。（中略）飛行機に乗り遅れるといけないので、九分以内に出発しないと」（彼女は飛行機の乗り遅れが多かった）。

ミンは当初、辞任に同意していたが、こんどは一年かけて後任者へ引き継ぐというやりかたをヴィタリックに承認させようと、キャンペーンを始めていた。

彼女のスカイプメッセージは、当然ながら財団内で話題になり、多くの人々はなぜミンがこんなことを言い出したのか困惑した。チャットルームにいた数十人のほとんどが、彼女のメッセージ以前には解任の噂を知らず、メッセージのあとに多くのやりとりをし始めた。わたしの問い合わせや、暗号通貨専門のニュースメディア「コインデスク」からの問い合わせで事の推移を知っていた少数の人々は、ミンの投稿を見て、彼女が自滅したと思った。

ミンはエグゼクティブディレクターの職務を続けていたが、トヤによると、デヴコンの際にチャットグループの存在を知ったか、自分の退任について議論が進行しているのをみずから察したかだろうという。彼女はさまざまなイーサリアム財団スタッフに電話をかけ、自分を解任する計画に加わらないよう説得し始めた。トヤにかけた電話では、最初に「トヤ、あなたは読書家だから、誤解から悲劇が起こることを知っているはず」と言い、さらにこう続けた。「あなたがわたしに対する陰謀を積極的に企てていると、たびたび耳にする」。そのあと、トヤによれば、三時間の電話会話が続いた。ミンの言い分はおおよそこんなふうだった。「わたしはどこにも行かない。この組織にふさわしくない人々がいることは知っているけれど、わたしはそのひとりではない」。自分に反対する人はイーサリアム財団にふさわしくない、と暗に言いたげだった。

ミンは自分の地位をハドソンが奪おうと画策していると確信し、イーサリアム財団のスタッフたちにそう伝えた。そのスタッフたちはハドソンに彼女の憶測を伝えた。ハドソンは罪悪感を覚えて――のちに「ストックホルム症候群のようなものに陥った」と回想する――ミンに謝罪した。ミンは彼に広報部門の最高責任者への昇進を提案した。しばらく前から権限委譲ができないという欠点を指摘されていたので、彼女なりに克服しようとする努力の一環だった。最初、ハドソンが同意したところ、ミンは、自分の地位を守る手を考えてあると明かした。そこでハドソンは、昇進話が彼女の計画の一部なのだろうと悟り、結局は断わることにした。ミンが続投するかどうかが非常に不透明になってきたため、一一月下旬、トヤはヴィタリックに真意をただすべく、彼が出席する会合に参加するため台北へ飛んだ。

会場のヴィタリックは、イーサリアム財団のトップの空席を狙う人々に囲まれていた。ヴィタリックは信頼する人に依存するタイプで、取り巻きたちが代理人のように機能している。ヴィタリックをイベントに招待したければ、彼に直接頼むよりも、恋人のパンディア・ジャンか、ヴィタリックの側近を通じて頼むほうが成功する可能性が高い、とトヤは話す。多くの人がエグゼクティブディレクターの候補者を推薦しているようすを眺めながら――トヤ自身、ある人物からある候補者を推薦するように頼まれていた――その候補者が選ばれれば、推薦者である自分の影響力も高まると踏んでいるのだろうと感じた。

その一二月、ヴィタリックが中国に滞在していたとき、ミンから「香港で会ってほしい」と頼まれた。礼儀上、ヴィタリックは了承した。彼とミン、ケイシーの三人が、モンコックの賑やかなショッピングエリアにあるホテルで顔を合わせた。ベッド二つとトイレだけという狭い部屋だったという。[19] ヴィタリックが、ミンを解雇する計画について本人に直接話す前に財団のさまざまな人々と論じていたことを知り、ミンは腹を立てた。涙ながらに彼に不満をぶつけ、自分は燃え尽きていてほかの人に引き継ぎたかったものの、適切に行なうためには時間が必要だったと言った。ふたたびデヴコンの話題が出たが、彼女は自分のパフォーマンスが優れていなかったとは認めなかった。ケイシーが同席しているおかげで、彼女は意を強くしていた。話し合いは一日じゅう続いた。ヴィタリックは彼女に地位の明け渡しを強制しようとはしなかった。彼が必要としていたのは取締役会の会議だった。

このドラマの背景には、二〇一三年以来最大の暗号通貨バブルがあった。二〇一三年当時、ビットコインは一年で一〇〇倍以上の価値に急上昇した。数年経った二〇一七年、ビットコインは一〇〇〇ドル以下で始まり、徐々に上がり始めた。五月末から八月初めまでは二〇〇〇ドル台を上下していたが、八月二日、アメリカ最大のオプション取引所を運営する「CBOE」と、ウィンクルボス兄弟が設立した暗号通貨取引所「ジェミニ」が手を結び、ビットコイン先物という金融デリバティブをCBOEで扱うことを発表した。[20] 数日後、ビットコインの価格は三〇〇〇〜四〇〇〇ドルの範囲に入った。その状態がしばらく続き、一〇月中旬には一時、五〇〇〇ドルを突破した。

一〇月三一日、商品取引所の「CME」——一八四八年設立という歴史を誇り、年間取引高の想定元本が一京ドルにものぼる——が、ビットコイン先物の取扱いを開始すると明らかにした。[21] この

CMEの発表の二日前にビットコインの価格は六〇〇〇ドル台へ突入し、発表の二日後には七〇〇〇ドル台に達した。しかしあいにく、この時期にビットコインは内紛状態にあった。ウォール街が初めてビットコインに本格的な関心を示す一方で、つねづね奇妙な混合体だったビットコインのコミュニティー——国家からの干渉を嫌うリバタリアン、シリコンバレーの起業家、暗号アナーキスト、ベンチャー投資家、サイファーパンク、一攫千金を狙う者、人数は少ないが大量のビットコインを保有するウォール街の大口投資家などが入り交じっている——は崩壊寸前だった。フォーブス誌の記事で、わたしはこんなふうに書いた。「ビットコイン関連のツイッターは、罵り合い、荒らし、いじめ、ブロック、脅迫などが毒々しく煮えたぎる鍋のようだ。数カ月にわたって数百回の応酬を繰り返しているいざこざもある。誰かがツイッターやビットコイントークに書き込んだコメントは、どれだけ昔のものでも見つけ出されて、その人に対する批判や議論に使われる。自分の意見を補強するためなら、サトシ・ナカモトの言葉も引用する。それが文脈を外れたもの（あるいは架空のもの）であってもお構いなしだ」[22]。ブロックサイズを拡大する提案をめぐってコミュニティーは賛成派と反対派に二分し、ついにはハードフォークで袂を分かつことになったが、その予定日の八日前に片方が主張を取り下げ、分裂は回避された。おかげでビットコインの上昇は続いた。一一月一七日にはCBOEがビットコイン先物商品の詳細を発表した[23]。一一月一九日、ビットコインの価格は八〇〇〇ドルを超えた。一一月二八日には初めて一万ドルの大台に乗り、翌日には一時的に一万一〇〇〇ドルを上回った。一二月一日、CMEが一二月一八日からビットコイン先物の取扱いを始めると発表[24]。続く数日間、ビットコインは一万一〇〇〇ドル以上で取引された。一二月四日、CBOEがCMEに先んじて一二月一〇日に先物取引を開始すると告知した。一二月六日には、ビットコインの価格は一万四〇〇〇ドルに急騰し、その翌日、ほぼ一万七九〇〇ドルで取引を終えた。一二月一五日には高値が一万八一五四ドルを記録し、一二月一七日にはついに二万ドルの大台となり、二万八八九ドルに達した。

ＥＴＨやＩＣＯも暗号通貨ブームの触媒になったはずだが、ＥＴＨの価格は六月中旬の「バンコール」のＩＣＯに伴う四一四ドル以上の高値が天井で、その後しばらく伸び悩んだ。ふたたび上昇しだしたのは一一月二三日、つまり感謝祭の日で、四二六ドル近い過去最高値を記録した。同じ日に、イーサリアム上で「クリプトキティーズ」というゲームが限定公開された。目が大きく飛び出た、可愛いデジタルアニメキャラクターの猫を育てるゲームで、まったく同じ猫は二匹とおらず、育てながら独自の個性を持たせることができる。[25] ここで初めて、ふつうの人々——一攫千金を狙う気のない人々——もイーサリアムに興味を向けた。六日後、ＥＴＨは五〇〇ドルを突破し、五二二ドルを超える史上最高値となった。一方、「ジェネシス」という名のクリプトキティーが一一万七七一二ドルで売れるなど、クリプトキティーの取引がイーサリアムネットワークを混雑させ、全取引の二〇パーセントを占めるようになった。[26] 一二月一〇日にＣＢＯＥのビットコイン先物が開始された二日後、ＥＴＨは六五七ドルを上回って史上最高値を更新し、その翌日にまた、七四八ドル弱の新記録を打ち立てた。

クリプトキティーは多くの一般人に広まり、ヴィタリックの身辺でも、暗号通貨に興味を持たなかった友人や親族——たとえば叔父や叔母、親友の両親など——までが、猫のコレクションについて彼に質問し始めた。ブロックチェーンは非常に混雑しており、彼は毎朝起きるとすぐ、発生した取引の数を確かめた。イーサリアム上のものが大衆的な魅力を備えていることには勇気づけられたが、過去二四時間で一〇〇万件以上の取引があったと知るたびに、ネットワークへの負担を心配して暗い気持ちになった（クリプトキティーの開発チームは逆の理由で暗い気持ちになっていた。イーサリアムの使いかたが素人には難しいせいで、実際に関心を持った人たちの九九パーセントほどが利用を諦めたと見積もっていた）[27]。とはいえ、これによりＥＴＨの需要はさらに増加した。ＣＭＥの先物が一二月一八日に開始されたあと、ＥＴＨは数日間にわたって八〇〇ドル台の史上最高値を何度か更新しつつ、その付近の値で取引され続けた（最初九二〇〇万ドル相当だったパリティーの凍結ＥＴＨは、約二億五〇〇〇万ドルの価値に膨れ上がっていた）。

ＣＮＢＣは興奮気味に報道した。見出しには「ウィンクルボス兄弟がビットコインの総時価額は数兆ドルに達すると予測」「ビットコインの高騰を予言したアナリストによれば次は三〇万〜四〇万ドル」「ビットコインの急上昇を的中させたトレーダーが暗号通貨は二〇一八年に一〇万ドルを突破と予想」といったものが並んだ[28]。ビットコインやイーサリアムに関するニュースは次々と増えた。ビットコインで億万長者になったティーンエイジャーたち、暗号通貨取引で八五〇〇ドルをレバレッジにかけて六カ月で七五〇〇万ドルに増やしたＥＴＨトレーダー……。ウィキリークスの創設者ジュリアン・アサンジは、クレジットカードやペイパルの利用を禁じられてやむなくビットコインに頼った結果、サイトが五万パーセントのリターンを享受しており、アメリカ政府に感謝している[29]、などなど。

ビットコインが「月まで行った（一気に高騰した）」ことに伴い、ムーンランボズという会社がＢＴＣやＥＴＨでランボルギーニを購入できるようにした[30]。同社はＩＰＯならぬＩＬＯ（イニシャル・ランボルギーニ・オファリング）も計画した[31]。一二月一三日、匿名の初期ビットコイン投資家

PineappleFundがレディットに投稿し、「自分には使いきれないほどのお金がある」ので、五〇五七ビットコイン（八六〇〇万ドル相当）を「パイナップルファンド」なる財団に寄付することを発表した[32]（この人物の資金配分をメールでサポートしたソフトウェアエンジニアによれば、言葉づかいや絵文字からみて、この人物は女性であり、専門ニュースサイト「ハッカーニュース」などに言及したところから、シリコンバレーにくわしいエンジニアである可能性が高いという）。

夏の終わりから秋の初めにかけて、マイイーサウォレットの月間訪問者数は約三五〇万人だったが、一一月には四六〇万人、一二月には七七〇万人に達した。親友ふたりがサイドプロジェクトとして立ち上げたこのささやかなウェブサイトは、一二カ月で当初の規模の七七倍に成長した。

この期間、ヴィタリックはアジアにいて、台湾でイベントを行なったあと、タイのプーケットでクリスマス休暇を兼ねた従業員旅行を楽しんでいた。同行者はビルジル、アヤ、研究者、友人たちで、海沿いの壮麗な高級リゾート「サミラビラ」に滞在した。この施設の共同所有者のひとりが、ビットコイン、ライトコイン、ＥＴＨを採掘する「Ｆ２プール」の運営者チュン・ワンで、彼もまたいっしょに来ていた。ウェブサイトで「丘陵地の邸宅」と描写されているこのリゾート物件は、ミリオネアズマイルと呼ばれるこの地域でもきわだって豪華で、高い天井から陽射しがあふれる宝石のような邸宅だ。景観と調和する設計のプール、ジャグジー、レインシャワー、焚き火台、娯楽室が完備され、青く透き通る海をさまざまな角度から見渡すことができ、透明度が高いため、窓から海中のサンゴ礁まで見通せた。

アヤ・ミヤグチ（宮口あや）は静かで穏やかな美しい日本人女性で、キャリアの初めは高校教師だった。学生に「世界に目を向けなさい」とよく話していた彼女は、自分がそれをしないのは偽善だと気づき、サンフランシスコへ移住してビジネススクールに通い始めた。二〇一一年、発展途上国の女性向けのマイクロファイナンスにビットコインを使用することに興味を持つようになった。その後まもなく、彼女は暗号通貨取引所のクラーケンに就職した（クラーケンといえば、ヴィタリックが二〇一三年にオフィススペースを借りて、イーサリアムのホワイトペーパーを書いた場所だ）。やがて、クラーケンの日本支社のマネージングディレクターになった。

二〇一七年の終わりには、イーサリアムの時価総額がおよそ七〇〇億ドルに達し、ヴィタリック自身も億万長者になっていた。前年には、エマニュエル・マクロン、近藤麻理恵、リン＝マニュエル・ミランダ、ティモシー・フェリスなどとともにフォーチュン誌の「四〇歳以下の四〇人」に選ばれ、マーク・ザッカーバーグを含むほかの候補を抑えてワールドテクノロジーアワードを受賞した[33]。その気になれば、本格的なエグゼクティブサーチを行ない、オープンソース技術の管理経験を持つ人材を雇うことができただろう。げんに、二〇一七年の終盤、財団内のボブ・サマーウィルがそうしたサーチを行なうよう助言しており、ミンからの移行にあたって、選挙によりコミュニティーの運営委員会をつくり、完全な透明性や明確なガバナンスを確立することを勧めていた。分散型技術の開発を指導する組織には、そのようないかにもプロフェッショナルな構造がふさわしい。

しかし、ほかの財団で同等の地位にいるような経験豊富なリーダーを選ばれなければ、という気持ちはヴィタリックにはあまりなさそうだった。コミュニティーの一部のメンバーは、明確で透明な専門的なガバナンスを望んでいた（ヴィタリック自身は、二〇一五年にその実現を試みてひどい結果に終わったと感じていた）。プロフェッショナルなビジネスリーダーシップを求める者たちは、ヴィタリックのアプローチをこころよく思わず、友人やビジネス仲間に対して判断が甘くなる悪い癖が出ているると考えた（ヴィタリックは仕事と私生活の区別がなく、すべてが一つに溶け込んでいた）。彼の社交の不器用さや人を読む能力の欠如が原因だったかもしれない。彼はビジネスや投資家、管理職の世界を蔑んでいるのだという見方もあった。彼自身も、ベンチャー投資家たちを「蛇の群れ」と感じていると認めた。ある暗号投資家は、「ヴィタリックはイーサリアムのチームリーダーやその他のスタッフにマネジメントスキルについての意見を伝えるべき」と望んでいたが、ヴィタリックはやらないだろうとわかってもいた。過去にプロフェッショナルな取締役を揃えようとしたときの経験から、ヴィタリックの結論は「能力よりも適合性が重要である」というもので、「プロフェッショナル」を求めるのは「外部から優秀な人材を呼び込もうとするあまり、価値観の適合を軽んじる」ことにつながり、弊害が大きいと考えた。双方の主張は、初期のイーサリアムにおいてビジネス側と開発者側が対立したのに似ていた。ふたたび、開発者が勝利した。

こうしてヴィタリックは、伝統的なビジネスの規範や階層を避け、エグゼクティブタイプに疑いを持っていたわけだが、これに対するコミュニティーの人々の不満が、ミンの後任者選び問題をめぐって頂点に達した。何年ものあいだ、イーサリアムのウェブサイトには財団の基本的な運営情報が欠けていた。二〇一五年にミンとともに加入した取締役たちについては発表したものの、その後、彼らの突然の退任はウェブサイトではいっさい言及されなかった。[34] 彼らは二〇一六年初めにウェブサイトからそっと姿を消し、新しい運営委員会と顧問団に置き換えられた。[35]

二〇一七年末にヴィタリックの信任を得ていた人物のひとりは、禅僧のような穏やかなトーマス・グレコだった。イーサリアム財団の舞台裏で影響力を持ち、二〇一六年三月にイーサリアムの特別顧問に任命されて、いまは「オミセゴー」というICOプロジェクトの特別顧問を務めていた。[36]トーマスは、外見からするとアジア系で、多くの人がそう信じていた（ある関係者は、タイ人とイタリア人のハーフだと思うと語った）。茶色の長髪をポニーテールに結び、アジア出身者のようにお辞儀をする癖があった[37]（同じ関係者によれば、おもにタイで育ったらしい）。彼はテクノロジー分野の専門知識は持っていなかったが、瞑想に興味があり、柔らかくためらいがちな声で「昔の賢者のような話しかた」で「哲学的な意味合いの短い言葉」を口にすることが多かった、とオミセゴーの従業員は証言する。イーサリアム財団の内部にいて、公式な役職を持たないながらも多大な影響力を持つ数人のうちのひとりだった。ある人はトーマスについて、「正式な役職を持ったことはないが、ヴィタリックに対して屈指の影響力を持つ人物だった」と述べ、長いあいだ、彼がヴィタリックのスケジュールを管理し、さまざまな会議を設定していたので（のちにヴィタリック本人はこの点を否定したが）、実質的には、ヴィタリックがやることや会う相手の多くをトーマスが吟味して決めていたという。親しい人たちと外でくつろげそうな機会があると、トーマスが行く場所と時間を決め、会話をリードした（メキシコで開催されたデヴコンの際、ミンと顔を合わせないようにヴィタリックの恋人のパンディアをあちこち連れまわったのも、このトーマスだった）。

トーマスとその相棒、ふさふさした髪が印象的なウェンデル・デイビス――ふたりとも徹底したリバタリアンで、イーサリアムの前は熱心なビットコイン愛好家だった――は、イーサリアム内で非公式ながらも強力な人物として、顧問のように振る舞っていたが、ふたりが何らかの肩書きを持っているかどうかは誰も知らなかった。イーサリアム財団のメンバーたちは、トーマスやウェンデル、そのほか似たような人々を「影の政府」と呼んでいた。トーマスやウェンデルと仕事をしたあるメンバーは、彼らの行動規範はまさに「肩書きを持たないこと」であり、それによって自分たちの行動の影響が曖昧になり、名前を残さなければ責任からも逃れやすくなると考えていた、と語る。彼らを恐れる人たちもいた。「影の政府」が秘密主義を好むことを知る者は、彼らの名前を出すことや、特定の出来事と関連づけること、彼らが特定の場所と時間に重要な何かを監督していたと口にすることなどに神経質だった。彼らの人柄について話すことさえ躊躇する人もいた。あるメンバーはこう話した。「トーマスが財団に何らかの影響力を持っているという事実は公然と議論されていた。まるで、対処が必要な問題点であるかのように。（中略）暗号通貨の世界でわたしがどうも安心できない人といえば、トーマスとウェンデルだけだ。今後、わたしにとって懸念材料になる人物が現われるとしたら、それは間違いなくこのコンビだろう」。「トーマス・グレコ」は本名なのか、という疑問が湧くときもあった。公式な役割を持たないトーマスが、なぜ強大な力を持っているのかと尋ねたところ、ある人はこうこたえた。「当然、それを本人にきちんとただすべきだったけれど、場の雰囲気からして、その質問はしないほうがいいように思えた。まるでドナルド・トランプの横に娘婿のジャレッド・クシュナーがいるみたいに、トーマスがいることは良くも悪くもなく、彼はヴィタリックとセットで存在していた。いつもそこにいた。トーマスは当時、ヴィタリックにおそらく最も近い人物だった」。この回答者はトーマスと過ごした時間が長いにもかかわらず、トーマスを「謎」と繰り返し呼び、「彼の役割も、彼が誰なのかも、わたしは完全には理解していない」とコメントした。ヴィタリック当人にトーマスについて質問をぶつけると、彼は、ひゅうと口笛を吹いた。インタビュアーがその名前を出したことに驚きとわずかな不安を感じたようだった。トーマスは非公式のアドバイザーであり、そのアドバイスは価値がある、とだけこたえてくれた。

この「影の政府」がはびこった理由として、財団がアメリカ証券取引委員会（SEC）を恐れていたせいではないか、と推測する声もあった。本来の公約どおり、イーサリアムに中央集権的な核がなければ、もしSECが財団に対して行動を起こしても空振りに終わるだろう。もっとも、中央集権化しないことと組織が整合性を持っていないことは別問題だとの意見もあった。ある人はこう語っている。「彼らはしばらくのあいだ、財団が整合性を持ちすぎると、生産性が高すぎ、中央集権的すぎて、コミュニティー内での意思決定力が強くなりすぎると考えていた」

しかし、財団の不透明性のもう一つの理由は、たとえイーサリアムそのものをコントロールしていないとしても、財団でヴィタリックが取締役会の多数票を握っていたからだ。ラーズ、ウェイン、バディムがいたときでさえ、彼は三票を持ち、さらに同点時の決定票も持っていた。三人が去ったあとは、ほかには二票——ミンとパトリック・ストルヒネッガー——しか存在しなかった。コミュニティーの人々は、イーサリアムがオープンで透明性が高く、公正な組織の技術を構築しているくせに、自身は不透明であることを偽善的だと感じていた。とくに、ヴィタリックが財団の取締役会をコントロールしているという事実は、きわめて大きな偽善とみなされかねなかった。

とはいえ、「影の政府」はついに、財団やイーサリアムコミュニティーの大半が長らく望んでいたことを成し遂げた。すなわち、ヴィタリックが満足するかたちでミンを辞めさせる計画を立案したのだ。デヴコン3でアヤをヴィタリックに紹介したのは、ほかならぬ「影の政府」のトーマスだった。カンクンを去る時点で、ヴィタリックは次のエグゼクティブディレクターをアヤにすると決めていた。本格的な人材サーチは行なっていなかったが、ミンを早急に追い出したかったし、後任の人物にこだわるよりも、ミンを追い出すことのほうが重要だと感じていた。また、アヤに欠点があるとすれば、まだ向上の余地が残っていることであり、積極的に害をもたらすことではなかった。それなら補うのはたやすいだろう。

アヤの履歴書を見ると、かつてのミンの履歴書より適合性が高そうだったものの、正式な採用プロセスで浮上するような候補者ではない、と疑問視する人が多かった。のちにアヤ自身も、イーサリアム財団が何であるかをはっきりとは理解していなかったと認めることになる。[38] 成り行きを見守る人々の一部——多くは、アヤに好意的な人々——は、彼女が履歴書ではわからない注目すべき資質の持ち主であることを指摘せずにはいられなかった。すなわち、アジア人女性であるという点だ。「若い男性はホルモンの影響を強く受けがちだが、仕事上の関係であれば、性的な緊張を伴わずに親密になれる」とある人は指摘した（ヴィタリックはメッセージアプリで、彼女を選んだ理由について「冷静で名誉を求めない性格だから」と書き、「それはアジア文化の特徴かもしれない」と付け加えた）。

クリスマス休暇中、ヴィタリック、ミン、開発者たちは中途半端な状況に置かれていた。ミンは辞任に同意したが、その後ヴィタリックが一年間かけて引き継ぐことを承諾したからだ。ヴィタリックは友人たちとまずプーケットへ行って、おもに泳ぎと食事を楽しみ、続いてバンコクへ移動し、いろいろな大口投資家の邸宅に滞在してくつろいだ。とはいえ、この休暇旅行のあいだに、彼らは、イーサリアムがより多くのトランザクションを処理できるようにするための資金集めや技術的なアップグレードに取り組み、イーサリアム価格を七〇〇ドル台と見込んであらたな一年の予算と計画を立て、重要なテストネットを立ち上げた。ある参加者によると、トーマスは——自分が浮気性だからもあって——仕事に精を出しすぎると恋人に浮気されるぞ、とヴィタリックに何度か冗談を飛ばしたという。しかし一方、ヴィタリックはまだ知らなかったが、友人たちは「バンコクプラン」

なる計画を胸に秘めていた。

休暇旅行が終わる二日前の元日、バンコクの公園で小川に沿って午後の散歩をしていると、低い枝が張り出している木があった。誰かがその枝に登り始め、ほかの人たちもあとに続いた。枝の上にすわって、ヴィタリック、トーマス、アヤらは、川面を見下ろした。のどかな景色のなか、小川のせせらぎを聞き、緑に包まれて、心を洗われたせいか、彼らは本音を話し合った。友人たちは、ミンからアヤへの引き継ぎを加速させる必要があるとヴィタリックに言った。一年もかけていられない。のちのヴィタリックの回想によると、友人たち全員から、「もっと厳しい態度を取る」ように求められたという。この決定はヴィタリックひとりの問題ではなかった。引き継ぎが延びれば延びるほど、多くの人々が長く苦しむはめになる。ミンに与える猶予は月末まで、と期限を区切る必要があると友人たちは主張した。ヴィタリックも、引き継ぎのスケジュールをミンに決めさせたのは間違いだったことに気づいた。また、友人たちの要求どおりにしないと、彼らを失望させることになると思った。

後日、ヴィタリックはこの一件に関して、友人たちに「急に口を挟まれた」と表現した。彼らがじつは、いつ言いだそうかと数カ月にわたって機会を窺っていたことを知らなかったらしい。ここしばらくヴィタリックは、ミンとの仕事に嫌気が差していることをかなりオープンにしていたが、他人の感情を傷つけるのも好きではなかったので、ミンを解雇すべきだ、財団にとってそれが良いことだとトーマスに言われても、ヴィタリックは拒否するわけでもなく、うなずいて立ち去り、ミンの解雇という大きな対立も、気が進まない旨をトーマスに告げるという小さな対立も避けていた。

しかし、木の枝の上にすわったヴィタリックは、ミンの辞任を先送りにすると友人たちが苦しむことを知り、ついに決心した。

一二月下旬、ポロニエックスのカスタマーサポート責任者であるジョニーに、ある友人が「大口投資をやっている友人から、ポロニエックスはサークルに買収されるのか、と尋ねられたのだが……」と言った。このときジョニーは初めて、自分の会社をやがて吸収合併する相手の名を聞いた。「サークル」とは、ボストンを拠点とするブロックチェーン決済会社で、ゴールドマン・サックスの支援を受けていた。この会社のCEOは、次々に会社を興して成功してきた起業家だが、サークルの消費者向けアプリ自体はあまり成功していなかった。二〇一七年に暗号通貨が一躍脚光を浴びたときでさえ、サークルはほかの競合他社と違い、利用者がさほど増えなかった。しかし、サークルの顧客のうちで唯一、非常に活発な動きをしているのがポロニエックスだった。ポロニエックスは、当時としては暗号通貨界で最大の規模を誇るサークルの店頭取引（OTC）デスクを使い、暗号通貨を現金化していた。したがって、サークルはポロニエックスの驚異的な業績の帳簿を内部から見ることができた。

一月下旬、フィデリティーから移籍したばかりのポロニエックスのコンプライアンス担当者、タイラー・フレデリックは、長い週末休みを予定していた。ところが、土曜日に電話会議が開かれると告げられた。ポロニエックスはセキュリティーに非常に敏感だったため、州外の休養先からでは仕事用のメールやコンピューターにまったくアクセスできず、会議には参加できそうになかった。そこで彼の出発前夜、オーナーのひとりジュールズが、妙なかたちで耳に入るといけないからと、直接、大事な知らせを伝えた。ポロニエックスはサークルに吸収合併されることになった、と。社内の現状からみて持ちこたえられないだろうと感じていたタイラーは、むしろ喜んだ。

ほぼ同じころ、ポロニエックスの最初の五人の従業員のひとりで、四年間勤務してきたコンプライアンスマネージャーは、対面での話し合いに呼ばれた。行ってみると、暗号通貨に精通した法律事務所の弁護士たちが彼を迎えた。彼は一年以上前に株式オプションにサインしていたが、そのオプションの権利が確定するのは取締役会の承認から一年後の二〇一八年四月であり、それより前の一月にポロニエックスはサークルに身売りする、と伝えられた。彼に差し出された選択肢は、一括払いで二〇〇〇ドルだけ受け取る同意書にサインするか、何ももらわないかの二択だった。

彼は驚いた。創業者のトリスタンの友人だったからだ。同様の話し合いに出向いたある人によると、弁護士たちは買収金額や本来もらえるはずだった株式の価値について明かそうとしなかった。また、その人がほかの弁護士を雇って書類を見せることも不可能だった。サインするならこの場でただちにしろ、と迫られたからだ。その人はポロニエックスに入社する前は職人で、合併や買収についての知識がなく、いまサインしなければ何ももらえなくなると思い込んで、二〇〇〇ドルだけもらうサインをした。合意の一環として、ポロニエックスに関する文書やメッセージをすべて削除あるいは破棄するよう求められた。

カスタマーサポート責任者のジョニーは、ポロニエックスで初めて迎えたクリスマス休暇をポルトガルで過ごしていた。会社側からビデオ会議を求められ、ジュールズ、ルビー、弁護士の三人から身売り話について伝えられた。画面の片側にジュールズ、中央に弁護士がいて、ルビーはカメラをオフにしていた。満面の笑みを浮かべた弁護士が、これはサークルの傘下で働ける大きなチャンスだが、あなたの株式オプションは消滅した、たとえオプションが確定しても行使できないと告げた。しかしジョニーは「サークルで働くつもりはない。自分の株式オプションが欲しい」と拒否した。ジュールズが立ち上がり、「きみには何の権利もない。ポロニエックスで働きたくないなら、いますぐ辞めてもらって結構」と凄んだ。この時点でジョニーは、弁護士を呼ぶことを許可してくれなければ、録画を開始すると言った。するとポロニエックスの弁護士が、この場では議論が実を結びそうにないから、ジョニーの弁護士とあとで相談すると言い、電話を切った。

ジョニーはその後も数日間働いたものの、自分の弁護士がなかなか対応してくれないため、辞職することにした。

翌週の火曜日、タイラーが社に戻ると、身売りのニュースを聞いた一部の従業員が辞職したと教えられた。彼らは暗号通貨のイデオロギー支持者であり、「ゴールドマン・サックスに支援されているサークルに吸収合併されるのは、魂を売るに等しい」と考えたからだ。もっとも、ETHで大金を稼いだから、もう働く必要がないのだろう、とタイラーは考えた。しかし突然、自分が採用されたときの不可解な面接プロセスの意味が理解できた。振り返ると、ジュールズとマイクが描いたポロニエックスの将来像は、じつはサークルの説明だった。

二〇一七年一二月下旬、ETHが七〇〇ドル台で取引されていたころ、ヴィタリックは、旧友の「無政府主義者アミール」ことアミール・ターキのツイートを見かけた。彼はかつて二〇一三年にミラノの「マカオ・スクワット」（シェアスペースの一種）にヴィタリックを招待し、その後、ミハイといっしょにロンドンのスクワットに住んでいた。アミールのツイートはこうだった。「ビットコインは失敗プロジェクトになりつつある。価格上昇の数字に目がくらんで崩壊したコミュニティーの瓦礫のあいだから滅亡の種が芽生えかけていて、神の手による浄化が差し迫っている。いつかきみたちはこの言葉の意味を理解するだろうが、そのころには手遅れで、船は出航してしまっている」[39]。ヴィタリックはこのツイートを引用し、「イーサリアムも含めてすべての暗号通貨コミュニティーは、この警告に耳を傾けるべきだ。何千億ドルものデジタルマネーが飛び交うことと、社会にとって本当に意味のある何かを達成することの違いを認識する必要がある」と書いた[40]。彼はさらに、ブロックチェーン上で毎秒より多くのトランザクションを可能にする方法である「シャーディング」を引き合いに出して、こうツイートした。

もしわれわれが成し遂げるものが、ランボルギーニ（暗号通貨による大儲けの象徴）のミームや「シャーティング（下痢を伴ったおなら）」とかけたくだらないダジャレだけなら、わたしは去る。

ただし、わたしはまだコミュニティーが正しい方向へ進むことができるという希望を持っている[41]。

二〇一八年一月四日、ＥＴＨは初めて一〇〇〇ドルを突破し、過去最高値を更新して約一〇四五ドルに達した。そのあと数日間は一〇〇〇ドル台で推移し、一月七日には一一五三ドル強、八日には一二六七ドル弱、九日には一三二一ドル弱、一〇日には一四一七ドル強と、さらに過去最高値を更新し続けた（同日、ニュースサイトの「クオーツ」が、日本で「仮想通貨少女」という女性ポップグループがデビューし、八人のメンバーがそれぞれ別の暗号通貨を表わすキャラクターを演じていると報じた[42]）。一月一三日、ETHは一四三二ドル強の過去最高値をつけた。この日、ニューヨーク・タイムズ紙が「億万長者が続出！　あなたは取り残されている？」という見出しの記事を掲載した。写真には、サンフランシスコ・ビットコイン・ミートアップ・ホリデー・パーティーの参加者ふたりが写っていた。ひとりは、イーサリアムをテーマにした青いクリスマスセーターを着ていた。幾何学的な白い雪の結晶とイーサリアムの二重四面体ロゴがいくつも描かれ、黒い横縞が入ったセーターだ。もうひとりは、斜めのBのロゴが特徴的な、ビットコインがテーマの黄色い服だった。記事中でインタビューを受けている人物は、ピンクのボタンダウンにピンクのパンツという姿で、まるで暗号通貨界のフォレスト・ガンプのようだった。記者に向かって「わたしはICOをやっている。それがわたしの仕事だ。（中略）私と、何人かのベンチャー投資家と、おおぜいの詐欺師がいる」と語った。続いて記者に自宅、通称「クリプトキャッスル」の内部を案内し、ポールダンスのエクササイズルームなどを見せた。記者との会話のなかで、リアリティーTV番組から出演依頼を受けたのだが、承諾するか迷っていると語った。「わたしは、わざわざそんな番組に出なくても、モデルのベラ・ハディッドとデートしているから」[43]

この時期、ヴィタリックは暗号通貨バブルを客観的に眺めつつ、高騰する価格に空恐ろしさを感じ、イーサリアムは本当にこれに値するのかと疑問に思っていた。直感に命じられるがまま、ETH価格がおよそ一三〇〇ドルの時点で、財団のETH七万枚を売却した。合計額は九〇〇〇万ドル以上だった。

いまやヴィタリックは非常に大胆な気持ちになっていた。少し前に友人たちの進言を受け入れ、ミンを排除する厳しいタイムリミットを設けたものの、ミンとの対峙が怖くてしかたないようすの彼を見かねて、友人たちが、不快さを克服する練習を彼に課した。たとえば、ゴミ箱から米粒を拾って食べるよう促した（実際に何か食べたかどうかは覚えていないという。彼としては、そんな練習をさせられるのは嫌だった）。ほかにも、友人たちは、瞑想などのストレス軽減法を彼に学ばせようとした。よく使われる一つの手が、「ハムサ」や「ソハム」などのフレーズやマントラを何度も繰り返して言うことだ。ヴィタリックはそれを試したが、自分なりにひと工夫して、1、4、9、16、25、36、49……と完全平方数を順々に唱え続けた。

木の上で友人たちに「急に口を挟まれた」出来事から約一週間後、ヴィタリックはミンにメールを送り、月末までに辞表を出すように伝えた。引き継ぎのためには、ミンを正式に解任し、アヤを就任させる旨を記した書類にめいめいがサインする必要があった。ヴィタリックとアヤはともにサンフランシスコに滞在中だったので、一月二〇日にそこで取締役会を開くことになった。

取締役の数日前、ヴィタリック、トーマス、オミセゴーの別の開発者ジョゼフ・プーンらがサンフランシスコにあるジョゼフの実家で過ごしていたとき、ミンがヴィタリックに電話をかけてきた。彼女は一時間以上にわたってヴィタリックに不満をぶちまけた。しかし、ヴィタリックはもはや昔の彼ではなかった。二〇一五年にミンと初めて電話で話し、お互いオタクで学校では苦労したものだと意気投合したころとは別人だった。振り返ると、あの当時は、うわべだけ友人のように振る舞う人々に囲まれていたのだった。そういう偽りの友人たちと関係を築くのは骨が折れ、生活が楽しくなるどころかむしろ困難になっていた。アンソニー、チャールズ、ギャビン……。いまでは、誰かが親切にしてくれるからといって、その人が本当に好意を持っているとは限らないことを身に染みていた。昔は、わざと意地悪をされた経験はなかったものの、つねに孤独に悩んでいたため、誰かに注意を向けてもらえるだけでうれしかった。その人がなぜ自分に関心を持っているのかまでは考えたことがなかった。けれども、いまでは「赤い旗（警告サイン）」を見分けることができた――親切心で近づいてくる人と、金儲けが目当ての人。ある関係者の記憶によると、かつてジョゼフ・ルビンが冗談めかして、ヴィタリックの彼女はコンピューターなのでは、と笑っていたという。いまだにインターネット上では、ヴィタリックはエイリアンだとか、ロボットだとか、「マネーの骸骨」だとか噂されていたが、彼の友人たちはそんなふうに感じていなかった。[44] 人生で初めて、彼は、出世欲や社会的地位に興味があるわけではなく、ただ調和して人生を楽しみたいと願っている人たちと親交を結んだ。心が豊かになったいま、ミンと会話しても、以前感じていたほどの苦痛は感じなかった。むしろ、ミンと話すのはそろそろ最後だとわかっているぶん、晴れやかな気分だった。

ところが、ミンは驚くべき奥の手を用意していた。議決権を三票持っているはずのヴィタリックが、いつの間にか、ミンやパトリックと同じ一票になっていたのだ。ヴィタリックは、自分に通知しないままパトリックが変更したのだろうと推測した。後年になっても、ヴィタリックには真相がつかめなかったが、おそらく、なんらかの形式的な事情で財団の定款に一部変更があったのだろう、と考えている。その結果、彼の特別投票権が消滅したのだ。

先だってパトリックが、ミンの解任を支持する、と伝えてきたにもかかわらず、ヴィタリックは怯えていた。彼の友人たちも同様だった。ミンがどれほど予測不可能であるかを知っており、ヴィタリックにはもう切り札がないこともわかっていたため、数日間、緊張状態が続いた。ある友人はのちに「非常に緊迫した場面だった」と振り返っている。別の友人は後日こう語った。「段取りという意味では、もう最悪だった」

一月二〇日の朝、サンフランシスコは珍しく晴れていた。気温は摂氏一〇度前後だったが、[45] ヴィタリックの友人たちはまるで創設初期の従業員が資金調達に出かけたCEOの帰りを待つかのように、緊張して汗をかいていた。ミンの出方は予想できず、数日前までの想定より力が強いことがわかったため、彼らの心には一つの疑問が渦巻いていた――「ミンは署名するだろうか？」

ユニオンスクエアから一ブロック離れたジアリー通り一四〇番地は、片側にボッテガ・ヴェネタとYSLが、反対側にジョン・ヴァルヴェイトスとシャネルが並んでいる。会議は一〇階で開かれた。パトリック、アヤ、ヴィタリック、イーサリアム財団の法務顧問であるミンの妹のトゥンが互いに挨拶を交わした。ヴィタリックが自分の紅茶を用意するかたわらで、アヤは緊張していた。というのも、ヴィタリックが三票持っていると思っていたのに、じつは一票だけと聞かされたからだ。事の背景はわからないながらも、この点だけでも劇的な展開に思えた。スカイプ経由でパトリックの助手も参加していた。ミンはサンフランシスコに来る予定だったが、直前になって、健康上の理由より行けなくなったと言い、やはりスカイプでの参加となった。彼女の顔が、壁の大きな画面に映し出された。

会議が始まった。トゥンがミンの妹であり、会議の目的がミンをエグゼクティブディレクターから解任することだと全員が知っているという気まずさ以外は、予想どおりの展開だった。しかし時間が経つにつれ、ミンは例によって感情的になった。彼女はアヤに部屋を出るよう要求した。アヤは廊下に三〇分間立たされるはめになった。

室内ではミンとの話し合いが続いた。ヴィタリックは彼女との会話につねづね感じるストレスを覚えた。表面的には退職金や移行期の詳細、発表の日付などについての無害な話だったが、質問や問題が出るたびにヴィタリックの不安は増していった。ミン、パトリック、トゥン、あるいはほかの誰かが権力移行を遅らせるための策略を打ち出すのではないかと心配になった。けれども、パトリックさえ約束を守れば、すべては計画どおりに進むはずだとみずからに言い聞かせた。いくつかの手続きを経て署名が行なわれ、ついに、彼が二年間求めていたことが実現した。ミンはもはやイーサリアム財団のエグゼクティブディレクターではなくなったのだ。

ヴィタリックが大学を中退し、一万ドル相当のビットコインと暗号通貨に関する執筆の仕事を頼りにキャリアをスタートしてから、五年が経っていた。彼はいまや数億ドル相当のETHを持つ大金持ちだった。賢明にも約七〇〇ETHを売却したおかげで、いつもビジネスクラスのフライトで移動し、快適なエアビーアンドビーに寝泊まりするという生活を維持できるようになった。経済的に自立し、もはや金の心配をする必要はなかった。ただ、そのほかの面では、彼の生活は変わらなかった。小さなバックパックを持って旅行し、バックパックのなかにはノートパソコン、一週間ぶんの衣服、ジャケットとセーター一着ずつ、歯ブラシ、歯磨き粉、各種のケーブル、USBメモリ数個、各国の通貨が入ったポーチ、十数都市の地下鉄乗車カード、ユニバーサル電源アダプターが入っていた。その一方、彼が背負っていた最大の重荷からようやく解き放たれた。

彼らは会議を終えた。アヤ、パトリック、トゥン、ヴィタリックは、メキシコ料理のファーストフード店「チポトレ」で昼食をとり、その後、ヴィタリックとアヤはジョゼフの両親の家へ戻った。思えば二〇一三年、ヴィタリックはその近隣でイーサリアムのホワイトペーパーを書いたのだった。

ギャビン、ジェフリー、ミハイ、アンソニー、チャールズ、アミール、ジョゼフを共同創設者として迎え入れたが、いま、ふたたびひとりに戻った。ただし、完全にひとりというわけではない。数年後に振り返って、彼は、この二〇一八年一月を人生の転換点とみなすことになる。そのとき彼が時間をともにしていた人々が、ようやく見つけた真の友人だった。およそ八キロメートル離れたところに、プレシディオという街があった。青く轟く太平洋に面した、サンフランシスコの緑豊かな北西端。ヴィタリックが仲間たちと散策を楽しむのに最適な場所だった。

エピローグ

二〇一七年が暗号通貨バブルが膨らんだ年だとすれば、翌二〇一八年は長いデフレの始まりだった。一月、ETHはその月の大半を一〇〇〇ドル以上で推移していたが、月末にかけて数百ドル台へ急落した。二月には、五〇〇ドル台後半から九〇〇ドル台後半で推移。しかし三月末には四〇〇ドルを下回って終了した。五月上旬には七五〇ドルまで回復したものの、その後、規制当局が接触してきて、「投機パーティー」が終わったことが明らかになると、二〇一八年一二月まで一〇〇ドルから三〇〇ドルの範囲へゆっくりと低下した（一時は八三ドル以下になった）。同時期、世界の暗号市場の時価総額が八七パーセント下落した。ICOで約束されたdappsはほとんど実現せず、ローンチされたものもほどほどの利益しか挙げられなかったため、ETHの需要は多くなかった。

しかし、注目を浴びている点が一つあった。二〇一八年が進むにつれ、アメリカ証券取引委員会（SEC）がICOの大部分を「未登録の証券提供」とみなしていることが明らかになってきたのだ。ICO投資家がトークンセール開始までのカウントダウンをするのと同じくらいの熱心さで、暗号業界の関係者たちはSECの高官たちのスピーチを入念に分析した。やがてイーサリアム財団はSECに連絡を取り、六月一日にアヤ、ヴィタリック、エンタープライズ・イーサリアム・アライアンスのメンバー数名、イーサリアム財団の弁護士が、SECの職員と電話で会談した。SEC職員が、イーサリアムのプロトコルはどう決定したか、財団はイーサリアムを所有しているか、販売の詳細はどうか、などについて質問した（SEC側は、このような会談を行なったか否か、おそらく何が議論されたかについて、コメントを拒否した)。六月一八日、会談に出席したとされるSEC高官が、スピーチのなかで「現在のETHの状態に関するわたしの理解にもとづけば」イーサリアムは証券ではない、と言明した。[1]

マイイーサウォレットの創設者のひとりコサラ・ヘマチャンドラは、二〇一七年半ばに詐欺が横行し始めたころ、表舞台から姿を消した。もっとも、のちに本人が語ったところによれば、ギットハブで世間の目に触れるような仕事はしていなかったが、セキュリティー監視、コード監査、インフラ保守などのバックエンド作業をしていたという。ギットハブにおけるマイイーサウォレットコードベースへの貢献は、六月の最終週までは、テイラーより彼のほうがメインだった。しかし、ステータスのICOのせいでネットワークが渋滞したのち、EOSが一年にわたるICOを開始し、さらにはテゾスが記録的なクラウドファンディングを始めたタイミングで、彼は手を引いた。それ以降、年末までに三つだけギットハブに貢献した(そしてマリブに家を買った)。二〇一七年、彼のギットハブへの貢献は四六五件、テイラーは二一八四件だった。[2]

この時期、かつて親友同士だったコサラとテイラーは、何ラウンドにも及ぶ弁護士を巻き込んだ法廷闘争で対立し、少なくとも一回の買収提案、一回の調停失敗を経験した。最終的に、テイラーの四人めの弁護士——若くて気の強い総合格闘技愛好家で、暗号を自分の専門分野にしたいと熱望する男性——が、休暇中に不意打ちで会社を解散した。マイイーサウォレットに対する義務から解き放たれたテイラーは、マイクリプトという会社を創設してCEOとなり、コサラは新生マイイーサウォレットのCEOになった(このニュースが流れたあと、アンドレイ・テルノフスキーがテイラーにマイイーサウォレットを一〇〇〇万ドルで買い取るとメールで申し出たが、彼女は返事をしなかった)。

サークルによるポロニエックスの吸収合併は、二〇一八年二月二二日に完了した。フォーチュン誌は買収額が四億ドルと報じたが、事情に詳しい関係者によると、最終的に支払われた金額は二億ドルから三億ドルのあいだだったという。[3] この身売りのタイミングは、ポロニエックスの取引量が減少し始めるとともに、暗号通貨バブル自体が崩壊し始め、世界的な取引量が一二月中旬をピークに下降線をたどる時期とほぼ完全に一致していた。ポロニエックスは二〇一七年春から、バリー・ジルバートのデジタルカレンシーグループやブロックチェーン・ドットコムなどに自社株を売り込んでいた。サークルとしては一一月に成立させたいと考えていたが、ジュールズ、マイク、トリスタンは、膨大な量の仕事が残っていることを理由に遅らせ(当時働いていたある人物は、経営陣が「貪欲さ」から従業員の補充を拒んだせいで仕事が山積したとみているが)、この取引所がまだ途方もない額の収益をもたらしているうちに――かつ、従業員の株式オプションが権利確定する前に――身売りを完了するることに成功した。初期のスタッフのなかには、五〇〇〇万ドルから一〇〇〇万ドルを取得し損ねたと計算する者もいた。

かつてトリスタンと非常に親しかった人たちのなかには、知らずに騙されているのではないか、なしそんなことをするには純粋すぎる性格のはず、と疑う声もあった。連絡を試みた者もいるが、一年後ではなく、一のつぶてだった。この人物は、担当の弁護士から、四月の取締役会の承認から一年後ではなく、一月に署名した時点から一年後に株式オプションの権利が確定していると訴えた例もあると教えられたが、ジュールズがいかに冷酷に弁護士を使って自分の主張を押し通すかを見てきたため、何年もかけて戦うのは御免だと判断した。カスタマーサービス責任者のジョニーは、トリスタンに暗号化したメールを送り、「あなたは本気でわれわれから搾取しているのか?」と尋ねた。トリスタンから、悪意はないとの返信があったが、ジョニーは、暗号鍵をジュールズと共有しているため正直に話せないのではないかと考えた（ジュールズはルビーと一つ共有していた）。彼はトリスタンに、ジュールズとマイクの監視から離れて、暗号化したプライベートなメッセージを送る別の方法を提案したが、返事はなかった。

ジュールズとマイクは姿を消した。彼らの居場所を知るある人物は、秘密を厳守するように誓わされたと話す。元従業員はジュールズについて「現時点では名前を変えていても驚かない」と語った。

彼らの居場所を知るある人物は、こう語った。「彼らは引退した。ポロニエックスを売った見返りのほかにも、もともと多くの暗号資産を所有していた。現在はのんびり過ごしている。本当にのんびりと」（仲介者を通じて連絡したものの、ジュールズ、マイク、トリスタンはコメントを拒否し、事実確認にも応じなかった）。

その二年後の二〇一九年秋には、サークルはポロニエックスを売却したが、かつての市場シェアを取り戻すことはなかった。

イーサリアムの共同創設者として名を連ねていたチャールズ・ホスキンソンは、カルダノというネットワークを設立し、前年にＩＣＯを実施しておもに日本の投資家向けに販売した。[4] 二〇一八年一月初旬、その時価総額は約二九〇億ドルに達した。同年の秋、ツイッターで学位について尋ねられた彼は、長年の主張どおり、博士課程を中退したとこたえた。[5] この点に関して問い合わせたところ、メトロポリタン州立大学デンバー校（大学院数学プログラムはない）は、彼が二〇〇六年から二〇〇八年、および二〇一二年から二〇一四年にかけて数学専攻のパートタイム生として在籍していたとこたえ、コロラド大学ボルダー校は、彼が二〇〇九年春から二〇一一年秋までの四学期、ハーフタイムの数学専攻学部生だったと回答した。彼はどちらの大学でも学位を取得していない。また、アメリカ国防高等研究計画局は、彼が同機関で直接働いたことはないと確認した。

最初のインタビューのあと、チャールズは約束してあったフォローアップ電話に応じなかった。その件に関して三回、学歴詐称の疑いに関して四回、事実関係をただすメールを送信したが、彼のアシスタント、社のグローバルメディア担当ディレクター、広報担当者のいずれからも返信はなかった。

アンソニー・ディ・イオリオの元恋人ナンシーは、「お金は人を変えない。真の姿を増幅させるだけである」という格言を身をもって学んだ。二〇一七年、アンソニーはボディーガードを雇い、屋内でもサングラスをかけるようになった(ふつうの眼鏡の見た目が好きではなかったので、遠視用の処方箋サングラスにした)。そのうえ、側近を従えていた。やがては、みずからディセントラルで雇い入れた若い女性と関係を始めた。彼女を「ナンシーをもっと若くて美人にしたバージョン」と評する声もあった。アンソニーとナンシーは目下、法廷闘争中だ。二つの情報筋によると、アンソニーはふたりで築き上げた資産をほとんど共有しなかったという。アンソニーは「ふたりで築き上げた」という表現を笑いとばし、彼女について「管理者以上の何者でもない。(中略)それどころか、わたしは彼女という障害に足を引っ張られながらも、資産を築き上げた。いっしょに築き上げたものなどない。わたしがつくったのだ」と語った(ナンシーはコメントを拒否した)。

かつてアンソニーと親しく仕事をした人物によると、ナンシーは「深く、深く関わっており、アンソニーは彼女なしでは何者にもなれなかっただろう。彼女がすべての業務、財務、受付、管理を確認し、スタッフが不満を持たないように取り計らっていた」という。この人物によれば、アンソニーがナンシーに示している態度は、ほかの人たちに対する態度と同じパターンらしい。「適切な契約を結んでいなかったから、搾取されたわけだ。（中略）ナンシーが正当に評価されていないことはみんな知っていた。毎朝、誰よりも早く出社し、夜は誰よりも遅く帰宅した。アンソニーと誰かがぎくしゃくした関係になると、彼女が和らげた。どんな状況も鎮静化させることができる人だった」。この言葉を引用しかけたところ、アンソニーは途中でわたしをさえぎった。「馬鹿げている。まったく馬鹿げている。クレイジーだ。（中略）ナンシーがやったことは、どんなジュニアレベルの管理者でもできたことばかりだった。戦略、採用、法的決定、会計などの事柄にはいっさい関与しなかった。彼女は高校すら出ていない」

二〇一八年初頭には、アンソニーは――あるイーサリアム関係者の言葉を借りると――「技術的な経験や才能があるわけでもないのに、信じられないほど裕福になった」（アンソニー自身は、八歳のころからコンピューターやテクノロジーに興味があり、ソフトウェアも自作できるが、開発の仕事は開発者を雇ってやらせている、と反論する）。（ニューヨーク・ポスト紙が報じたところでは、二〇一八年のコンセンシス・コンファレンスの際、彼は総面積二八〇〇平方メートルの豪華クルーザー「コーヌコピア・マジェスティー号」で六時間のクルージングを行ない、お気に入りのDJ、シケインをロンドンから呼び寄せた。また、アストンマーティンを二台、プレゼントした。少なくともその一台にはイーサリアムのロゴが入っていた[6]）。その年の後半には、トロントにある旧「トランプ・インターナショナル・ホテル・アンド・タワー」内の三階建て、およそ一五〇〇平方メートルのペントハウスを二八〇〇万カナダドル（二一〇〇万米ドル）で購入し、やがて新しい恋人とともに引っ越した。そのニュースはブルームバーグの記事で紹介され、サングラス姿の彼が全面改装された室内にいる写真が掲載された。[7]

わたしはファクトチェッカーと協力して、事実関係を残らずアンソニーに確認してもらった。こうした確認作業では、当人について否定的な記述も、すべて包み隠さずに伝えなければならない。その作業が完了してから一カ月ほど経ったころ、アンソニーが身の安全を懸念して「暗号通貨の世界から引退する」とブルームバーグが報道した。[8]

ジェフリー・ウィルケは、イーサリアム財団を去ったあと、父親業に専念した。しかし、時間を持て余していると身体が鈍って健康に悪いのではないかと考え、変化が必要だと思い立った。前々から、弟といっしょにゲーム会社を立ち上げたいという夢があった。ふたりは二〇一八年三月、大規模多人数参加型オンラインＲＰＧの開発を始めた。ジェフリーの精神状態は改善され、彼はもう、イーサリアムの世界で何が起こっているのかを追うのをやめた。

その冬、コンセンシスはダボス会議に初めて公式に参加し、同年と翌年に合わせて一〇〇万ドルを投じたが、どちらのイベントからも顧客をまったく獲得できなかった。二〇一八年二月には、ポルトガルへの従業員旅行を実施した。しかし、いかにもアナーキーな会社らしい出来事として、一部の従業員たちが、社を批判する小冊子を配布した。「ステイトレス（無秩序）」と題されたこの小冊子は、コンセンシスが真っ当な理想のもとで旗揚げしたにもかかわらず、いまでは企業や政府に奉仕していることを指摘し、ＥＴＨが史上最高値を記録している現在、この会社の魂は何か、使命は何なのかと疑問を投げかけていた。冒頭は「ダークタイムズ（暗い時代）」という記事で、こんなふうに始まっていた。

深夜、壊れたシステムを猛烈批判。スワロー・コーヒーの焦げた匂い。立つための椅子、座るためのソファー、寝るための床。テーブルテトリスとタイニーヒューマン。フューズとカタン。マイクロソフト、レッドハット、ウブントゥ、あしたはデロイト。オフィスでは二ドル、サーフ&ターフは一〇ドル。EEAのニュースが出たら、押し目買い。ピザ、ポリアモリー、サイケデリックな短パン。CC：全員、請求書はウェンディーコインへ。重力井戸の上からの眺め、白、黄、藤色、水玉模様の空とボガートみたいな夕日。

（謎めいた言葉の羅列のいくつかは、従業員の座席が固定されておらず、共有テーブルを使っていたことを指すらしい。また、ミュージシャンのイモージェン・ヒープが、コンセンシスのブロックチェーン音楽プロジェクトとコラボして「タイニーヒューマン」という曲をリリースした。さらに、中国出身でアメリカでは「ウェンディー」と名乗っていた従業員が、ローカルビットコインズというプラットフォームを通じて給与を支払う仕事をジョゼフから引き継いだ。ボガートは、コンセンシスのオフィスが面していた道路の名前だ）。

本文にはこんなふうに書かれていた。「創設直後の二年間、コンセンシスは「原始スープ」のような状態だった。暗号通貨アナーキスト、コンピューター科学者、定量分析家、パーマカルチャー実践者、古参のサイファーパンク、反抗者や煽動者らが、世界じゅうに散らばっていた」。しかし、コンセンシス・エンタープライズが「唯一収益を生み出す部門」だったため、しだいに企業顧客へのサービス提供に重点を置くようになり、その結果、社内に「文化的緊張」が生まれて、「主任」や「総責任者」といった伝統的な肩書きが広まったという。また、バリへの従業員旅行の際、「プロジェクトチーム間の内部抗争から、一部の女性に対する不適切な行為にいたるまで」さまざまな問題点が表面化したことにも触れられていた。さらに、二〇一七年一〇月のプレゼンテーションでは社の従業員数を約四〇〇人としていたが、「その七五パーセントが二〇一七年後半に入社したばかり」であり、ETH価格の急騰が「クリプト富裕層」と呼ばれる新しい階級を生み出していることに何度も言及しながら、この会社の変遷と組織上の問題点を書き綴っていた。最後に、「われわれがつくったこの小さな〝メッシュ〟を整理する時間はまだ残っている」と締めくくった。この小冊子は限定発行で、自分がコンセンシスで働いている理由を振り返って考察する文章を書いた人たちのみもらえる決まりだったが、ジョゼフはなんらかの方法で入手し、コピーをつくらせて、いわば「海賊版」を配布したうえで、「わが社では全般に、自由な討論が奨励されている」とコメントした。

同じ月、ETHがまだ七〇〇ドルから九〇〇ドルの範囲にあったとき、ジョゼフはある従業員に向かって、年末までにコンセンシスに一五〇〇人のスタッフを置きたいと告げた。なぜそんなに増員が必要なのかと尋ねると、べつだん理由はないとのことだった。なんとなく良さそうな数字に思えただけではないのか、とその従業員は感じた。同年、フォーブス誌はコンセンシスの年間バーンレートを一億ドル以上と推定したが、二〇一八年の収益は二一〇〇万ドルにとどまった。[9] その後、コンセンシスはプラネタリー・リソーシズという小惑星採掘会社を買収した。ジョゼフは声明を発表し、「われわれは、イーサリアムが信頼に足る自動化と確実な実行を通じて、人類の新しい社会ルールシステムづくりに貢献するであろうと信じている。遠い宇宙の可能性をコンセンシスのエコシステムに持ち込むことは、われわれのそうした信念の反映である」と述べた。[10]

彼が口にしていた一五〇〇人には達しなかったものの、オンラインニュースメディア「ザ・バージ」によると、コンセンシスの従業員は一二月に約一二〇〇人にまで増えた。ところが一二月初旬、同社は従業員の一三パーセントを解雇すると発表した。[11] 数週間後、こんどはスタートアップのほとんどをスピンアウトさせた。[12] やがて「ジ・インフォメーション」が報じたところによると、二〇一九年三月の時点で残った従業員は九〇〇人で、外部から二億ドルの投資を求めていた。[13] 二〇二〇年四月、協力的な投資家はまだ見つからず、従業員数は約五五〇人にまで減っていたが、さらなる人員削減（スタッフの一四パーセント）を発表した。五月には、吸収合併で得た小惑星採掘会社の知的財産をオープンソース化し、物理的な資産はオークションにかけることにした。[14] 八月には、JPモルガンのエンタープライズブロックチェーンプラットフォームを獲得し、「ザ・ブロック」の報道によれば、同行から二〇〇〇万ドルの戦略的投資を受ける予定だが、取引条件は確定しておらず、変更の可能性もあるとのことだった。[15] ついに同社は、二〇二一年四月、JPモルガン、マスターカード、UBSのほか、過去最大のICOを行なったプロトカル・ラブズなどから、六五〇〇万ドルを調達したと発表した。[16] ポルトガル従業員旅行のとき配布された小冊子の作成に携わったある元従業員は、「イーサリアムを見つけ、分散化と新しい社会の構築にコミットしていた当初のメンバーたちが、コンセンシスを去ってしまった。残った人たちは、〝JPモルガンをもっとうまく利用してやろう〟という感じだった」（ジョゼフはこれに異を唱え、根拠として、二〇二一年春には月間アクティブユーザー数が五〇〇万人に達したウォレット「メタマスク」など、社内のイーサリアムインフラプロバイダーをいくつか挙げた）。

　初期の従業員のうち一部の者は、最終的に株式を取得できた。そういう幸運な人たちはジョゼフに好感を抱いており、コンセンシスが彼から多額のBTCとETHを借りていることも気にしていないようすだった。やがて、二〇一九年一二月に開かれた二〇一八年株主総会で、彼は総額二億六六〇〇万スイスフランのETH融資を時価で放棄した（会議のスクリーンショットにもとづく数字。マット・コルバによると、これは実際の数字を約二五パーセント過大評価しているという）。会社は二つの組織に分割された。投資のためのもとの組織と、ソフトウェアのための組織だ。[17] コンセンシスの株主が集まるテレグラムグループによると、この決定により株式が希薄化し、以前の価値の一〇分の一になってしまった。これに先立ち、すでに三三パーセントの株式希薄化が株主総会で決まっており、さらなる希薄化ということになる。ただし二〇二一年六月現在、新しい株式はまだ発行されていない（以前の価値の一〇分の一への株式希薄化について、マットは、会社はコメントできないとし、株主総会については、まだ株式を受け取っていない従業員に株式を与えるために、約一五パーセントの普通株式を追加発行することを承認したと述べた）。JPモルガンとの取引が成立する前の二〇二〇年八月、あるチャットグループのメンバーは、「JPモルガンは、コンセンシスのもともとの形態であるスイス法人だと、どのような知的財産を持っているかについての明確な文書がほとんどないため、まっさらなアメリカ法人へ移行することを求めている」と述べた。「それがいままさに起きていることだ。スイス法人を整理し、すべてをアメリカ法人へ移す過程で、スイス法人の株主は大打撃を受けた。（中略）もっとも、デューデリジェンスの観点から、スイス法人はどんな投資家にとっても最悪だ」。別のメンバーは、「新しいソフトウェア組織は、デューデリジェンスを行ないやすいクリーンな法人へ財産を移そうとする試みである」とし、コンセンシスを相手取って起こされた最新の訴訟の記事リンクを付けた。この訴訟の原告側は、コンセンシスが投資先の企業のコードをコピーして競合製品を作成したと主張していた。

ある種の共通の経験をしたすえに、社を去ることを決めた幹部たちもいた。ジョゼフは目の前で幹部同士が争うのを見るのが好きで、ある人によると「争わせておいて、双方のようすを監視していた」という。このような彼のスタイルを「分断による統治」と呼ぶ人もいた。幹部が退社すると、ジョゼフは自分のチームに命じて退社した者の汚点を探り出し、悪口を広めたらしい。辞めたひとりはこう言った。「まだあの会社に残っている人の神経が理解できない。次に罵詈雑言を浴びせられるのは自分だとも知らずに」（ジョゼフはこの点を否定して、元従業員の悪口を言うことはけっしてないと述べ、「われわれは、つねに清廉潔白な道を歩んでいる」と語った）。

ミンの解任は、少なくとも、ジョゼフとヴィタリックのあいだの氷をいくぶん溶かすのには役立った。二〇一八年五月にトロントで開催されたイーサリアム会議で、コンセンシスの幹部カビタ・グプタ――過去に何度か、ヴィタリックとテクノロジー界の大物との協議を取り持ったことのある人物――が、ヴィタリックとジョゼフ（および恋人のユンユン）の面会をお膳立てした。カビタによると、ヴィタリックは「あまり乗り気ではないようすで、ジョゼフの質問に機械的にこたえているだけだった」。その後、カビタはふたりをグーグルの元CEOのエリック・シュミットに会わせる場を設けた。非常に実りある話し合いだったらしく、面談後、ジョゼフとヴィタリックはハグを交わし、三〇分から四五分くらい話し込んだ。ヴィタリックが帰ったあと、ジョゼフは「ヴィタリックとふたたびいい会話ができた」と感情を高ぶらせていたという（ジョゼフ本人は、このことを覚えていないと述べた）。

イーサリアム財団とコンセンシスも、ついに良好な関係を築いた。財団の新しいエグゼクティブディレクターであるアヤと、コンセンシスの当時の最高戦略責任者サム・キャサットは、友人同士だった。もっとも、スタッフの証言によれば、サムは数年間ほとんどオフィスに来ないまま、プエルトリコへ移住したらしい。

ギャビンの動向に関していえば、パリティーチームとWeb3財団は二〇一八年冬、イーサリアムのガバナンスがどのように機能するかを理解しようとし、ポルカドットICO資金の凍結を解除するためにイーサリアム改善提案（EIP）を通す方法を模索していた。結論として、イーサリアム内部の関係者たちが数カ月間にわたって不満を抱いてきたとおり、明確な意思決定プロセスは存在しなかった。二〇一八年のイーサリアムのピーク時、パリティーの凍結された資金は約四億三四〇〇万ドルに相当していた。パリティーの開発チームは、パリティーウォレット内の資金を解除するEIP（999）を提案した。激しい議論が交わされ、一部の人々は、パリティークライアントがコードを独自に実行し、ハードフォークを引き起こすのではないかと心配した。二〇一八年四月、コイン投票が行なわれた。投票は六三九票のみで、約一六〇万ETHが賛成、二二〇万ETHが反対だった。そのため、何もアクションは取られなかった。[18] とはいえ、多くのイーサリアム関係者がギャビンに対して（控えめに言っても）複雑な感情を抱いていた——ギャビンは「意地悪」「小心」「傲慢」「利己的」であり、ようするに「クソ野郎」だと考えていた——にもかかわらず、彼はイーサリアムにとってプラスの存在であるとみなされ、彼のビジョン、野心、献身には敬意を表された（当のギャビンは、自分が膨大な時間を費やしてきたプロジェクトが「無駄、混乱、そして全員の損失につながる失敗に終わるのを見るくらいなら、波風を立てるリスクを冒す」と述べている）。

ギャビン自身は、ジョゼフに対して長年、被害妄想めいた感情を抱いており、イーサリアム財団からの解雇、マルチシグの凍結など、自分に起こった多くの悪いことを、ジョゼフか彼の部下の誰かのせいにしている。パリティーやWeb3の従業員たちは、それを「根深いパラノイアであり、不健全」と感じていた。この点について尋ねたところ、ギャビンは「本当に付け狙われている以上、パラノイアではない」とこたえ、そのフレーズが宣伝として使われている一九九八年の映画『エネミー・オブ・アメリカ』のポスターへのリンクを送ってきた。また、パリティーが資金凍結解除のための投票に負けたのは、「おそらく、一〇〇〇人以上の組織に資金を提供できるほどの資金力を持つひとりのETH大口所有者が、自分の利益にならないと判断したためだろう」とほのめかした。

凍結された資金の件に関しては、パラノイア的な疑念が多少当たっているかもしれない。devops199は、自分がETH初心者であり「うっかり」マルチシグを削除してしまったと主張しているものの、興味深いことに、まるで計画的な行動であるかのように事前に自分の足跡を隠している。パリティーのマルチシグ・ウォレットを凍結させた取引は、一一月一日、シェイプシフトの取引で〇・二二五ETHを受け取ったアカウントから行なわれた。この取引は、協定世界時一八時二八分に〇・〇一〇二BTCをETHに交換するというものだった。[19] しかし、そのBTC自体が、協定世界時一八時二三分にシェイプシフトで〇・二四五ETHを〇・〇一〇四BTCに変換して得られたばかりだった。[20] なぜdevops199は、まったく問題のないETHをBTCに換え、パリティーのマルチシグを凍結させてしまう取引の五分前に、それをまたETHに戻したのだろう？

さらに興味深いことに、もともとのETH（のちにBTCに換えられ、ふたたびETHに戻される際にパリティーのマルチシグを凍結させたもの）は、過去六日間に一二一五件の取引を行なったアカウントに由来している。[21] あるアナリストは、これらの取引の特徴が「ペネトレーションテスト」と呼ばれる、脆弱性を探し出す手法と一致していると指摘した。別の研究者によると、テストネット上でもこの手を試したのか、ランダムなコントラクトにkillメッセージを六一〇回も送信していたが、ペネトレーションテストというよりは、ETHを収穫するのが目的のように思えるという（ようするに、コントラクトにkillを送って、devops199に資金を渡すかどうかを調べていた）。しかしその研究者は、この操作が「非常に良い隠れ蓑」である可能性も考えられると述べた。というのも、devops199は、「プレックスコイン」というICOプロジェクトにも関与していたとみられる。このプロジェクトに関しては、二〇一七年一二月にSECが「潜在的な投資家および実際の投資家に対して虚偽かつ誤解を招く声明を行なった」として訴訟を起こし、創設者はカナダで懲役二カ月の判決を受けた。[22] devops199がプレックスコインのうち四〇〇〇万、すなわち全体の〇・四パーセントにアクセスできた点から判断するに、devops199はコンサルタントかアドバイザーだったのではないか、とある専門家は推測している。そうなると、もちろん「初心者」ではない。

二〇一八年一月一六日の協定世界時五時四三分、devops199と思われる人物がマルチシグを凍結させたアカウントに残っていた〇・〇九ETHを取り出し、それをシェイプシフト経由でプライバシーコインのモネロ（XMR）〇・一五六に変換した。[23] また、証明はできないものの、妥当な推測に従うと、devops199は協定世界時七時四一分に〇・一三XMRを〇・〇七三ETHに変換している。[24] なぜ、完全に正常なETHをXMRに変換し、その後ふたたびETHに戻す必要があったのか？　自分の足跡を隠すため以外、まず考えられない。

二〇一八年九月に「バズフィード」が報じた、「イーサリアム以前、ギャビンは、エイズで死にかけている十代前半の少女とセックスしたことをブログ記事で明かした」という件に関しても、ジョゼフに対する被害妄想は当たっているのかも[25]（ギャビン本人は、このブログ記事はフィクションであり、げんにバズフィードは、その場所でそのころ同名の子供が死亡したという証拠を見つけられなかった、と述べた）。このブログ記事については、以前、わたしのところにも、ジョゼフの大学時代の仲間からタレコミがあった（ジョゼフはその件は知らないと否定した）。

二〇一八年一月三一日、ミンはイーサリアムのブログに五回めにして最後の投稿をし、きょうが最終日だと明かした。[26] 直後、「イーサリアムチーム」のブログ投稿が上がり、ミンの退職とアヤの任命が発表された。[27] 解雇された（あるいは辞任した）あと、ミンは少なくともひとりの友人に、「医師から長期の休息が必要と言われたので辞めた」と話した。過去数年間、働きすぎて睡眠不足だったのが原因とのことだった。リンクトインの肩書きは「イーサリアム財団の元エグゼクティブディレクター」に変更された。プロフィールの学歴の欄には、一九八四年から一九八八年までマサチューセッツ工科大学（MIT）でコンピューター科学と建築を学び、同期間にウェルズリー大学で東アジア哲学を学んだ、と記載されていた。彼女は複数の場所で、MITの卒業生であると主張し、卓越性に関する個人的な哲学を語る際にもMITをよく引き合いに出していたが、実際にはウェルズリー大学の学生であり、MITには履修登録していただけで、正規の学生ではなかった。ほかに、リンクトインには、彼女がMITで一九八八年から一九九一年までメディアアーツとサイエンスを学び（旧称「建築および都市計画学部」）、リンクトインのMIT卒業生グループのメンバーである、とも記載されていた。しかし、MITの学籍課によれば、彼女は一九八九年二月に建築学の大学院生として入学して、その年の五月に中退し、学位を取得していないという。

本書を執筆するにあたって、わたしはインタビューしたいとミンへ一一回メールを送った。いちどだけ、個人的な理由でいまは都合が悪いとの返信があった（わたしはケイシーにも四回メールを送り、インタビューに応じるようミンを説得してくれないか、あるいは彼自身がインタビューを受けてくれないか、と打診した）。五カ月後、さらに畳みかけてミンにメールを送り、インタビューを所望したところ、次のようなメールが返ってきた。

件名：配信エラー
以下のメールアドレスには配信できませんでした。
［ミンのアドレス］@gmail.com

よく見ると、これは、システム管理者からの本物の配信エラー通知ではなかった。「件名：配信エラー」と書かれているのはメールの本文中であり、実際の件名そのものは変更されていなかったのだ。これは、Gメールのある機能を利用して送られてきたメールだった。Gメールでは、メールを管理しやすいように、自分のアドレスのあとに「＋」記号と適当な文字列を付け加えることができる。「＋」記号以降は送受信には影響しない。わたしが受け取ったメールは［ミンのメールアドレス］+canned.response@gmail.com から送信されていた。

ミンとケイシーは、わたしのファクトチェッカーがさらに送った四通のメールにも返信しなかった。ミンが誤送信したメッセージのなかで触れられていた「ノーラ」の正体はいまだ誰にもつかめていない。

最後にわたしは、ミンの解任を決めるときヴィタリックの票が一票しかなくなっていた件をめぐって、パトリック・ストルヒネッガーにインタビューしようとした。わたしが催促のメールを八通送り、電話を二回かけ、ファクトチェッカーもメールを二通送ったにもかかわらず、パトリックからの返事はなかった。しかし、わたしは彼との以前のやりとりを思い出した。「あなたが取締役を務めていた全期間において、ヴィタリックは取締役会で何票持っていたのか？」というわたしの質問に対し、パトリックは「彼はほかの誰よりも多くの票を持っていた。三票だ」とこたえた。そうなると、解任決議の際、ミンが「ヴィタリックが持っている票は一票のみ」と告げたことは真実に背く可能性がある。

アヤのもとでも、イーサリアム財団の「影の政府」の問題は継続した。財団で権力を振るう非公式の人物たちについて従業員が彼女に不満を漏らし、スタッフはしばしば、説明責任のない者がアヤよりも大きな影響力を持っていると感じたが、権力構造を明確にするためにアヤができることはほとんどなかった。デヴコン4の企画チームは、コペンハーゲンで開催するつもりで準備を進めていた。ところが、開催地公表の前夜、会場と契約を結び終え、ブログ記事の準備も完了していたにもかかわらず、コペンハーゲンが候補地から外された（企画チームのあるメンバーは「世界各国から人が集まることを考えると、あの街は洗練されすぎていて、参加者たちの経済的な負担が重すぎる」と語っており、誰もが参加できるイベントを望む財団の方針に反することが、変更の理由かもしれない）。結局、デヴコン4はプラハで開催された。入社してまだ一週間のある新人イベントプランナーは、コペンハーゲンを外す決断を下したのがトーマスだと聞かされた。「なるほど、あのトーマスか」とそのプランナーは思った。周囲から噂を耳にし、ある種のオーラを持つ人物だろうと感じていた。その場にいなくても、チームに属していなくても、このような重大な決定を覆せるほどの影響力を持つのだから、まるで財団の「目に見えないあやつり人形師」のようだ、との印象を抱いた。二〇一八年から

「影の政府」の一員となり、見えない影響力を発揮し始めたのが、アルバート・ニーという人物だった。公式な役割を持っていないのに、タイへの従業員旅行に参加した。彼がいるせいで、アヤがみずから決断を下せないのではないか、と感じる人たちもいた。アヤがエグゼクティブディレクターなのに対し、アルバートには何の肩書きもないのだが……。

アヤは「リーダーがほかの人に仕事を権限移譲するのは、どんな組織でもふつうのこと」と語った。また、イーサリアム財団が伝統的な階層構造をあえて避けている点にも触れ、「肩書きを持っていなかったら、賢い人の言葉に耳を傾けないつもりか？」とコメントした。アルバート・ニーは、アヤがあやつり人形にされているという見方は、性別にとらわれた固定観念によるものだとし、アヤは英語が母国語ではないこともおそらく関係しているのだろうと推測した。また、技術的な決定事項を伝達するのがアルバート——ＭＩＴで数学とコンピューター科学の学位を取得し、かつてはエンジニアであり、ドロップボックスのエンジニアリング採用責任者——だから、彼が指図しているように受け取られたかもしれないが、方針を決めているのはアヤとヴィタリックだと付け加えた（ちなみに、「影の政府」についてわたしに話してくれた情報源のうち、二名が技術者、三名が非技術者だった）。

さらに、肩書きなしで大きな権力を行使しているという彼への批判について、「われわれがブロックチェーンに興味を持ったのは、誰かの肩書きが理由ではなく、妥当と思えるタイミングで物事を処理したいからではないのか？　肩書きの有無にこだわる人がそんなに多いと知っていたら、わたしは肩書きを付けていただろう」と述べた。アヤは、「影の政府」が存在するという考えそのものに異議を唱え、ツイッターで騒いでいるたったひとり（Texture と名乗る人物）のせいだとした（ただし、Texture は、「影の政府」について懸念を表明したわたしの情報源には含まれていない）。「正直なところ、影の政府などというものは存在しない」とアヤはきっぱり言った。「どうせおおぜいの話題になるから、わたしたちは何も隠せない」。デヴコン4の会場の件については、アヤも財団の広報担当者も、都市は何度か変更されたとし、コペンハーゲンでの開催の見送りにトーマスが影響を与えたかどうかに関しては、「彼は意思決定者ではない。あくまでコミュニティーの一員だ」と述べた。

二〇一九年春、風刺的な暗号通貨ニュースサイト「コイン・ジャジーラ」が、「ヴィタリックが性に目覚めて、イーサリアムの開発が停滞」という記事を掲載した。この記事は、イーサリアムの開発が進んでいない理由を探るため、「特派員」のペペ・グルヌイユがバンコクへ赴いた、と伝えていた。その結果、ヴィタリックのギットハブへの貢献が減速したのは彼がトーマス・グレコと過ごしている時間が長いせいだと判明したという。その記事はトーマス・グレコを「オミセゴーの特別顧問を務めた影のある謎の人物」と表現し、オミセゴーとは「銀行サービスを利用できない人々に金融サービスを提供する、まったく詐欺ではない一〇億ドル規模のプロジェクト」であり、「グレコは非常に精神性の高い人物であり、東南アジアは若く美しい女性たちが精神性を最大限に発揮するのに最適な場所であることがわかった」と伝えた。そのあと、ある人のこんな証言を記した。「トーマスはヴィタリックに、人生の別の側面を指南した。コードの行やスケーラブルな分散コンピューティングプラットフォームでは表現できない世界を……。つまり、女性器の魅力を教えたのだ」。そこには、ヴィタリック、トーマス、身元不詳のアジア人女性というスリーショット写真まで添えられていた。

一日もしないうちに、記事中のトーマスへの言及やスリーショット写真はすべて削除された。ヴィタリックのギットハブへの貢献が減速した理由は「彼に何が起こったのかわからない。ここしばらく、彼は幽霊のようだ」と変更され、知人の過激な証言も、ヴィタリックは（トーマスではなく）タイという国に感化され、人生の別の側面を見いだした、との言葉に差し替えられた。[28]

創業者が初期に仕事仲間選びにしくじったせいで、その後も悪影響が尾を引いているケースもあった。二〇一九年九月、弁護士兼技術者のスティーブン・ネライオフが、二〇一七年秋にICOを行った会社への恐喝の容疑で逮捕された。[29] 彼は、イーサリアム開発チームとアメリカの法律事務所との関係を取り持ち、イーサリアムが証券ではないという意見書の作成にひと役買ったほか、プレセールにあたってジョゼフに密接して働いた人物だ。恐喝容疑について無罪を主張しており、現在まだ公判を待っている。

二〇一九年一〇月一日、ヴィタリックの受信箱にチャットルーレットのアンドレイ・テルノフスキーからメールが届いた。

親愛なるV《ヴィタリック》へ

このメールは、二〇一六年のハードフォーク後にわたしが送付した、ホワイトハットDAOの余剰残高の法的要求に関するものである。

当時きみたちがホワイトハットDAOによる作戦を展開したとき、全員が純粋な善意に満ちていたことを、わたしは、いまになってようやく理解した。法的措置をちらつかせて脅したことは、非常に間違っていた。本当に申し訳ない。当時のわたしはかなり混乱し、悲しみに暮れていた。たしかにそこに資金を預けてはいたが、道徳的にみてわたしが権利をいっさい持っていなかったことは明らかだ。

続いて、どんな用途でも構わないからヴィタリックが自由に選んでくれたら、匿名で二〇万ドル以上を寄付したいと述べ、「イーサリアム財団はわたしの寄付金を必要としていないだろうから」と付記した。

二〇一九年一〇月三〇日、アンドレイはグリフに電話し、ふたりのあいだに問題がないかどうか確認した。グリフは「問題ない」と伝えた。いま振り返って、アンドレイは、ETCの価格を暴落させようと考えた理由は、「面白いと思ったから」だと語る。「映画『ウルフ・オブ・ウォールストリート』みたいなことを現実世界でやっている気分」だったという。また、ETCは邪悪なものであり、その価格を引き下げることは「社会への奉仕に近い」とも考えていた。イーサリアムクラシックは冗談のように思えた。なんだこれ、と。チェーンのコピーが一億ドル相当になるなど常識では考えられない。(もとはジョークとしてつくられた) ドージコインじゃあるまいし」。法的措置をちらつかせて脅した件に関しては、法的に前例のない問題だったため、学術上の試みとしてそういう措置を検討していたといい、「当時のわたしは他人の気持ちをろくに考えていなかった。レディットのトップページに載ろうとして〝荒らし〟行為をする不届き者に似ていた」。五年後、成長した彼は、法的書簡が「馬鹿げた愚かな間違いだった」と振り返るものの、「あのころは深く考えていなかった。法的書簡が〝書類〟くらいの感覚で楽しんでいた。映画に出てくる弁護士ふうで〝かっこい〟と思った。〝何やら謎めいた手紙〟になるだろう、と」。わたしの問い合わせに対し、ビットコイン・スイスのニクラスは、わが社と顧客との関係については明かすことができず、アンドレイが顧客かどうかもこたえられない、と回答した。ただし、アンドレイの言い分に反論するつもりはないという。また、顧客がビットコイン・スイスで資産を運用したければ、違法でないかぎり、要求に従う義務がある、とも付け加えた。

二〇一九年一一月、ロンドンのタイムズ紙は、二〇一九年にブレグジット党に三〇〇万ポンドを寄付したクリストファー・ハーボーンには、タイ人の「ドッペルゲンガー」がいると報じた。[30] タイの企業、シーミコ・セキュリティーズの二〇一四年の年次報告書に掲載された「チャクリット・サクンクリット」という名の人物の顔写真がハーボーンと一致し、これまでの実績として列挙されている内容もハーボーンと同じだった。生年月日も同じで、一九六二年一二月生まれだ。二〇二一年四月、暗号資産関連のニュースサイト「プロトス」が、ハーボーンのリフォームUK党（旧ブレグジット党）への寄付総額が一三七〇万ポンド（一九〇〇万ドル）にのぼると報じた。同党の資金調達総額は一八〇〇万ポンド（二五〇〇万ドル）であり、「ハーボーンの寄付が同党のブレグジット資金の大半を占めた」[31]。

ＴｈｅＤＡＯ攻撃者を特定するためのポロニエックスの調査は、結論に至らなかった。スイス人実業家が怪しいと睨んだものの、シェイプシフト上のＴｈｅＤＡＯ攻撃者の送信元アドレスとその実業家との関連性は、シェイプシフトで同時に取引を行なっていたという事実のみだった。

ただ、その実業家はＴｈｅＤＡＯ攻撃の前夜、ビティーで一〇〇〇ＥＴＨ以上を買い付けていた。その取引は彼の銀行資金が到着した時点のＥＴＨ価格で実行されると当然知っていたはずだ。翌日、攻撃の煽りでＥＴＨ価格は一三・五七ドルまで下落した（ポロニエックスの調査官は、特定のイーサリアムアドレスをビティーの元従業員と結びつけたが、そのアドレスはじつはビティーが顧客取引に使用している「ホットウォレット」だった）。しかし、その実業家にはみずから攻撃を実行できるスキルがなく、彼の技術面の協力者ふたり（その片方は、レフテリスがデヴコン2で知り合った陽気な友人）は、自分たちが攻撃者ではないと否定した。

もはや調査は行き止まりに思えた。ところが、わたしが本書を仕上げている最中、アブサから連絡が入った。ブラジルの法執行機関がＴｈｅＤＡＯと彼に対して正式な捜査を開始したため、アブサがフォレンジック報告書の作成をコインファームに依頼したところ、わたしが本書にコインファームのクレジットを入れれば、見返りとして価格を割り引く、というオファーを受けたのだった。

アブサとわたしは、ＴｈｅＤＡＯ攻撃者に関わるさまざまなアドレスの動きについて、その報告書と他のデータを駆使して確認を始めた。ダミーアドレスから数段階さかのぼると、0xf0e42で始まるアドレスが見つかった。このアドレスが、ＴｈｅＤＡＯのクラウドセール中にイーサリアムへＤｏＳ攻撃を試みていた[32]。

クラウドセール終了から約二週間後、0xf0e42は〇ＥＴＨをランダムなアドレスへ送金し、ブロックチェーンの肥大化を招いた[33]。さらに、一〇〇一回にわたって一Ｗｅｉ（すなわち〇・〇〇〇〇〇〇〇〇〇〇〇〇〇〇〇〇〇一ＥＴＨ）ずつ送金し、ほかに〇・〇〇〇一一一一一一一一一一一ＥＴＨを一回送金した[34]。五月二日、0xf0e42は一Ｗｅｉ単位のトランザクションを連続して送信し、ブロックチェーンを一時的にではなく継続的に混雑させた[35]。トランザクションの総回数は一万五〇〇〇回以上に及んだ。

フォークの後、その攻撃者はダークＤＡＯのＥＴＣを孫ＤＡＯへ移動させた[36]。九月五日には、その資金を0xc362ef（アブサはHackerOneと名づけた[37]）へ転送し、次に0x5e8f（HackerTwo[38]）へ転送。そこから、イーサリアムクラシック開発者基金に寄付した[39]（その後、11-Aのバニティーアドレスが

HackerTwo へ〇・六九三ＥＴＣを送金した）。
一〇月下旬、攻撃者と思われる人物がシェイプシフトとデジタル鬼ごっこを始めた。攻撃者がＥＴＣを現金化しようとすると、シェイプシフトが凍結を試み、たびたび成功した。最初、攻撃者はシェイプシフトを通じてＥＴＣをＢＴＣに交換し、1M2aaN で始まるビットコインアドレスへ引き出した。[40] 攻撃者のメインウォレットは HackerTwo であり、第三のウォレット（HackerThree）を使って現金化した。Two から Three への補充が、定期的に一万五〇〇〇～三万ＥＴＣずつ行なわれていた。一〇月二五日火曜日の午前四時五〇分から午前一〇時四一分までに三二回、[41] 水曜日の午前一一時五六分から午前三時一五分までに一七回[42]の補充が実行された（最終的にはシェイプシフトが 1M2aaN をブロックした）。

数日後、Dexaran と名乗る人物——ロシアを拠点にしたイーサリアムクラシック開発者——と関連するウォレットが、HackerThree へ一・〇五ＥＴＣを送信した。[43] この Dexaran が攻撃者なのか？ 分けて使うはずのウォレット間で誤って取引をしてしまったのだろうか？ Dexaran にインタビューを申し込んだところ、初めは同意したものの、最後の四通のメールには返信がなく、攻撃者のウォレットへ送金した理由を尋ねるだけのメールにも返事がなかった。ただ、Dexaran は、あるＥＴＣサポーターのインタビューにこたえ、攻撃者であることを否定した。「もしわたしがＴｈｅＤＡＯのハッカーだったら、自分のチームの資金調達のためにわざわざＩＣＯを実施するはずがない」[44]

一一月一四日は、攻撃者の現金化がうまくいきかけたが、取引がブロックされて失敗に終わり、[45] その二日後にも同じことが起こった。[46] 三日間で五三二六ＥＴＣを失った攻撃者は、戦術を変更した。新しいＥＴＣアカウントを作成してそこへ資金を移動し、シェイプシフトに送信してＢＴＣに交換し、新しいBTCアドレスに引き出すという方法だ。ETCの移動には六分から一九分かかったが、シェイプシフトとの取引は一分以内に完了するため、取引がブロックされるのを避けることができた。この戦術は一二月二日、五日、六日、七日に成功した。[47] だが、一二月九日と一一日の六回の試みはブロックされた。[48]

その後、攻撃者と推定される人物は活動を停止し、HackerTwo に三三六万ETC以上（二〇二一年一〇月初旬の時点で一億八一〇〇万ドル相当）[49]、0x1b63b50 から始まるアドレスに四万七二六二ETC（二〇二一年一〇月初旬の時点で二六〇万ドル相当）[50]、その他いくつかのアドレスに少額を残した。

しかしすでに攻撃者は、二三万五一一四ETC（当時二一万四〇〇〇ドル）をほぼ二八二BTC（二〇二一年一〇月初旬の時点で一五〇〇万ドル）に換えていた。

The DAO攻撃者の現金引き出しは、通常、協定世界時の〇時〇〇分から一五時〇〇分まで行われ、その他の時間は、二二時台と二三時台の時間帯に数件発生した程度で、ほとんど行なわれなかった。例の実業家、彼の仲間たち、Dexaran がSNSで活動するのは、協定世界時の五時から二二時ないし二三時のあいだがほとんどであり、これは、攻撃者が活動休止している時間帯と重なっている。疑わしいこれらの人々はいずれもヨーロッパかロシアに拠点を置いていたが、現金引き出しの時間帯は、むしろアジアの朝から夜まで（たとえば東京なら、午前九時から深夜まで）に一致していた。

しかし、攻撃者がシェイプシフトへ送ったメッセージは、簡略化された言葉づかいとはいえ、英語を流暢に話せる人が書いたと推測される。「DAOトークンがまだ来ない。この tx《トランザクション》 は正当なはず。返金txハッシュかDAOトークンを送れ。よろしく」。わたしと同様、暗号通貨についての著書があるマシュー・ライジングは、最初の攻撃者を模倣した者を手がかりにしようとした。模倣攻撃者はロビンフッドグループにメッセージを送ったが、そのなかには「生産的な未来を見るためにあなたたちもそれをやらないか??」といった、たどたどしい英文が含まれており、マシューはその発信元を追い求め、日本に住むひとりの開発者を割り出した。わたし自身は、しょせん模倣者のメッセージにすぎず、英語の流暢さからみて最初の攻撃者とは別人物だろうと考えて、調査対象から外していた。しかし、現金化の時間帯を考えると、簡単に切り捨てるわけにいかないのでは、という気がしてきた。

コインファームのデータをもとに、わたしのふたりの情報源が、攻撃者と推定される人物が「ワサビ」ウォレットへ五〇BTCを送金した事実を突き止めた。この「ワサビ」というプライベートデスクトップ・ビットコインウォレットは、複数のビットコインをまとめて匿名化する、いわゆる「コインジョイン」と呼ばれる技術を用いて取引の匿名性を高められる。[51]だが、わたしの情報源のひとりであるChainalysisは、これまで知られていなかった手法を駆使して「ワサビ」がまとめた取引を分解し、その出力先が四つの取引所であることを解明できた。通常、取引所ではプライバシーポリシーにより顧客情報の開示が禁止されているが、最後の重要なステップとして、ある取引所の従業員がわたしの情報源のひとりに「攻撃者の資金はプライバシーコイン「グリン」と交換され、grin.toby.aiというグリンノードに引き出された」と秘密裡に教えてくれた。

そのノードのＩＰアドレスは、ビットコインライトニングノード（ln.toby.ai、lnd.ln.toby.aiなど）もホスティングしており、一年以上にわたって不変だったから、ＶＰＮではあり得なかった。

アマゾン・シンガポールがホスティングしているＩＰだった。ライトニングエクスプローラーＩ

ＭＬによると、そのＩＰには「TenX」というノードがあるとのことだった。[52]

二〇一七年六月に暗号通貨に関心があった人なら、この名称に聞き覚えがあるかもしれない。その月、ＩＣＯブームが最初のピークに達していた時期に、ＩＣＯ「テンエックス」が八〇〇〇万ドルを集めた。そのＣＥＯ兼共同創設者はトビー・ホーニッシュだった。しかも、彼がエンゼルリスト、ベータリスト、ギットハブ、キーベース、リンクトイン、ミディアム、ピンタレスト、レディット、スタックオーバーフロー、ツイッターで使っていたハンドルネームは？――@tobyai。[53]

彼が拠点を置いている都市は？――シンガポール。

ドイツ生まれ、オーストリア育ちだが、英語が堪能だ。

現金化の取引は、おもにシンガポール時間の午前八時から午後一一時までに行なわれた。しかもそのアカウントで使用されていたメールアドレスは、［取引所の名前］toby.ai だった。

二〇一六年五月、ＤＡＯによる歴史的な資金調達パーティーが終盤に近づいていたころ、高い頬骨、生え際が後退しかけている赤褐色の髪、えくぼ、スポーツマンタイプの細身が特徴のトビーは、ＤＡＯに強い関心を寄せていた。五月一二日、彼はテンエックスの共同創設者であるジュリアン・ホスプに「もうすぐ、暗号通貨取引でひと儲けできる」とメールし、ＴｈｅＤＡＯのクラウドファンディング期間が終了したらすぐＥＴＨを空売りするようにアドバイスした。五月一七日と一八日、彼はＴｈｅＤＡＯのスラックチャンネルでＴｈｅＤＡＯの脆弱性について最低でも五二回のコメントをし、コードのさまざまな側面について議論し、その構造によって何が可能かを細かく指摘した。

ある問題にぶつかって、トビーはクリストフ、レフテリス、グリフへメールを送った。彼はまず、ＴｈｅＤＡＯで資金を調達したいと思い、「ＤＡＯペイ」という暗号通貨カード製品の提案書を作成しているると述べ、「われわれのデュージェンスのためにＴｈｅＤＡＯのコードを調べたところ、懸念すべき点がいくつか見つかった」と続けた。彼は三つの攻撃ベクトルの可能性を挙げ、そのあと別メールで四つめを追加した。クリストフは逐一応答し、トビーの主張を一部認めたものの、おおかたについては「間違っている」あるいは「機能しない」と反論した。やりとりは、トビーが「ほかに何か見つけたら知らせる」と書いて終了した。

しかし、それ以上のメールのやりとりはなく、五月二八日にトビーはメディアムに四つの投稿をした。最初の投稿は「ＴｈｅＤＡＯ──リスクフリーの投票」と題されていた。[54] 二つ目の投稿「ＴｈｅＤＡＯ──引き出しを不可能にする悪質行為」は、ＴｈｅＤＡＯのおもな問題や、やがてイーサリアムがハードフォークを選択せざるを得なくなる理由をいち早く予見していた。もしハードフォークを行なわない場合、攻撃者が不正に得た利益を引き出すのを黙認するか、攻撃者があらたにスプリットＤＡＯを作成するたびに善意のＤＡＯトークン保有者があとを追いかけ続けるか、そのどちらかしか手はない。彼は「要約：投票で多数派に立てないＤＡＯコントラクトに入ってしまうと、攻撃者があなたの引き出しをすべて無期限にブロックすることができる」と書いた。[55] 三つ目の投稿では、そのような悪質な行為を攻撃者がいかに安いコストで実行できてしまうかを説明した。[56]

彼のその日の最後で最も示唆に富む投稿「ＴｈｅＤＡＯ──分散型ガバナンスにおける一億五〇〇〇万ドルの教訓」では、「重大なセキュリティー欠陥」を発見したためＤＡＯペイの提案を見送ったこと、「スロック・イットは攻撃ベクトルの深刻さを軽視した」ことを述べた。「ＴｈｅＤＡＯは稼働している……スロック・イットが、、、、、、「資金を安全に引き出す手段はない」と、いつ警告を出すはめになってもおかしくない[57]」

六月三日、彼の最後のメディアム投稿「〝ブロックオプス〟の発表――ブロックチェーン・ハックチャレンジ」には、「〝ブロックオプス〟は暗号を破り、ビットコインを盗み、スマートコントラクトを破壊し、あなたのセキュリティー知識をテストするための遊び場である」と書かれ、[58]「ビットコイン、イーサリアム、ウェブセキュリティーの分野に関して新しいチャレンジを二週間ごとに投稿する」と約束してあったが、その後そのような投稿が行なわれた形跡はなかった。

二週間後、TheDAO攻撃が始まった日の翌朝、シンガポール時間の午前七時一八分に、トビーは、ヴィタリックの過去の発言をリツイートしてヴィタリックを煽った。というのも、この攻撃の二週間前、今回のハッキングで狙われた脆弱性がTheDAOのコード内に発見されてニュースになったあと、ヴィタリックは事態を楽観視し、DAOトークンを購入したことをツイートで明かしていたからだ。[59]続く数週間、トビーはハードフォークに反対する投稿を繰り返し、たとえば「〝規模の大きさからして失敗は許されない〟が失敗のもと」などとツイートした。

興味深いことに、攻撃から数週間後の七月五日、トビーとレフテリスがレディットで「ダークDAOの反撃」と題するダイレクトメッセージを交換した。あいにく、トビーがその後、レディットの投稿をすべて削除したため、メッセージの全容はわからない（テンエックスの共同創設者のジュリアンによれば、トビーは「レディット上である〝馬鹿野郎〟と口論になったのがきっかけで、レディットのアカウントを削除した」と話していたという）。

トビーはレフテリスにこう書き送った。「真っ先に連絡しなかったことを謝りたい。反撃の方法を思いついて興奮し、まずはコミュニティーに伝えようと夢中になってしまった。いずれにせよ、この情報を攻撃者が先に知ったところで、防御の手立てはないと思う」

その後、レフテリスがトビーに、TheDAOに残っているものを守るというロビンフッドグループの計画を伝えたところ、トビーは「レディットに投稿したものは削除した」という返事が来た。レフテリスは「今後の動きについては随時報告する」とこたえた。このやりとりの最後にトビーはこう書いた。「投稿のせいで計画を邪魔してしまったのなら、すまない」

二〇一六年七月二四日、すなわち、イーサリアムクラシックチェーンが息を吹き返してポロニエックスにおける取引が始まった翌日、トビーはこんなツイートを書き込んだ。「イーサリアムのドラマがエスカレートし、〝DAOウォーズ〟から〝チェーンウォーズ〟へ。イーサリアムクラシックが$ETCとしてポロニエックスで取引され始め、ブロック生成者が攻撃を計画中」。続く七月二六日、こんどは投資家バリー・シルバートの発表をリツイートした。「初めてビットコイン以外のデジタル通貨を購入した。イーサリアムクラシック（ETC）だ」[60]

わたしがトビー・ホーニッシュの名前を出したとたん――彼がTheDAO攻撃者かもしれないという証拠をまだ示していない段階で――レフテリスはこう語った。「あいつは不快な奴だった。(中略）いろんな問題点を見つけたとしつこく言ってきた」。レフテリスは、そうした問題点は、厄介ではあっても重大ではないと感じていた。トビーに会ったことはなく、印象はもっぱら写真にもとづいているという。「少し自惚れているように見えた」。名前を耳にするだけで「ああ、まったく嫌な男だった」との思いが湧き上がるそうだ。

ダークDAOのETCがトビーの別名でグリンに換金されたと伝えると、レフテリスは、もしトビーが状況の改善に向けて尽力していたら、脆弱性を見つけてくれたとイーサリアムコミュニティーから「大きな称賛」を受けつつ、ETHが返還されるという流れになっていただろう、と述べた。

資金が凍結されているあいだにトビーが問題を修正しようとしなかったことに、レフテリスは驚いており、「攻撃者は善良な人間ではない。問題点の修正に乗り出すという選択肢もあったからだ。時間はじゅうぶんにあった」と語った。

グリフも同意見だった。TheDAO攻撃者はヒーローになるチャンスを逃した、と感じたという。「攻撃者は本当に大失敗をした。評判は金よりもはるかに価値がある」

わたしはトビーに、彼がTheDAO攻撃者だった可能性を物語る証拠を送り、コメントを求めた。すると、彼は「あなたの記述や結論は事実にもとづいていない」と返信してきた。そのメールのなかで、詳細な反証を示せると述べていたものの、その後、四回にわたってその反証を要求しても、フォーブス誌に記事を掲載するためにさらなる事実確認を依頼しても、応じてくれなかった。さらに、収集した事実を詳しく記した文書の草稿を送ったところ、彼はほぼすべてのツイッター履歴を削除した（もっとも、関連するツイートをわたしはすでに手元に保存してあった）。

二〇一五年五月、トビーをはじめとする暗号通貨デビットカードベンチャーの共同創業者たちは、シンガポールで開催されたマスターカード・マスターズ・オブ・コード・ハッカソンで一定の成功を収めた。このカードは同年から招待制で提供され始めた。招待制にした理由について、トビーはレディットでこう説明した。「KYC（顧客確認）法に抵触して問題を引き起こすような、中途半端なビットコインウォレットは立ち上げたくない。そう、法的な理由がおもな理由で、簡単に発行できないわけだ」。当時のビットコインマガジンの記事によれば、トビーはAI、ITセキュリティ、暗号学のバックグラウンドがあるとのことだった[61]。

二〇一七年初頭、つまり、TheDAO攻撃者とみられる人物がETCの現金化をやめた数カ月後、トビー率いるチーム――すでに「テンエックス」として運営されていた――が、一〇万ドルのシード資金の獲得を発表した。出資者は、イーサリアム創設者のヴィタリックがゼネラルパートナーを務めるフェンブシキャピタルなどだった。その後、テンエックスはＩＣＯを行ない、八〇〇〇万ドルを調達した。ところが二〇一八年初頭に風向きが変わり、テンエックスのカード発行会社であるウェーブクレストがＶｉｓａネットワークから排除された結果、テンエックスのデビットカードは使用不能になった[62]。

二〇二〇年一〇月一日、テンエックスは、新しいカード発行会社であるワイヤーカードＳＧがシンガポール金融管理局から業務停止処分を受けたため、サービスを終了すると発表した[63]。二〇二一年四月九日、テンエックスは「テンエックス、ミモと出会う」というブログ記事を公開した[64]。新しいビジネスとして、ユーロに連動するステーブルコインを提供するという内容だった。ステーブルコインは、価格を米ドル、ユーロ、日本円などの法定通貨に連動させて変動リスクを小さくする。テンエックストークンの時価総額は、最高時には五億三五〇〇万ドルに達したが、二〇二三年三月時点ではわずか一九〇万ドルにまで目減りした。テンエックスは「ミモ・キャピタル」にブランドを変更し、一年間にわたり、テンエックストークン保有者に対して、ほとんど価値のないＭＩＭＯトークンを、一テンエックスにつき〇・三七ＭＩＭＯのレートで提供した[65]。

ジュリアン・ホスプは、在籍中、テンエックスの公的な顔だったが、トビーおよびもうひとりの共同創業者によって二〇一九年一月に解雇された[66]。その数カ月前、いくつかの暗号通貨関連メディアが「ジュリアンは過去にオーストリアでマルチ商法に関わっていた」と報じた[67]。しかし、わたしの取材にこたえたジュリアンは、トビーが自分を追い出したのは、二〇一七年末のバブルのピーク時にビットコインを売却して二〇〇〇万ドルを得たことに対する嫉妬ではないか、と語った（その時点では、わたしはまだ、トビーがＴｈｅＤＡＯ攻撃者かもしれないとは明かしていなかった）。一方のトビーは暗号資産をすべて保有し続け、やがてバブルが崩壊して、彼個人の純資産も激減したのだった。「トビーは非常に貧しい家庭の生まれで、投資の経験もなく、二〇一〇年に暗号通貨に関わり始めたものの、資金を持っていなかった。大げさではなく、本当にゼロ。二〇一六年夏、ラスベガスでいっしょに過ごしたときも、彼には何もなく、わたしは投資でとても成功していた。（中略）彼はいつも、もっと給料がほしい、もっといいものを手に入れたい、という気持ちに駆り立てられていた」。ジュリアンは、トビーが母親へ仕送りしていたとも明かした。母親はシングルマザーの身でトビーと彼の妹、弟を育て上げた。

トビーがＴｈｅＤＡＯ攻撃者だった可能性があると伝えると、ジュリアンは「鳥肌が立った」と言い、あらためてトビーとのやりとりの細部を振り返って、そうだとすると、あれやこれやがあらたな意味を帯びてくることに思い当たった。たとえば、トビーがグリン（ハッカーが換金したプライバシーコイン）に興味を持っていたかどうかをわたしが尋ねたところ、ジュリアンは「そうだ！確かに、トビーはグリンに夢中だった」と言いだした。「わたしは、そのくだらないコインのせいで大損した！　トビーが熱を上げていたから、つられて投資してしまった」。さらにジュリアンは、トビーがビットコインとモネロの「アトミックスワップ」――スマートコントラクトを使い、ビットコインとプライバシーコインのモネロを交換する方法――の構築に執着していたとも述べた。当時、ジュリアンはその製品には市場がないと感じ、不可解に思っていたという。やがてジュリアンは、二〇一六年八月のチャット記録を見つけ出した。チャットのなかでトビーは、イーサリアムフォーク後のＥＴＣ——攻撃者が保持するコイン——の価格にひどく興奮していた。

トビーがレディットアカウントを閉じるきっかけとなった出来事を思い出そうと、ジュリアンはコンピューターでメールを検索し始め、「トビーはいつもtobyaiだったよな……」と独りごとを言った。トビーが常用するメールアドレスの一つがtoby.aiで終わるのを裏付けたことになる。

なおも驚きの表情を浮かべながら、ジュリアンはこう回想した。「どういうわけか、彼は何が起こっているかについて妙に詳しかった。ＴｈｅＤＡＯ攻撃の詳細を尋ねたら、わたしがインターネットその他で調べた以上のことを理解していた」

トビーの人柄について質問したところ、彼はこんなふうにこたえた。「トビーは非常に強い意見の持ち主だ。いつだって自分が正しいと信じていた。いつだって」

トビーが間違っていたかもしれない点が一つある。彼はＴｈｅＤＡＯに関する最後のブログ記事で「わたしは心のなかではホワイトハッカーの一員だ」と書いた。しかし、ＴｈｅＤＡＯに関しては、攻撃者はブラックハットなのだ。

ミンの強力な支配が消えて、財団は最大の危機に直面した。二〇一九年の感謝祭の日、バージル・グリフィス——ヴィタリックの友人であり、「影の政府」のメンバーを含む財団の権力者のなかでも五指に入る人物で、はたから「混沌中立のキャラクター」と形容される——が、北朝鮮の制裁回避を支援した疑いにより、ロサンゼルス国際空港で逮捕されたのだ。[68] バージルは裁判を待っており、もし有罪判決を受けた場合、最高で二〇年の懲役刑に処される。ヴィタリックは、バージルの計画を事前に知っていたが、行動の選択に干渉する気はなく、「バージルはイーサリアム財団のメンバーというだけではなく、ひとりの人間であり、何かをしたいなら、実行することができる」

と決めていた。そのため、バージルが北朝鮮へ「休暇」に出かけるとツイートしたとき、ヴィタリックは「楽しんできて！」とコメントした。[69]

二〇二〇年の暗号通貨界は二〇一六年とよく似た感じだった。新しいトレンドが急速に大きく成長し、新しいユーザーが次々に参加して、信奉者となっていた。億万長者のヘッジファンドマネージャーがビットコインを購入したことを認めた。[70]世界で最も価値のある企業の一つであるテスラや、堅実な保険大手のマスミューチュアルなどの企業も、ビットコインに資金を投じた。ペイパルは、ＢＴＣやＥＴＨなどの暗号通貨の取扱いを始めた。[71]銀行も暗号資産を保管することが許可された。[72]イーサリアムでは、「分散型金融《ディーファイ》」と呼ばれる新しいトレンドが急速に広がる一方、ＴｈｅＤＡＯの小型版のような攻撃が頻繁に発生した。[73]ネットワーク全体も、イーサリアム２・０と呼ばれる新バージョンへの重要な移行を開始した。[74]

二〇二一年が明けると、ＢＴＣは二〇一七年の最高値の三倍となり、六万ドルを突破した。ＥＴＨもＩＣＯバブル時の記録を超え、二〇〇〇ドル、三〇〇〇ドル、そして四〇〇〇ドルを超えた。八月下旬には、チャールズが生んだブロックチェーン「カルダノ」も、流通供給量が三三〇億コインとなったことに支えられ（ちなみにETHは一億一七〇〇万コイン、ＢＴＣは一八八〇万コイン）、時価総額が約九〇〇億ドルに達し、一時的に第三の暗号通貨となった。かつて流行したクリプトキティーズのような大衆向けゲームとして、バスケットボールのハイライト動画のデジタルコレクション（非代替性トークン、通称NFT）を売買する「ＮＢＡトップショット」が、八月下旬には七億ドル以上の売上を記録した。[75]キングス・オブ・レオンやグライムスといった有名アーティストたちが、イーサリアムベースのデジタルコレクションを販売して数百万ドルを稼いだ。[76]歴史あるオークションハウスのクリスティーズは、あるNFT一個を六九〇〇万ドルで販売し、従来のオンラインオークションの記録を打ち破るとともに、初めてETHでの支払いを受け入れた。また、岩のかたちを描いたクリップアート「イーサロック」のNFTのうち一個を約二九〇万ドルで購入する者が現われた。[77] 八月には、NFTを購入するための最大プラットフォーム「オープンシー」の月間取引量が三〇億ドルを超え、[78] 一六年前にできた人気オンラインマーケットプレイス「エッツィー」が前四半期に達成した取引量と肩を並べた。[79] アニメふうのドット絵「クリプトパンクス」のJPEG画像や、「ボアード・エイプ・ヨット・クラブ」の退屈そうなサルなどが、ツイッターのプロフィール画像を埋め尽くし、巷ではNFTは「二〇二一年版のICO」なのかという議論が交わされた。[80] NFTをめぐる状況は、第二の大規模な暗号通貨ブームの芽生えを感じさせた。

ペーパーバック版あとがき

本書が二〇二二年二月二二日に初刊行されたとき、暗号通貨の世界は、ジェットコースターの頂点に達したことに気づいていなかった。やがて車両は下りに転じて勢いを増し、真っ逆さまに落ちていくのだが、その直前のひととき、眼前に息を呑むような景色が広がっていた。

前年の一一月、BTCとETHは史上最高値を記録した。BTCは六万七五〇〇ドル、ETHは四八一〇ドル。明けて二月の初旬、暗号通貨コミュニティーは、二〇一六年八月にビットフィネックスからハッキングされたコインをロンダリングした疑いで夫婦が逮捕されたニュースでおおいに沸いた。その事件は、当時急上昇中だったイーサリアムクラシックの価格下落を引き起こした。妻はラズルカーンという名前のアマチュアラッパーで、彼女の代表曲「ベルサーチ・ベドウィン」には次のような歌詞があった。

わたしはいろんな顔がある
ラッパー、エコノミスト、ジャーナリスト
ライター、さらにはCEO
そして汚れた、汚れた、汚れた、汚れた尻軽女

暗号通貨界の奇怪な出来事はこれで終わりではなかった。数週間後、わたしは本書の調査にもと

づいて、テンエックスの元CEOであるトビー・ホーニッシュがTheDAO攻撃者である可能性が高いと発表した。三月には、イーサリアム上の分散型金融プロトコルが、少なくともドル換算では分散型金融として史上最大のハッキング被害を受けた。六億二五〇〇万ドル相当のETHとステーブルコインUSDCが盗まれた。[1] 一カ月後、アメリカ政府は北朝鮮のハッキンググループ「ラザルス」がこの事件の犯人であると糾弾した。同じころ、バージル・グリフィスは、北朝鮮の人々に制裁を回避するための暗号通貨の使用方法を教えた罪で、五年以上の連邦刑務所行きを言い渡された。[2] このように事件が相次いだものの、市場は一一月のピークからわずかに下落しただけだった。基本的には、暗号通貨界では通常どおりのビジネスが行なわれていた――暗号通貨界で可能な範囲の「通常」だが……。

五月に、事態が一変した。七日、テラUSD（UST）と呼ばれる「アルゴリズム型ステーブルコイン」の価格が揺らぎ、〇・九九一三ドルまで下落した[3]（「ステーブルコイン」とは、ほかの資産の価値に連動しているものを指し、たとえばテラUSDなら米ドルに連動する。「アルゴリズム型」の場合、市場需要を刺激したり、自由変動する姉妹コインとの数学的関係を通じて供給に影響を与えたりすることによって、連動を維持しようとする）。八日は九九セント台で推移し続けたが、翌日、六八セントにまで下落。一三日には一〇セント強まで暴落した。テラの姉妹コインであるルナは、テラへの需要に応じて価値が変動し、一カ月前には約一一八ドルで取引されていたのが、ここに至ってゼロとなった。少し前の高値時と比較すると、両者の崩壊により六〇〇億ドルの価値が消失したことになる。

その影響は瞬く間に広がった。暗号通貨の貸付プラットフォームである「セルシウス」と「ボイジャー」、きわめて有名な暗号通貨ヘッジファンド「スリーアローズキャピタル」の三社が、二カ月もしないうちに相次いで破産申請または清算手続きを開始したのだ。二〇〇八年の金融危機の罪の一つは、どの銀行が悪質な住宅ローンを抱えているのかが明らかでなかったことだったが、二〇二二年の暗号通貨の大混乱には、それと似た問題があった。どの暗号通貨の貸付業者が不良債権を抱えることになるのかが不明確だったのだ。ある事業体が資金不足で返済できなくなった場合、貸し手はバランスシートに穴が開き、別の貸し手に資金援助を求めることになって、これの連鎖が続く。しかし、二〇〇八年に破綻した銀行とは異なり、これらの事業体は「大きすぎて潰せない」存在ではなく、少なくとも政府による救済措置は行なわれなかった。それどころか、二〇二二年六月のある四日間には、セルシウスが顧客の出金を停止し、償還に応じられないことを示したにもかかわらず、労働統計局が一九八一年以来最高のインフレ率を発表し、連邦準備銀行は二八年ぶりの大幅な利上げを決定した。このような状況のもと、投資家たちは「魔法のインターネットマネー」の取引をやめ、現金化した。暗号通貨市場は一・二兆ドルから九〇〇〇億ドルへ急落した。[4]

ヴィタリックは動じず、スリーアローズキャピタルの創設者たちが「世間を驚かせるためにスーパーヨットを買って五〇〇〇万ドルを浪費した」ことを嘲笑した。また、コンファレンスで彼は、イーサリアムの次の主要な技術アップグレードである「マージ」について論じ、その後のアップグレード段階を「サージ」「バージ」「パージ」「スプラージ」と命名することを明かした。すると、この命名法をめぐって、コミュニティー内で数多くのミームやジョークが生まれた。[5]

イーサリアムにとって「マージ」は、ここしばらくのなかで最も重要な技術アップグレードだった。長年にわたり、コミュニティーと財団は、ネットワークがセキュリティーを確保するために使うエネルギー量を大幅に削減する方法を追求してきた（最初の方式は、ビットコインと同様、大量の電力を必要とするいわゆる「プルーフ・オブ・ワーク」と呼ばれるコンセンシスアルゴリズムだったが、新方式の「プルーフ・オブ・ステーク」なら九九パーセント以上も電力を節減できる)。しかし、この移行を実行することは、飛行中の飛行機のエンジンを交換するようなものだった。開発者たちはまず、エンジンを二〇二〇年末に構築し、ビーコンチェーンと名付けて起動させた。そしてついに二〇二二年九月、イーサリアム上の経済活動(シンプルなETH決済から熱狂的なNFT販売まで)をビーコンチェーンと結びつけ、新しいエンジンで稼働できるようにする準備が整った。この移行が「マージ」だ。

この手続きの難しさから、何年にもわたる科学実験のように、ゆっくりと計画的に実施する予定だった。ところが、二〇二二年八月八日、アメリカ政府がイーサリアムの計画に水を差した。「アメリカ財務省、悪名高い暗号通貨ミキサーのトルネードキャッシュに制裁措置」という見出しが、同省のプレスリリースに躍った。[6] トルネードキャッシュは、イーサリアム上の複数の取引をまとめる「ミキサー」の一種で、TheDAO攻撃者が使用した「ワサビ」と同じく、利用者がコインのプライバシーを確保するのに役立っていた。制裁措置が下されるということは、トルネードキャッシュがアメリカ連邦政府の「特別指定国民および凍結対象者リスト」に追加されることを意味した。それまでは、このリストに記載されているのは「対象国によって所有または管理されている、あるいは対象国のために直接または代理として活動している、個人および企業」だけだったが、特定の国とは関係のない個人、グループ、事業体もリストに追加が可能だった。[7] しかし、個人や法人ではなく、一連のスマートコントラクトに制裁を課したのはこれが初めてだった。すぐさま二つのグループが政府を提訴し、ソフトウェアに制裁を科すことは違憲だと主張した。[8] しかし、少なくとも異例というべきこの措置の背景には、北朝鮮の「ラザルス」グループがトルネードキャッシュを通じて四億五一〇〇万ドル相当の暗号通貨（四月の分散型金融ハッキングで盗んだもの）をマネーロンダリングしたという深刻な事態があった。[9] アメリカ財務省の外国資産管理室によれば、二〇一九年以来、合計七〇億ドルの盗難資金がトルネードキャッシュを通じてマネーロンダリングされたという。

制裁に背くと「厳格責任」違反に当たり、制裁対象の事業体や凍結された資産に関わる取引は、たとえ意図せずに行なったとしても違反行為とみなされる。となると、世界じゅうの匿名の人々のコインを混ぜ合わせるという性質を持つプライバシーミキサーの場合、非常に厄介だ。正当なプライバシー保護目的でトルネードキャッシュを使用していたイーサリアムユーザーが違反のリスクにさらされるばかりか、イーサリアム自体にとっても危機だった。ブロックチェーンのトランザクションを検証したりブロックを追加したりするのをアメリカ企業が手助けすると、それだけで違反行為になりかねないからだ。トルネードキャッシュと取引した企業はもちろん、トルネードキャッシュと取引した企業と取引した企業までが、違反となる可能性があった（ひとりの悪質なインターネットユーザーが、さっそく、実際どうなるかをテストした。制裁対象となっているトルネードキャッシュのアドレスから、多数の有名人のイーサリアムアドレスへ、イーサリアムを少額ずつ送金《ダスティング》したのだ[10]）。また、プルーフ・オブ・ステークのプロセスに参加を予定していた事業体の多くがアメリカ企業だったため、ブロックチェーンの重要な特長である「検閲耐性」が、イーサリアムでは実質的に失われる恐れが出てきた。「イーサリアムによる取引は、かなりの割合が検閲を受けるようになるかもしれない」いう不安がコミュニティーに広がった。

ハードフォークに向けた準備期間中、もう一つさかんに飛び交っていたのが「現在の価格にマージはすでに織り込まれているのか？」という問いだった。すなわち、マージが成功すればＥＴＨ価格は急騰するのか、それとも、トレーダーはマージを見越してすでにETHを購入済みで、完了後に利益確定のため売りに出す腹づもりなのか？　また、ヘッジファンドのトレーダーであるガロアキャピタルのケビン・チョウは、たとえこれが論争の的になるハードフォークではないとしても、多くの人々が、まもなく放棄されるプルーフ・オブ・ワークから無料のお金を得ようとし、旧チェーンを復活させようとするだろう、とコミュニティーに警告した（彼自身、経験があった。TheDAOハードフォーク後にクリストフにETCを要求したクラーケンのトレーダーは、じつは彼だったことが判明した）[11]。おおやけに警告したせいで、彼は、大半の人たちから疎まれた。

ついに九月一五日、イーサリアムブロックチェーンはプルーフ・オブ・ワークのコンセンシスアルゴリズムからプルーフ・オブ・ステークへ移行した。二〇一六年のTheDAOハードフォークとは雰囲気がだいぶ異なっていた。TheDAOハードフォークは、少人数の内部グループが、その日のおもなスケジュールをこなす前に、気さくに集まって見守った。しかし、今回のマージは、パンデミックの終盤における世界的なイベントとしてズームでライブ配信され、経済活動とビーコンチェーンが結合するブロックの出現を数万人が待ちわびた。シームレスな移行の瞬間、ライブ配信の画面には、文字だらけでモノクロのコンピューター端末画面がポップアップした。画面の左右に一つずつ、パンダの顔が描かれ、中央にはでかでかと「POS《プルーフ・オブ・ステーク》有効化」と記されていた。どちらも文字だけで構成されたアスキーアートで、パンダの顔はほとんどがドル記号で巧みに描かれ、鼻筋には「LFG」の三文字（「レッツゴー」の意味）が並んでいた[12]（パンダはマージのマスコットだった）[13]。また、ズームのギャラリービューで参加者たちを眺めると、まだ暗号通貨の業界で働いているレフテリスの姿も見えた。

イーサリアムクラシックと同様に、廃棄されたチェーンにも取引可能なトークンが存在したが、その価格は即座に暴落し、二度と回復しなかった[14]。結局、マージは織り込み済みだったとみえて、ETHの価格は当初下落した。

マージ後、検閲されたブロックの割合が驚くほど高かった――一カ月後には五一パーセントに達した――ため、暗号通貨コミュニティーには政府の介入に対する懸念が色濃くなった。さらに、マージの当日、アメリカ証券取引委員会（SEC）のゲーリー・ゲンスラー委員長が、プルーフ・オブ・ステークのコインはハウィーテストに照らすと証券とみなされる可能性がある、と述べたことも影響していた[15]（このわずか三年前には、SECの高官が、個人的な見解ではETHは証券ではないと思う、と発言したが、ゲンスラー委員長は、前々から、ビットコイン以外のすべての暗号資産を証券とみていると示唆していた[16]）。

やがて、明確な脅威が現われた。暗号通貨起業家たちは長年、アメリカでどのような活動が合法でどのような活動が違法なのかを明確にするよう求めてきたわけだが、どうやらついに、暗号通貨を規制する法案が成立へ向かって進んでいた。その推進力となっていたのは、二〇一九年から二〇二二年にかけての暗号通貨界の寵児、サム・バンクマン＝フリードだった。

サムあるいはSBFと呼ばれる彼は、ワイルドな髪型と神経質な性格が特徴で、暗号通貨を「西部開拓時代」からより洗練された時代へと引き上げる素質を持っていた。両親がともにスタンフォード・ロースクールの教授であり、自身はマサチューセッツ工科大学（MIT）で物理学の学位を取得し、名門トレーディング会社のジェーン・ストリートに就職してキャリアをスタートさせた[17]。その後、みずからアラメダリサーチを設立。この会社は、日米間のビットコイン価格差を活かして利益を上げたことで知られ、おもに舞台裏で暗号通貨の定量トレーディングを行なった。さらに彼は、暗号通貨取引所のFTXも設立した。

かつてのビットコイン自由主義者とは異なり、サムは二〇二〇年の大統領選挙でジョゼフ・バイデンに大口献金した。また、六カ月間で三回も議会で証言し、商品先物取引委員会（CFTC）の規制当局と一四カ月間で一〇回も会談した。[18] どちらにおいても、彼は暗号通貨規制の利点を説いた。さらに、彼は「最大限の効果をめざす利他主義者」であり、[19] 財産の大半を寄付に費やすと公約していた。[20] 実際、その道を順調に進んでいるようすだった。二〇二一年、二九歳にして純資産二二五億ドルを持ち、フォーブスの「アメリカで最も裕福な四〇〇人」に最年少でランクインした。[21]

サムは暗号通貨をごく一般の人々にまで広めた。プロバスケットチーム「マイアミ・ヒート」のホームアリーナの命名権を買い、「FTXアリーナ」とした。FTXの広告にはトム・ブレイディー（アメリカンフットボール選手）とジゼル・ブンチェン（スーパーモデル）が出演し、スーパーボウルの広告にはラリー・デイビッド（コメディアン）が登場した。四月、サムは、FTXの国際本部があるバハマの高級リゾート「バハマール」で招待制の「クリプト・バハマス・コンファレンス」を開いた。このコンファレンスでは、トニー・ブレア、ビル・クリントン、キャシー・ウッド、アンドリュー・ヤンといった錚々たる顔ぶれが講演し、暗号通貨界のトップクラスの成功者たちが交流を深め、ノンフィクション作家のマイケル・ルイスが壇上でサムにインタビューした。

その夏、暗号通貨界で数十億ドルが消失するなか、サムは業界の「白馬の騎士《ホワイトナイト》」となり、苦境にある融資会社の救済を申し出た。顧客のために正しいことをするという信念を繰り返し語り、「暗号通貨界のJPモルガン」と呼ばれた。サム自身はこの呼び名を肯定しつつも、謙虚にこう修正した。自分は、一世紀以上前の金融恐慌時にアメリカ政府を救済した金融家Ｊ・Ｐ・モルガンの「縮小版」である、と。[22]

　しかし、サムが提唱していた法案の詳細が漏れると、暗号通貨コミュニティーは急に背を向けた。法案の一節が、分散型金融――金融システム全体を「ビットコイン化」する可能性のある、中央集権的な管理者がいないシステム――を事前に抑圧する意図を持っているように思えたからだ。サムはポッドキャスト「バンクレス」に出演し、暗号通貨の最初期の起業家のひとりであるエリック・ボアヘスと討論した。エリックは、宗教的な確信を持ち、霊的ともいえるほど心に響く口調で暗号通貨について語ることで知られる人物だ。サムは討論でエリックに圧倒されたうえ、小さな考えに囚われて混乱しているとの印象を世間に与えた。先見性のあるリーダーというよりも、オタクで神経質な技術官僚《テクノクラート》のようだった。[23]

　五日後の一一月二日、暗号通貨専門誌「コインデスク」がアラメダリサーチの貸借対照表と思われる文書を公開した。[24]その最終的な資産総額は一四六億ドルと大きいものの、奇妙なことに、その約四〇パーセントはＦＴＸのトークンであるＦＴＴによるものだった。ＦＴＴは、米ドルのような広く求められた通貨とは違い、用途が限定されたマクドナルドのクーポン券に近いものだった。

　この事実が明らかになったことで、アラメダリサーチとＦＴＸに対する信頼が揺らぎ始め、さらに、世界最大の暗号通貨取引所バイナンスのＣＥＯであるＣＺことチャンペン・チャオが、同取引所が保有するＦＴＴを清算中であるとツイートしたため、不信感がいっそう広まった（この巨大な取引所は、早い段階でＦＴＸに投資していた。しかし、両者がライバル関係に発展するにつれ、ＦＴＸは二〇二一年に二一億ドル相当のＦＴＴとステーブルコインを支払い、バイナンスの持ち株を買い取った。二〇二二年末には、バイナンスが所有するFTTの価値はおよそ六億ドルに達していた)。「FTTを売却するのは、ルナの苦い経験から学んだ、撤退後のリスク管理にすぎない。われわれは以前は支援していたが、離婚したのにまだ愛し合っているようなふりをする気はしない」とチャンペンはツイートした。[25]

アラメダリサーチのCEOキャロライン・エリソンが、バイナンスのFTTを二二ドルで買い取ることを提案したものの、そのせいでむしろ、それ以下の金額に押し下げようと、空売り業者の動きが加速した。[26]

一方で、大量のFTX顧客が資産の引き出しを始めた。取引所は一一月六日の日曜日だけで四〇億ドルの引き出し請求を受けた。処理されたのはその一部にすぎなかった。[27]

一一月七日月曜日、顧客が取引所から資金を引き出し続けるなか、サムはこうツイートした。「FTXはすべての顧客資産をカバーできるだけの資金を持っている。顧客資産を投資に回すようなことはしていない(財務省証券さえも買っていない)。われわれはあらゆる引き出しに応じてきたし、今後もそうする」

翌日、彼のツイートが虚偽であることが証明された。FTXが顧客の引き出しに応じきれなくなったのだ。前日のツイートは削除された。[28]

実際には、FTXは顧客資産のうち八〇億ドルをサムのトレーディング会社であるアラメダリサーチに貸し付けたか、あるいは無償で引き渡したとみられ、これはFTXがみずから定めた利用規約に違反する行為だった。FTXはバイナンスに身売りすることに合意したが、デューデリジェンスに取りかかったバイナンスが、帳簿を調べた結果、交渉を中止した。[29] その金曜日に、FTX、アラメダリサーチ、および約一三〇の関連会社が破産を申請した。

ドミノ倒しの第二波が始まり、きわめて信頼の高かった暗号通貨融資会社、FTXから信用枠を借り受けていた融資会社、暗号通貨に最も前向きだった銀行などが次々に潰れた。この危機のあいだ、暗号通貨コミュニティーは、失敗しているのは中央集権的な組織であり、暗号通貨の罪は、金融危機を縮小版で再現してしまったことだと弁明した（もっとも、長らく「分散型金融」を標榜していたテラ／ルナの創設者は、分散化に罪をなすりつけず、みずから失敗の責任を負った）[30]。さらに、暗号通貨の信奉者たちは、影響が波及するあいだにも、多くの分散型金融プロトコルが秩序ある清算や融資の返済を行なっていた、破産した業者でさえそうだった、と主張した[31]。彼らは、一連の破産や失敗を暗号通貨のせいとは考えず、中央集権化が招いた悲劇だと捉えていた。もともとのサイファーパンクのビジョンにこだわり、他者を信用して託すのではなく、ユーザーがみずから安全に秘密鍵を管理できる技術の開発に取り組んだ。

サムが推進していた、分散型金融の存在を脅かす法案は、当面のところ可決される見込みがなくなり、コミュニティーは胸をなで下ろした。しかし、FTXにおける詐欺疑惑――しかも、規制当局や立法者に非常に近しい人物による不正――の影響により、幅広い暗号通貨企業に対して政府の取り締まりが強化された。八〇億ドル相当のFTX顧客資産を別会社へ貸し付けたか譲与したとされる疑惑に比べると、ごくささいな違反で取り締まられた企業もあった。検察はサムを電信詐欺とマネーロンダリングの罪で起訴した。二〇二三年三月下旬の時点で、彼は一三の刑事罪で起訴され、裁判を待っている。また、争点となっている疑惑についてよく知る三人の関係者が、すでに有罪を認め、政府に協力している[32]。

三月九日、ニューヨーク州司法長官のレティシア・ジェームズは、ある暗号通貨取引所に対する訴訟で、ETHは証券であると宣言した。ETHの成功はヴィタリックをはじめとするイーサリアム財団の努力に依存しているというのだ。規制当局がそのような見解を法廷で述べたのは初めてのケースだった。しかし、シリコンバレー銀行が破綻し、ステーブルコインの主力であるUSDCが米ドルとの連動を失ったばかりだったため、暗号通貨界はこのニュースを真剣に受け止める余裕がなかった。

ETHは証券ではないとするプライアー・キャッシュマンの意見書を八人のイーサリアム共同創設者が受け取ってからおよそ九年が経過していたが、この問題はまだ決着していなかった（それどころか、SEC委員長のゲンスラーは二月、ビットコイン以外のすべての暗号資産を証券とみなしているという見解を繰り返した[33]）。暗号通貨企業にサービスを提供する主要銀行が破綻し、新しい信奉者やその資金を惹き付けることが困難になって、この業界の存続は危機に瀕した。一方、FTXのスキャンダルは依然として大きな話題だった。暗号通貨経済の成長に必要な、まだ暗号通貨に手を染めていない一般の人々は、暗号通貨全体にうさん臭い印象を抱き続けることになるのだろうか？

何十億ドルもの消失、エキゾチックな舞台、複雑な悪役たち――FTXの崩壊はハリウッド映画にふさわしい物語だ（わたしの次の本のテーマでもある）。おしゃべりで気取ったサムは、内向的で謙虚なヴィタリックと対照的な存在であり、派手で中央集権的なFTXと、ユニコーンのTシャツを着たサイファーパンクのイーサリアムとは、似て非なるものに感じられるものの、テーマはどうやら共通らしい。すなわち、理想主義、欲望、そして嘘だ。

謝辞

本書の執筆は、わたしのキャリアのなかで最も困難で最も楽しい仕事だった。執筆の過程を通じて人生の教訓を数多く学んだ。だから、これは異例かもしれないが、人生に多大なる喜びをもたらし、素晴らしい教師にもなってくれたこの本自体に感謝したい。

情報源になってくれた人々には、ここで心からお礼を言いたい。自分たちの時間を割いて技術的な詳細を説明してくれただけでなく、文書、チャットグループのログ、電子メール、録音、動画、写真、そのほか多くの手がかりや情報を提供してくれた。何百もの人々や企業が辛抱強くわたしの質問にこたえ、詳細を伝えてくれなければ、本書に細部やニュアンスまで盛り込むことができず、はるかに貧弱な物語になっていただろう。彼らへの感謝はいくら強調しても足りない。名前を明かすことはできないが、何百人もの情報源の方々に言いたい。ありがとう、ありがとう、ありがとう。

本書の最後で、暗号通貨における最大級の謎を解くのを助けてくれた四人には、とくに感謝を捧げたい。それが誰なのか、みなさん勘づいているのではないか。なかでも、最後の最後で決定的な役割を果たしてくれたふたりに、こう伝えたい。今夜から最後の息を引き取る日まで、毎夜の睡眠中、宇宙があなたたちに妖精の粉を多めに振りかけてくれますように。

深い感謝と愛情を込めて、わたしの代理人であるカービー・キムにありがとうと言いたい。彼はわたしのためにいくつもの仕事をこなしてくれている――すべて優雅に、そしてみごとに。カービー、あなたは執筆者が夢見る最高のセラピスト、交渉人、擁護者だ。出会った一日めから、わたしは信頼できる手のなかにキャリアを預けられたと安心だった。不確実なときも、チャンスが訪れたときも、あなたの存在がうれしかった。わたしを信じてくれてありがとう。

編集者のベン・アダムズには、前回の弱気相場の最中にわたしと暗号通貨の本にチャンスをくれたことに感謝している。あなたと初めて話した瞬間から、わたしたちはうまく協力できると確信し、あなたの賢明で確かな視点がこの本を導いてくれることに感謝した。初稿の段階から付き合ってくれ、この分散型ストーリーを力強い物語に仕上げてくれたことに感謝している。

ファクトチェッカーのベン・カリンに対しては、最高レベルの感謝と畏敬の念しかない。これまでで最も大変なこの仕事を引き受けてくれた。一カ月でブロックチェーン技術の知識を仕入れ、一語一句までいっしょに推敲してくれ、ほんの些細な点を確認するために夜遅くまで起きていてくれたことに感謝している。あなたが味方だと常に感じられたことが、ストレスの多かった最後の数カ月のあいだ、わたしに平穏と慰めを与えてくれた。

制作編集者のミシェル・ウェルシュ＝ホルストには、物事を円滑に進めてくれたこと、わたしが遅れたときも理解を示してくれたことに感謝する。最後の締め切りの間際の、あなたの落ち着いた合理的なアプローチをありがたく思う。

コピーエディターのジェニファー・ケランドに対しては、驚くほど細部にこだわる姿勢と、仕事の素晴らしさに拍手を送りたい。最終稿に近くなってもまだ散漫だったころでさえ、刊行までにはすべて完璧になると一瞬たりとも疑わなかった。オーディオブックのプロデューサー、キャスリン・キャロルにも、わたし自身に本を朗読させてくれたことに大いに感謝する。すべての著者がそんな機会に恵まれているわけではないのは知っている。オーディオブックのディレクター、ピート・ローハンは、いっしょに仕事をするのがとても楽しかった。わたしの失敗に耐えてくれ、わたしが望むときはいつでも再録してくれたことに感謝する。

パブリックアフェアーズのマーケティングとパブリシティーのチームにも多大な感謝を伝えたい。ミゲル・セルバンテス三世は、たくさんの優れたマーケティングのヒントをくれたほか、グラデーションの最後のピクセルを完璧にするために忍耐づよく協力してくれた。ピート・ガルソーは、美しい表紙を仕上げてくれた。ヨハンナ・ディクソンは、適切な相手にすばやく連絡を取り、感じよく情報を伝えてくれ、マスメディアから寄せられた多数の問い合わせを管理してくれた。デザイナーのトリッシュ・ウィルキンソン、校正者のローリ・ルイス、索引作成者のジーン・デバルビエリにも拍手を送りたい。

親愛なる友人であり、草稿に目を通してくれたミシェル、ルーベン、シャーリー、マティアス、トシン、未完成の作品を読んでくれてありがとう。みんなを永遠に愛しているし、直接会う日が待ちきれない。暗号通貨に詳しくない人々にもわかりやすくするうえで役立つ意見をもらうことができた。

フォーブス誌の担当編集者、ジャネット・ノバックとマット・シフリンには、長年にわたり並々ならぬサポートをしてくれたことに深い感謝を。あなたたちからさまざまな取材や執筆のヒントやテクニックを学んだ。本書に何らかの価値があるとすれば、その大部分はあなたたちが惜しみなく専門知識を分けてくれたおかげだ。

また、わたしを直接ご存じない方々も含め、多くの先達のみなさんから、文章の書きかたを教わった。デイビッド・ホックマン、ローラ・ヒレンブランド、エリザベス・ギルバート、ジョナサン・ワイナー、ニコラス・レマン、エバン・コーノグ、人生の先輩であるデガニット、ソニア、マリー、キャサリン。あなたがたの指導と啓示に感謝する。

世界じゅうに散らばっているわたしの仲間たち——ザ・ゴーツ（とくに、きつかった最後の数カ月間、目標達成の責任パートナーだったメギー）、グローイング・ファラオズ（わたしの光のパートナーであるサラに黄金色の太陽を、また、最後の数週間おおいに助けてくれたジェニー、タヒラ、ベッキー、クリスタルにきらめく宇宙の愛を）、バインダーズの仲間たち（とりわけ、わたしをカービーに紹介してくれたブーリー）、絵描き仲間たち（なかでもナンシー）——みなさんにめぐり会えたことに心から感謝したいと思う。あなたがたを頼りにできるのがうれしくてたまらない。

わたしのポッドキャストや動画を手伝ってくれたすべての人々——クリス・カラン、アンソニー・ユーン、ダニエル・ヌス、マーク・マードック、イレーン・ゼルビー、ジョシュ・ダーラム、ササンク・ベンカット、ボッシー・ベイカー、レイリーン・グラパリ、シンシア・ヘレン、ステファニー・ブレイヤー——に加え、わたしの担当弁護士ジョン・メイソンにも、温かい感謝の意を表する。みなさんとチームを組むことができて、とても幸運だった。

長年にわたってわたしの記事を読んでくれた方々、ポッドキャストを聴いたり動画を見たりしてくれた方々も、本当にありがとう。二〇一五年にビットコインに夢中になったとき、その情熱がこんなふうに発展するとは思いもしなかった。

長きにわたりわたしの番組のスポンサーになってくれている多くの企業にも感謝する。おかげで、ポッドキャストや動画を流すことができ、『アンチェインド』の視聴者も得られた。

この本を書くのに不可欠だった「フォーカスメイト」にも称賛を送りたい。

本書の執筆に追われてなかなか会えず、パンデミック以前からソーシャルディスタンスの状態が続いたにもかかわらず、我慢してくれた親友たち――ステイシー、トム、ベッキー、ハンデ、マリアナ、グラシエラ、ギゼム、バネッサ、ジェシカ、オールデン、フィオナ、ダニエル、コリーン――みんなありがとう。あなたがたひとりひとりが、わたしの心のなかに場所を持っている。

とてもクールでクリエイティブで勇敢なわたしの先祖たちへ。地球上でいっしょに息をすることはできなかったが、あなたがたの人生の物語は何十年ものあいだわたしにインスピレーションを与えてくれている。わたしの仕事があなたがたの遺産をじょうずに受け継いでいるといいのだが。妹のメリッサ、義弟のスペンサー、甥たちへ。いつも支えてくれ、楽しませてくれ、この本を長らく妊娠中だったわたしの話を聞いてくれて、本当にありがとう。

そしてなにより、いつも穏やかで、中立的で、謙虚で、優しいわたしの両親に感謝する。あなたがたに育てられたことは本当に幸運だった。わたしがすることすべてを誇りに思ってもらえるよう祈っている。心からの愛を捧げたい。

イーサリアム創世記《そうせいき》

2024年12月20日　初版第1刷発行

著　者　ローラ・シン
訳　者　中山宥
発行者　増田健史

発行所　株式会社筑摩書房
東京都台東区蔵前2-5-3　〒111-8755
電話番号　03-5687-2601（代表）

印　刷　株式会社精興社
製　本　牧製本印刷株式会社

ISBN978-4-480-83728-8 C0033

ローラ・シン（Laura Shin）

ジャーナリスト、暗号通貨ニュースサイト「Unchained」創設者にしてCEO。フォーブス誌の元シニアエディター。ポッドキャストとビデオは累計2500万回のダウンロードと視聴を達成した。TEDxサンフランシスコ、国際通貨基金、シンギュラリティ大学、オスロ・フリーダム・フォーラムなどで暗号通貨について講演を行なう。

中山有（なかやま・ゆう）

翻訳家。1964年生まれ。主な訳書に『マネー・ボール〔完全版〕』『〈脳と文明〉の暗号』（ともにハヤカワ・ノンフィクション文庫）、『マッキンゼー』（早川書房）、『ジョブズ・ウェイ』（SBクリエイティブ）、『動物学者が死ぬほど向き合った「死」の話』（フィルムアート社）、『生き抜くための12のルール』（朝日新聞出版）などがある。

装丁　コバヤシタケシ

註について

本文中に付した小数字は原註に対応しています。参照されている文献の多くがインターネット上のページ、オンライン資料等であることを鑑みて、PDF 形式で以下のページに掲載しました。

https://file.chikumashobo.co.jp/mm_files/9784480837288.pdf

2FA	「2段階認証」を参照。
2段階認証	「パスワード」と「テキストメッセージで送信されるコード」など、2つの無関係な手段による本人確認を要求することで、ウェブサイト上のオンラインアカウントを保護する方法。
51% 攻撃	ブロックチェーンに対する攻撃の一種。単一のエンティティー（個人、組織、プロジェクト）または複数の協力するエンティティーが、マイニング（ブロック作成）パワーの過半数を獲得することによってネットワークを乗っ取ろうとするもの。
BTC	ビットコインのティッカーシンボル。
CME	先物やオプションを取引するための取引所。
DAO	分散型自律組織。ブロックチェーン上の投票によって管理される。
dapp	「分散型アプリケーション」の略。ブロックチェーン上に構築されたアプリケーションであり、企業などの仲介者がいない。企業がすべての人材を雇用してすべてのサービスを提供するのではなく、ネイティブコインを含むインセンティブを内蔵しており、個人やエンティティーがネットワーク上でこれらのサービスを提供するよう促す。
DoS攻撃	サービス拒否攻撃。企業やブロックチェーンをスパム攻撃したり、処理能力を超えるリクエストを殺到させたりして、正常な処理を妨害する。
ERC-20トークン	イーサリアム上の新しいトークンの標準を使用して作成されたトークン。イーサリアム Request for Commentsのディスカッションボードに投稿された20番目の問題に由来する。
ETC	イーサリアムクラシックの価格のティッカーシンボル。
ETH	イーサリアムの価格のティッカーシンボル。
Ethcore	ギャビン・ウッドがイーサリアム財団を去ったあとで設立したスタートアップ。のちに「パリティー」と改名。「パリティー」も参照のこと。
ETHデヴ	ギャビン・ウッドがベルリンに設立したドイツのビジネス事業体（UG）。クラウドセール後、プロトコルおよびC++クライアントを構築する開発者たちを大量に雇用した。
FUD	fear（恐怖）uncertainty（不確実性）doubt（疑念）の頭文字をつなげた語。なんらかの暗号通貨に対する批判を「根拠がない」と退けるためによく使われる俗語だが、ライバルコインの支持者が煽り目的で流す虚偽の批判を指すこともある。
Geth	Go言語のイーサリアムソフトウェアクライアント。
GitHub	ソフトウェア開発のためのウェブサイト。
GmbH	ドイツ版LLC（有限責任会社）。
GPU	「グラフィックスプロセッシングユニット」の略。ゲーム用コンピューターのコンピューターチップの一種で、一般的なコンピューターのCPU（中央演算処理装置）よりも強力なため、暗号通貨のマイニングをより効率的かつ収益性の高い方法で行なうことができる（ただし、最も効率的かつ収益性の高い方法というわけではない）。

ICO	「イニシャル・コイン・オファリング」の略。新規トークンのクラウドセールで、通常は暗号通貨と交換される。新しいブロックチェーンの開発資金を調達し、トークンを多くの人に配布することで、より多くの人をネットワークに呼び込み、トークンの価値を高めるインセンティブを持つユーザーをネットワークにシードすることを目的とする。
KYC	金融規制を遵守するための本人確認プロセス。
Parity	Rust言語のイーサリアムソフトウェアクライアント。または、ギャビン・ウッドがイーサリアム財団を去ったのちに設立した会社（当初の社名はイーサコア）。この会社は、マルチシグネチャーウォレットなどのイーサリアムベースのソフトウェアや製品を作成したほか、のちには、独自のブロックチェーン「ポルカドット」に取り組んだ。
Solidity	スマートコントラクトを作成するためのプログラミング言語。
TheDAO	スロック・イットが構築した分散型ベンチャーファンドで、トークン保有者がどのプロジェクトに資金を配分するかを決定することを目的としていた。
tx	transaction（トランザクション）の略。
UG	ドイツにおける有限責任会社の一種。資本要件が低い。
アカウント	「アドレス」ともいう。イーサを受信、保持、送信できるエンティティー。秘密鍵を持つ個人またはスマートコントラクトが所有できる。
アドレス	「アカウント」を参照。
アルトコイン	ビットコインに似た暗号通貨で、いくつかのパラメーターが変更されたもの。ビットコイン以外のすべての暗号通貨を指す。ビットコインだけが正統だと主張する人々は、軽蔑的に「シットコイン」とも呼ぶ。
暗号経済学	「トークノミクス」ともいう。中央の企業が従業員を雇って特定の責任を負うという形態ではない分散型ネットワークを維持するために、暗号ネットワーク内のさまざまなアクターにインセンティブを与えるゲーム理論。
暗号通貨	「仮想通貨」ともいう。ブロックチェーンによって生成されるデジタル資産。高い代替性、分割性、可搬性を持ち、チェーンにプライバシー機能が組み込まれていない限り、その動きを追跡することができる。
イーサスキャン	人気のある「ブロックエクスプローラー」。または、イーサリアムブロックチェーンのデータを提供するウェブサイト。
イーサリアム・インプルーブメント・プロポーザル（EIP）	プロトコル、クライアント、特定の種類のコントラクトの標準規格など、イーサリアムネットワークに関連するものを改善するための技術的な提案。
イーサリアムGmbH	イーサリアムのために最初に設立されたスイスの事業体。創業者が非営利団体にすることを決定したあとも、この団体はクラウドセールを行ない、ネットワーク立ち上げ後に清算された。
イーサリアム財団（EF）	イーサリアムプロトコルの開発を指揮する非営利組織。スイスに本拠地を持つ。

イースト・アジア・パシフィック株式会社	ヴィタリック・ブテリンが、ミン・チャンの束縛から解放されるため、シンガポールに設立した事業体。彼のチームの研究者たちに報酬を支払うために利用された。
イエローペーパー	ギャビン・ウッドが書いたイーサリアムに関する論文。イーサリアムが技術的にどのように機能するかを概説している。
イミュータビリティー	ブロックチェーンは変更不可能であるべきだという原則。
ウォレット	利用者の秘密鍵を安全に保管し、ブロックチェーンとやり取りし、利用者が残高を確認したり、送金や受金を行なったりできるようにするデバイスまたはソフトウェアプログラム。
エンタプライズ・イーサリアム・アライアンス	企業におけるイーサリアムの利用を促進するための業界団体。
大口投資家（クジラ）	特定の暗号通貨を大量に保有し、市場に影響を与える可能性のある人。
カーボン投票	ブロックチェーンによる投票の一種。実際にコインを送信する必要はなく、投票を送ったウォレット内にあるコインの数が記録される。最終的には、賛成アドレスに投票したウォレット内のコイン数と、反対アドレスに投票したウォレット内のコイン数をそれぞれ集計する。
鍵	「秘密鍵」を参照。
ガス	イーサリアムの分散型コンピューター上でトランザクションを処理したり、計算を実行したりするために支払われる手数料。
キュレーター（DAO用語）	DAOに提出された英語の提案が、提出されたコードと一致するかどうかを判断し、提案が承認された場合には、資金を受け取るためのイーサリアムアドレスが契約者のものであるかをチェックする役割。
クライアント・ソフトウェア	ユーザーのコンピューターをサービスに接続する、デスクトップアプリのようなソフトウェア。イーサリアムの場合であれば、ユーザーがイーサリアムネットワークを実行する、またはそれに接続するのを支援するソフトウェアを指す。
ゲーム・オブ・スローンズの日	イーサリアムの指導者グループがチャールズ・ホスキンソンとアミール・シェトリットを解任した日。
子DAO	親DAOから送られたコインによって作成される、新しいDAOインスタンス。
コイン	暗号通貨またはトークンの別称。
コインマーケットキャップ	コインを時価総額でランク付けする、人気の暗号通貨データサイト。
公開鍵/アドレス	暗号化された数字と文字の列で構成されており、利用者が資金を受け取るためのアドレスとして機能するもの。対応する秘密鍵（暗号的に接続された「公開鍵/秘密鍵ペア」の片方）を持っている場合に限り、資金を受け取ることができる。
コールドストレージ	暗号を保管する最も安全な方法で、秘密鍵をオフラインで保持する。
コンセンサス（語頭のcは小文字）	「合意形成」ともいい、ブロックチェーンの望ましい状態をさす。すべてのノードが台帳の状態と取引の順序に同意している。

コンセンサス（語頭のCは大文字）	暗号通貨に特化したニュースサイト『コインデスク』が毎年ニューヨーク市で開催する最大のブロックチェーン会議。
コンセンシス	ジョゼフ・ルビンによって設立された、ブルックリンを拠点とするイーサリアムベンチャープロダクションスタジオ。イーサリアムのインフラツールを作成し、イーサリアム上の分散型アプリケーションの育成を目指した。
サービスプロバイダー（TheDAOの用語）	TheDAOと契約して製品やサービスを提供し、DAOトークン保有者に利益を還元する業者。
再帰呼び出し	TheDAOで使用された攻撃の一種で、取引実行時の不適切な関数の順序を悪用するもの。たとえば、引き出し処理の際に、攻撃者が残高が前回の引き出しを反映する前に、何度も引き出しを開始できる状況を利用する。
サイファーパンク	強力な暗号化とプライバシー保護技術を提唱する人物もしくは価値観。政府の検出や監視を回避すること、または社会・政治的な変化を推進することを意図している場合が多い。
サトシ・ナカモト	ビットコインの匿名の作成者。
シェイプシフト	暗号通貨の取引所の1つ。顧客のコインを保有せず、顧客にアカウント開設や本人確認を要求しない。みずからが取引の相手となり、顧客が交換を希望する資産を購入したり、顧客が購入を希望する資産を販売したりする。
資産	経済価値を生み出すもの。
受託者メンバー	財政的責任も負うイーサリアム共同設立者たち。
シュティフトゥング	スイスの政府機関によって監督される非営利団体。特定の使命を掲げ、その使命に従って資金を運用しなければならない。
証券取引委員会	略称「SEC」。証券法を執行し、取引所を規制するアメリカ連邦機関。
初期貢献者	クラウドセール前にイーサリアムに取り組んだ人々。
シルクロード	ビットコインによって実現された、最初のオンライン薬物マーケットプレイス。ビットコインにより、従来型の銀行システムを使わずにオンラインでの支払や受取が可能となった。
スプリットDAO	「子DAO」を参照。
スペースシップ	イーサリアム開発の最初の拠点。スイスのツークの隣町、バールにあった。
スポーク（コンセンシスの用語）	コンセンシスの傘下のスタートアップ。従業員はコンセンシスから給料を受け取る。
スマートコントラクト	会社や仲介者に代わって、二者間の契約条件を自動的に実行するソフトウェアプログラム。
スロック・イット	クリストフ・イェンツシュ、サイモン・イェンツシュ、ステファン・トゥアルによって設立されたスタートアップ。まず分散型のベンチャーファンドを創設し、その後そのファンドから資金を調達しようとした。
ソフトフォーク	暗号通貨プロトコルの後方互換性のある変更。可能な操作が制限されるだけで、古いソフトウェアを使っているノードでも新しいブロックを有効と認識する。

ダークDAO	TheDAO攻撃者が364万ETHを吸い上げた子DAO#59。「ミニダークDAO」の項も参照のこと。
チェーン分割	「ハードフォーク」を参照。
ディセントラル	アンソニー・ディ・イオリオが設立した、トロントのブロックチェーン/分散型アプリケーションコミュニティーセンターおよびワーキングシェアスペース。
デヴコン	年次イーサリアム開発者会議。
トークノミクス	「暗号経済学」を参照。
トークン	とくに、ICOで発行されるコインのことを指し、通常はERC-20トークンである。一方、「暗号通貨」と同じ意味で使われることもある。
取引所	顧客がBTCやETHなどの資産を別の資産と交換できるようにするビジネス。
取引手数料	取引を処理するために暗号通貨のブロック作成者（マイナー）に支払われる手数料。手数料が高いほど、取引がマイニングされる可能性が高くなり、また、迅速にマイニングされる可能性も高くなる。
難易度	暗号通貨のマイニングアルゴリズムをブロック生成者にとって競争力のある状態に保つための調整メカニズム。目安として、ビットコインでは平均およそ10分ごと、イーサリアムでは平均12～15秒ごとに生成者が新しいブロックを見つけられるようにしてある。
ノード	暗号通貨または暗号資産のソフトウェアを実行するのを助け、通常はそのブロックチェーンのコピーを保持するコンピューター。
ハードフォーク	暗号ネットワークに対する後方互換性のないソフトウェアアップグレード。通常、「対立を伴う」ハードフォークを指し、暗号ネットワーク上のノードの一部がアップグレードを行ない、別のノードの一部はアップグレードを行なわない。この結果、アップグレードしたノードは、もとのソフトウェアを実行しているノードとは別のブロックチェーンを作成することになり、フォークの瞬間まで共有履歴を持つ2つの暗号通貨が生まれる（ネットワーク全体が同時にアップグレードする場合、これは「対立を伴わない」ハードフォークであり、全員が同じブロックチェーン上に留まり、ハードフォークが2番目のチェーンや暗号通貨を生み出すことはない）。
ハイパーレジャー	Linux財団が運営するエンタープライズブロックチェーンのためのオープンソースコミュニティー。
ハウィーテスト	アメリカ証券取引委員会（SEC）が、投資契約が「証券の募集」に該当するかどうかを判断するために使用する判断基準。
ハッシュ	データに対して暗号化機能を実行した結果得られる、固定長の数字と文字の列。データ内の句読点1つを変更しただけでも、まったく異なるハッシュ値となる。ブロックチェーンのトランザクションやアドレスなどを一意に識別するために使用される。

ハッシュレート	ブロックチェーン上のコンピューティングパワーとセキュリティの量、またはマイナーやマイニング機器の効率性を測定する方法。技術的には、ブロックチェーンマイナーが1秒間に新しいハッシュを作成する速度、または暗号通貨を獲得するために必要な計算を行なう速度を指す。
パリティー	Parityを参照のこと。
ビットコイン（語頭のbは小文字）	世界初の暗号通貨。ビットコインネットワークのネイティブデジタル資産。供給量は2100万で、デジタルゴールドという特性を持つ。
ビットコイン（語頭のBは大文字）	世界初のブロックチェーン。ソフトウェアを実行して、初の暗号通貨であるビットコイン（語頭のbは小文字）を仲介者なしで転送できるピアツーピア電子キャッシュネットワーク。
ビティー	スイスのヌーシャテルに拠点を置く暗号交換所。スロック・イットがTheDAOから支払いを受け取れるようにスイスの法人設立を支援したほか、ホワイトハットグループがTheDAOからETCをDAOトークン保有者に返還するのを助けた。
秘密鍵	暗号化された数字と文字の列で構成されており、特定の公開アドレスから暗号通貨を送信するために使用されるもの（暗号的に接続された「公開鍵/秘密鍵ペア」の片方）。
フィアット通貨	政府が法令にもとづいて発行し、金などによって裏付けられていないタイプの通貨。
フィッシング	ハッカーが被害者にパスワードを教えるよう誘導するタイプのハッキング手法。
プレマイニング	新規コインを一般に公開する前にマイニングを行ない、作成者や初期投資家に報酬としてコインを割り当てること。
ブロックエクスプローラー	ブロックチェーン上の取引データを提供するウェブサイト。
ブロックチェーン	タイムスタンプ付きの分散型、非中央集権型の履歴台帳で、暗号ネットワーク上のすべての取引を記録したもの。台帳のコピーは、世界じゅうのコンピューターネットワーク上に保持される。タイムスタンプ付きの取引のゴールデンコピーとして機能し、通常、取引の実行を任されている仲介者を置き換えることができる。
ブロック生成者	「マイナー」ともいう。暗号通貨ソフトウェアを、通常は特殊な機器上で実行し、ソフトウェアによって鋳造された新しいコインを獲得する人。通常、彼らの参加は、セキュリティーその他、ネットワークへの利益をもたらす副産物となる。
プロトコル	特定の種類のネットワークを運営するコンピューターに対する既定のルールセット。ビットコインでは、ビットコインの取引処理に関するルールを指し、イーサリアムでは、分散型アプリケーションを運営するためのルールを指す。
報酬契約/報酬	TheDAO内のコントラクトの1つ。TheDAOを離れる利用者に対して、彼らが行なった投資から生じる将来の収益を支払う。
ホットウォレット	秘密鍵がオンラインになっているウォレット。ハッキング、フィッシング、盗難などの被害に遭いやすい。

ポルカドット	ギャビン・ウッド率いるパリティーが提案した分散型ネットワーク。そのICOは1億4500万ドルを調達したが、間もなくして、そのうちの9500万ドルが凍結された。
ポロニエックス	人気のあるアルトコイン暗号通貨取引所。長いあいだ、ETH取引が最もさかんに行なわれていた。
ホロン	住居兼仕事場。
ホワイトハットDAO	ロビンフッドグループやホワイトハットグループがETHを移した子DAO。DAOトークン保有者に資金を返還するためのもの。
ホワイトハットグループ	ハードフォーク後、ETHとETCをDAOトークン保有者に返還した「ホワイトハットハッカー（善良な目的を持つハッカー）」のグループ。
ホワイトリスト	信頼できると判断された人物または物のリスト。
マイイーサウォレット	略称MEW。利用者がシンプルなボタン操作によりイーサリアムブロックチェーンと直接やり取りできるようにしたウェブサイト。コインの管理を第三者に任せなくて済む。
マイニング	ブロックチェーン上で鋳造されている新しい暗号通貨を獲得しようとする試み。その過程で新しい取引が台帳に追加される。
マキシマリスト	1つの暗号通貨しか信じない人のこと。熱狂的なビットコイン信奉者（ビットコイン至上主義者）を指す場合に最もよく使われるが、他の暗号通貨（イーサリアムなど）の熱狂的なファンを指す場合にも使われることがある。
マルチシグ	複数の署名のうち一定数（たとえば2/3や3/5など）が必要となる暗号通貨ウォレット。取引を実行する際に複数の署名が求められるため、セキュリティーが強化される。
ミニダーク DAO	最初のTheDAO攻撃者を模倣した者が資金を吸い上げた子DAO。
ミント	暗号資産または通貨の新しい単位を作成すること。
メールネーター	一時的、公開、使い捨て、匿名のメールアドレスを提供するサービス。
余剰残高	クラウドセール前半の1 ETH:100 DAOから後半の1.05〜1.5 ETH:100 DAOに価格が上昇した後、保有者がDAOトークンに支払った追加代金。
リエントランシー攻撃	「再帰呼び出し」を参照。
リプレイ攻撃	対立を伴うハードフォークのあと、リプレイ保護がない場合に可能となる攻撃の一種。利用者が意図していない取引を実行し、その結果、本来送るつもりのなかったコインを送ってしまう。
リプレイ保護	ハードフォークで1つのブロックチェーンが2つに分割された際、それまでの取引履歴を共有していた両方のチェーンが誤って連動しないようにするための対策。利用者が片方のチェーンでコインを送るつもりが、誤って両方のチェーンで送ってしまうことを防ぐ。誤動作は、異なる資産が同一の識別子を持つアドレスにある場合に発生する。
ロビンフッドグループ	TheDAOから最初に364万ETHが流出したあと、残りのETHを救出した「ホワイトハットハッカー（善良な目的を持つハッカー）」のグループ。

▸2011年

晩冬	ヴィタリックがビットコインについて学び始め、『ビットコイン・ウィークリー』に執筆。
6月1日	Gawker.comの記事「The Underground Website Where You Can Buy Any Drug Imaginable」が公開される。
	ビットコインの価格が1週間で9ドル未満から32ドル近くまで急上昇。
8月	ヴィタリックが『ビットコイン・マガジン』のライターになる。

▸2012年

5月	『ビットコイン・マガジン』が創刊号を発行。
	ヴィタリックが高校を卒業。
9月	ヴィタリックがウォータールー大学に入学。

▸2013年

5月	ヴィタリックが休学を決意。
8月	ヴィタリックが休学期間を延長することを決意。
9月	ヴィタリックがミラノでアミール・ターキと共に1週間過ごす。
	ヴィタリックがイスラエルで4週間から6週間過ごし、ビットコインの「レイヤー2」機能についての啓示を得る。
10月上旬	ビットコインの価格が100ドル台前半。
11月上旬	ビットコインの価格が200ドル台前半。
11月4日～8日	ヴィタリックがロサンゼルスに滞在。
11月8日～12月10日	ヴィタリックがサンフランシスコに滞在。
11月中旬	ビットコインの価格が400ドル台、さらには800ドルを突破。
	ヴィタリックがプレシディオを散歩中にイーサリアムの構造に関する技術的な突破口を見つける。
11月27日	ヴィタリックが友人にイーサリアムのホワイトペーパーを送信。
	ビットコインの価格が初めて1000ドルを超える。
12月10日～11日	ヴィタリックとアンソニー・ディ・イオリオが「インサイド・ビットコイン」コンファレンスに参加。
12月19日	ギャビン・ウッドがヴィタリックに連絡。
12月25日	ジェフリー・ウィルケとギャビンがイーサリアムのホワイトペーパーの実装を開始。

▸2014年

1月1日	アンソニーのディセントラルがトロントで旗揚げ。
1月20日～21日	イーサリアムグループがマイアミに到着。
1月25日～26日	「BTCマイアミ」コンファレンス。
2月中旬～後半	ジェフリー、ギャビン、ジョゼフが共同創設者に追加される（ブログで3月5日に発表）。
3月1日	ツークのメンバーたちがスペースシップへ移動。
3月5日	イーサリアムGmbHがスイスで設立される。
4月上旬	ギャビンがイーサリアムのイエローペーパーを公開。
4月11日～13日	トロントで「ビットコイン・エキスポ」。
5月26日	ツイッケナムにいるステファン・トゥアルとマティアス・グロンネベック、ツークにいるミハイ・アリシエ、テイラー・ゲーリング、ロクサナ・スレアヌ、リチャード・ストットがスカイプ通話。
5月31日～6月1日	ウィーンにいるヴィタリックとギャビンが、ステファンとマティアスからの電話を受ける。
6月3日	イーサリアムの「ゲーム・オブ・スローンズ」の日。
7月9日	シュティフトゥング・イーサリアム（イーサリアム財団）設立。
7月22日	クラウドセール開始。
9月2日	クラウドセール終了。
11月24日～28日	ベルリンのETHデヴで「デヴコン0」。

▸2015年

2月末～3月初め	財団が会議を開き、現在の取締役会メンバーを解任して「プロフェッショナルな取締役」を募集することを決定。
2月～3月	ケリー・ベッカーがETHデヴUGのCOOに着任。
6月12日	アンソニー・ディ・イオリオが、フットボールの一つを「人質」にしていると非難される。
6月中旬	ウェイン・ヘネシー＝バレット、ラーズ・クラビッター、バディム・レビティンが取締役会メンバーとして招聘される。
	ミン・チャンがエグゼクティブディレクターとして採用される。
7月30日	イーサリアムがローンチされる。
8月1日～2日ごろ	ミンがバディムを非難。
8月9日からの週	ステファンがヴィタリックに初期貢献者の割り当てを変更するよう働きかける。

8月10日	「マイイーサウォレット」の最初のバージョンが作成される。
8月15日	イーサリアム財団が初期貢献者に支払いを行なう。
8月16日	ステファンとヴィタリックが初期貢献者の配分についてレディット上で議論。
8月18日	「マイイーサウォレット」のドメイン名が登録される。
8月中旬〜後半	ステファンが解雇される。
8月23日〜24日	イーサリアム財団の初の取締役会が開催される。
9月2日〜7日ごろ	ヴィタリック、ミン、ケイシーがトロントのキャビンに滞在。
9月11日	ケイシー、ミン、ヴィタリック、ジョゼフ・ルビン、アンドリュー・キーズらのメンバーがコンセンシスで「デヴコン1」について会議。
9月29日	ヴィタリックが、イーサリアム財団の資金が枯渇しそうであることをブログで公表。
	取締役会メンバーが公式に辞任の手紙を送る。
11月9日〜13日	ロンドンで「デヴコン1」。
	クリストフ・イェンツシュが「スロック」をデモし、TheDAOを発表。
11月下旬〜12月初め	ギャビンが解雇される。

▸**2016年**

1月24日	ETHの終値が2ドルを超える。
2月2日	Parityが最速のイーサリアムクライアントであるというブログ記事をイーサコアが公開。
2月11日	ETHの終値が初めて6ドルを超える。
3月2日	TheDAOがギットハブに追加される。
3月13日	ETHが過去最高値の15.26ドルに達する。ヴィタリックはイーサリアム財団の数年ぶんの資金を確保できたと安堵。
4月中旬	ミンが電話でハイパーレッジャーのブライアン・ベーレンドルフを叱責。
4月25日	ヴィタリックやギャビン、イーサリアム財団のほかのメンバーたちがDAOのキュレーターとして発表される。
4月26日	DAOリンクの設立に関する発表。
4月29日	スロック・イットがTheDAOに初の提案を行なう。
	テイラー・バン・オーデンの婚約者、ケビンがコイントスでDAOコントラクトを選ぶ。

4月30日	TheDAOセール(「生成期間」)開始。
5月13日	ギャビンがキュレーターを辞任。
5月14日	DAOトークンの価格が上昇するタイミングを読み違え。
5月24日	コインベース共同創設者による「イーサリアムはデジタル通貨の最前線」というブログ記事。
5月25日	スロック・イットが初のTheDAOセキュリティー提案を行なう。
5月27日	エミン・ギュン・シラーと論文共著者がDAOのモラトリアムを呼びかける。
5月28日	TheDAOセール終了/TheDAO創設。
6月5日	クリスチャン・ライトビースナーが再帰呼び出しのバグを発見し、ほかの開発者に警告。
6月9日	ペーター・ベセネスが再帰呼び出し攻撃ベクトルについてのブログ記事を公開。
6月10日	クリスチャンもブログでそれについて言及。
6月11日	ヴィタリックが、セキュリティー問題の発覚後もDAOトークンを購入しているとツイート。
6月12日	ステファン・トゥアルが「資金は危険にさらされていない」というブログ記事を公開。
6月14日、2時52分(協定世界時)	子DAO#59(のちにダークDAOになる)が空《から》になる。
6月14日、11時42分(協定世界時)	DAO攻撃者がBTCをDAOトークンとETHに交換する取引を開始(6月16日まで)。
6月15日、4時26分(協定世界時)	DAO攻撃者が子DAO#59に賛成票を投じる。
6月17日	DAOが2億5000万ドルの価値に達する。
同日、3時34分	攻撃者がTheDAOへの再帰呼び出しを開始。
同、12時27分(協定世界時)	攻撃者が資金の取り出しを停止。
	グレッグ・マクスウェルがヴィタリックに「愚かな貪欲者になるな」とメール。
	その晩、のちにロビンフッドグループと命名される開発者たちがTheDAOを攻撃することを検討。アレックス・バン・デ・サンデのインターネット接続がダウン。
	ETHの取引量が過去最高。
6月18日、10時21分(協定世界時)	自称TheDAO攻撃者が「364万1694ETHを正当に請求した」とする公開書簡を発表。
	クリストフが選択肢を説明するブログ記事を公開。

	ロビンフッドグループがTheDAOを救うことを検討する電話会議を開催。
6月19日	レフテリス・カラペツァスが選択肢を説明するブログ記事を公開。
6月21日	模倣攻撃が始まる。ロビンフッドグループが720万ETHを救出。
6月22日	レフテリスがハードフォークとソフトフォークの仕組みを説明するあらたなブログ記事を公開。
	ロビンフッドグループがホワイトハットDAOに「悪意のある行動者」がいることを疑い始める。
6月23日	ビットコイン・スイスが、悪意のある行動者とみられる人物からの手紙をレディットに投稿。
6月24日	ペーテル・ジラーギがGethおよびParityクライアントのソフトフォーク版を投稿。
	ソフトフォークに対するサービス拒否（DoS）攻撃が発見される。
	ソフトフォークが中止される。
7月初めから中旬	ロビンフッドグループが「DAOウォーズ」を実施（再帰呼び出し攻撃/救出）、DAO攻撃者や模倣者の換金を阻止。
	ポロニエックスの従業員がTheDAO攻撃者の身元を特定し、犯人の手がかりを得たかもしれないと考える。
7月7日	クリストフがハードフォークに関する残りの問題、とくに余剰残高の処理方法について説明するブログ記事を公開。
7月9日	ステファンが「DAO窃盗犯が7月14日にETHを返却する可能性が非常に高い理由」というブログ記事を公開。
7月10日	イーサリアムクラシック（ETHC）のギットハブページが作成される。
7月11日	ロビンフッドグループがTheDAO攻撃者が資金を送ることを期待し、ダークDAOアドレスをキュレーターマルチシグのホワイトリストに追加。
7月16日	carbonvote.comの結果、投票者の87パーセントがハードフォークに賛成。
7月17日	ヴィタリックがハードフォークの実行方法を説明するブログ記事を公開。
7月20日	イーサリアムのハードフォーク実行。
	ハードフォーク後に「ファットフィンガー」が誤って3万8383ETHをTheDAOへ送金。
7月21日	「ETHC」の購入を希望する投稿がBitcoinTalk.org上に多数。

	取引所クラーケンのトレーダーがクリストフに「ETHC」を購入したいとメール。
	グレゴリー・マクスウェルがヴィタリックに、ビットコインで「ETHC」を購入したいとメール。
7月23日	TheDAO攻撃者が「ETHC」をダークDAOから孫DAOへ送信。
	イーサリアム財団の開発者たちがプライベートなスカイプチャットでイーサリアムクラシックを非難し始める。
7月24日	ポロニエックスがETCを上場。
	イーサリアム財団の開発者がプライベートなスカイプチャットでETCを非難し続け、その会話のスクリーンショットがレディットに投稿される。
7月25日	バリー・シルバートがETCを購入したとツイート。
	ジェネシスがETCの店頭取引を開始。
7月26日	ビットトレックスとクラーケンがETCを上場。
	ETC/ETHのハッシュパワー比率が、朝は6対94だったが、午後遅くには17.5対82.5に変動。
7月27日	BTC-eがブログで「ユーザーたちがポロニエックスへETCを送ってしまった」と公表。
	グレッグ・マクスウェルがふたたびヴィタリックにETCを売ってほしいとのメールを送信。
7月28日	ホワイトハットグループ（WHG）が「ファットフィンガー」の資金をTheDAOから最後の1Weiまで残らず救出。
8月1日	ETCが価格上昇、ETHは価格下落。
	ヴィタリックが「わたしは100パーセント、ETHに取り組んでいる」とツイート。
8月2日	ETHが8.20ドルに下落する一方、ETCが新高値の3.53ドルに急騰し、ETHの市場規模の43パーセントに到達。
	ビットフィネックスがハッキングされ、暗号通貨市場の全体が14パーセント下落。
8月5日	ホワイトハットグループがスイスのヌーシャテルへ飛び、ETCの返還作業を開始。
8月6日	ビットコイン・スイスと電話会議。
8月7日～8日	WHGが資金をETCではなくETHとして返還する決定を下す。
8月8日	バーガー・シンガーマンから、WHGが初の法的警告を受ける。
	「ファットプロトコル」論文ブログが公開される。
8月9日	WHGとビティーがETCを複数の取引所に預ける。ポロニエックスでの預け入れが一時ブロックされ、のちに許可されたものの、その後、ポロニエックスでの取引がブロックされる。

8月10日	第2位の大口投資家が、ETHではなくETCでもらいたいと電話で要求。
8月11日	MMEから、WHGが2回目の法的警告を受け、ETCの即時返還を要求される。
8月12日	WHGが資金をETCとして分配する決定を発表。
8月16日	WhalePandaがブログ記事「イーサリアム:嘘つきと泥棒の連なり」を公開。
8月18日	ステファンが謝罪を発表。
8月26日	ビティーが修正版のETC引き出し用コントラクトを投稿し、これが展開されると発表。
8月30日	ビティーとWHGがETC引き出し用コントラクトを展開。
8月31日	ポロニエックスとクラーケンがWHGのETCを引き出し用コントラクトに預ける。
9月6日	ホワイトハット引き出し用コントラクトに最後のETCが預けられる。
	TheDAO攻撃者と思われる人物がETCの孫ダークDAOからメインアカウント0x5e8fへ資金を移動。
9月15日	イーサリアムの余剰残高引き出し用コントラクトに資金が充填される。
9月19日	「デヴコン2」が上海で始まる。
	イーサリアムに対するDoS攻撃が始まる。
10月	ポロニエックスの従業員が新しい所有者が追加されたことを認識。
	この秋のどこかの時点で、ジュールズ・キムが不承不承、ジョニー・ガルシアに　ビットコインのボーナスを与える。
	同じく2016年の半ばから後半のどこかの時点で、ジュールズとマイク・デモポロスが、ポロニエックスに二段階認証を追加することに最初は反対したものの、結局は容認。
10月18日	「タンジェリンホイッスル」ハードフォーク。
10月25日	イーサリアム・アジア・パシフィック株式会社がシンガポールで設立される。
	DAO攻撃者がETCをシェイプシフトへ移動開始。
11月11日	ゴーレム（GLM）のICO。
11月22日	「スプリアスドラゴン」ハードフォーク。
12月	アメリカの対イラン制裁に従うため、ポロニエックスが顧客確認プログラムを追加することにジュールズとマイクが反対する（結局、2017年前半に容認）。

▸**2017年**

1月	ポロニエックスの初期の従業員たちが会社の株式オプションのコントラクトに署名（取締役会によって承認されたのは4月）。
1月25日	イーサリアム財団が「エンタープライズ・イーサリアム」および「エンタープライズ・イーサリアム・アライアンス」の商標を出願。
1月31日	1月中に九つのICOが約6700万ドルを調達。
	この月、MEWが10万ビジットを達成。
	この月、世界全体の一週間あたりの暗号取引量が約10億ドルに達する。
1月／2月	ジェフリー・ウィルケが倒れる。
2月27日	エンタープライズ・イーサリアム・アライアンスが発表される。
	TheDAO攻撃以来初めて、ETHの価格が15ドルを超える。
	テイラー・ゲーリングのコントラクトがイーサリアム財団によって更新されず。
2月28日	2月中に八つのICOが7300万ドル以上を調達。
	この月、MEWが15万ビジットを達成。
春	ポロニエックスのオーナーが買い手を探し始める。
3月11日	ETHの終値が初めて20ドルを超える。
3月24日	ETHの終値が初めて50ドルを超える。
3月31日	3月中に六つのICOが2200万ドルを調達。
	この月、MEWが30万ビジットを達成。
	この月、世界全体の1週間あたりの暗号通貨取引量が30億ドルを超える。
4月24日	グノーシス（GNO）のICOが終了。
4月27日	ミンが「ボランティア」プロジェクトマネージャーに不満を抱く。
4月30日	4月中に13のICOが8億5500万ドルを調達。
	この月、MEWが38万6000ビジットを達成。
5月4日	ETHが97ドル弱に到達。
	ミンがスカイプチャットで「エンタープライズ・イーサリアム・アライアンスに関連するドメイン名をイーサリアムドメイン名システムで購入したい」旨を表明。
5月22日	ETHの終値が174ドルを超える。

	「コンセンサス2017」会議が始まる。
5月23日	SECの「暗号通貨の皇帝」ことバレリー・シュチェパニクが初めてICOについてコメント。
5月25日	「トークン・サミット」。
5月26日〜27日	イーサリアム財団がイーサリアム開発ユーザーグループへの支払いを延期。
5月30日	ETHの24時間の取引量が初めてBTCを超える。
	ETHの終値が232ドル弱に到達。
5月31日	ベーシックアテンショントークン（BAT）が24秒で210人の買い手から約3600万ドルを調達。
	5月中に22のICOが2億2900万ドルを調達。
	この月、MEWが100万ビジットを達成。
6月	セキュリティー問題——詐欺、フィッシング攻撃、ハッキング——が増加。
	この月、ポロニエックスが週あたり50億ドルの取引量を記録することも。
6月10日	ETHの終値が338ドル弱に到達。
6月12日	バンコール（BNT）が1億5300万ドルを調達。
	ETHの終値が401ドル強に到達
6月14日	ケリー、ミン、パトリック・ストルシェネッガーが会合。ケリーが辞任。
6月中旬〜7月中旬	ほかにもETH開発オフィスのスタッフ——CFOのフリチョフ・バイナート、オフィスマネージャーのクリスチャン・ボメルら——が退職。
6月20日	ステータス（SNT）のICO。
6月25日	4chanの投稿でヴィタリックの死亡が報じられる
	ETHの価格が下落し、終値は303ドル強
6月26日	イオス（EOS）が1年間にわたるICOを開始。
6月30日	6月中に31のICOが約6億1900万ドルを調達。
	この月、MEWが270万ビジットを達成。
7月1日〜13日	テゾス（XTZ）のICOが2億3200万ドルを調達。
7月11日	ETHの終値が198ドルを下回る。
7月13日〜19日	ヴィタリックがハドソン・ジェームソンに対し、ミンを解任したいと伝える。
7月16日	ETHの終値が157ドル強。

7月18日	コインダッシュ（CDT）のハッキング。
7月19日	Parityマルチシグの初のハッキングが発生。
7月25日	SECのDAO報告書。
	この月、35のICOが5億5500万ドル以上を調達。
	この月、MEWが260万ビジットを達成。
8月初旬	イーサリアムの取引数がビットコインの取引数を安定的に超え始める。
8月10日	アンソニー・ディ・イオリオがヴィタリック、ミン、ハーバート・ステルキへ法的な書簡を送付。
	ギャビンがヴィタリックに対し、ヴィタリックなしではイーサリアムを構築できなかったとツイート。
8月31日	8月中に41のICOが約4億3800万ドルを調達。
	この月、MEWが310万ビジットを達成。
9月	ポロニエックスの週間取引量が50億ドルから40億ドルに減少。
9月11日	取引所フィデリティのトレーダーとサンタンデール銀行の上級副社長がポロニエックスに雇用される。
9月30日	9月仲に62のICOが約5億3300万ドルを調達。
	この月、MEWが350万ビジットを達成。
10月27日	ポルカドット（DOT）のICOが1億4000万ドル以上を調達。
10月27日～11月1日	devops199が制御しているとみられるアカウントが、コントラクトの脆弱性を探すかのようにペネトレーションテストを実行している気配。
10月31日	10月中に80のICOが30億ドル以上を調達。
	この月、MEWが350万ビジットを達成。
11月1日～4日	メキシコのカンクンで「デヴコン3」開催。
11月4日	コンセンシス社内で「ミンは去るべき」というメールチェーンが始まる。
11月5日	ポリチェーン・キャピタルのポートフォリオ企業が「サンペドロ・セレモニー」を開催。
11月6日	2度目のParityマルチシグ攻撃。devops199によって資金が凍結される。
11月8日	ビットコインのハードフォークが中止に。
11月14日	ヴィタリックが電話でミンを解雇。
11月15日	ミンが、自分は解雇されたのかと尋ねるメールを送信。
11月16日	ミンがスカイプチャンネルに「噂を否認する」と投稿。

11月23日	「クリプトキティーズ」がソフトローンチ。
11月30日	11月中に84のICOが約10億ドルを調達。
	この月、MEWが460万ビジットを達成。
12月初旬	ミン、ヴィタリック、ケイシーが香港で会合。
12月17日	ビットコインが過去最高の2万ドルに到達。
12月末〜1月初旬	ヴィタリック、アヤ・ミヤグチ、ヴィタリックの友人たちがタイへ休暇旅行。
12月31日	12月中に90のICOが13億ドルを調達。
	この月、MEWが770万ビジットを達成。

▸2018年

1月1日	友人たちがヴィタリックにミンの退任を早めるよう説得。
1月4日	ETHが1000ドルを突破して1045ドル。
1月7日	ETHが1153ドルに達する。
1月8日	ETHが約1267ドルに達する。
1月9日	ETHが約1321ドルに達する。
	このころ、ヴィタリックがイーサリアム財団のイーサを7万ETH売却。
1月10日	ETHが1417ドルに達する。
1月13日	ETHが過去最高の1432ドルを突破。
	ニューヨーク・タイムズ紙が「億万長者が続出! あなたは取り残されている?」という記事を掲載。
1月20日	ヴィタリックと取締役会がサンフランシスコで会合。エグゼクティブディレクターをミンからアヤへ交代することを最終決定。
	1月下旬ポロニエックスの従業員たちに向けて、サークルがポロニエックスを買収することを通知。
1月31日	1月中に79のICOが12億8000万ドルを調達。
	この月、MEWが1000万ビジットを達成。
	ミンがイーサリアムのブログに別れの投稿。
	新しいエグゼクティブディレクターとしてアヤが紹介される。